ŒUVRES

DE

J. F. COOPER

IMPRIMERIE DE H. FOURNIER ET C*ⁱᵉ*, 7 RUE SAINT-BENOIT.

# J. F. COOPER,

TRADUCTION

## par Defauconpret,

LUCIE HARDINGE.

Paris.
FURNE & Cie, CHARLES GOSSELIN,
Éditeurs.
1845

# LUCIE HARDINGE.

# PRÉFACE.

La seconde partie de ces mémoires demande à peine quelques mots d'explication. On pourra trouver que dans quelques pages le découragement du vieillard perce trop; mais, après soixante ans, il est rare que nous voyions en beau les choses de ce monde. Il s'y rencontre certaines allusions politiques, en très-petit nombre, mais faites dans un langage assez énergique, que les circonstances justifient pleinement, dans la pensée de l'auteur, quoiqu'il n'entende pas donner son opinion personnelle dans cet ouvrage, mais bien celle du personnage qu'il met en scène. Le système de « non-paiement, » par exemple, sera, suivant lui, de deux choses l'une : ou le signal d'une révolution terrible, ou le commencement d'un retour aux idées plus saines et aux principes plus justes qui dominaient parmi nous il y a trente ans. Au milieu du mal profondément enraciné qui dévore le corps social, il y a un symptôme favorable; c'est qu'il y a plus de loyauté, plus de franchise, aujourd'hui, dans la manière dont on ose apprécier l'état de la société aux États-Unis. Ce droit, le plus cher de tous pour l'homme libre, n'a été reconquis qu'au prix de sacrifices pénibles et d'une résolution énergique. Que les plumes des écrivains consciencieux ne nous fassent pas défaut, et l'on ne tardera pas à reconnaître que la vie privée doit être invulnérable, tandis qu'on ne saurait trop poursuivre les vices publics. Pendant trop d'années, c'est le contraire qui a prévalu parmi nous, et l'on a vu la presse américaine se faire le véhicule de la calomnie la plus atroce envers les personnes, en même temps qu'elle prodiguait les adulations les plus dégoûtantes à la nation. C'est par suite de cet état de choses que se sont produits quelques-uns des maux auxquels il est fait allusion dans cet ouvrage. Des réunions d'hommes, toutes bornées, tout insignifiantes qu'elles puissent être, en sont venues à se considérer comme portions intégrantes d'une communauté qui ne se trompe jamais, et, par conséquent, à se croire elles-mêmes infaillibles. Ont-elles des dettes, c'est par le droit du plus fort qu'elles les paient, et elles appellent cela la liberté politique; moyen très-commode pour ceux qui se croient tout permis. De New-York, le mal a déjà gagné la Pensylvanie; il se répandra, comme toute autre épidémie, dans tout le pays, et alors s'engagera une lutte redoutable entre le fripon et l'honnête homme. Avis aux honnêtes gens. Il est à espérer qu'ils sont encore assez nombreux pour l'emporter.

Ces quelques remarques sont présentées pour expliquer certaines opinions de M. Wallingford, qui lui ont été arrachées par les événements du jour, au moment où il terminait cet ouvrage; remarques qui pourraient paraître déplacées, s'il n'était pas entré dans son plan primitif de s'étendre, plus encore peut-être qu'il ne l'a fait, sur les caractères dominants de l'état social aux États-Unis, où il a passé la plus grande partie de sa vie.

Septembre 1844.

# LUCIE HARDINGE.

## CHAPITRE PREMIER.

> — Va, je ne te ferai pas de reproches ! Que la honte arrive quand elle voudra, je ne l'appelle pas. Je n'invoque pas contre toi la foudre vengeresse du grand juge. — Repens-toi, quand tu le peux encore.
> *Le Roi Léar.*

Il me serait aussi difficile de décrire minutieusement ce qui se passa lorsque le canot rejoignit *le Wallingford* que de dépeindre tous les incidents terribles de la lutte entre Drewett et moi au fond de l'eau. Tout ce que je pus voir, pendant que M. Hardinge et Neb m'aidaient à monter à bord, c'est que Lucie n'était pas sur le pont. Elle était allée sans doute auprès de Grace, pour se trouver là quand elle recevrait la fatale nouvelle qu'on attendait. J'appris ensuite qu'elle était restée longtemps à genoux dans la chambre de l'arrière, absorbée dans cette prière intense et convulsive par laquelle les malheureux en appellent à Dieu dans l'excès de leur désespoir.

Pendant les courts intervalles, à peine appréciables, où quelque sensation étrangère à l'horrible scène dans laquelle je jouais un rôle si actif, pouvait venir jusqu'à moi, j'avais entendu des cris perçants poussés par Chloé; mais la voix de Lucie n'avait pas frappé mon oreille. Même à présent, pendant qu'on nous hissait à bord presque insensibles, Chloé seule était là, debout, les yeux ruisselants de larmes, les traits à moitié contractés par la terreur, à moitié dilatés par la joie, ne sachant si elle devait rire ou pleurer, regardant d'abord son maître et ensuite son amant, jusqu'à ce que les sentiments qui l'étouffaient eussent trouvé à s'exhaler dans son exclamation favorite de : le gars !

Il fut heureux pour André Drewett qu'un homme de l'expérience et de l'autorité du docteur Post fût avec nous. A peine le corps, en apparence sans vie, eut-il été déposé sur le pont, que M. Hardinge fit apporter un seau, et il allait se mettre avec Marbre à rouler le pauvre diable de toutes ses forces, puis à le tenir suspendu les pieds en l'air, dans l'idée qu'il fallait qu'il rendît toute l'eau qu'il avait avalée, avant de pouvoir respirer. Le docteur y mit bon ordre. Il fit sur-le-champ déshabiller Drewett, fit chauffer des couvertures, et employa les moyens les plus judicieux pour rétablir la circulation du sang. Bientôt il découvrit des signes de vie ; il fit éloigner tout le monde, à l'exception d'une ou deux personnes pour l'aider ; et, dix minutes après, Drewett était placé dans un lit bien chaud, et pouvait être considéré comme hors de danger.

La scène terrible qui venait de se passer si directement sous ses yeux produisit quelque effet sur le patron d'Albany. Il daigna cette fois border plat sa grande voile, amener sa bonnette et son hunier, venir au vent, porter sur le travers du *Wallingford*, mettre en panne, et faire mettre à l'eau un canot à bord duquel passèrent mistress Drewett et ses deux filles, Hélène et Caroline, et elles arrivèrent sur notre bord au moment où André venait d'être porté en bas. Je calmai leurs inquiétudes, car alors j'avais repris l'usage de la parole, et je pouvais même marcher ; et Post permit qu'elles descendissent auprès du malade. Je saisis cette occasion pour aller changer de vêtements dans la cale, et cela suffit pour me faire éprouver un bien-être général. Cependant mes efforts avaient été si désespérés qu'il me fallut une bonne nuit de repos pour me remettre complétement. A peine avais-je terminé ma toilette, qu'on vint me dire que Grace me demandait.

Ma sœur me reçut à bras ouverts, et sanglota sur ma poitrine pendant quelques minutes. Elle avait ignoré dans le premier moment la cause des cris de Chloé, et du bruit confus qui se faisait entendre sur le pont. Ce n'était qu'après m'avoir revu sain et sauf que Lucie lui avait raconté ce qui s'était passé, avec tous les ménagements que pouvaient lui dicter sa tendresse et son bon cœur. Ma sœur me serrait convulsivement dans ses bras, comme si elle eût craint de me perdre encore, et nous étions encore livrés à une vive émotion, quand

M. Hardinge parut à la porte de la chambre, un livre de prières à la main. Il réclama notre attention ; tout le monde se mit à genoux dans les deux chambres ; et le bon vieillard, avec sa touchante simplicité, se mit à lire quelques Collectes, la Prière de Notre-Seigneur, et il finit par l'acte d'action de grâces pour « l'heureux retour du marin. »

Cette pieuse cérémonie, accomplie avec une ferveur si sincère, nous émut profondément, en même temps qu'elle calma notre agitation, et elle nous permit de reprendre un peu d'empire sur nous-mêmes. Au moment où je me retirais pour laisser reposer ma sœur, le bon ministre se jeta à mon cou ; puis, prenant ma tête à deux mains, comme lorsque j'étais tout petit, il m'embrassa à plusieurs reprises et me donna tout haut sa bénédiction. J'avoue que je n'eus que le temps de courir sur le pont pour cacher mon émotion.

Au bout de quelques minutes, dès que j'eus repris assez de sang-froid, je donnai ordre de mettre à la voile, et nous remontâmes le fleuve à la suite de *l'Orphée* que nous ne tardâmes pas à dépasser, en ayant soin de nous tenir à une distance respectueuse ; précaution que je regrettai longtemps de n'avoir pas prise la première fois. Mistress Drewett et ses deux filles n'ayant pas voulu quitter André, nous dûmes garder toute la famille à bord, bon gré mal gré. J'avoue que je fus assez égoïste pour me plaindre un peu, quoiqu'à part moi, de trouver toujours ces gens-là sur mon chemin, pendant les courts intervalles où j'avais le bonheur d'être auprès de Lucie. Comme c'était un mal sans remède, quand toutes les voiles furent déployées je m'assis sur un des sièges qui se trouvaient sur le pont, et je me mis, pour la première fois, à réfléchir froidement à tout ce qui s'était passé. Pendant que j'étais absorbé dans ces méditations, Marbre vint se placer à côté de moi, me serra cordialement la main, et se mit à causer. A ce moment, Neb qui venait de changer complétement de toilette pour se sécher, et qui était beau comme un astre, était debout sur le gaillard d'avant, les bras croisés, dans l'attitude du marin, aussi calme que s'il n'avait jamais entendu le vent siffler. Parfois, cependant, il lui arrivait de s'oublier sous l'influence des sourires et de l'admiration naïve de Chloé. Dans ces moments de faiblesse il baissait la tête, laissait échapper un rire mal comprimé ; puis, rentrant tout à coup en lui-même, il s'efforçait de reprendre un air de dignité. Pendant que cette pantomime allait son train sur l'avant, la conversation ne languissait pas sur le gaillard d'arrière.

— La Providence a sur vous quelque grand dessein, Miles, continua mon lieutenant, après m'avoir exprimé tout son plaisir de me revoir sain et sauf, — quelque dessein, singulièrement grand, c'est moi qui vous le dis. Voyez combien de fois vous avez été sauvé miraculeusement. Récapitulons un peu : dans un canot à la hauteur de l'île Bourbon, première fois; dans un autre canot, à la hauteur de la baie de Delaware, seconde fois; puis vient l'affaire du *Français*, des griffes duquel vous vous tirez si adroitement dans le canal Britannique; puis celle de ce gredin d'Echalas et de ses compagnons; ensuite la reprise de *la Crisis;* en sixième lieu, si je compte bien, vous me repêchez en mer, moi vieil ermite défroqué; enfin, septièmement et dernièrement, vous voilà causant tranquillement sur votre bord, après avoir fait trois plongeons des mieux conditionnés jusqu'au fond de l'Hudson, emportant sur votre tête et sur vos épaules la masse la plus inerte qui soit jamais tombée par dessus bord. Savez-vous bien que vous êtes peut-être le seul homme vivant qui ait été ainsi trois fois de suite au fond de l'eau, et qui soit revenu après le raconter lui-même?

— Je ne crois pas en avoir ouvert une seule fois la bouche, Moïse, répondis-je un peu sèchement.

— Eh! vous n'avez pas besoin d'ouvrir la bouche; il suffit de vous montrer pour cela. Je vous le répète, mon garçon, la Providence a de grandes vues sur vous; vous pouvez y compter. Un de ces jours vous entrerez au congrès; — pourquoi pas?

— En ce cas, vous m'y accompagnerez; car vous avez partagé toutes mes aventures, sans parler de celles qui vous sont personnelles; et la liste en est longue. Songez donc que vous avez été ermite!

— Chut! pas un mot à ce sujet, ou les enfants se mettraient à courir après moi dans les rues. M'est avis que vous avez dû diantrement généraliser, Miles, quand vous vous êtes senti couler à fond pour la quatrième fois, sans grand espoir de revenir jamais à la surface?

— Vous ne vous trompez pas, mon ami. On ne peut pas voir la mort de si près sans jeter un coup-d'œil rapide et général sur le passé. J'ai pensé à vous, mon vieux camarade, et je me disais que je vous manquerais cruellement. Me suis-je trompé?

— Trompé! s'écria Marbre avec chaleur; jamais une idée plus

juste n'est sortie de votre cerveau! c'est un moment où l'on voit si clair! Si vous m'auriez manqué! Savez-vous bien ce que j'aurais fait le lendemain de l'enterrement? j'achetais un bâtiment et je partais pour la Terre de Marbre, cette fois pour ne plus la quitter. Voilà un exploit de Neb qui va mettre les nègres en grande faveur dans le monde; et je crains bien qu'il n'y ait bien des cadeaux à distribuer à cette occasion.

— Et croyez qu'ils ne se feront pas attendre. Tenez; voici le commencement. La vieille Didon cherche évidemment à me parler. — Approchez, Didon, est-ce que je vous fais peur?

Didon Clawbonny était la cuisinière de la famille et la mère de Chloé. Quelques critiques qu'on pût faire de son teint dont tout le luisant était tombé dans ses fourneaux, personne ne pouvait nier qu'elle ne fût une négresse pur sang. Elle ne pesait ni plus ni moins de deux cents livres, et il y avait dans l'expression de sa figure un singulier mélange de l'insouciance de sa race et de la dignité habituelle d'un chef de cuisine. Elle protestait souvent qu'elle pliait sous le poids de sa responsabilité : bœuf trop cuit, poisson trop cru, pain lourd, gâteaux de plomb, tous les accidents inséparables des fonctions culinaires retombaient exclusivement sur elle. Elle avait été mariée deux fois; la seconde union ne remontait qu'à un an.

— Le bienvenu, maître, le bienvenu! commença Didon en me tirant une révérence jusqu'à terre. Enfin de retour! — Elle voulait dire, de retour du fond de l'eau. — Tout le monde si fort en peine que maître avoir du mal!

— Merci, Didon, merci du fond du cœur. Mon accident a eu du moins cela de bon qu'il m'a fait connaître à quel point mes serviteurs m'aiment.

— Et bon Dieu! comment faire autrement! comme si quelqu'un pouvoir empêcher l'amour d'aller et de venir comme il lui plaît! L'amour être comme la religion; l'un en avoir, et l'autre pas. Mais l'amour pour jeune maître et pour jeune maîtresse, être tout naturel, comme l'amour pour vieux maître et pour vieille maîtresse. Moi, pas y penser seulement.

Heureusement, je connaissais assez le dialecte de Clawbonny pour n'avoir pas besoin d'un vocabulaire pour comprendre ce que Didon voulait dire. Son attachement pour ses maîtres lui semblait une chose si simple qu'elle ne concevait même pas qu'il pût ne pas existER.

— Eh! bien, Didon, lui demandai-je, comment va le mariage, dans nos vieux jours? car j'apprends que nous nous sommes remariée pendant que j'étais sur mer.

Didon abaissa les yeux sur le plancher, suivant la coutume de toutes les nouvelles mariées, quelle que soit leur couleur; montra le degré de confusion convenable, fit une nouvelle révérence, tourna la figure de manière à ne plus me montrer qu'une demi-lune, et répondit avec un soupir très-expressif:

— Oui, maître, vous bien informé. Moi vouloir attendre le retour de jeune maître pour demander consentement à lui; mais Cupidon — c'était le nom du second mari — avoir dit à moi : que faire à maître? lui, bien loin ; lui pas le trouver mauvais. — De sorte que, pour n'être pas tourmentée par Cupidon, moi avoir consenti au mariage tout de suite; voilà dà!

— Et vous avez très-bien fait, ma bonne. Pour que tout se passe dans les règles, je vous donne mon consentement à présent, et de grand cœur.

— Merci, maître! reprit Didon en saluant encore et en montrant toutes ses dents.

— Sans doute c'est notre excellent ministre, le bon M. Hardinge, qui a fait la cérémonie?

— Et qui donc? aucun nègre de Clawbonny vouloir se marier du tout, si maître Hardinge pas bénir lui et dire amen. Alors tout le monde dire le mariage être aussi bon que celui de vieux maître et de vieille maîtresse. Deux fois Didon avoir été mariée, et deux fois aussi bien, aussi dans les formes que possible. Oh! dà!

— Et maintenant que la chose est faite, Didon, j'espère que vous n'avez pas sujet de vous en repentir. Cupidon n'est pas positivement beau, à coup sûr; mais c'est un brave et honnête garçon.

— Oui, brave, maître, oui, honnête; mais après tout second mari n'être jamais tout-à-fait la même chose que premier mari. Moi le dire à Cupidon plus de vingt fois par jour.

— Eh! bien, c'est assez, Didon, et je vous engage à ne plus le lui dire davantage. Passez à autre chose. J'espère qu'il se montre bon père pour Chloé?

— Lui, pas père du tout; père de Chloé être bien loin, et ne jamais revenir. C'est de Chloé que moi avoir un mot à dire à jeune maître, et de Neb que voilà.

— Je vois ce que c'est, Didon. Je sais qu'ils s'aiment, et je présume qu'ils veulent se marier à leur tour. Si c'est mon consentement que vous venez demander, je le donne d'avance. Neb sera un excellent mari, je vous en réponds.

— Pas si vite, maître, reprit Didon avec un empressement qui prouvait que ce consentement si facile n'était nullement ce qu'elle voulait. Moi voir beaucoup d'objections à Neb, quand lui demander jeune fille dans la position de Chloé. Vous savoir Chloé être maintenant femme de chambre de miss Grace, dà! personne d'autre aider à sa toilette, ou ranger dans la chambre de jeune maîtresse, que ma Chloé Clawbonny!

C'était du nouveau pour le coup! on pouvait bien dire : tel maître, tel valet. Neb ne semblait pas devoir être plus heureux que moi dans ses amours; et la même objection nous était faite à l'un et à l'autre : nous n'étions pas assez comme il faut! Je résolus néanmoins de dire un mot en faveur du pauvre diable; quoique c'eût été contrevenir aux usages de la famille que d'intervenir autrement que par des conseils, dans une affaire de cœur.

— Si Chloé est la favorite de ma sœur, savez-vous bien, Didon, que Neb est mon favori à moi?

— Moi savoir; Chloé le dire à moi; mais grande différence, maître, entre Clawbonny et un navire. Neb lui-même convenir ne pas avoir là-bas chambre à lui, comme maître.

— Il est vrai, Didon; mais ce que vous ne savez pas, c'est qu'en mer, il est plus honorable d'être matelot sur le pont, que de servir dans la chambre. Je l'ai été moi-même quelque temps; et Neb ne fait qu'occuper le poste qui a été rempli par son maître.

— Etre beaucoup, assurément, beaucoup, maître, et moi bien aise Chloé ne pas savoir cela. Mais eux dire, maintenant que Neb avoir sauvé la vie de jeune maître, jeune maître donner sans doute à lui papier pour être libre; et jamais fille à moi être femme de nègre libre; non dà! Un tel déshonneur être plus que vieille fidèle servante pouvoir supporter.

— Je crains, Didon, que Neb n'ait la même manière de voir. Je lui ai offert sa liberté il y a quelques jours, et il n'en a pas voulu. Mais l'opinion change sur ce point dans notre pays, et on croira bientôt qu'il est plus honorable pour un nègre d'être libre, que d'être l'esclave d'un autre homme. La loi se propose de vous affranchir tous un de ces jours.

— Ce jour-là, maître, ne jamais venir pour moi ni pour les miens. Le vieux Cupidon lui-même, pas vouloir, bien sûr. M. Van Blarcum vouloir bien aussi épouser Chloé; mais moi, jamais consentir. Notre famille, trop bonne pour chercher des maris parmi les Van Blarcum.

— Je ne savais pas, Didon, que les esclaves de Clawbonny fussent si difficiles par rapport aux alliances?

— Très-difficiles, et eux l'avoir toujours été; moi avoir épousé Cupidon, parce que moi pas avoir trouvé mieux dans la famille; mais moi pas me marier ailleurs.

— Mais Neb est de Clawbonny, et mon grand ami. J'espère donc que vous y réfléchirez encore. Chloé peut un jour désirer d'être libre; et la femme de Neb sera libre, dès qu'elle le voudra.

— Moi y penser, maître, comme vous dire, et moi alors venir dire à jeune maître et à jeune maîtresse ce que moi avoir pensé. Eux écouter vieille Didon avant de donner leur consentement.

— Certainement. Chloé est votre fille, Didon, et elle aura toujours pour vous toute espèce de déférence. Jamais nous n'encouragerons des enfants à manquer de respect à leurs parents.

Didon finit par une profonde révérence, comme elle avait commencé, et se retira avec une dignité que Neb et Chloé durent trouver d'assez mauvais augure. Pour moi, je me mis à réfléchir sur la bizarrerie des choses de ce monde. Voilà, me disais-je, des êtres placés sur le dernier échelon de la société, que la nature semble avoir condamnés elle-même à l'abjection, et ils tiennent autant que personne à ces distinctions qui me rendent si misérable, et contre lesquelles certaines personnes, qui croient en savoir plus que tout le monde, déclament sans les comprendre, lorsqu'elles ne vont pas jusqu'à nier leur existence! Ma cuisinière raisonnait, dans sa sphère, comme Rupert raisonnait, comme raisonnaient les Drewett, peut-être même Lucie, pour ce qui me concernait, en un mot comme raisonne le monde. Le retour de Marbre, qui s'était éloigné quand Didon avait commencé à débiter sa harangue, m'empêcha de m'appesantir plus longtemps sur cette étrange coïncidence.

— Maintenant que la vieille a filé tout son loch, reprit mon lieutenant, nous allons procéder par ordre. J'ai parlé à la mère du jeune étourdi qui est tombé dans l'eau, et je lui ai donné quelques avis dans l'intérêt du jeune homme pour l'avenir. Et savez-vous bien quelle raison elle donne pour expliquer la sottise qu'il a faite? L'amour! Il paraît que le pauvre diable est amoureux fou de cette jeune personne charmante qui est la sœur de Rupert; et ce n'était ni plus ni moins que l'amour qui l'avait porté à marcher sur notre gui sans balancier, comme un danseur de corde.

— Et c'est mistress Drewett qui vous a donné ces détails, Marbre?

— Elle-même, capitaine; car, pendant que vous vous occupiez de Neb et de Chloé avec la vieille Didon, nous autres, c'est-à-dire le docteur, la mère et moi, nous nous occupions entre nous d'André et de Lucie. La bonne vieille dame m'a donné à entendre que c'était une affaire conclue, et qu'elle regardait déjà miss Hardinge comme sa fille.

J'aurais été étonné d'une pareille indiscrétion, si je n'avais pas réfléchi qu'une pauvre mère, dans la position où s'était trouvée mistress Drewett, pouvait bien manquer un moment de prudence, et qu'un docteur avait des priviléges auxquels Marbre s'était trouvé associé par hasard; c'était encore une preuve de plus, s'il m'en avait fallu, que j'arrivais trop tard. Lucie n'était plus libre, et n'attendait pour se marier que sa majorité, pour pouvoir prendre les dispositions qu'elle méditait en faveur de son frère. La bienveillance qu'elle me témoignait était le résultat de l'habitude et d'une amitié d'enfance; si cette bienveillance semblait avoir pris un caractère encore plus affectueux, c'était pour compenser les torts graves qu'elle sentait que Rupert avait envers nous. Et quand tout cela serait vrai, avais-je le droit de me plaindre? M'étais-je jamais déclaré, moi qui avais été si longtemps sans connaître, moi-même, l'état de mon cœur? Lucie ne m'avait fait aucune promesse, ne m'avait jamais donné sa foi, n'avait point reçu l'aveu de ma flamme; elle n'était donc nullement obligée d'attendre mon bon plaisir. Mon affection pour elle était si pure, si désintéressée, que je me réjouissais, même dans mon malheur, que sa véracité et sa franchise fussent à l'abri du plus léger reproche. Après tout, n'était-il pas naturel qu'elle aimât André Drewett, le premier qui lui eût fait la cour, depuis le moment où son cœur avait pu s'ouvrir à des impressions tendres, plutôt que moi, qu'elle avait été habituée depuis l'enfance à regarder comme un frère? Oui, j'étais assez juste pour en convenir.

L'incident du matin, et la présence de mistress Drewett et de ses filles, amenèrent un changement complet dans nos relations et dans nos habitudes. Les dames restèrent la plupart du temps en bas, et le docteur défendit à Drewett de se lever avant que ses forces fussent complétement revenues. M. Hardinge passa la plus grande partie du jour auprès de lui, lui prodiguant les soins qu'un père donnerait à son fils ; du moins, ce fut sous ce point de vue que je les appréciai. Marbre et moi nous restâmes presque exclusivement en possession du gaillard d'arrière, quoiqu'on vînt quelquefois nous rendre quelques visites.

Cependant *le Wallingford* continuait à remonter le fleuve, favorisé jusqu'au soir par une légère brise du sud. Il laissait derrière lui toutes les embarcations ; et au moment où le soleil se cachait derrière les montagnes de Cattskill, nous étions à quelques milles au-dessus de l'embouchure de la rivière qui leur donne son nom.

C'était la première fois que je remontais ce fleuve aussi haut, et, à l'exception de M. Hardinge, toute la société était dans le même cas que moi ; aussi, se réunit-on sur le pont, pour jouir du charmant coup d'œil qui s'offrait à nos yeux ; c'est peut-être le point de vue le plus ravissant de l'Hudson. On parle toujours des Highlands, comme le badaud de Londres parle toujours de Richmond, qui est bien loin de valoir la vue de Montmartre. Sans doute, les Highlands ont leur mérite ; mais que de vues de montagnes on peut leur préférer ! tandis que l'Hudson, dans les parties riantes et gracieuses de ses rives, n'a de rival nulle part.

Un coucher du soleil ne peut durer toujours ; et celui-ci, tout ravissant qu'il fût, eut aussi son terme. Les dames quittèrent aussi successivement le pont, et, comme le vent tombait, et que la marée nous était contraire, je me décidai à jeter l'ancre. Marbre et moi nous avions dans la cale une sorte de chambre de conseil disposée pour nous, et je ne fus pas fâché de m'y retirer, ayant vraiment besoin de repos, après une journée aussi pénible. Que se passa-t-il dans les autres chambres dans la soirée, je n'eus pas occasion de le savoir ; mais longtemps après que ma tête reposait sur l'oreiller, j'entendis de loin des voix de femmes, qui semblaient avoir entre elles une conversation joyeuse et animée ; et lorsque Marbre vint me rejoindre, il me dit qu'en effet ces dames, remises complétement de leur frayeur, causaient de la manière la plus aimable, et que lui-même avait eu beaucoup de plaisir à les écouter.

Neb nous appela au point du jour ; le vent était ouest-nord-ouest, mais la marée devenait favorable. J'étais si impatient de me débarrasser de mes hôtes ; que je pris aussitôt les dispositions nécessaires pour nous remettre en route. Le pilote déclara qu'il était tout prêt à se faufiler à travers les passes étroites qu'il nous restait à franchir, et, comme *le Wallingford* se distinguait surtout par la manière dont il tenait le plus près, je résolus d'en finir sur-le-champ, et, avant la fin de la marée, d'avoir atteint le but. Le sloop, il est vrai, tirait plus d'eau que les embarcations ordinaires qui remontaient cette partie du fleuve, mais il était léger, et il pouvait passer partout où les bâtiments d'Albany passaient quand ils étaient chargés. Ce n'était pas encore le moment des grandes entreprises publiques, et aucun navire, allant en mer, n'avait encore traversé l'Overslaugh, du moins à ma connaissance. Les temps ont bien changé depuis, mais il faut se rappeler que nous ne sommes encore qu'en 1803.

L'ancre ne fut pas plutôt levée qu'une grande activité régna à bord. La brise était forte, et *le Wallingford* eut occasion de briller au milieu des lourdes embarcations à fond plat de l'époque ; il y avait aussi des sinuosités du fleuve dans lesquelles le vent nous favorisait, et lorsque les dames reparurent sur le pont, nous étions au milieu des îles, gouvernant à travers les passes étroites avec autant de rapidité que d'adresse. Pour moi ainsi que pour Marbre, la scène était toute nouvelle ; et partagés entre l'activité que nos évolutions demandaient, et l'attention que réclamait la mobilité du paysage, nous avions peu de loisir pour nous occuper de nos passagers. Au moment où l'on annonça que le déjeuner était servi, nous approchions de la partie la plus difficile de notre excursion, et ce ne fut qu'à la dérobée et sans quitter le pont que nous pûmes manger un morceau, au milieu de nos bordées continuelles. Notre bonne fortune voulut toutefois que le vent se rangeât plus à l'ouest vers huit heures, et nous pûmes refouler le jusant qui commençait à se faire sentir ; ce qui me fit concevoir l'espoir d'achever notre passage sans être obligé de jeter l'ancre une seconde fois.

A la fin, nous atteignîmes l'Overslaugh qui, suivant l'usage, était assez bien garni de bâtiments engravés. Le pilote sut nous faire passer au milieu d'eux, sinon littéralement pavillon déployé, ce qui eût été insulter à leur malheur, du moins avec un succès complet. Alors Albany s'offrit à nos regards, appuyée contre la colline escarpée qui la domine, et s'étendant au loin dans les terres. La ville était loin d'avoir les proportions qu'elle a aujourd'hui ; il n'y avait guère que le quart des maisons actuelles, mais déjà elle offrait l'aspect le plus pittoresque. Et cependant on parlait à peine d'Albany ; une foule de villes étaient alors plus célèbres, quoique aucune ne pût lui être comparée pour la beauté de la position ; mais c'était une ville hollandaise ; par conséquent, libre à qui voulait d'en faire fi. Je crois vraiment que si elle était si peu en faveur, c'est à son manque d'origine anglo-saxonne qu'il fallait surtout l'attribuer.

Les quais étaient couverts de magasins d'où l'on entassait sur des sloops le blé destiné à nourrir les armées qui se battaient en Europe. Quoique la saison fût avancée, ce commerce couvrait toutes les voies de communication du pays, enrichissant les fermiers qui vendaient leurs denrées à des prix exorbitants. Et personne n'en était plus pauvre. Si le grain était plus cher, le prix des journées était plus élevé, et tout le monde y gagnait.

Il était encore de bonne heure quand *le Wallingford* se dirigea lentement vers l'endroit du quai où il devait mettre en panne. Devant nous était un sloop dont nous nous étions approchés graduellement depuis deux heures, mais que le peu de vent qu'il faisait ne nous avait pas permis encore de dépasser. L'air était si calme, le temps si agréable, que tous nos passagers, sans en excepter Grace, s'étaient réunis sur le pont pour jouir du coup d'œil de la ville. Je proposai à notre petite société de Clawbonny de faire une légère modification au programme primitif de notre excursion, et de mettre pied à terre, pour profiter de cette occasion de visiter la capitale politique de l'Etat. Grace et Lucie se montraient assez disposées à accueillir ma proposition ; et les Drewett étaient enchantés d'un arrangement qui leur permettait de rester un peu plus longtemps avec nous. Dans ce moment, *le Wallingford*, fidèle à ses bonnes habitudes, avait rejoint le sloop qui était devant nous, et il commençait déjà à le dépasser. J'étais occupé à donner quelques ordres, quand Lucie et Chloé, soutenant Grace chacune par un bras, passèrent devant moi pour regagner la chambre. Ma pauvre sœur était pâle comme la mort, et je remarquai qu'elle tremblait au point de pouvoir à peine se soutenir. Un regard expressif de Lucie me pria de ne point intervenir, et je pus prendre assez sur moi pour obéir. Je me retournai pour jeter un coup d'œil sur le sloop qui était près de nous, et j'eus aussitôt l'explication de l'agitation de ma sœur. Les Merton et Rupert étaient sur le pont, et à une telle proximité qu'il était impossible d'éviter de parler, au moins aux premiers. Dans cet instant critique, Lucie revint auprès de moi dans le dessein, à ce que j'appris ensuite, de me prier de conduire *le Wallingford* à un endroit assez éloigné pour ôter tout danger de communications. Mais il était trop tard : elle avait été vue.

— Voilà une agréable surprise ! dit Emilie, qui ne pouvait voir avec indifférence la sœur de Rupert. D'après ce que nous avaient dit votre frère et mistress Drewett, nous vous supposions à Clawbonny au chevet du lit de miss Wallingford.

— Miss Wallingford est ici, ainsi que mon père, mistress Drewett, et...

On n'a jamais su le nom qui devait suivre cet *et*, Lucie s'étant interrompue dans cet endroit.

— Parbleu, voilà qui est étonnant ! ajouta Rupert avec un aplomb qui me confondit. Au moment même où nous nous extasions sur votre constance en amitié, et sur toutes ces belles vertus, mademoiselle Lucie était ici, se rendant aux Sources, comme nous tous, en partie de plaisir.

— Non, Rupert, répondit Lucie avec un accent qui eût dû faire rentrer en lui-même le lâche égoïste, je ne vais pas aux Sources. Le docteur Post a jugé qu'un changement d'air était nécessaire pour Grace, et Miles nous a amenés sur son sloop, pour que nous réunissions nos efforts pour distraire la chère malade. Nous ne débarquerons pas à Albany.

Ces mots m'indiquaient ce que j'avais à faire, et je ne songeai plus à aller me ranger sous le quai.

— D'honneur, colonel, c'est comme elle le dit ! s'écria Rupert. Je vois mon père sur le gaillard d'avant, avec Post et d'autres figures de ma connaissance. Parbleu, voici Drewett, Dieu me pardonne ! et Wallingford aussi ! Comment nous trouvons-nous, noble capitaine, au milieu de cette eau douce ? nous ne sommes pas dans notre élément ici.

Je lui rendis froidement son salut, et je fus obligé ensuite de parler au major et à sa fille ; mais Neb était au gouvernail, et je lui avais fait signe de s'écarter de notre voisin ; de sorte que nos relations se bornèrent bientôt à quelques mouchoirs agités en l'air, et à un échange de baisers envoyés avec la main, dont les Drewett eurent leur bonne part. Lucie s'était éloignée, et je saisis l'occasion de lui dire un mot en particulier :

— Eh bien ! que faut il faire ? lui demandai-je ; c'est le moment de prendre un parti.

— Éviter à tout prix d'approcher du quai. Oh ! cette scène a été par trop cruelle. Les fenêtres des chambres sont ouvertes, et Grace ne doit pas avoir perdu un seul mot. Pas une seule question pour s'informer au moins de sa santé ! Je tremble de descendre et de voir 'effet d'une pareille rencontre.

Il m'en coûtait de parler de Rupert à sa sœur. Je me bornai à lui dire que j'allais me conformer à ses désirs. En effet, dès que nous fûmes à une distance convenable, je fis mettre le canot à l'eau ; le porte-manteau du docteur y fut placé, et les Drewett furent prévenus que tout était prêt pour les transporter à terre.

— Comment donc ? nous n'allons pas nous séparer ainsi ! s'écria la vieille dame. Vous nous accompagnerez, n'est-ce pas ? Je suis sûre que les eaux feraient grand bien à miss Wallingford.

— Ce n'est pas l'avis du docteur, qui nous engage à redescendre tranquillement l'Hudson. Nous pouvons encore aller jusqu'à Sandy-Hook ; ou même entrer dans la Sonde. Cela dépendra des forces et de la volonté de notre chère Grace.

Ce furent alors des regrets sans fin et un vrai désespoir ; car tout le monde semblait penser beaucoup à Lucie, et très-peu à ma pauvre sœur. On chercha même à ébranler notre résolution ; mais Lucie répondit trop positivement pour laisser le moindre espoir, et il fallut bien se résigner. Après avoir aidé sa mère à passer dans le canot, André Drewett se tourna vers moi, et du ton le plus convenable, avec des manières pleines de franchise et de distinction, il m'exprima sa reconnaissance du service que je lui avais rendu. Après ces avances, les premières qu'il m'eût jamais faites, je ne pouvais faire moins que de lui serrer la main, et nos adieux furent en apparence ceux de deux personnes que la reconnaissance vient de rapprocher.

Je m'aperçus que le teint de Lucie se colorait et que toute sa physionomie exprimait une vive satisfaction, pendant que cette petite scène se passait. Était-ce sous l'influence du plaisir qu'elle ressentait de voir Drewett s'acquitter aussi loyalement d'un des devoirs qui coûtent si souvent le plus ; celui de se reconnaître l'obligé d'un autre ?

Était-ce par suite de quelque intérêt pour moi; je ne puis le dire, et je ne le sus jamais. Le canot s'éloigna au même instant, et nos relations avec les Drewett en restèrent là pour le moment.

## CHAPITRE II.

> Mal placé dans la vie, je ne sais pas ce que j'aurais pu être, mais je sens que je ne suis pas ce que je devrais être. — Il faut que cela finisse.
> *Sardanapale.*

Ce fut un grand soulagement pour moi de voir renaître le calme et la tranquillité sur mon bord, et lorsque le canot nous rejoignit, j'avais déjà viré de bord, sans donner un seul regret à Albany, que je ne connaissais pas alors. Marbre était trop accoutumé à la discipline pour faire quelques objections, et *le Wallingford* commença à descendre l'Hudson. Dans les premiers moments, je fus trop occupé pour pouvoir parler à Lucie. Quand je la revis, elle était triste et pleine d'angoisses. Grace avait été vivement affectée des manières de Rupert. La secousse qu'elle avait éprouvée était telle qu'il était à désirer qu'on la laissât le plus tranquille possible. Lucie espérait qu'elle allait s'endormir; car elle était si épuisée que, dès que l'état de son esprit le permettait, elle tombait dans une sorte d'assoupissement. Son existence était comme la flamme qui vacille à l'air, et qu'un souffle de plus suffirait pour éteindre.

Nous réussîmes à traverser l'Overslaugh sans toucher, et nous étions descendus parmi les îles au-dessous de Coejiman [1], quand nous fûmes arrêtés par le retour du flot. Le vent était tombé, et nous fûmes obligés de chercher un ancrage. Dès qu'il fut trouvé, je demandai Lucie; mais elle me fit dire par Chloé que Grace reposait, et qu'elle n'osait pas la quitter, de peur de faire le moindre bruit. Après avoir reçu ce message, je fis haler le long du bord le canot que nous remorquions, et j'y montai avec Marbre. Neb se chargea de nous conduire; et Chloé riait aux éclats de la dextérité du nègre,

---

[1]. C'est un nom hollandais, et non pas indien, qui appartient à une famille respectable de New-York.

qui d'une seule main, et par le simple jeu du poignet, faisait écumer l'eau sous les bossoirs de notre petite embarcation.

L'endroit où nous débarquâmes était une petite anse charmante, qui était ombragée par trois ou quatre énormes saules pleureurs, et qui présentait un tableau parfait de calme et de repos. C'était un site tout à fait champêtre et retiré, car il n'y avait point près de là de lieu de débarquement régulier, point de filets préparés pour la pêche, — enfin aucun de ces signes qui dénotent un endroit fréquenté. Une seule habitation dominait une petite terrasse naturelle, élevée de dix à douze pieds au-dessus du sol fertile où croissaient les saules. C'était le beau idéal d'une demeure champêtre pour la propreté et pour l'agrément. Elle était en pierres, à un seul étage, avec un toit élevé se terminant en pointe, lequel se projetait en avant, du côté du fleuve, de manière à abriter l'entrée et la porte extérieure. Les pierres étaient blanches comme de la neige; on voyait qu'elles avaient été lavées récemment. Les fenêtres étaient charmantes dans leur irrégularité; et tout rappelait un autre siècle, et un régime différent de celui sous lequel nous vivions alors. En effet les chiffres 1698, gravés sur la façade, annonçaient que la maison remontait à la même époque que les secondes constructions de Clawbonny.

Le jardin n'était pas grand, mais il était dans un ordre admirable. Il était derrière la maison; et, à la suite, un petit verger, contenant une centaine d'arbres couverts de fruits, s'étendait au pied de l'amphithéâtre qui protégeait ce petit domaine contre les regards du reste du monde. Il y avait aussi près de la maison, à laquelle ils servaient tout à la fois d'ombrage et d'ornement, une douzaine d'énormes cerisiers, dont les branches portaient encore quelques fruits. Les dépendances semblaient aussi vieilles que le reste du bâtiment, et en aussi bon état de conservation.

Comme nous approchions du bord, je dis à Neb de cesser de nager, et je restai à contempler cette scène calme et tranquille, pendant que le canot se dirigeait vers la berge par suite de l'impulsion qu'il avait reçue précédemment.

— Voilà un ermitage comme il m'en faudrait un, Miles, dit Marbre, dont les regards ne s'étaient pas détachés de ce site, depuis que nous avions quitté le sloop; c'est ce que j'appelle un ermitage humain; mais ne me parlez pas de vos solitudes infernales. Ici, il y a place pour la basse-cour; une jolie berge pour le canot;

du poisson en abondance, je le parierais ; un bijou de maison ; des arbres gros comme des mâts ; et du monde à portée de la voix, si l'on se sentait aller à la mélancolie. Voilà l'endroit où l'on aimerait à rentrer sa carcasse, quand elle sera trop vieille pour retourner en mer. Là bas, sur le banc qui entoure ce cerisier, quelle place délicieuse pour fumer un cigare ! et le grog doit avoir bien plus de saveur pris sur le bord de cette source limpide.

— Il faut acheter cette petite propriété, Moïse. Nous serions voisins, et grâce à l'Hudson, les visites nous seraient faciles. Il n'y a pas plus de cinquante milles d'ici à Clawbonny.

— Savez-vous bien qu'on n'aurait pas honte de demander pour un bien pareil autant d'argent qu'il en faudrait pour acheter le meilleur navire ?

— Allons donc, mille à douze cents dollars feraient l'affaire, et vous auriez avec la maison toute la terre qui en dépend, ce qui n'est guère plus de douze à quinze acres, après tout. Ce n'est pas l'argent qui vous manque, vous avez plus de deux mille dollars à l'abri du naufrage, Moïse, sans compter les parts de prise, la paie, et bien d'autres choses.

— Ce n'est pas l'argent qui fait la difficulté, c'est l'éloignement. Si l'endroit était un peu plus près de Clawbonny, le propriétaire entendrait bientôt parler de moi.

— Mais à quoi bon ? quand j'y pense. N'ai-je pas une petite anse tout aussi retirée à deux pas de Clawbonny ? — Je vous y bâtirai une maison que vous ne distinguerez pas de la chambre d'un bâtiment. Voilà qui vous ira, pour le coup.

— C'est une pensée qui m'est venue un jour, Miles, et je ne vous cacherai pas qu'elle me souriait assez ; mais elle n'a pu soutenir les logarithmes. Vous pouvez bien construire une maison qui ressemble à un navire, mais ce ne sera pas la même chose après tout. Vous aurez beau y mettre des carlingues, des barres d'arcasses, des panneaux et des écoutilles ; où sera le roulis ? Et qu'est-ce qu'un navire sans mouvement ? ce serait bientôt comme la mer dans les latitudes calmes ; ce serait à en avoir des nausées. Non, non, pas de vos bâtiments infernaux qui ne bougeraient pas. A bord comme à bord ; mais aussi à terre, comme à terre !

Nous étions alors à terre nous-mêmes, la quille du canot frôlant légèrement les cailloux de la berge. Nous nous dirigeâmes vers l'habitation, sans rencontrer aucun obstacle. Je dis à Marbre que, pour motiver notre visite, nous demanderions du lait ; justement deux vaches paissaient devant nous dans un petit pâturage très appétissant. Cet expédient parut d'abord superflu, personne ne se présentant pour nous faire une seule question. Quand nous arrivâmes à la porte, nous la trouvâmes ouverte, et je pus regarder dans l'intérieur sans violer les lois de l'hospitalité. Il n'y avait point de vestibule, mais on se trouvait de prime-abord dans une grande pièce qui occupait toute la façade de la maison. Elle avait bien vingt pieds carrés, et elle avait plus d'élévation qu'on n'en trouve ordinairement dans des habitations de ce genre. Cette pièce était la propreté même ; un tapis fort simple, mais très-joli, ouvrage sans doute de quelque bonne ménagère, couvrait le plancher : il s'y trouvait une douzaine de chaises gothiques à dos élevé ; deux ou trois tables dans lesquelles on se serait miré ; une couple de glaces d'une dimension modeste, mais richement encadrées ; un buffet où était rangée de la vraie porcelaine de Chine ; et le reste du mobilier d'une habitation qui tenait le milieu entre une simple ferme et une maison de campagne proprement dite. Je supposai que c'était la résidence de quelque humble famille qui avait eu plus de rapports avec le monde que de simples paysans, sans pourtant s'être élevée beaucoup au-dessus des habitudes modestes qui les caractérisent.

Nous regardions de l'entrée cette scène de paix domestique et d'ordre parfait, quand une porte intérieure s'ouvrit, et la maîtresse de la maison parut. C'était une femme de près de soixante-dix ans, de moyenne taille, à la démarche lente, quoique ferme, et ayant un air de santé ; elle était habillée à la mode du siècle dernier, simplement, mais avec cette même propreté qui régnait partout autour d'elle. Un tablier, blanc comme neige, semblait défier aucune tache d'en approcher jamais. Sans doute, rien n'annonçait en elle cette distinction de manières qui est le résultat de l'éducation et de la bonne compagnie ; mais sa figure avait une expression de bonté, de bienveillance et de sensibilité ; elle ne parut pas surprise en nous saluant, et nous invita à entrer pour nous asseoir.

— Il est rare que des sloops entrent ici, nous dit-elle ; les endroits qu'ils affectionnent sont plus haut ou plus bas sur le fleuve.

— Et pourquoi donc, ma chère dame ? demanda Marbre qui s'était assis, et qui se mit aussitôt à causer avec toute la franchise d'un marin. Dans mon idée, c'est le meilleur ancrage que j'aie rencontré depuis longtemps. Savez-vous bien qu'il y a de quoi faire venir l'eau à la bouche. Parlez-moi de ça! on pourrait vivre ici tout seul, sans devenir absolument un de vos ermites infernaux.

La vieille femme ouvrit de grands yeux en regardant Marbre, comme si elle ne savait à quelle sauce mettre ce singulier original; et cependant son air était doux et indulgent.

— Je conçois, reprit-elle, que des bateliers préfèrent un autre endroit, parce qu'il n'y a point de taverne ici; tandis qu'à droite et à gauche il y en une à deux milles de distance.

— Vous me faites souvenir que nous nous sommes présentés à votre porte un peu cavalièrement, dis-je à mon tour; mais vous excuserez des marins qui n'ont pas l'intention d'être indiscrets, quoiqu'ils le soient souvent malgré eux en abordant.

— Vous êtes mille fois les bienvenus; ceux qui savent respecter les vieilles gens, et leur parler avec bonté, je suis bien aise de les voir; pour les autres, je les plains et je leur pardonne. Quand on est arrivé à mon âge, on sent tout le prix d'une bonne parole et d'un accueil cordial; car on n'a plus longtemps à en espérer de personne, ni à en faire jouir ses semblables.

— Cette disposition si bienveillante pour les autres vient sans doute de la vie si paisible que vous coulez dans ce charmant endroit.

— Dites plutôt qu'elle vient de Dieu; lui seul est la source de tout ce qu'il y a de bon en nous.

— Sans doute, mais un lieu pareil doit avoir aussi de l'influence sur le caractère. Je suis sûr qu'il y a longtemps que vous habitez cette maison, qui est plus vieille que vous, n'est-il pas vrai?— Peut-être, depuis votre mariage?

— Et bien avant, aussi, Monsieur. Je suis née dans cette maison, et mon père aussi.

— Voilà qui n'est pas très-encourageant pour mon ami, qui s'est pris d'une telle passion pour cette demeure, qu'il voulait l'acquérir. Je vois qu'il fera bien d'y renoncer à présent.

— Votre ami n'a donc point une maison où il demeure avec sa famille?

— Ni maison, ni famille, ma bonne dame, répondit Marbre pour lui-même; et c'est pour cela que je n'ai pas de temps à perdre, si je veux jamais en avoir. Je n'ai jamais eu ni père ni mère à moi connus; ni demeure ni habitation d'aucun genre, autre qu'un navire. J'oubliais : j'ai été ermite une fois; oui, c'est un métier dont j'ai essayé, et j'avais alors une grande île à moi tout seul; mais je n'ai pas tardé à rendre tout à la nature, et je me suis enfui à toutes jambes. Le rôle ne m'allait pas.

La vieille femme regarda Marbre attentivement. Ce langage brusque, franc et simple à la fois du lieutenant, l'avait singulièrement frappée.

— Ermite! répéta-t-elle avec curiosité; j'ai souvent entendu parler d'ermites; j'ai lu beaucoup d'histoires sur leur compte; mais je ne me les figurais pas du tout comme vous.

— Nouvelle preuve que je n'étais pas fait pour le métier. Avant de se faire ermite, il faut sans doute connaître quelque chose de ses ancêtres, de même qu'on regarde la généalogie d'un cheval, avant de décider s'il est propre à disputer un jour le prix dans les courses. Or, comme il se trouve que je ne connais pas la mienne, il n'est pas étonnant que je sois un ermite manqué. C'est singulier, n'est-ce pas, qu'un homme naisse sans nom?

L'œil de notre hôtesse était toujours brillant et animé, et je n'ai jamais vu de regard plus perçant que celui qu'elle jeta sur le ci-devant ermite, pendant qu'il débitait sa tirade sentimentale avec ce ton qu'il prenait dans ses accès de misanthropie.

— Et vous êtes né sans nom? demanda-t-elle avec un intérêt marqué.

— Absolument. Tout le monde naît avec un seul nom, moi je suis né sans nom du tout.

— Cela est si extraordinaire, Monsieur, ajouta notre hôtesse, qui semblait prendre aux tribulations du pauvre Marbre une part plus vive que je ne l'aurais cru possible de la part d'un étranger, — que j'aimerais à savoir comment la chose a pu se faire.

— Je suis tout prêt à vous satisfaire, ma bonne dame; mais, comme un service en mérite un autre, je vous demanderai de répondre d'abord à quelques questions sur la propriété de cette maison, le jardin et le verger. Après votre histoire viendra la mienne.

— Je vois ce que c'est, s'écria la vieille femme alarmée. Vous êtes envoyés ici par M. Van Tassel, pour prendre des informations au sujet de la dette hypothécaire, et pour savoir si elle sera payée ou non.

— Nous ne sommes envoyés ici par personne, ma bonne dame, dis-je en m'interposant; car l'anxiété qui se peignait dans tous les traits de la pauvre femme me faisait vraiment peine; nous sommes ce que vous voyez, des marins qui sont venus à terre pour se dégourdir un peu les jambes, et qui n'ont jamais entendu parler de M. Van Tassel, ni d'argent, ni d'hypothèques.

— Ah! le ciel en soit béni! s'écria la vieille femme en cherchant à se soulager par un profond soupir. L'écuyer Van Tassel est un rude homme, et ce n'est pas une pauvre veuve, qui n'a pour tous parents auprès d'elle qu'une petite-fille de seize ans à peine, qui peut lutter contre lui. Mon pauvre vieil homme a toujours soutenu que l'argent avait été payé; mais maintenant il n'est plus là. L'écuyer Van Tassel présente l'acte, et dit : prouvez seulement que la somme a été payée, et je ne demande plus rien.

— Ma chère dame, lui dis-je, tout ceci est si étrange, que vous n'avez qu'à nous mettre au courant de l'affaire, et vous aurez un défenseur de plus que votre petite-fille. Il est vrai que je suis un étranger pour vous, et que le hasard seul m'a conduit ici; mais la Providence permet souvent de ces interventions mystérieuses, qu'elle dirige elle-même, et j'ai un secret pressentiment que nous pourrons vous être utiles. Racontez-nous donc vos peines, et je vous promets que vous serez entourée des meilleurs avis judiciaires, si votre position l'exige.

La vieille femme parut éprouver quelque embarras, mais en même temps une vive reconnaissance. Il y a un langage auquel on ne peut se méprendre, et qui, partant du cœur, va frapper droit au cœur. Mon offre était sincère, et cette sincérité porta ses fruits ordinaires : on me crut; et, après avoir essuyé une ou deux larmes qui humectaient sa paupière, notre hôtesse me répondit avec la même franchise que j'avais montrée en lui offrant mon appui.

— Vous ne ressemblez guère aux gens de l'écuyer Van Tassel; car, à les entendre, il semble que tout ce qui est ici leur appartienne déjà. De ma vie je n'ai vu de semblables harpies. — Je puis me fier à vous?

— En toute assurance, chère dame, s'écria Marbre en lui serrant cordialement la main. J'ai pris cette affaire à cœur; car j'avais une demi-envie, à la première vue, de devenir moi-même propriétaire de ce petit paradis, par une acquisition loyale, entendons-nous bien, et non par aucune des ruses infernales de vos requins de terre. Cela étant, vous pensez bien que je ne suis nullement tenté d'en céder la possession à ce M. Tassel.

— Il me serait presque aussi pénible de vendre ce bien, répondit la vieille femme, tandis que l'expression de sa figure contristée confirmait ce qu'elle disait, que de me le voir ravi par des fripons. Je vous ai dit que mon père était né dans cette maison ; j'étais sa fille unique, et quand Dieu l'appela à lui, ce qui arriva douze ans après mon mariage, la petite ferme me revint naturellement. Elle aurait été à moi dès ce moment, sans aucune charge ni aucune restriction quelconque, sans une faute commise dans ma première jeunesse. Ah! mes amis, c'est une grande illusion de faire mal, et de croire pouvoir se soustraire aux conséquences.

— Le mal que vous avez fait, ma bonne dame, reprit Marbre, s'efforçant de consoler la pauvre créature, dont les larmes commençaient alors à couler abondamment, le mal que vous avez fait ne saurait être grand' chose. S'il s'agissait d'un loup-garou tel que moi, ou même de Miles que voici, qui est une espèce de saint de mer, il pourrait y avoir encore de quoi faire un petit compte assez raisonnable ; mais, sur le grand livre que votre conscience tient au courant, je parierais que la page de l'actif est toute pleine, et qu'au passif il n'y a que zéro.

— C'est ce qui n'arrive à personne sur la terre, mon jeune ami, —Marbre était jeune en comparaison de sa compagne, quoiqu'il eût cinquante ans bien sonnés. — Ma faute ne fut rien moins que de violer un des commandements de Dieu.

Mon lieutenant ne laissa pas que d'être étonné de cet aveu ingénu ; car, pour lui, violer les commandements, c'était tuer, voler, ou blasphémer. Les autres péchés défendus par le Décalogue, il en était venu par l'habitude à ne les regarder que comme des misères.

— Je pense qu'il y a ici quelque méprise, chère dame, dit-il, comme pour la consoler ; vous avez pu tomber dans quelques petites peccadilles, mais cette violation des commandements est quelque chose de sérieux.

— Et pourtant j'ai violé le quatrième. J'ai omis d'honorer mon père et ma mère ; néanmoins le Seigneur a été miséricordieux, puisqu'il m'a laissée si longtemps sur la terre ; mais c'est l'effet de sa bonté, mais non d'aucun mérite de ma part.

—N'est-ce pas une preuve que l'erreur a été pardonnée? m'aventurai-je à dire ; si le repentir peut acheter la tranquillité d'esprit, je suis sûr que ce soulagement ne vous a pas manqué.

—Qui sait? Je crois que cette malheureuse hypothèque, et le danger que je cours de n'avoir bientôt plus un toit pour abriter ma tête, proviennent de ce seul acte de désobéissance. J'ai été mère moi-même, et je le suis encore, ma petite-fille m'est aussi chère que me l'était sa mère bien-aimée ; et c'est surtout quand nous avons des enfants, quand nous éprouvons par expérience que les affections descendent plus qu'elles ne remontent, que nous comprenons tout le prix de ce commandement.

—Ne croyez pas, repris-je, que je cède à une indiscrète curiosité, en vous demandant de me faire connaître vos peines ; c'est parce que j'ai l'espoir de les soulager que j'insiste encore, et je ne trahirai pas votre confiance.

La vieille femme me regarda de nouveau fixement à travers ses lunettes.

—Il serait mal de ne pas finir, à présent que j'ai commencé, dit-elle ; car vous pourriez croire que Van Tassel et ses amis sont les seuls à blâmer, tandis que ma conscience me répète que ce qui est arrivé n'est que le juste châtiment de mon grand péché. Vous aurez de la patience pour la pauvre vieille, et vous l'écouterez jusqu'au bout, n'est-ce pas? Je ne suis pas d'un âge où il prenne envie de tromper personne. Les jours sont comptés, quand on n'a plus que des cheveux blancs ; et, n'était Kitty, je verrais arriver le coup fatal sans grande peine. Vous saurez que nous sommes Hollandais d'origine, descendant de la colonie primitive, et que nous nous nommions Van Duzers. Il est probable, mes amis, ajouta la bonne femme, en hésitant, que vous êtes Yankees de naissance?

—Je ne puis le dire, répondis-je, quoique je sois d'extraction anglaise ; ma famille est depuis longtemps de New-York, mais elle ne remonte pas tout à fait jusqu'au temps des Hollandais.

—Et votre ami? il garde le silence ; peut-être est-il de la Nouvelle-Angleterre? Je ne voudrais rien dire qui lui fût pénible ; car mon histoire pourra mettre son patriotisme à une rude épreuve.

—N'y faites pas attention, chère dame, débitez-nous tout cela en bloc, comme une cargaison dont on est pressé de se défaire, dit Marbre avec ce sentiment d'amertume qui lui était ordinaire quand il faisait allusion à sa naissance; il n'y a pas d'homme dans l'univers devant qui on puisse parler plus librement de ces sortes de choses que Moïse Marbre.

— Marbre! c'est un nom bien *dur!* reprit la vieille femme avec un léger sourire; mais qu'importe, pourvu que le cœur ne soit pas comme le nom? Mes parents étaient Hollandais, et vous avez pu entendre dire comment les Hollandais et les Yankees vivaient entre eux avant la révolution. Proches voisins, ils étaient loin de s'aimer. Les Yankees disaient que les Hollandais étaient des imbéciles; les Hollandais, que les Yankees étaient des fripons. Je n'ai pas besoin de vous dire que je suis née avant la révolution, quand le roi George II était sur le trône et gouvernait le pays; et quoique ce fût longtemps après l'époque où les Anglais étaient devenus nos maîtres, c'était encore avant que nos compatriotes eussent oublié leur langue et leurs traditions. Mon père lui-même ne naquit qu'après l'arrivée des gouverneurs anglais, comme il me l'a souvent répété; mais n'importe, il aima la Hollande jusqu'au dernier moment, et les coutumes de ses pères.

— Tout cela est naturel, ma bonne vieille, dit Marbre avec un peu d'impatience, mais venons au fait; un Hollandais ne peut pas plus s'empêcher d'aimer la Hollande, qu'un Anglais d'aimer les bonnes liqueurs qu'elle produit. J'ai été dans les Pays-Bas, moi qui vous parle. Quelle drôle de vie amphibie on mène là! — ni à bord, ni à terre!

La vieille femme éprouva pour Marbre un surcroît de considération et d'estime après cette déclaration. A ses yeux, c'était un plus grand exploit d'avoir vu Amsterdam que ce n'en serait un aujourd'hui de visiter Jérusalem. Au train dont vont les choses, c'est presque un déshonneur pour un homme du monde de n'avoir point vu les pyramides, la Mer Rouge et le Jourdain.

— Si mon père n'avait jamais vu la terre de ses ancêtres, continua la vieille, il ne l'en aimait pas moins. Malgré la jalousie des Yankees et leur peu de sympathie pour les Hollandais, il en venait souvent parmi nous pour chercher fortune; ils n'aiment guère à rester chez eux, et je ne saurais nier qu'il n'y ait eu des circonstances où ils parvinrent à s'approprier quelques-unes des fermes faisant partie des propriétés des Pays-Bas, d'une manière qu'il aurait mieux valu pour eux d'éviter.

— J'admire votre réserve, ma brave dame, et l'on ne saurait avoir plus de charité pour les faiblesses humaines.

— Je dois en avoir, d'abord à cause de mes péchés, et ensuite par égard pour les habitants de la Nouvelle-Angleterre ; car mon mari était de cette race.

— Allons, voilà l'histoire qui commence à prendre son cours régulier, Miles, me dit Marbre en inclinant la tête en signe d'approbation. Bientôt va venir l'amour, et si, ensuite, nous n'avons pas du grabuge, que je sois le vieux garçon le plus endurci de l'univers.

— Sachez donc, continua notre hôtesse, souriant en dépit de ses peines, qui se réveillaient si douloureusement dans son âme au moment de les raconter, qu'un jeune homme, Yankee de naissance, vint s'établir parmi nous, comme maître d'école, quand je n'avais que quinze ans. Nos compatriotes voulaient que leurs enfants apprissent tous à lire l'anglais ; car ils avaient éprouvé combien il est désavantageux de ne connaître ni la langue de ses chefs, ni leurs lois. Je fus envoyée à l'école de George Wetmore, comme presque tous les autres enfants du voisinage, et j'y allai pendant trois ans. Si vous étiez sur la hauteur au-dessus du verger là bas, vous verriez la maison ; car ce n'est pas loin, et c'est un chemin que j'ai fait quatre fois par jour pendant ces quatre années-là.

— Nous commençons à voir la terre ! s'écria Marbre en allumant un cigare, car c'est une liberté qu'il crut pouvoir prendre sous un toit hollandais. Le maître en apprit plus à son élève qu'il n'y en avait dans le syllabaire ou dans le catéchisme. Nous vous en croirons sur parole quant au gisement de la maison, attendu qu'elle n'est pas en vue.

— Oui, et c'est ce qui mit si fort mes parents en colère quand George demanda à m'épouser. Il ne s'y hasarda qu'après m'avoir ramenée pendant toute une année jusqu'à l'entrée du verger, et avoir accompli un service aussi long, et avec non moins de patience, que Jacob pour Rachel.

— Voyons, comment les vieux reçurent-ils cette ouverture ? comme de bons parents sans doute, qui ne veulent que le bonheur de leur enfant ?

— Dites plutôt comme des enfants de la Hollande, qui écoutent leurs préjugés contre les enfants de la Nouvelle-Angleterre. Ils ne voulurent pas en entendre parler, et ils voulurent me faire épouser mon propre cousin, Petrus Storm, qui n'était pas fort aimé même dans sa famille.

— Et je vois que vous avez jeté l'ancre, et déclaré que vous ne quitteriez pas le mouillage paternel.

— Si je vous comprends bien, Monsieur, je fis toute autre chose. J'épousai George secrètement, et il continua à tenir l'école encore pendant un an, quoique la plupart des jeunes filles lui fussent retirées l'une après l'autre.

— Oui, oui, connu! on ferma la porte de l'écurie après que le cheval avait été volé. Enfin, vous voilà mariée, ma bonne vieille.

— Au bout d'un certain temps, il me fallut aller visiter une parente qui demeurait un peu plus bas sur les bords du fleuve. Ce fut là que j'accouchai de mon premier enfant, à l'insu de mes parents; et George le confia à une pauvre femme qui venait de perdre le sien; car nous craignions encore que notre secret ne fût découvert. C'est alors que commença le châtiment pour avoir violé le saint précepte.

— Comment cela, Miles? demanda Moïse. Est-ce qu'il y a un précepte qui défend à une femme mariée d'avoir un fils?

— Vous voyez bien, mon ami, que ce que cette bonne femme se reproche, c'est de s'être mariée contre le gré de ses parents.

— Assurément, et j'en ai été bien punie. Quelques semaines après, je revins à la maison, et j'y reçus bientôt la triste nouvelle de la mort de mon premier-né. Dans l'accès de ma douleur, mon secret m'échappa, et la nature parla si haut dans le cœur de mes pauvres parents, qu'ils pardonnèrent tout, firent venir George auprès d'eux, et le traitèrent toujours depuis lors comme s'il eût été leur propre fils. Mais il était trop tard; si la réconciliation eût eu lieu seulement quelques semaines plus tôt, mon cher enfant vivrait encore.

— Comment cela, puisqu'il était déjà mort?

— Je le croyais. Mais la misérable à qui George l'avait confié l'avait exposé parmi des étrangers, pour s'épargner tout embarras, et s'assurer les vingt dollars qui lui avaient été donnés, sans avoir aucune dépense à faire.

— Arrêtez! m'écriai-je. Au nom du ciel, ma bonne dame, en quelle année cela s'est-il passé?

Marbre me regarda tout étonné, quoiqu'il commençât à entrevoir vaguement le but de ma question.

— C'était au mois de juin 17—. Pendant trente longues années, je crus que mon enfant était mort effectivement; puis alors le cri involontaire de la conscience me révéla la vérité. La malheureuse n'eut pas le courage d'emporter avec elle son secret dans la tombe; elle me fit appeler et me révéla tout.

— Qu'elle avait déposé l'enfant dans un panier, sur une pierre tumulaire, dans un atelier de marbrier, à New-York? dis-je avec toute la rapidité dont j'étais capable.

— Oui vraiment! Comment un étranger peut-il connaître si bien tous ces détails? qu'est-ce que la Providence me réserve encore?

Marbre poussa un profond soupir. Il se cacha la figure dans les deux mains, pendant que la pauvre femme nous regardait alternativement l'un et l'autre, dans l'attente de ce qui allait suivre. Je ne pouvais la laisser plus longtemps dans l'incertitude; mais, la préparant par degrés, je lui appris que l'homme qui était devant elle était son fils. Après un demi-siècle de séparation, la mère et l'enfant se trouvaient ainsi réunis par l'intervention d'une inscrutable Providence! Le lecteur se figure aisément les explications qui suivirent. Toutes les circonstances se rapportaient trop exactement pour qu'il pût rester l'ombre même d'un doute. Mistress Wetmore, à l'aide des renseignements fournis par la nourrice infidèle, avait pu suivre la trace de son enfant jusqu'à la maison de charité; mais elle n'avait pu savoir sous quel nom il en était sorti. La révolution finissait au moment où elle prit ses informations, et il paraît que quelques registres s'étaient égarés. Cependant on interrogea de tous les côtés; on rapprocha les renseignements et les conjectures; le mari et la femme n'épargnèrent ni l'argent ni les démarches. Tout fut longtemps inutile. Enfin on découvrit une vieille surveillante qui prétendait savoir toute l'histoire de l'enfant apporté de l'atelier d'un marbrier. Cette femme sans doute était honnête, mais sa mémoire l'avait trompée. Elle dit que l'enfant avait été appelé Pierre, au lieu de Marbre, méprise assez naturelle, d'autant plus qu'un enfant de ce nom avait quitté la maison peu de mois auparavant. On se mit à la piste de ce Pierre. Il avait été d'abord placé comme apprenti chez un marchand; puis il était entré dans un régiment d'infanterie de l'armée britannique, qui avait accompagné le reste des troupes, lors de l'évacuation, le 25 novembre 1783.

Les Wetmore s'imaginèrent que pour le coup ils étaient sur la trace de leur enfant; il était infailliblement en Angleterre, portant toujours la livrée du roi. Après une longue consultation entre les parents inconsolables, il fut décidé que George Wetmore partirait pour Londres pour continuer ses recherches. Mais à cette époque l'argent était rare. Ces braves gens trouvaient bien moyen de vivre honorablement du produit de leur petite ferme, mais ils n'étaient pas riches en argent comptant. Tout ce qu'ils en possédaient était passé dans les recherches antérieures, et même une petite dette avait dû être contractée à cette occasion. Il ne restait donc d'autre alternative que d'emprunter en donnant la ferme pour hypothèque. Il en coûtait beaucoup, mais que ne ferait pas un père pour son enfant? Un agent d'affaires, nommé Van Tassel, se montra tout disposé à avancer cinq cents dollars sur un bien qui en valait au moins trois mille. Cet homme faisait partie de cette classe odieuse d'usuriers de province qui s'abattent sur les malheureux comme d'avides oiseaux de proie pour en exprimer toute la substance, engeance encore plus détestable que leurs pareils des grandes villes, parce que leurs victimes sont dans une détresse réelle qu'un désir immodéré de s'enrichir tout d'un coup n'a pas amenée, et qu'en même temps leur ignorance et leur peu d'habitude des affaires les rend encore plus faciles à exploiter. On ne saurait croire avec quelle patience infatigable ces misérables attendent le moment propice pour faire ce qu'ils appellent un bon coup. Ce Van Tassel avait des motifs particuliers pour convoiter la petite ferme de mistress Wetmore, sans parler de sa valeur intrinsèque; et pendant des années il se montra d'une douceur et d'une longanimité à toute épreuve. Il laissa s'accumuler les intérêts jusqu'à ce que la dette s'élevât à la somme totale de mille dollars. Pendant ce temps le père était allé en Angleterre; à force de soins et de frais, il avait retrouvé le soldat, uniquement pour acquérir la certitude que Pierre connaissait parfaitement ses parents, et en attendant, il avait dépensé tout son argent.

Des années d'anxiété et de détresse suivirent, et le père succomba graduellement sous le poids de ses infortunes. Une fille unique, qui elle-même avait perdu son mari, le suivit de près au tombeau, léguant la petite Kitty à la pauvre veuve. C'était ainsi que Catherine Van Duzer, notre vieille hôtesse, était restée presque seule au déclin de la vie pour lutter contre la pauvreté. Cependant, peu de mois avant sa mort, George avait réussi à vendre quelques terres dépendant de la ferme, et avec le produit de la vente, il avait remboursé

Van Tassel. Il avait même montré la quittance à sa femme. C'était peu de temps avant sa dernière maladie. Un an après, on conseilla à la veuve de demander la mainlevée de l'hypothèque; mais il fallait représenter la quittance, et elle ne put jamais se retrouver. Dans son ignorance complète des affaires, la pauvre femme ne s'en occupa plus. Lorsque, plus tard, il fallut cependant revenir à la charge, on lui répondit en lui demandant de fournir la preuve qu'elle avait payé. Ce fut le commencement de l'attitude hostile de Van Tassel; depuis lors il avait poursuivi ses démarches, et la vente du bien était même affichée depuis quelques jours, quand mistress Wetmore retrouva si à propos son fils.

## CHAPITRE III.

> Je vous somme par la loi, dont vous êtes l'une des plus nobles colonnes, de procéder au jugement. Sur mon âme! je jure que rien au monde ne me fera changer : je saurai faire valoir mes droits !
> SHAKSPEARE.

Il n'est pas facile de dépeindre l'effet immédiat que produisit cette découverte sur les parties intéressées. Mistress Wetmore se représentait toujours son fils comme un petit enfant au berceau, souriant à sa mère; et elle avait devant les yeux un loup de mer à la face rubiconde, aux traits durs, aux manières grossières, qui était déjà d'un âge plus que mûr. Elle n'avait pu apprécier encore ses bonnes qualités, et elle était obligée d'accepter ce bienfait de la Providence tel qu'il lui était offert. Néanmoins l'amour d'une mère ne se refroidit pas aisément, et je ne tardai pas à voir la vieille femme fixer les yeux sur Marbre avec une expression d'intérêt et de tendresse qu'ils n'avaient certainement pas avant les révélations.

Pour le lieutenant, à présent que le plus ardent désir de sa vie se trouvait si inopinément réalisé, il était tellement pris à l'improviste qu'il en restait tout ébahi. Sa mère se trouvait être une veuve respectable, d'une position égale à la sienne, en possession d'un bien peu considérable il est vrai, et grevé d'hypothèque, mais enfin qui était depuis longtemps dans la famille. Le fait est que Marbre, remué profondément par cet appel imprévu fait aux sentiments les plus tendres de son cœur, et honteux d'y céder, se roidissait contre son émotion de toutes ses forces. Je voyais qu'il était content de sa mère, tandis qu'il n'était guère content de lui-même; et lorsque toutes les explications furent terminées, que la mère eut donné un libre cours à ses larmes et béni son enfant, pour donner à Marbre le temps de se remettre, — car je voyais qu'il étouffait, — je lui dis d'aller jeter un coup d'œil sur le canot, et je restai seul avec mistress Wetmore.

Je profitai de cette occasion pour lui expliquer mes rapports avec Marbre, et lui tracer en peu de mots l'historique de sa vie et de son caractère, laissant dans l'ombre les côtés faibles et faisant ressortir au contraire les parties brillantes. Je la tranquillisai en même temps au sujet de la ferme; puisque, en mettant les choses au pire, son fils avait deux fois plus d'argent qu'il n'en fallait pour la dégager.

— C'est pour lui que la dette a été contractée, ma chère mistress Wetmore, et il sera heureux de l'acquitter. C'est ce que je l'engagerai à faire sans plus attendre. Si jamais la quittance se retrouve, il faudra bien que ce Van Tassel rende gorge; car quoique la loi ferme les yeux sur bien des griefs, celui-ci est trop criant pour ne pas être redressé, pourvu que vous puissiez être en règle. Je chargerai Moïse.....

— Son nom est Oloff, ou Olivier, interrompit vivement la vieille dame; c'était le nom de mon père, et je le lui donnai en le faisant baptiser, avant de le confier à la nourrice, dans l'espoir que son grand-père pourrait le voir d'un œil plus favorable, quand il viendrait à apprendre mon mariage. Oloff Van Duzer Wetmore est son vrai nom.

Je ne pus m'empêcher de sourire en me figurant Marbre naviguant sous cette kirielle de dénominations formidables, et j'allais proposer un compromis, quand mon ami rentra. Marbre avait repris son sang-froid pendant la demi-heure qu'avait duré son absence; et je vis au regard bienveillant qu'il jeta sur sa mère, qui le lui rendit avec le plus tendre empressement, que les choses allaient aussi bien que je pouvais le désirer; et pour éviter qu'un nouvel accès de sensibilité ne fît renaître l'embarras qu'ils avaient éprouvé auparavant, je repris a conversation.

—Nous parlions de votre vrai nom, Moïse, au moment où vous

entriez. Vous sentez bien qu'il ne conviendrait pas que vos amis vous appelassent d'un nom, et votre mère d'un autre. Il vaut mieux laisser là Moïse Marbre tout d'un coup.

— Si j'en fais rien, je veux bien être.....

— Chut! vous oubliez où vous êtes et en présence de qui vous vous trouvez.

— J'espère que mon fils apprendra bientôt qu'il est toujours en présence de son Dieu, dit la mère d'un ton de reproche.

— Oui, oui, mère, c'est à merveille, et sous ce rapport-là, vous ferez de moi tout ce que vous voudrez; mais quant à ne pas être Moïse Marbre, voyez-vous, autant vaudrait me dire de n'être plus moi-même. On ne peut pas changer de nom comme de chemise, et le mien a été assez dur à trouver pour que je n'aime pas à m'en séparer. Non, non, on me dirait tout à l'heure que j'ai pour parents un roi et une reine et que je vais leur succéder sur le trône; je veux bien, m'écrierais-je; mais alors je serai le roi Moïse Marbre I$^{er}$.

— Vous réfléchirez encore, et vous vous rendrez à nos désirs.

— Voulez-vous que je vous dise, mère! et c'est un moyen de mettre tout le monde d'accord, je coudrai le vieux nom au premier, et tout cela formera le pavillon sous lequel je naviguerai.

— Peu m'importe de quel nom on vous appelle, mon fils, pourvu que personne n'ait à rougir du nom que vous portez. Ce monsieur me dit que vous êtes un homme honnête et plein de cœur; et c'est ce dont je ne cesserai jamais de remercier Dieu.

— Ah! Miles a donc entonné mon éloge? Prenez garde, mère, je vous préviens qu'il a une langue joliment pendue! La nature l'avait destiné à être avocat, mais le hasard en a fait un marin, et un fameux marin, je vous en réponds. Mais quel doit être mon nom, suivant la loi?

— Oloff Van Duzer Wetmore Moïse Marbre, suivant votre expédient de réunir tous vos noms ensemble; ou bien, changeant d'amures, Moïse Oloff Marbre Van Duzer Wetmore, si vous l'aimez mieux.

Moïse se mit à rire; et comme je vis, à la disposition d'esprit dans laquelle il se trouvait, qu'il n'y avait aucun inconvénient à le laisser avec sa mère, et qu'il ne restait plus qu'une heure ou deux avant le coucher du soleil, je me levai.

— Vous pouvez, Marbre, lui dis-je, rester ici cette nuit avec votre mère. Je vais tenir le sloop à l'ancre jusqu'à demain matin, et, quand vous reviendrez, nous aviserons, à tête reposée, aux arrangements à prendre pour l'avenir.

— Je ne vais pas perdre mon fils sitôt après l'avoir retrouvé? demanda la vieille femme avec inquiétude.

— Soyez donc tranquille, mère, puisque je reste ici ce soir. Allez, vous m'aurez avec vous plus que vous ne voudrez, et vous ne serez pas fâchée de vous débarrasser de moi à la fin.

Je quittai alors la maison, et, suivi de Marbre, je me dirigeai vers le canot. J'en étais à moitié chemin, quand j'entendis derrière moi une sorte de sanglot étouffé ; je me retournai, et je vis mon lieutenant dont les joues brûlées par le soleil étaient sillonnées par de grosses larmes. Son émotion, si longtemps contenue, avait fini par déborder, et cette rude mais honnête nature n'avait pu résister à l'influence de tant de sentiments divers. Je lui pris la main, je la serrai, sans rien dire ; mais je m'arrêtai, ne voulant pas rejoindre Neb avant d'avoir donné à mon compagnon le temps de reprendre son sang-froid. Au bout d'une minute ou deux, Marbre fut le premier à me parler.

— C'est comme un rêve, Miles, murmura-t-il enfin ; on dirait que c'est encore plus contre nature que de se faire ermite.

— Vous vous y ferez, Marbre, et vous verrez qu'il n'est rien de plus naturel.

— Dire que je suis un fils, et que j'ai une véritable mère vivante !

— Vous saviez bien que vous aviez eu des parents, et c'est un grand bonheur à votre âge d'avoir encore sa mère !

— Et c'est une brave et honnête femme, dont ni le président des Etats-Unis ni le premier commodore de la marine de la république ne rougiraient au moins !

— Eh bien ! tout cela n'est-il pas heureux ?

— C'est qu'elle a une excellente mine, ma mère, par-dessus le marché. Je vais la faire habiller des pieds à la tête, et je la conduirai à la ville à la première occasion.

— Et pourquoi faire voyager ainsi cette chère femme? vous y penserez à deux fois, Marbre.

— A deux fois ? c'est-à-dire que je la conduirai aussi à Philadelphie, et peut-être à Baltimore. Il y a les jardins, les théâtres, les muséum, et une foule de choses que je suis sûr que la chère vieille n'a jamais vues.

— C'est possible ; mais ou je me trompe fort, ou votre mère préférerait une église à tout cela.

— Eh ! bien, qu'à cela ne tienne ! il y a des églises dans toutes ces villes. Prenons, si vous voulez, le côté religieux de la chose, et vous verrez que je ne puis tarder à conduire ma mère à York. Elle n'est plus jeune, entendez-vous, et elle ne peut vivre éternellement, uniquement pour me faire plaisir. D'un autre côté, elle a toujours été clouée à la même église ; c'est monotone à la longue ; et un peu de variété ne fait pas de mal en religion, comme en toute autre chose.

— C'est une opinion qui ne fait que trop de progrès parmi nous, Moïse. Mais nous parlerons de tout cela plus amplement demain matin. Une bonne nuit de repos nous calmera un peu la tête.

— Je ne dormirai pas une seule minute. — Non, non, j'aurai fait ses paquets avant le déjeuner, et je la conduirai à bord du sloop. Je suis sûr qu'elle s'y trouvera comme un poisson dans l'eau, et il n'est nullement dit que je ne l'emmènerai pas ensuite dans mes grands voyages.

— Allons donc ! maintenant que vous avez une maison, une mère, et d'autres devoirs à remplir, vous resterez tranquillement chez vous, monsieur Wetmore.

— Au diable Wetmore ! Est-ce que vous vous imaginez, Miles, que je vais abandonner ma profession, renoncer à la mer, me séparer de vous ?

— Vous vouliez être ermite, il y a quelque temps ; seulement vous trouviez votre ermitage un peu trop solitaire. Si vous aviez eu un ou deux compagnons, vous auriez été content, disiez-vous. Eh bien ! vous avez ici tout ce que vous désiriez : une mère, une nièce, une ferme, un jardin, un verger, et assis sur ce banc, vous pouvez fumer un cigare, boire votre grog, et voir passer les embarcations qui descendent et qui remontent l'Hudson.

— Des sloops, rien que des sloops infernaux ! grommela Moïse avec un certain dédain.

— Ecoutez donc ; un sloop a bien son mérite, quand on ne peut pas avoir mieux. Et puis il y a cette affaire de M. Van Tassel à arranger ; vous pouvez en avoir pour dix bonnes années de procès, pour vous distraire.

— J'en aurai bientôt fini avec le drôle, quand il me tombera sous la main. — Vous avez raison, Miles. Il faut que cette affaire soit terminée avant que je lève l'ancre. Ma mère dit qu'il demeure tout près d'ici. Je vais, ce soir même, aller lui dire deux mots.

Cette déclaration me donna à réfléchir. Je connaissais Marbre trop bien pour ne pas craindre qu'il ne fît quelque coup de tête s'il était abandonné à lui-même dans une négociation de cette nature, et je crus devoir revenir sur mes pas pour prendre de nouveaux renseignements. Les marins cèdent si vite au premier mouvement! Mistress Wetmore me confirma ce que son fils m'avait dit; et comme le seul valet de ferme qu'elle employât était occupé à atteler le cheval à un vieux cabriolet pour aller chercher Kitty, qui était à peu de distance chez quelques amies, j'offris de partir à sa place afin de pousser en même temps jusque chez l'homme d'affaires. Je pris l'affiche de la vente pour la lire en route, et je partis avec Marbre.

Il nous restait encore assez de temps pour cette petite excursion. Il est vrai que le cheval était comme la maison, comme la maîtresse, comme le valet de ferme, comme la voiture, comme tout ce que nous avions vu à Willow Cove (l'Anse des Saules) — c'était le nom de l'endroit, — il était vieux; il n'allait donc pas vite, mais du moins il avait le pied sûr. Nous avions d'abord à gravir un ravin, ce dont la pauvre bête ne s'acquitta pas trop mal, et le paysan nous accompagna à pied jusqu'à ce que nous fussions en haut du chemin, pour nous indiquer la route.

De la hauteur, — expression qui n'est exacte que par rapport au fleuve, car, dans cette partie de l'État, tout le pays est de niveau, — la vue était étendue et très-jolie. Willow Grove (le Bocage des Saules) comme Marbre appela trois ou quatre fois l'habitation de sa mère pendant que nous montions doucement, avait un aspect des plus pittoresques, encadré comme il l'était par les hauteurs qui dominent le fleuve. Dans l'intérieur des terres, nous voyions une centaine de fermes, des bosquets sans nombre, un hameau à un mille de nous, un vieux clocher d'église en forme d'éteignoir, et plusieurs maisons de bois peintes en blanc, entremêlées çà et là de quelques constructions antiques en briques ou en pierres, blanchies à la chaux; car les Hollandais de l'État de New-York avaient apporté avec eux les habitudes de leur pays.

Le guide nous indiqua la maison de Van Tassel, et une autre où nous devions trouver Kitty. Le cheval n'était pas vif, et Marbre et moi nous eûmes tout le temps de préparer nos batteries avant d'arriver au terme de notre destination. Après un débat assez animé, je parvins à convaincre mon compagnon que ce ne serait pas le parti le plus sage de commencer par rosser d'importance l'homme d'affaires, ce qui lui semblait le début tout à la fois le plus simple et le plus convenable. Il fut arrêté, par exemple, qu'il se présenterait comme le fils de mistress Wetmore, titre qui lui donnait le droit de demander toute espèce d'explications.

— Je vois d'ici ce que doivent être ces usuriers, comme vous les appelez, Miles, dit Moïse ; c'est quelque chose comme les prêteurs sur gages, n'est-ce pas? En voilà qui pressurent les pauvres marins, et j'en sais quelque chose pour avoir eu une fois affaire à eux! oui, oui, je débuterai par intimer au vieux coquin que je suis Van Duzer Oloff Marbre Wetmore Moïse, — il choisira le nom qu'il voudra, et je soutiendrai mes droits d'une manière qui l'étonnera. Mais vous, que ferez-vous pendant ce temps?

Je réfléchis que si je pouvais amener Marbre à employer une sorte de stratagème, il en résulterait ce bon effet qu'il n'aurait pas recours aux voies de fait, vers lesquelles je ne le voyais que trop pencher, et que je redoutais un peu. Voici donc ce que j'imaginai.

— Vous me présenterez, lui dis-je, simplement sous le nom de M. Miles Wallingford, mais avec une certaine solennité, de manière à laisser croire à ce M. Van Tassel que je suis une espèce d'avocat ; cela pourra le tenir en respect et l'amener plus facilement à composition. Ne dites pas que je suis avocat, ce serait mentir ; et puis il serait trop honteux ensuite d'être obligé de se rétracter, quand la vérité viendrait à être connue.

Marbre saisit la balle au bond, et cette idée lui sourit beaucoup, quoiqu'il affirmât qu'il était impossible de jouer le rôle d'avocat sans mentir un peu, et que la vérité était beaucoup trop bonne pour un de ces usuriers infernaux. Cependant je le raisonnai si bien qu'il se rendit, et nous étions bien convenus de nos faits au moment où nous arrivâmes à la porte de la maison.

Il n'y avait dans la résidence de l'écuyer Van Tassel rien qui dénotât l'usurier rapace, si ce n'est un certain air de négligence à l'extérieur. Ses amis prétendaient que c'était le résultat de son indifférence pour les apparences, mais la multitude l'attribuait plus justement à la parcimonie. Quand l'âme elle-même est absorbée dans l'occupation mécanique d'entasser or sur or, l'esprit recule à l'idée d'en distraire la plus légère parcelle pour quelque emploi que ce soit; de là ce dédain pour les dehors qui est le trait caractéristique de ces sortes de personnes. A cela près, la maison de Van Tassel était une des plus belles de cette partie du pays. Nous frappâmes, on nous ouvrit, et nous fûmes introduits sans difficulté dans le cabinet de l'homme d'affaires.

L'écuyer Van Tassel, comme on l'appelait généralement, braqua sur nous deux yeux perçants, dès que nous entrâmes, sans doute pour reconnaître si nous étions des emprunteurs. Je devais pour mon compte en avoir assez la mine, car j'étais grave et préoccupé; mais, pour Moïse, j'aurais défié personne de s'y tromper un seul instant. Il avait plutôt l'air de quelque messager infernal envoyé par le Père du Péché pour demander le paiement d'une certaine obligation tracée en lettres de sang, dont le jour fatal d'échéance serait arrivé. Je fus obligé de le tirer par le pan de son habit, pour lui rappeler nos conventions; autrement il commençait par une bordée qui eût été à coup sûr de toute autre chose que de paroles. Il me comprit, et il permit à notre hôte d'entrer le premier en matière.

L'écuyer Van Tassel avait un extérieur très-misérable : on eût été tenté de croire qu'il se laissait mourir de faim, quoique cette apparence tînt plutôt à de certaines habitudes de maintien qu'il avait prises. Il portait des lunettes, et il était dans l'usage de regarder, pardessus, les objets éloignés, ce qui lui donnait encore l'air plus défiant. Il était petit, et pouvait avoir soixante ans; âge où l'accumulation de l'argent cause plus de peine que de plaisir, parce qu'on voit de trop près le terme où il faudra s'en séparer. Et pourtant, de toutes les passions, l'avarice est celle qui quitte la dernière le cœur de l'homme.

— Votre serviteur, Messieurs, commença l'homme d'affaires d'une manière assez civile; votre serviteur; asseyons-nous, s'il vous plaît. — Une belle soirée, n'est-ce pas ? — Et il nous considérait encore plus attentivement par-dessus ses lunettes. — Voilà un temps excellent pour les biens de la terre. Si la guerre continue encore longtemps — nouveau jeu des yeux et des lunettes — nous vendrons toute la substance de nos terres, à force d'envoyer du blé aux nations belligérantes. Savez-vous bien que les hypothèques perdent beaucoup de leur valeur aujourd'hui, et que nous ne sommes pas au bout de leur dépréciation ?

— Oui, vous pouvez le dire, répondit Marbre effrontément; surtout celles qui portent sur les fermes de veuves et d'orphelins.

L'écuyer fut un peu surpris de cette repartie inattendue; il nous considéra l'un après l'autre, puis d'un ton moitié poli, moitié impérieux, il me dit :

— Puis-je demander vos noms, et l'objet de cette visite?

— A coup sûr, dit Marbre, vous en avez le droit, et c'est de toute justice; nous ne rougissons ni de nos noms, ni du but qui nous amène. Quant à celui-ci, vous ne le connaîtrez que trop tôt, je vous en réponds. Mais pour commencer par le commencement, cette personne qui m'accompagne est M. Miles Wallingford, ami intime de mistress Wetmore, cette vieille dame qui demeure en bas de la route, dans une ferme appelée Willow Grove. L'écuyer Wallingford est son ami, Monsieur, et mon ami en même temps, et j'ai grand plaisir à vous faire faire sa connaissance.

— Je suis heureux de voir monsieur, répondit Van Tassel en me dévisageant de nouveau, tandis qu'il jetait un coup d'œil oblique sur une liste alphabétique d'avocats pour voir s'il y trouvait mon nom ; — très-heureux de voir monsieur, qui sans doute est depuis peu de temps dans les affaires, à en juger d'après son âge.

— Il y a commencement à tout, monsieur Van Tassel, répondis-je avec un sang-froid que le vieil usurier n'aimait pas, je crois, à me voir.

— C'est très-vrai, Monsieur, et je souhaite que vos succès au barreau soient aussi grands que votre entrée y a été récente. Votre compagnon a l'air d'un marin plus que d'un avocat. — C'était assez vrai; il n'y avait pas à se méprendre sur la profession de Marbre; quant à moi, j'avais mis une redingote pour venir à terre. — Je présume qu'il n'est pas en activité de service?

— C'est ce qui reste à voir, Monsieur, répondit Marbre. A présent que je vous ai dit le nom de mon ami, je vais vous apprendre qui je suis. On m'appelle Moïse Marbre Wetmore Van Duzer Oloff, ou quelque chose d'approchant, Monsieur, et vous êtes libre de choisir dans la liste le nom qui vous conviendra le mieux. Quelque nom que vous appeliez, je répondrai toujours : Présent!

— C'est un langage auquel vous conviendrez, Messieurs, qu'il est difficile de comprendre quelque chose. Votre visite a-t-elle quelque rapport à mistress Wetmore, à sa ferme, ou à l'hypothèque dont elle est frappée ?

— Oui, Monsieur, et je suis le fils de cette mistress Wetmore,— son fils, Monsieur, son fils unique à cette bonne chère âme.

— Le fils de mistress Wetmore! s'écria Van Tassel en cachant mal sa surprise et son inquiétude. Je savais bien qu'elle avait eu un fils ; mais j'ai toujours entendu dire qu'il avait été impossible de le découvrir. Je ne vois pas, Monsieur, que vous ressembliez en aucune manière ni à George Wetmore, ni à Catherine Van Duzer.

Cette allégation n'était pas exacte. Ceux qui avaient connu George déclarèrent ensuite que Moïse lui ressemblait beaucoup ; et quant à moi, je retrouvais quelque chose de l'expression de la figure de sa mère dans la bouche et dans quelques-uns des traits de mon lieutenant. J'avoue que, si je n'avais pas eu connaissance des liens qui les unissaient, je ne l'aurais pas remarqué ; mais, une fois qu'on était instruit de cette circonstance, il était difficile de ne pas en être frappé.

— Je ne leur ressemble pas ! répéta Marbre du ton d'un homme qui est prêt à chercher querelle à la moindre provocation ; et comment voulez-vous que je ressemble à quelqu'un, après la vie que j'ai menée ? D'abord je fus éloigné de ma mère dix jours après ma naissance ; puis, déposé sur une pierre tumulaire par voie d'encouragement ; après quoi on m'envoya aux Enfants-Trouvés. A dix ans, je prends mes jambes à mon cou, et je m'embarque : je suis successivement mousse, matelot, lieutenant, patron, que sais-je? je suis même un infernal ermite ; et si vous me trouvez quelqu'un qui, après tout cela, ressemble encore à une créature humaine, celui-là peut se vanter d'avoir une figure qui ne change pas plus que celles qu'on voit sur nos monnaies.

— Tout cela, monsieur Wallingford, est si peu intelligible pour moi, que je vous demanderai de me l'expliquer.

— J'ajouterai seulement, Monsieur, que, d'après les données que j'ai recueillies, il n'y a pas un mot, dans ce que vous venez d'entendre, qui ne soit strictement vrai. Je suis convaincu que nous avons devant les yeux Oloff Van Duzer Wetmore, le seul enfant vivant de George Wetmore et de Catherine Van Duzer. Il est venu vous voir au sujet de prétentions qu'on dit que vous élevez sur la ferme que sa mère a héritée de ses parents.

— Qu'on dit que j'élève ! J'ai bien certainement entre les mains l'obligation de George Wetmore, avec une bonne hypothèque consentie par sa femme, laquelle obligation monte avec les intérêts et les frais à la somme de 963 dollars ; et je vais faire procéder à la vente, conformément à la loi. J'ai déjà accordé une remise, pour obliger la veuve ; car on a des entrailles, et il en coûte de presser trop une femme seule et âgée ; mais pourtant il faut bien finir par rentrer dans son argent. Vous savez, Monsieur, que je perds l'intérêt des intérêts, et qu'il faut que je me contente de ce que la loi m'accordera. C'est assez dur dans des temps d'activité comme ceux-ci où il ne se passe pas un jour où il ne se présente une occasion d'escompter du papier excellent. Le commerce a pris un tel essor, monsieur Wallingford, qu'il y a des hommes qui vendraient presque leur âme pour de l'argent.

— Oui, je crois qu'il y en a en effet qui en sont capables. Mais il paraîtrait — je commençais à entrer un peu dans mon rôle d'avocat — que George Wetmore a remboursé la somme intégralement.

— Vous oubliez donc, Monsieur, que l'obligation hypothécaire est toujours entre mes mains. Vous êtes homme d'affaires, et vous devez connaître la valeur de simples commérages et le danger d'y attacher trop d'importance. George Wetmore n'était pas un imbécile ; il n'était pas homme à payer sans reprendre l'acte, ou tout au moins sans se faire donner une quittance ; encore moins à laisser subsister une hypothèque, quand il eût été si simple d'en obtenir la radiation.

— Je suis informé qu'il reçut en effet votre quittance, mais on présume qu'il la perdit avec son portefeuille, qui tomba sans doute de la poche de son habit, le jour même où il revint du tribunal où il avait eu rendez-vous avec vous, et où il assura qu'il vous avait remis l'argent, pour que les intérêts ne courussent pas plus longtemps.

— Voilà un conte bien puéril, et vous ne supposez pas que le chancelier s'en contentera, quand il ne repose que sur un *ouï-dire* rapporté par la partie intéressée à conserver le bien. Vous savez, Monsieur, que la vente ne peut être arrêtée que par une injonction de la Cour de la Chancellerie.

Certes, je n'étais pas un grand légiste ; mais, comme tout Américain, je connaissais cette branche de la jurisprudence du pays, qui se rattachait à mes intérêts. Comme propriétaire, je n'étais pas sans avoir une légère teinture de la loi qui régissait les immeubles, ni de la manière dont les choses se passaient dans la Cour de la Chancellerie, celui de tous les tribunaux où l'on recherchait avec le plus de soin la vérité. Une idée heureuse se présenta tout à coup à mon esprit, et je m'en servis sur-le-champ.

— Je conçois, Monsieur, répondis-je, qu'un juge prudent hésite à s'en rapporter au simple témoignage de mistress Wetmore attestant qu'elle a entendu dire à son mari qu'il avait payé l'argent ; mais rappelez-vous qu'elle peut déférer le serment à la partie adverse. Et je crois que nous tous nous serions mieux édifiés dans cette affaire si vous prêtiez serment que la somme n'a jamais été payée.

Le coup porta. Depuis ce moment, je n'eus pas le moindre doute que Wetmore n'eût versé l'argent, et que Van Tassel ne se le rappelât parfaitement. Je le lisais dans la figure altérée de l'usurier et dans son regard détourné. Si ce n'était pas une preuve suffisante pour une cour de justice, c'était assez du moins pour activer mon zèle et me décider à prendre sérieusement en mains cette affaire. J'attendis la réponse de Van Tassel, en épiant ses moindres mouvements avec une attention qui, évidemment, l'embarrassait beaucoup.

— Catherine Wetmore et moi, dit-il, nous demeurions porte à porte dans notre enfance, et cette malheureuse hypothèque m'a causé plus d'ennui que tout le reste de mes petites propriétés. J'y ai mis tous les ménagements possibles, et j'ai attendu bien longtemps sans faire valoir mes droits. Mais que faire? Après vingt ans, il y aurait présomption de paiement, et je ne pourrais plus rien réclamer. Néanmoins, nous sommes des amis d'enfance, comme je vous le disais, et plutôt que de pousser les choses à l'extrême, je consentirais volontiers à une sorte de compromis.

— Et, dans vos idées de justice, monsieur Van Tassel, quelles seraient les bases de ce compromis?

— Ecoutez, Monsieur : Catherine est vieille, et il serait vraiment cruel de lui faire quitter le toit sous lequel elle est née. Je l'ai toujours pensé, et je le dis avec conviction aujourd'hui. Pourtant je ne puis renoncer à ce qui m'appartient sans compensation, quoique je sois tout disposé à attendre. J'ai dit à mistress Wetmore, avant d'afficher la vente, que si elle voulait signer une nouvelle obligation, qui comprendrait tous les intérêts dus, je serais prêt à lui accorder du temps. Maintenant je propose, comme la manière la plus simple d'arranger l'affaire, de lui laisser, sa vie durant, la jouissance de la ferme, pourvu qu'elle se désiste bien et dûment de tout droit sur la propriété.

Marbre lui-même en savait assez pour comprendre toute la perfidie d'une pareille offre. D'abord, c'eût été reconnaître par le fait qu'on n'avait point payé; ensuite, c'était assurer gratuitement à Van Tassel, dans un délai peu éloigné, la paisible possession de la ferme. Au trépignement de pieds de mon lieutenant, je vis que la bombe était près d'éclater, et je lui fis signe de se contenir, tandis que je soutiendrais la discussion.

— Si mon ami consentait à un arrangement pareil, Monsieur, répondis-je, ce serait littéralement vendre son droit d'aînesse pour un plat de lentilles.

— Vous n'oublierez pas, monsieur Wallingford, qu'une vente par autorité de justice, légalement faite, est une chose sérieuse, et sur laquelle il n'y a plus à revenir. C'est d'aujourd'hui en huit qu'elle doit avoir lieu; et, le contrat une fois signé, je ne conçois pas trop comment on pourrait s'y prendre pour le faire annuler. M. Wetmore que voici ne paraît guère homme à payer comptant mille dollars.

— Nous ne laisserons point passer l'acte, soyez-en bien sûr. J'achèterais plutôt moi-même la propriété; et si plus tard on vient à découvrir que la somme avait été effectivement payée, vous êtes bon pour répondre du capital, des intérêts et de tous les frais.

— Vous êtes jeune, monsieur Wallingford, et vous reconnaîtrez la folie d'avancer de l'argent pour vos clients.

— Je ne suis nullement avocat, comme vous l'avez supposé à tort, Monsieur, mais capitaine de navire, et M. Wetmore est mon lieutenant. Mais nous n'en sommes pas moins pour cela en état de payer mille dollars, et même vingt mille, s'il le fallait.

— Vous n'êtes pas avocat! s'écria Van Tassel en manifestant sa satisfaction par une horrible grimace. Voyez donc ces deux marins qui viennent discuter la validité d'une obligation hypothécaire! La justice serait admirablement rendue, Messieurs, en vérité, si on vous laissait faire! Allons, allons, je vois ce que c'est. Vous avez voulu exploiter ma sympathie pour une vieille femme qui depuis vingt ans vit à mes dépens. Je croirais assez que vos neuf cent soixante-trois dollars se trouveront de la même qualité que vos connaissances en droit.

— Et cependant j'ai cru remarquer, monsieur Van Tassel, que vous ne seriez pas flatté d'avoir à prêter serment devant la Cour de la Chancellerie en réponse à une assignation que pourrait, à mon défaut, dresser un certain Abraham Van Vechten, d'Albany.

— Abrahan Van Vechten est un excellent conseil, et un honnête homme, et il ne se chargerait pas facilement d'une cause qui ne repose que sur un *ouï-dire* de vieille femme, laquelle cherche à conserver sa ferme.

Marbre ne put se contenir plus longtemps. Il me dit ensuite que, pendant le dialogue, il avait pris la mesure du pied de l'usurier, et qu'il avait senti que ce serait une honte de frapper une si frêle créature ; mais entendre mal parler de sa mère, voir ses justes droits, non-seulement méconnus, mais tournés en dérision, c'était plus que sa patience ne pouvait supporter. Se levant brusquement, il se mit à fulminer une des philippiques les plus énergiques en vrais termes de marin. Tous les noms, toutes les épithètes que son vocabulaire put lui fournir, il les entassa sur le vieil usurier, et, tout mérités qu'ils fussent, je ne me permettrai pas de les répéter à mes lecteurs. Je le laissai décharger toute sa bile ; et, après avoir déclaré à Van Tassel qu'il entendrait parler de nous, je réussis à entraîner mon compagnon du côté du cabriolet, avant qu'il en fût venu aux voies de fait. Il était évident que le vieil homme d'affaires était loin d'être à son aise, et qu'il aurait été charmé de nous retenir encore, dans l'espoir de conclure quelque arrangement, s'il était possible ; mais je crus plus sage de laisser un peu dormir l'affaire, après les démonstrations énergiques dont il venait d'être témoin.

Il ne fut pas facile de hisser Marbre dans la voiture. Il se débattait pour revenir sur ses pas et laver de nouveau la tête à l'usurier. Aussi, dès qu'il y fut entré, je mis le cheval au trot, et je me dirigeai vers la maison où nous devions prendre Kitty Huguenin, la petite-fille de la vieille mistress Wetmore.

— Voyons, dis-je à mon lieutenant dès que nous fûmes partis, il faut tâcher de prendre un air plus aimable, ou vous allez effaroucher votre nièce, qui ne vous connaît pas encore.

— L'impudent coquin ! profiter de l'isolement où se trouvait une pauvre vieille, dont le mari était au tombeau, et le fils unique sur l'Océan! Qu'on me parle encore des commandements! il les a violés tous, le monstre!

Marbre continua à grommeler encore quelque temps, comme le tonnerre qui gronde dans le ciel après que l'orage est passé; puis il finit par tomber dans un morne silence.

## CHAPITRE IV.

> Où est la jeune fille dont l'œil eût pu être comparé à l'œil de Laila, ou la bouche à sa bouche; où est la jeune fille qui aima jamais d'un amour plus sincère, ou qui aima jamais un plus charmant jeune homme!
> SOUTHEY.

— MILES, dit Moïse tout à coup, comme s'il sortait d'une profonde rêverie, il faut que je quitte la bonne vieille ce soir même, et que je retourne avec vous à la ville. Je veux réunir l'argent à l'instant même, pour que ce fripon fieffé n'ait pas la moindre chance de jeter le grappin sur Willow Grove.

— Comme vous voudrez, Marbre; mais, pour le moment, préparez-vous à recevoir une nouvelle parente; la seconde sur qui vos yeux se seront fixés dans ce monde.

— Pensez un peu, Miles! ne voilà-t-il pas que j'ai deux parentes à présent, une mère et une nièce! Comme tout cela pleut à la fois!

— Il est probable que vous avez un tas d'oncles, de tantes et de cousins en réserve. Les Hollandais ont des cousins à n'en pas finir; et vous allez les voir accourir de tous les côtés.

Je vis que Marbre avait l'air embarrassé; je crus d'abord que c'était cette perspective de parents qui commençait à le tourmenter; mais il n'était pas homme à me cacher longtemps ce qu'il éprouvait.

— Miles, dit-il en se grattant l'oreille, je ne sais plus comment me tirer de mon bonheur à présent. Dans quelques minutes, je vais être en présence de la fille de ma sœur, de ma propre nièce, — un petit bijou d'enfant, j'en suis sûr — que dis-je? une grande et belle demoiselle, — je veux être pendu si je sais ce qu'on doit faire en pareille circonstance. Ce n'est pas le cas de généraliser, à ce qu'il me semble. La fille d'une sœur, ce doit être à peu près la même chose qu'une fille à soi, si on se trouvait en avoir une.

— Parfaitement raisonné. Eh bien ! donc, rien n'est plus simple. Traitez Kitty Huguenin, comme si elle était Kitty Marbre.

— Oui, oui, tout cela est bon à dire ; mais comment diable voulez-vous qu'un malotru comme moi en sorte jamais, lorsqu'il faudrait un cabestan pour me tirer les idées du cerveau ? Avec la vieille femme, cela allait tout seul, et j'aimerais mieux avoir affaire à une douzaine de mères qu'à une seule nièce. C'est qu'elle est capable encore d'avoir des yeux noirs, des joues roses, une petite mine charmante ! s'il allait falloir l'embrasser ?

— Mais cela va sans dire, et eût-elle des yeux blancs et des joues noires, vous ne pouvez vous en dispenser.

— Allons, je me conformerai à l'usage, répondit Marbre fort innocemment, et tout déconcerté de la position nouvelle où il se trouvait. Mais aussi se voir au même moment fils et oncle, quand on n'en a pas l'habitude ! Encore si ces parentés étaient venues l'une après l'autre !

— Voyons, Moïse, ne vous plaignez pas de votre excès de bonheur. Voici la maison, et je parierais qu'une de ces demoiselles est votre nièce ; tenez, celle qui a son chapeau sur la tête et qui se tient prête à partir, pendant que ses compagnes sont venues la conduire jusqu'à la porte, attendu qu'elles ont entendu le bruit de la voiture. — Ah ! on est intrigué de voir deux étrangers dans le cabriolet, au lieu du conducteur ordinaire.

Marbre toussa, comme pour se dérouiller le gosier, rajusta ses manches, passa ses mains dans sa cravate, composa son maintien ; puis, quand tous ces apprêts furent terminés, le cœur lui manqua, et au moment où j'arrêtais le cheval, il me dit d'une petite voix flûtée qui me fit un singulier effet à moi qui venais de l'entendre tonner si récemment :

— Mon bon ami, rendez-moi un service ; descendez à ma place, et arrangez tout cela. Elles sont quatre ; c'est trois de trop pour moi. Allez ; j'en ferai autant pour vous une autre fois.

Je me mis à rire, je jetai les guides à Marbre qui les saisit à deux mains, comme si ce n'était pas trop de toutes ses forces pour contenir la pauvre bête qui n'avait pas la moindre envie de bouger, et je sautai à terre pendant que les quatre amies observaient mes mouvements avec quelque surprise, riant, chuchotant entre elles, jusqu'au moment où je m'approchai ; alors chacune d'elles prit l'air le plus grave qu'il lui fut possible.

— Je présume que miss Kitty Huguenin est parmi vous, Mesdemoiselles ? dis-je en saluant avec le respect convenable ; car il me semble que voici la maison qu'on m'a indiquée.

Une jeune fille de seize ans, d'un extérieur très-agréable, et qui avait assez de ressemblance avec la vieille mistress Wetmore pour qu'on ne pût s'y méprendre, s'avança vivement hors du petit groupe, puis s'arrêta tout à coup, toute intimidée.

— C'est moi qui suis Kitty, dit-elle en balbutiant ; est-ce que grand'mère m'envoie chercher ?

— Oui, nous venons de la quitter pour aller parler de ses affaires à l'écuyer Van Tassel ; elle nous a prêté sa voiture, à condition que nous vous prendrions en passant, et nous voici.

Je n'avais pas une figure bien effrayante ; aussi Kitty, sans défiance, prit-elle en toute hâte congé de ses compagnes ; et, une minute après, elle était assise entre Marbre et moi, le cabriolet étant assez grand pour contenir trois personnes. Nous partîmes au petit trot, ou plutôt à l'amble, pour parler exactement. Pendant quelques instants nous restâmes silencieux, bien que je m'aperçusse que de temps en temps Marbre jetait un coup d'œil à la dérobée sur sa jolie petite nièce. Ses yeux étaient humides, il toussait, il se mouchait, pour avoir occasion de s'essuyer le front, et je finis par lui dire :

— Il paraît que vous êtes bien enrhumé ce soir, monsieur Wetmore. — Je lui donnai ce nom, comme pour préparer les voies à la reconnaissance.

— Oui, vous savez, Miles, — ça ne va pas, — du diable si je ne suis pas ce soir comme une poule mouillée.

Je sentis la petite Kitty se rapprocher de moi.

— Vous êtes sans doute surprise, miss Kitty, repris-je, de trouver deux étrangers dans le cabriolet de votre grand'mère ?

— Je ne m'y attendais pas, il est vrai ; — mais ne disiez-vous pas que vous reveniez de chez M. Van Tassel ? Est-ce qu'il reconnaît enfin que grand-père lui a compté l'argent ?

— Pas tout à fait ; mais vous avez des amis qui vont prendre chaudement vos intérêts. Est-ce que vous avez craint d'être obligée de quitter la ferme?

— Les filles de l'écuyer Van Tassel s'en sont vantées hautement, dit Kitty de sa petite voix douce et tremblotante ; mais je n'y fais pas grande attention, car, à les entendre, leur père posséderait bientôt tout le pays à lui tout seul. La maison a été bâtie, dit-on, par le grand-père de grand'mère ; grand'mère y est née, ainsi que moi. Il serait dur de la quitter, et cela pour une dette que grand'mère assure avoir été payée.

— Oui, diablement dur! murmura Marbre entre ses dents.

Kitty se rapprocha de nouveau de moi, ou, pour mieux dire, s'éloigna du lieutenant, qui dans ce moment faisait une horrible grimace.

— Ce que vous dites est très-vrai, Kitty ; mais je vous répète que la Providence vous a envoyé des amis qui veilleront sur vous et sur votre grand'mère.

— Oui, oui, s'écria Marbre, la bonne vieille peut dormir tranquille ; elle ne quittera pas la maison tant que je vivrai, à moins que ce ne soit pour aller à la ville visiter le spectacle, les muséum, les dix ou quinze églises hollandaises qui s'y trouvent, et tout le *bataclan*.

Kitty regarda son voisin de gauche avec surprise, mais il me sembla qu'elle n'avait plus tout à fait aussi peur.

— Je ne vous comprends pas, Monsieur, répondit-elle après avoir paru réfléchir un moment ; grand'mère n'a aucun désir d'aller à la ville ; elle ne demande qu'à passer tranquillement le reste de ses jours dans notre vieille maison, et personne n'a besoin de plus d'une église.

Si la chère enfant fût venue au monde quelques années plus tard, elle aurait vu qu'il y a des personnes à qui il en faut une demi-douzaine.

— Et croyez-vous, Kitty, que votre grand'mère ne songe pas à ce que vous deviendriez, si vous veniez à la perdre?

— Oh! Monsieur, elle n'y pense que trop, grand'mère, et je fais tous mes efforts pour la tranquilliser. Pourquoi prévoir un si affreux malheur? Et puis, d'ailleurs, je saurais bien me suffire, et j'ai des amis qui ne me laisseront jamais dans l'embarras.

— Vous en avez un, Kitty, à qui vous ne pensez pas, et qui sera toujours là pour vous protéger.

— Dieu, voulez-vous dire? Oh! croyez-vous que je puisse l'oublier!

— Non, c'est d'un ami sur la terre que je veux parler. J'en connais un que vous n'avez pas encore nommé.

— Un ami? serait-ce Horace Bright, Monsieur?

Ce nom fut prononcé avec une légère rougeur, mais en même temps avec une naïveté enfantine qui me charma.

— Et quel est cet Horace Bright? demandai-je en m'armant de tout mon sérieux.

— Oh! rien, Monsieur, — c'est seulement le fils d'un de nos voisins. Voyez-vous là-bas cette vieille maison en pierres qui s'élève sur le bord de l'eau, au milieu des pommiers et des cerisiers, sur la même ligne que cette grange?

— Parfaitement; elle est dans une très-jolie position. Nous l'avions remarquée en venant.

— Eh bien, c'est là que demeure le père d'Horace; et c'est une des meilleures fermes des environs. Mais grand'mère me répète toujours de ne pas faire attention à ce qu'il dit, parce que les garçons parlent à tort et à travers. Et puis, il n'est pas le seul qui s'intéresse à nous : tout le monde ici nous plaint, quoiqu'on ait peur de l'écuyer Van Tassel.

— Voyez-vous, comme dit grand'mère, ne vous fiez pas trop au jeune Horace ; à son âge, on ne pense pas toujours tout ce qu'on dit.

— Eh bien! moi, je suis bien sûre qu'il le pense, lui; mais il a beau protester que je ne serai jamais abandonnée, ce n'est pas lui que ce soin regarde ; j'ai mes tantes qui ne m'oublieraient pas.

— Et si elles venaient à vous manquer, s'écria Marbre avec une émotion visible, votre oncle est là, ma chère, et on n'aurait pas besoin de l'envoyer chercher, je vous en réponds!

— Quel oncle? répondit Kitty surprise, et se serrant derechef contre moi. Mon père n'a jamais eu de frère, et le fils de grand'mère est mort.

— Non, Kitty, il n'est pas mort, dis-je en faisant signe à Marbre de ne point bouger. C'est une bonne nouvelle que j'avais à vous annoncer. Votre oncle vit, il se porte à merveille ; il a passé l'après-midi avec votre grand'mère ; il a plus d'argent qu'il n'en faut pour satisfaire cet infâme usurier, et ce sera un père pour vous.

— Oh! mon Dieu! serait-il possible? s'écria Kitty en se rapprochant encore de mon côté ; vous, mon oncle ! et je n'étais pas auprès de grand'mère pour l'aider à supporter une si grande secousse !

— Votre grand'mère a très-bien supporté son bonheur ; mais vous vous trompez en supposant que je sois votre oncle. Voyons, regardez-moi bien ; est-ce que je vous parais d'un âge à pouvoir être le frère de votre mère ?

— Voyez un peu comme je suis sotte ! Mais alors est-ce que ce serait Monsieur ?

Marbre, cette fois, suivit l'inspiration de la nature, et, serrant la jolie enfant dans ses bras, il l'embrassa avec une affection vraiment paternelle. La pauvre Kitty fut d'abord un peu effrayée, et peut-être, comme sa grand'mère, un peu désappointée ; mais il y avait tant de franchise dans les manières du lieutenant, qu'elle finit par se rassurer.

— Je suis un pauvre diable d'oncle pour une jeune fille comme vous, Kitty, n'est-ce pas ? Mais il y a pire encore, à ce que je crois. En tout cas, comme je suis il faut me prendre ; et quant à ce vieux scélérat de Van Tassel, n'y pensez plus, et fiez-vous à moi.

— Mon oncle est marin ? Grand'mère avait entendu dire qu'il était soldat.

— Oh ! oui, on avait suivi une fausse piste. Moi, soldat ! porter toujours un fusil sur l'épaule ! cela ne m'aurait pas été. Parlez-moi de la mer, à la bonne heure !

— Et comment se nomme mon oncle ? J'ai entendu dire à grand'mère que son fils avait été baptisé sous le nom d'Oloff.

— Moi, j'ai entendu dire que j'avais été baptisé sous le nom de Moïse. Grand'mère et moi, nous avons déjà ruminé tout cela. Vous savez sans doute ce que c'était que Moïse, mon enfant ?

— Certainement, mon oncle, répondit Kitty avec un léger sourire ; c'était le grand législateur des juifs.

— Est-ce exact, Miles ?

Je fis un signe d'assentiment.

— Et vous savez toute l'histoire des joncs et de la fille du roi d'Ethiopie ?

— Du roi d'Egypte, voulez-vous dire, mon oncle.

— Oui, d'Egypte, d'Ethiopie, n'importe. Cette enfant a été on ne peut mieux éduquée, Miles. Ce sera une fameuse société pour moi, pendant les longues soirées d'hiver, dans quelque vingt ans d'ici, ou quand je serai venu me retirer dans la latitude de la bonne chère vieille.

Une légère exclamation de Kitty, suivie d'un certain embarras qui se manifesta par de plus vives couleurs, indiqua que, dans ce moment, elle pensait à toute autre chose qu'à l'oncle Oloff. J'en demandai l'explication.

— Ce n'est qu'Horace, dit-elle, qui est là bas à l'extrémité de son verger, et qui nous regarde. Il ne se doute guère avec qui je suis dans le cabriolet de grand'mère.

Cet Horace semblait singulièrement devoir contrarier les projets de Marbre de passer toutes ses soirées avec Kitty pour se distraire. Mais nous approchions de la maison, et bientôt nous l'eûmes perdu de vue. Pour rendre justice à Kitty, elle ne parut plus songer qu'à sa grand'mère et à la vive émotion qu'elle avait dû éprouver. Quant à moi, je fus surpris de trouver M. Hardinge en conversation animée avec la vieille mistress Wetmore, assis l'un et l'autre devant la maison, pendant que Lucie se promenait à grands pas sur le tapis de verdure qui régnait le long des saules, avec un air d'impatience qui ne lui était pas ordinaire. Dès que Kitty eut mis pied à terre, elle courut à sa grand'mère; Marbre la suivit, et moi je me hâtai de rejoindre Lucie. Elle me présenta la main avec une grâce et un abandon qui m'eût ravi dans tout autre moment; mais elle avait en même temps un air d'inquiétude qui ne présageait rien de bon.

— Miles, voilà un siècle que vous nous avez quittés! dit-elle; je vous gronderais, si l'histoire de cette bonne dame ne m'avait vivement intéressée, et ne vous excusait suffisamment. Mais marchons un peu, j'ai besoin d'air et d'exercice. Mon cher père ne consentira pas à quitter cette heureuse famille, tant qu'il restera un rayon de jour.

J'offris mon bras à Lucie, et nous gravîmes ensemble la colline que je venais de descendre. Elle était évidemment agitée, et je n'osais l'interroger.

— Votre ami Marbre est bien heureux maintenant, ajouta-t-elle; il retrouve une famille qui est digne de toute son affection.

— Oui, il est même un peu étourdi de son bonheur. La reconnaissance a été si brusque, qu'il n'a vraiment pas eu le temps de se reconnaître.

— C'est un grand bienfait que les affections de famille, reprit-elle.

d'un air pensif ; il n'y a rien qui puisse les remplacer dans ce monde. C'était bien triste pour lui de vivre ainsi toujours seul, sans se connaître aucun parent.

— Ce qui le tourmentait le plus, c'était la crainte d'avoir à rougir de sa naissance. Marbre, sous une enveloppe un peu rude, cache un cœur aimant.

— Comment se fait-il qu'il n'ait jamais songé à se marier ? Ainsi, du moins, il aurait pu se faire une famille ?

— Cette réflexion part bien du cœur tendre et dévoué d'une femme, chère Lucie ; mais un marin doit-il se marier ? Sir John Jervis répétait toujours, m'a-t-on dit, qu'un marin n'est plus bon à rien dès qu'il est marié ; et je crois que Marbre aime tant son navire qu'il saurait à peine aimer sa femme.

Lucie ne répondit rien à cette boutade, qui m'échappa je ne sais comment. Il y a des moments d'amertume où le cœur a ses caprices, et dit tout le contraire de ce qu'il pense. Honteux de moi-même, et n'osant risquer des explications qui pouvaient aggraver le mal, je marchai quelque temps en silence, et Lucie en fit autant. Je doute qu'elle eût été très-contente de ma remarque ; mais le sujet dont elle avait à me parler pesait trop sur son cœur pour qu'elle pût penser beaucoup à autre chose.

— Miles, dit-elle enfin, quel dommage que nous ayons rencontré cet autre sloop ce matin !

Je m'arrêtai court pour la regarder en face ; le son de sa voix avait une expression qui m'épouvantait malgré moi ; de grosses larmes tremblaient sur ses paupières ; tout en elle annonçait une profonde émotion mal contenue.

— Vous voulez me parler de Grace ! m'écriai-je, quoique je fusse près de suffoquer.

— Et de qui pourrais-je m'occuper, Miles, quand je pense que c'est mon propre frère qui l'a réduite en cet état !

Que répondre à un pareil discours, et comment aurais-je pu avoir le triste courage de chercher à atténuer les torts de Rupert !

— Grace est donc plus mal par suite de cette fatale rencontre ? me risquai-je à demander.

— Oh ! Miles ! quelle conversation je viens d'avoir avec elle ! Elle parle comme un être qui n'appartiendrait déjà plus à la terre. Elle n'a plus de secrets pour moi. Graduellement je l'ai amenée à me tout révéler. J'ai pensé qu'elle en éprouverait quelque soulagement, et du moins, sous ce rapport, je ne me suis pas trompée; car elle repose à présent.

— Et c'est donc une bien lamentable histoire?

— Oh! Miles, figurez-vous que Grace n'avait que quinze ans quand ils se sont donné leur foi, non pas en l'air, comme des enfants dont le vent emporte les paroles, mais sérieusement, solennellement.

— Et d'où est provenue la rupture?

— De Rupert, qui aurait dû mourir avant de manquer ainsi à tout ce qu'il devait à mon père, à moi, à nous tous, Miles, et surtout à lui-même. Nous avions bien deviné: il s'est laissé séduire, fasciner, par ce prestige qui s'attache aux Merton dans notre atmosphère provinciale. J'ai le cœur trop navré pour ne pas m'ouvrir entièrement à vous. Votre amitié m'est trop connue pour que je craigne de vous voir prendre avantage de mes paroles contre mon pauvre frère. Qui mieux que vous, si franc, si ouvert, si loyal, doit connaître les imperfections de son caractère?

Plus Lucie accusait son frère, moins il m'était possible d'être sévère pour lui. — Je sais, répondis-je, qu'il est capricieux, et qu'il s'est toujours trop rendu l'esclave de la mode, et de l'opinion du monde.

— Ne cherchons pas à nous abuser, reprit la candide enfant, quoiqu'elle fît un si violent effort sur elle-même, que c'était à peine si je distinguais ses paroles, — Rupert a des défauts plus graves. Il est intéressé, et il n'est point vrai. Dieu sait que de larmes il m'a fait verser, que de peines j'ai prises pour qu'il s'amendât! Mon excellent père ne voit rien, lui; ou, s'il voit, il espère toujours. Il est si triste pour un père de penser qu'il n'y a plus de ressource pour son enfant!

La voix, la figure, toute la personne de Lucie, indiquait si clairement tout ce qu'elle éprouvait en parlant ainsi de Rupert, que je ne voulus pas la laisser continuer. Il semblait qu'elle voulût, à force de franchise, atténuer les torts de son frère, et amortir le coup qu'il avait porté; mais il était évident qu'elle souffrait le martyre, et il y aurait eu peu de générosité à permettre qu'elle poussât le sacrifice plus loin qu'il n'était rigoureusement nécessaire.

— Épargnez-vous, épargnez-moi, ma chère Lucie, dis-je vivement, toutes les explications qui ne seraient pas indispensables pour m'éclairer sur la position exacte de ma sœur. S'il est une circonstance qu'il puisse m'importer de savoir, c'est comment Rupert s'y est pris pour se soustraire à un engagement qui remontait à quatre années.

— C'est ce que j'allais vous apprendre, Miles, et alors vous saurez tout. Grace remarquait depuis longtemps les attentions qu'il avait pour Emilie Merton, mais aucune explication n'avait eu lieu entre eux ; et, avant de quitter New-York, elle crut se devoir à elle-même de savoir à quoi s'en tenir. Après une conversation assez insignifiante, votre sœur offrit à Rupert de lui rendre sa parole, s'il le désirait le moins du monde.

— Et que répondit-il à une proposition aussi franche que généreuse?

— Je dois à Grace cette justice, Miles, que, dans tout ce qu'elle m'a dit, elle a toujours montré les plus tendres ménagements pour mon frère. J'ai deviné le reste, plus qu'elle ne me l'a déclaré positivement. Rupert, dans le premier moment, affecta de croire que c'était Grace qui voulait rompre ; mais Grace était trop ingénue pour lui laisser cette misérable consolation, et elle n'essaya pas de cacher que son avenir de bonheur était à jamais perdu pour elle.

— Oh! que je les reconnais bien là tous deux! murmurai-je avec amertume.

Lucie attendit un moment que je fusse plus calme, puis elle continua :

— Quand Rupert vit qu'il fallait prendre sur lui la responsabilité de la rupture, il s'exprima plus sincèrement. Il avoua à Grace qu'il avait formé d'autres projets ; qu'ils étaient bien jeunes l'un et l'autre au moment où ils s'étaient promis de s'épouser ; que c'était une idée d'enfants ; puis il parla de minorité, et enfin de sa pauvreté, de l'impossibilité où il serait de pourvoir aux frais d'un ménage, à présent que mistress Bradfort m'avait laissé tous ses biens.

— Il lui sied bien de parler ainsi, lui qui veut laisser croire qu'il est son unique héritier ; lui qui m'a dit à moi-même qu'il vous considère comme une sorte de dépositaire, pour la moitié ou même pour les deux tiers de la fortune, jusqu'à ce que, dit-il, il ait jeté sa gourme!

— Avec quel plaisir je réaliserais ses espérances, pour que les choses se passassent comme je l'avais espéré autrefois, pour voir Grace heureuse, et Rupert honnête homme!

— Grace heureuse ! C'est ce que nous ne verrons jamais, du moins dans ce monde pervers.

— Je n'ai plus eu le courage de désirer cette alliance, Miles, depuis le moment où j'ai pu juger du véritable caractère de Rupert. Il a des goûts trop futiles, des principes trop superficiels pour une personne d'un cœur aussi tendre et d'un jugement aussi solide. Il y avait quelque chose de fondé dans ce prétexte qu'il donnait que l'engagement avait été contracté inconsidérément. Dans un âge aussi tendre, on sait à peine ce qu'on veut ; on sait encore moins quelles modifications le temps peut apporter dans nos sentiments. Quoi qu'il en soit, Grace elle-même ne consentirait pas aujourd'hui à épouser Rupert. Elle m'a avoué que le coup le plus sensible pour elle avait été de reconnaître qu'elle s'était trompée sur son caractère. Je lui ai parlé avec plus de franchise qu'une sœur n'aurait peut-être dû le faire, mais je voulais éveiller sa susceptibilité, comme moyen de la sauver. Hélas ! Grace est toute tendresse ; sa vie pour elle était dans son cœur ; et, ses affections une fois flétries, le reste de son être se flétrira bientôt comme elles.

Je ne répondis rien : l'arrivée de Lucie à la ferme, ses manières, ses discours, tout me convainquait qu'elle avait presque entièrement renoncé à l'espérance. Nous retournâmes à la maison, absorbés l'un et l'autre par de tristes pensées. Jamais je n'aurais songé à essayer d'exercer quelque influence sur Lucie en ma faveur, dans un pareil moment. Ma pauvre sœur m'occupait seule, et je brûlais d'impatience de retourner à bord du sloop où, au surplus, il était temps de nous rendre, le soleil ayant déjà depuis quelque temps disparu de l'horizon.

# CHAPITRE V.

> L'art et la magie peuvent préserver des morsures du serpent de la plaine ; mais celui qui s'insinue au fond du cœur, oh ! qui a le pouvoir d'en préserver ?
> *Mélodies hébraïques.*

Dès que Marbre sut que mon intention était de descendre le fleuve jusqu'à New-York, pour consulter de nouveaux médecins, il renonça à son projet de passer la nuit sous le toit paternel, et il voulut m'accompagner afin de réunir immédiatement les mille dollars qu'il voulait tenir tout prêts en cas de besoin. Nous abrégeâmes les adieux, et à huit heures nous étions tous à bord du sloop.

Je ne descendis pas immédiatement auprès de ma sœur. Je ne l'avais pas vue depuis le moment de notre rencontre avec Rupert et les Merton, et elle était si impressionnable que je craignis que ma présence ne lui causât une émotion trop vive. Il ne me restait qu'un devoir à remplir, c'était d'entourer ma sœur le plus tôt possible des soins les plus éclairés. Il est vrai que nous avions les instructions écrites du docteur Post, et qu'il nous avait dit que la première chose était de chercher à distraire Grace des pensées qui l'absorbaient ; mais à présent qu'il nous avait quittés, il me semblait que je ne devais pas m'en rapporter à un seul avis.

A neuf heures, la marée étant favorable, j'appareillai sur-le-champ, par un léger vent sud-ouest. Comme Marbre ignorait aussi bien que M. Hardinge le véritable état de ma sœur, il résolut de célébrer la découverte qu'il venait de faire par un souper solennel. J'allais élever des objections à cause de Grace, mais Lucie me pria de le laisser faire ; des convives tels que M. Hardinge et mon lieutenant ne seraient pas bien bruyants ; et elle pensait que les fragments de conversation que la malade pourrait entendre à travers la porte entr'ouverte contribueraient à l'empêcher de s'appesantir trop profondément sur les scènes de la matinée. Le projet fut donc mis à exécution, et, une heure après, les chambres du *Wallingford* offraient un singulier spectacle. D'un côté était couchée Grace se prêtant avec une douce résignation à écouter son amie qui lui racontait le motif du gala, et qui lui faisait remarquer toutes les saillies du bon lieutenant; de l'autre, Marbre, qu'on pouvait apercevoir à travers la porte, se livrait à toute sa gaieté, et la communiquait au bon M. Hardinge, qui ne pensait plus qu'à la bonne fortune de son compagnon, tandis que moi, quoique assis auprès d'eux à la même table, je ne pouvais songer qu'à ma sœur.

— Voilà de la crème comme on en boit rarement à bord d'un bâtiment! s'écria le lieutenant en s'apprêtant à terminer son repas par une tasse de café, et je ne crois pas avoir jamais mangé de meilleur beurre. C'est que c'est ma petite Kitty qui l'a fait. N'est-ce pas, monsieur Hardinge, que tout ce qui a passé par les mains d'une nièce nous paraît bien meilleur?

— Vous allez connaître enfin tout le prix des affections de famille, mon ami, et ce qu'elles répandent de charme sur les moindres circonstances de la vie. Une mère, une nièce, ce sont des présents bien précieux que vous a faits la Providence.

— Et une mère et une nièce du premier choix encore! s'écria Marbre, de plus en plus enthousiasmé. Car enfin, j'aurais pu tomber sur une femme de mauvaise vie, ou adonnée à la boisson, ou n'allant pas à l'église. Pas du tout, je rencontre la crème des mères, une mère que le roi d'Angleterre[1] lui-même ne désavouerait pas pour la sienne. Savez-vous bien, monsieur Hardinge, que j'ai été violemment tenté de tomber à deux genoux, et de demander à l'excellente vieille de bénir son Moïse, ou son Oloff, comme elle aurait voulu.

— Et si vous l'aviez fait, monsieur Marbre, vous ne vous en seriez pas plus mal trouvé. De pareils sentiments vous honorent, et personne ne doit rougir de recevoir la bénédiction d'un de ses parents.

— C'est ce qu'on appelle avoir des idées religieuses, n'est-ce pas, mon cher Monsieur? demanda Marbre avec une candeur parfaite. J'ai toujours pensé que cela me viendrait à la longue; et maintenant que je suis soulagé de ce grand crève-cœur de n'appartenir à personne, et de n'avoir personne qui m'appartînt, mes sentiments se sont bien modifiés; et j'éprouve le besoin de vivre en paix avec toute la grande famille humaine, — toute? oh! non; j'excepte ce coquin de Van Tassel.

---

[1]. A cette époque, les allusions à la royauté se bornaient au roi de la Grande-Bretagne. Des toasts en son honneur étaient assez souvent portés dans les repas.

— Il ne faut excepter personne : il nous est ordonné d'aimer ceux qui nous haïssent, et de prier pour ceux qui nous persécutent.

Marbre regarda M. Hardinge en ouvrant de grands yeux ; car il eût été difficile de trouver, dans un pays chrétien, quelqu'un dont l'instruction religieuse fût encore si complétement à faire. Il est plus que probable que c'était la première fois que ce commandement si connu frappait ses oreilles ; mais il était évident qu'il éveillait de nouvelles idées dans son âme, et que Marbre commençait à comprendre tout ce qu'il avait de sublime, quoiqu'il doutât encore.

— Où nous dit-on d'agir ainsi? demanda-t-il enfin.

— Où? dans le livre où tous nos devoirs nous sont tracés, dans la Bible. Il faut que vous en veniez à essayer d'aimer M. Van Tassel, et à lui souhaiter du bien, au lieu de nourrir contre lui des sentiments de haine et de vengeance.

— Et c'est là ce qu'on appelle la religion?

— C'est le Christianisme ; c'est son esprit, c'est son essence. Quiconque agit d'après ces préceptes, a le cœur en repos et la conscience tranquille.

Marbre avait un respect sincère pour mon tuteur ; il savait, et par ce qu'il m'avait entendu dire, et par ce qu'il avait vu lui-même, tout ce qu'il y avait en lui de douceur, de bienveillance, de droiture. Néanmoins ce n'était pas une leçon bien facile à inculquer tout de suite dans un esprit aussi peu préparé que le sien, que cet amour de ses ennemis ; et, dans ce moment même, Marbre n'était rien moins que disposé à pardonner à Van Tassel. Je le connaissais trop bien pour ne pas m'en apercevoir facilement ; et pour prévenir une discussion inutile qui aurait pu fatiguer ma sœur, je détournai la conversation sur un autre sujet.

— Puisqu'il est question de ce M. Van Tassel, dis-je à M. Hardinge, je désirerais avoir votre avis sur ce que nous avons de mieux à faire dans cette circonstance.

Je lui racontai alors l'histoire de la créance hypothécaire, et la nécessité d'agir promptement, puisque la vente était annoncée pour la semaine suivante. Mon tuteur connaissait mieux le pays que moi ; il trouva que Marbre n'avait pas un instant à perdre pour faire toutes les démarches nécessaires ; et que, pour gagner du temps, il fallait débarquer à Hudson, d'où il se rendrait par terre à New-York. Il se mit en même temps à lui tracer des instructions par écrit ; car, dès qu'il s'agissait de rendre service, M. Hardinge ne faisait jamais les choses à demi.

Il était minuit quand nous arrivâmes à Hudson; et je calculai qu'au train dont nous allions, Marbre en effet se trouverait trop en retard s'il restait avec nous. Je le conduisis donc à terre avec M. Hardinge. La diligence partait le lendemain matin; mais son impatience ne pouvait supporter le moindre retard; il parvint à découvrir un cabriolet; et, à une heure du matin, il brûlait le pavé de la longue rue qui composait alors presque toute la cité d'Hudson. Neb nous attendait en courant des bordées. Quand nous fûmes de retour, le vent avait fraîchi; il s'était rangé à l'ouest, ce qui permit au *Wallingford* d'accélérer sa marche.

J'essayai de reposer quelques heures; mais mon sommeil fut agité; je voyais sans cesse tourner la roue qui avait causé la mort de mon pauvre père; et ma mère, ainsi que Grace, étaient emportées avec lui dans ce tourbillon terrible, et déposées dans le même tombeau. A peine le jour commençait-il à paraître que pour échapper à ces lugubres images, je montai sur le pont. Tout était tranquille dans les deux chambres, et j'allai respirer l'air frais du matin, sans parler à personne. Il n'y avait sur le gaillard d'arrière que le pilote, qui était au gouvernail; mais je vis sous le gui, tout contre le mât, une paire de jambes, que je reconnus pour appartenir à Neb, et, à peu de distance, un joli jupon brun qui ne pouvait être que celui de Chloë. Je m'approchai du nègre pour le questionner sur le temps qu'il avait fait pendant son quart, quand, au moment où j'allais l'appeler, j'entendis la jeune personne dire d'une voix plus animée qu'il ne convenait pour un entretien aussi intime :

— Jamais, Neb, jamais, sans l'approbation de mère et de toute la famille! jeune nègre supposer n'avoir qu'à cajoler jeune fille pour faire dire oui, puis aller trouver ministre, demander bénédiction et tout être dit! mais mariage, pas bien tourner alors, falloir consentement avant tout.

— Moi avoir le vôtre, Chloë, depuis deux ans; et moi bien décidé à demander celui de maître Miles.

— Pas suffire pour ma conscience, Neb; bon maître pas vouloir forcer négresse; mariage être comme religion, et religion libre; négresse avoir trop bonne raison pour vouloir pas se marier.

Chloë avait quitté alors ses airs prétentieux, et elle parlait avec un naturel qui paraissait faire impression sur Neb, et qui piquait ma curiosité.

— Oui dà, continua Chloë, presque en sanglotant, pas de mariage tant que miss Grace être si pâle, et dans si pitoyable état.

Au ton dont parlait Chloë, elle semblait avoir perdu presque toute espérance; et que ces réflexions étaient déchirantes pour moi! Je me détournais pour donner un libre cours à mes larmes, quand j'aperçus Lucie qui venait me dire que ma sœur désirait me parler. Il fallut encore une fois me faire violence, et je descendis auprès de la chère malade.

Grace me reçut avec un sourire angélique; mais je restai anéanti en remarquant le changement prodigieux qui s'était opéré en elle en si peu de temps; elle n'était plus que l'ombre d'elle-même. Je l'embrassai sur le front, et il me sembla qu'il était glacé. Elle eut pourtant la force de passer ses bras autour de mon cou, et elle me regarda fixement pendant une demi-minute, avant de parler, comme pour voir si je me faisais encore illusion.

— Lucie m'apprend, cher frère, dit-elle enfin, que vous voulez me conduire jusqu'à New-York pour consulter de nouveau. Elle se trompe, n'est-il pas vrai?

— Non, Grace; et, si le vent ne change pas, j'espère que demain matin vous serez établie dans la maison de Lucie, qui ne nous refusera pas l'hospitalité. Aussi, me suis-je permis de former ce projet à moi tout seul, sans vous consulter.

— Pourquoi ne pas retourner à Clawbonny? si quelque chose peut me faire du bien, c'est l'air natal, Miles, l'air pur de la campagne. Rendez-vous à ma prière, et n'allons pas plus loin que la crique.

— Si vous insistez, Grace, vos désirs seront des ordres pour moi; mais il faut chercher à remédier à cet état de faiblesse, et de nouveaux avis....

— Songez, Miles, qu'il n'y a pas vingt-quatre heures que vous avez consulté l'un des meilleurs docteurs du pays. Il n'y a rien de changé dans mon état, et ce que l'art peut faire, il l'a fait, en nous laissant des instructions par écrit. Mon bon frère, ne me refusez pas. Ce n'est qu'à Clawbonny que je peux trouver quelque repos. Ici, on ne saurait ni penser à l'avenir, ni prier Dieu. Je vous en conjure, retournons à Clawbonny, si vous m'aimez.

Il n'y avait pas moyen de résister à un pareil appel. Je remontai sur le pont, le cœur plus gros que jamais ; je donnai au pilote les ordres nécessaires, et nous revîmes nos rives chéries quarante-huit heures après les avoir quittées. Grace était si faible qu'il fallut la porter jusqu'à la voiture, et Lucie monta auprès d'elle avec son père. Quand j'arrivai à la porte de la maison, je trouvai M. Hardinge qui se promenait, en m'attendant, d'un air agité.

— Miles, mon cher enfant, mon second fils, dit cet excellent homme qui, en ramenant ma pauvre sœur, s'était aperçu pour la première fois de la gravité du mal, — votre sœur bien-aimée, ma chère Grace, est bien plus souffrante que je ne me l'imaginais.

— Depuis mon retour, je tremble à chaque instant que son Créateur ne la retire d'un monde qui n'est pas assez bon pour une créature si pure et si angélique. Si j'ai eu un moment d'illusion, c'est lorsque Post a conseillé cette excursion ; mais, loin d'avoir produit un bon effet, elle n'a servi qu'à aggraver le mal.

— Et dire que je ne croyais cette chère enfant atteinte que d'une indisposition légère dont des soins et du repos triompheraient bientôt, tandis que la tombe s'ouvrait lentement pour elle ! Jusqu'où ne va pas notre aveuglement, faibles mortels que nous sommes !

— Dans un moment aussi critique, je ne puis compter que sur vous, mon cher Monsieur ; oh ! dirigez-moi ; que faut-il faire ?

— Ne comptez que sur Dieu, Miles, répondit mon digne tuteur, tout en marchant sous le portique en dévorant ses larmes. Oui, dimanche, nous prierons tous pour elle à l'église ; et avec quelle ferveur ! car elle est si aimée de tous ! plus encore, s'il est possible, que sa sainte mère. Être enlevée si jeune ! mais c'est pour aller à Dieu. Tâchons de penser à ce qu'elle gagne, pour nous réjouir, au lieu de pleurer sa perte.

Et le digne homme fondait en pleurs.

— Comment, Monsieur, est-ce que vous ne conserveriez plus d'espoir ?

— Plus d'espoir ? quand, au contraire, j'envisage pour elle la couronne des anges ! — Et cependant, en dépit de ma raison, je ne suis pas maître de mon émotion. C'est que Lucie ne m'est pas plus chère. Songez, Miles, que depuis l'enfance, Grace est pour moi comme une seconde fille ; j'ai reporté sur vous deux toute l'affection que j'avais pour vos parents, et j'ai toujours confondu dans mon cœur leurs enfants et les miens. Ah! que ne m'a-t-il été donné de les réunir par des liens encore plus étroits!

— Vous savez si ce vœu était aussi celui d'au moins un de vos enfants?

— Oui, Miles; mais, avant cet héritage qui nous est tombé du ciel, nous étions trop pauvres pour songer à nourrir de semblables prétentions, et le silence que vous avez gardé, les absences que vous avez faites, ont laissé malheureusement d'autres liaisons se former. Rupert aussi n'a jamais vu dans Grace qu'une sœur à la main de laquelle il ne lui était pas permis d'aspirer. Le ciel n'a pas permis que tant de bonheur se réalisât sur la terre.

Hélas! combien M. Hardinge était loin de soupçonner que c'était ce fils, qu'il croyait si délicat, dont l'ambition et l'égoïsme conduisaient ma sœur au tombeau! Il continua pendant quelque temps à passer en revue toutes les charmantes qualités de Grace, et, à mesure qu'il les énumérait, il s'attendrissait de plus en plus. Il finit par envoyer chercher Lucie, et il resta enfermé avec elle pendant près d'une heure. J'ai su qu'il l'avait pressée de questions sur la cause de la maladie de ma sœur, allant même jusqu'à demander si le moral n'était pour rien dans ce dépérissement si extraordinaire. Lucie, malgré sa franchise ordinaire, jugea inutile d'éclairer son père, et elle sut éviter de répondre directement, sans pourtant altérer en rien la vérité. Elle savait bien que, si elle eût laissé entrevoir la vérité, Rupert eût été mandé à l'instant; et que la réparation la plus complète eût été exigée comme un acte de justice. C'eût été amener de nouvelles scènes déchirantes, sans aucun bien pour la malade. La plus cuisante peut-être de toutes les souffrances pour elle, c'était l'indignité de l'homme qu'elle s'était plu si longtemps à parer de toutes les vertus. Cette illusion n'avait pu s'échapper de son cœur sans le briser. Ma pauvre sœur n'avait pas une organisation ordinaire. La sensibilité la plus exquise s'était manifestée en elle dès le berceau : lors de la terrible catastrophe qui nous avait ravi notre père, quoiqu'elle ne fût encore qu'une enfant, on avait craint un moment pour ses jours; la mort de notre mère, quoique prévue longtemps d'avance, avait failli encore éteindre le flambeau toujours si vacillant de sa vie. Je le répète : elle était si délicate et si pure en même temps, qu'elle ne semlait pas faite pour les luttes et les chagrins de ce monde.

Lucie, qui avait pris en mains la direction complète de la malade, ne me permit pas de revoir Grace, à qui il fallait du repos. Elle ne faisait en cela que suivre les recommandations du docteur, et je ne pouvais que me soumettre, sachant que ma sœur ne pouvait avoir une garde plus judicieuse et plus attentive.

On vint du moulin de la ferme me demander des instructions que j'étais forcé de donner, tout préoccupé que j'étais de l'état de ma sœur. Plus d'une fois je cherchai à m'intéresser aux affaires dont je m'occupais; mais bientôt je retombais dans ma mélancolie, et je finissais par dire aux différents employés qui me consultaient, d'agir comme ils l'avaient fait pendant mon absence.

— Très-bien, maître, répondit le vieux nègre qui dirigeait la culture des champs, et qui s'exprimait un peu mieux que ses camarades, très-bien, si la chose était possible. Mais M. Hardinge, il était toujours là; on pouvait causer avec lui de la moisson et du reste; et cela donne un fameux coup d'épaule à pauvre nègre, quand il est dans l'embarras.

— A coup sûr, Hiram, vous vous entendez beaucoup mieux en agriculture que M. Hardinge et que moi, et vous n'avez pas besoin de nos conseils pour faire pousser le blé, ou pour rentrer le foin.

— Très-vrai, maître, très-vrai; mais, voyez-vous, nègre aime à parler, et ouvrage va bien mieux quand bonne dispute a eu lieu avant qu'il commence.

Rien n'était plus vrai. Rien de plus tenace dans ses idées qu'un nègre. Il a l'esprit de controverse, et il n'aime pas à se laisser convaincre. M. Hardinge discutait volontiers avec eux, et il cédait invariablement, à moins qu'il ne s'agît d'une question de principes; sur ce chapitre-là il ne tergiversait jamais, et il était aussi inflexible que les lois des Mèdes et des Perses; mais pour tout ce qui concernait le blé, les pommes de terre, le moulin ou le sloop, il se rendait à l'expérience de ceux qui voyaient les choses de plus près, mais, toutefois, après avoir discuté l'affaire en conseil. Cette conduite l'avait rendu très-populaire à Clawbonny, les personnes qui se laissent convaincre ayant ordinairement autant de succès dans le monde que celles qui savent écouter. Le vieux ministre avait de plus cet avantage, qu'il croyait sincèrement avoir dirigé les différentes mesures qui étaient adoptées, et que tout au plus il laissait prendre.

Le vieil Hiram ne me quitta pas, quand il vint chercher ses instructions, autrement dit « une dispute, » sans me demander des nouvelles de Grace. L'alarme s'était répandue parmi les esclaves, et c'était un spectacle touchant de voir à quel point ils étaient inquiets. C'était assez pour l'aimer qu'elle fût leur jeune maîtresse; mais elle était si bonne, si prévenante pour eux tous, que leur tendresse allait presque jusqu'à l'adoration.

— Quel dommage que jeune maîtresse ne soit pas bien, dit le vieil Hiram en nous regardant tristement; Dieu veuille qu'il n'arrive rien de fâcheux! Cela irait si bien, miss Grace et M. Rupert, comme miss Lucie et jeune maître! Ce serait un beau jour à Clawbonny; car nous aurions jeune maître et jeune maîtresse que nous aurions tous connus dès le berceau!

Ainsi donc l'esclave lui-même avait surpris le secret de son maître! Je m'éloignai précipitamment, de peur qu'il ne découvrît aussi les signes d'une émotion que je ne pouvais plus contenir.

## CHAPITRE VI.

> Comme le lis qui dominait autrefois dans la plaine,
> je vais pencher la tête, et périr!
> *La reine Christine.*

Je ne vis guère Lucie de la soirée. Au moment de la prière, elle vint se joindre à nous, et ses yeux étaient humides quand elle se releva. Elle baisa le front de son père en se retirant, et se tournant vers moi, elle me présenta la main, suivant son habitude constante depuis dix-huit ans, et je la serrai tristement dans les miennes; mais aucun mot ne fut échangé entre nous, et ce silence n'était que trop éloquent.

Lucie ne parut pas à la prière le lendemain matin. Le déjeuner fut annoncé, et elle ne vint pas davantage. M. Hardinge avait été regarder plus de douze fois à la porte, toujours inutilement.—Miles, mon cher garçon, dit-il enfin, nous n'attendrons pas davantage. Ma fille veut sans doute déjeuner auprès de Grace pour lui tenir compagnie. Mettons-nous à table.

LUCIE HARDINGE.

Nous venions de nous asseoir quand la porte s'ouvrit lentement, et Lucie entra dans l'appartement.

— Bonjour, mon père, dit-elle en passant le bras autour du cou de son père avec un redoublement de tendresse; bonjour, Miles, ajouta-t-elle en me tendant la main, mais en détournant la figure, comme si elle craignait que je n'y lusse trop clairement les sentiments qui l'agitaient; Grace a passé une nuit assez calme, et je la trouve un peu moins mal ce matin.

Nous ne répondîmes rien, et le repas s'acheva dans un morne silence. Quelle différence avec nos déjeuners si gais et si heureux d'autrefois! Mon père avait dérogé à la vénérable coutume américaine de déjeuner, comme on dit, au saut du lit. C'était à neuf heures seulement que la famille se réunissait, lorsque une heure ou deux d'exercice en plein air avait ouvert l'appétit et disposé l'esprit à l'enjouement. On ne nous voyait pas arriver l'un après l'autre en nous frottant les yeux et à moitié endormis, comme si l'objet de la réunion était un devoir et non pas un plaisir. La conversation était animée; on se livrait librement à toutes ses saillies, et l'on formait ses plans pour la journée. D'aussi heureux moments ne devaient-ils donc plus revenir? Cette place, vide à côté de nous, devait-elle l'être toujours?

— Miles, me dit Lucie en se levant de table, d'une voix qui, malgré elle, tremblait d'émotion, venez dans une demi-heure dans la salle de famille. Grace désire vous y voir ce matin, et je n'ai pas eu le courage de la refuser. Elle est faible; mais elle croit que cette visite lui fera du bien. Soyez exact surtout; car une trop longue attente pourrait la fatiguer. Adieu, mon père; quand j'aurai besoin de vous, je vous ferai prévenir.

A ces paroles de triste présage, Lucie nous quitta, et j'éprouvai le besoin d'aller prendre l'air. Je passai cette longue demi-heure à me promener à grands pas, et je rentrai au moment précis. Chloé m'attendait à la porte, et me conduisit en silence à la salle de famille. Elle avait à peine posé la main sur la serrure que Lucie parut à la porte et me fit signe d'entrer. Grace était couchée sur la petite causeuse où nous avions eu notre premier entretien. Elle était pâle et paraissait souffrante; mais c'était toujours la même expression de céleste beauté. Elle me tendit affectueusement la main, et je la vis jeter un coup d'œil du côté de Lucie, comme pour la prier de nous laisser seuls. Quant à moi, je ne pouvais parler; je m'assis à mon ancienne place, penchai la tête de ma sœur sur mon épaule, et restai ainsi en silence, cherchant à dévorer les larmes qui se pressaient sur mes paupières. Pendant que je m'asseyais, Lucie avait disparu, et la porte s'était refermée.

Je ne sais combien de temps je restai dans cette attitude; la vie était comme suspendue en moi, et j'étais absorbé dans une seule et douloureuse pensée. Enfin Grace, par un effort pénible, se souleva doucement, et jeta sur moi un regard où se peignait une tendre inquiétude pour moi bien plus que pour elle.

— Mon frère, dit-elle avec fermeté, il faut nous soumettre à la volonté de Dieu. Je suis mal, très-mal; — je suis brisée; je sens que je m'affaiblis d'heure en heure. A quoi bon chercher à nous faire illusion?

Elle semblait attendre une réponse; mais il se fût agi de ma vie, que je n'aurais pu prononcer une parole. Il y avait quelque chose de tristement solennel dans ce silence prolongé.

— Je vous ai prié de venir, mon cher Miles, ajouta ma sœur, non pas que je croie que le temps presse; Dieu m'épargnera encore quelque temps, j'en ai la douce confiance, pour adoucir le coup à ceux qui m'aiment; mais enfin nous devons nous tenir prêts, et il est un sujet, sujet qui me touche le plus au cœur, dont il me tarde de vous parler, pendant qu'il me reste encore un peu de force et de courage. Promettez-moi, mon bon frère, d'être calme, et de m'écouter avec patience.

— Parlez, chère Grace, parlez avec l'abandon et la confiance de nos premières années. Ah! cet heureux temps ne doit-il donc jamais revenir?

— Du courage, mon ami! Dieu ne vous abandonnera pas, si vous lui restez fidèle; il me soutient, il me console, et ses anges me convient à la félicité céleste. Sans vous et sans Lucie, sans mon excellent tuteur, l'heure du départ serait pour moi un instant de bonheur suprême. Mais ne parlons point de cela à présent. Ce sont mes derniers désirs que je vais vous exprimer; du calme, Miles, de l'indulgence, quand même ils vous paraîtraient déraisonnables dans le premier moment.

— Vous savez, Grace, que vos désirs seront des ordres pour moi; n'hésitez pas à me les faire connaître.

— Eh bien donc, pour la dernière fois, occupons-nous des intérêts de ce monde ; jamais plus, je l'espère, je n'y ferai allusion ensuite. Je ne veux conserver d'autre pensée, d'autre sentiment sur la terre, que l'amour que je porte à mes amis. Le ciel me le pardonnera ; car je ferai mes efforts pour que cet amour ne diminue en rien celui que je porte à mon Dieu.

Grace s'arrêta, et je me demandais ce qu'elle pouvait avoir à me dire, quoique je fusse touché jusqu'au fond du cœur de sa résignation angélique à un destin qui, à son âge, devait paraître si cruel.

— Miles, mon frère, reprit-elle en me regardant avec anxiété, nous n'avons pas encore parlé des résultats matériels de votre dernier voyage ; mais j'ai entendu dire que vous avez lieu d'en être satisfait, et que votre fortune s'en est accrue.

— Sous ce rapport je n'ai rien à désirer, et j'ai plus d'argent qu'il ne m'en faudra jamais. Mon navire me suffit, sans même parler de Clawbonny. Oh ! ma sœur, disposez de ce qui est à vous avec une entière liberté. Quant à moi, je n'y prétends rien, et je n'en veux rien avoir. Les legs que vous ferez seront sacrés pour moi, et je les regarderai comme autant de souvenirs de vos touchantes vertus.

Le teint de Grace se colora, elle semblait éprouver une vive satisfaction, quoiqu'elle fût encore agitée d'un tremblement nerveux.

—Vous savez, Miles, que, d'après le testament de notre mère, tout ce que j'ai doit vous appartenir si je viens à mourir avant vingt et un ans. J'en ai vingt à peine, et légalement je ne puis disposer de rien.

— Vos volontés n'en seront pas moins religieusement remplies, chère sœur. Faites-moi connaître vos intentions. Je vais, si vous voulez, les écrire sous votre dictée. Jamais testament revêtu de toutes les formalités de la loi n'aura été plus scrupuleusement exécuté.

— Il n'est point nécessaire, mon cher Miles. J'ai exposé mes désirs dans une lettre qui vous est adressée, et qu'on trouvera dans mes papiers. Mais il ne doit pas y avoir de surprise entre vous et moi, mon frère. Quand vous saurez ce que je désire, prenez le temps de la réflexion, et que votre raison prononce autant que votre excellent cœur.

—Je suis tout aussi prêt à prononcer dans ce moment que je pourrais l'être dans un an. Il me suffit que vous le désiriez, pour que la chose soit faite.

— Merci, mon ami, merci, dit Grace en serrant affectueusement ma main sur son cœur, moins encore de votre adhésion que de l'empressement et de l'effusion avec laquelle vous me l'accordez. Cependant, comme ce que je demande est grave, je ne veux pas me prévaloir d'un premier mouvement. Il faut avant tout que vous connaissiez toute l'étendue de votre promesse.

— Qu'il soit en mon pouvoir de l'accomplir, je n'ai pas besoin d'en savoir davantage.

— J'ai besoin, moi, de vous donner des explications plus complètes. M. Hardinge a géré notre petite fortune avec tant d'économie, il a fait en même temps quelques placements si avantageux, que je me trouve beaucoup plus riche que je ne l'avais supposé. En renonçant à ce qui m'appartient, vous faites un sacrifice plus considérable que vous ne croyez peut-être. Les sommes accumulées s'élèvent à plus de vingt-deux mille dollars.

— Ah! ma sœur, donnez un libre cours à vos intentions généreuses. Si votre argent ne vous suffisait pas, prenez, prenez du mien. Vous ne sauriez me donner une plus grande preuve d'amitié.

— Miles, dit Grace vivement agitée, ne parlez pas ainsi, ou je n'aurais plus le courage qui m'est nécessaire. Il faut que je me hâte, car je sens que plus tard je n'oserais jamais revenir sur ce sujet. D'abord, je vous prie d'acheter un bijou, de la valeur de cinq cents dollars, et de l'offrir à Lucie comme un souvenir de son amie. Donnez aussi mille dollars à M. Hardinge, pour qu'il les distribue aux pauvres. Lorsque vous aurez fait ensuite des présents convenables aux esclaves, je calcule qu'il restera intacte une somme de vingt mille dollars.

— Et qu'en ferai-je, ma sœur? demandai-je, voyant qu'elle hésitait à poursuivre.

— Cette somme, mon bon frère, je voudrais qu'elle fût remise à Rupert. Vous savez qu'il est absolument sans fortune, et il a les goûts et les habitudes de l'opulence. Le peu que je lui laisserai ne le rendra pas riche; mais du moins il ne se trouvera pas dans le besoin. Lucie y ajoutera sans doute, quand elle aura la disposition de ses biens; et l'avenir pourra être pour eux tous plus heureux que le passé.

Ma sœur parlait avec une grande volubilité, et elle fut obligée de s'arrêter pour reprendre haleine. Quant à moi, le lecteur concevra plus aisément les sensations qui m'agitaient, que je ne puis les exprimer. La nécessité où j'étais de n'élever aucune objection, jointe à l'intensité de ma douleur, me plongeait dans un état confus d'irritation, d'angoisses, de stupeur, qu'il me serait impossible d'analyser. Toute l'exquise tendresse de la femme se manifestait jusqu'au dernier moment ; elle s'occupait d'assurer l'existence du misérable qui avait tari en elle la source même de la vie, en foulant aux pieds toutes ses affections ; et elle lui léguait, avec son dernier soupir, tout ce qu'elle possédait au monde, pour fournir aux besoins de son égoïsme et de sa vanité.

— Je sais que ce projet doit vous paraître étrange, Miles, reprit Grace en voyant que j'étais anéanti ; mais autrement je ne puis mourir en paix avec moi-même. S'il ne possède pas quelque assurance positive de mon pardon, ma mort le rendra malheureux, et je veux qu'il comprenne qu'il a non-seulement mon pardon, mais mes prières. Et puis, Émilie et lui n'ont rien, je le crains, et ils peuvent traîner une existence misérable, faute de ce peu d'argent qu'il est en mon pouvoir de leur donner. Lucie, dès qu'elle le pourra, ne les oubliera pas non plus de son côté, j'en suis sûre, et tous ceux qui resteront après moi pourront se réunir autour de ma tombe pour prier pour celle qui y sera déposée.

— Ange ! m'écriai-je ; c'en est trop ! Pouvez-vous supposer que Rupert acceptera cet argent ?

Quelque dégradé que fût Rupert à mes yeux, je ne pouvais me décider à penser qu'il pousserait la bassesse jusqu'à recevoir un présent venu d'une pareille source, et dans un semblable motif. Grace en jugeait autrement ; et loin de voir rien de déshonorant dans l'acceptation de Rupert, cet acte que le reste du monde eût flétri avec indignation, ne paraissait à ses yeux, à travers le prisme de son amour, que comme une déférence aimable aux dernières volontés de celle qui l'avait tant aimé.

— Comment pourrait-il refuser un don qui vient de moi, lorsque c'est du tombeau que je le lui offrirai ? reprit la chère enthousiaste ; il saura qu'il en est redevable à notre ancienne affection ; car il m'a aimée, Miles, il m'a aimée plus que vous n'avez jamais pu m'aimer vous-même, mon bon frère, malgré toute l'ardeur de votre attachement.

— Au nom du ciel, Grace, m'écriai-je, incapable de me contenir plus longtemps, c'est une affreuse méprise ! Rupert est incapable d'aimer personne d'autre que lui-même, il n'a jamais été digne d'occuper la moindre place dans un cœur si vrai et si dévoué!

Ces paroles m'échappèrent sous l'impulsion d'un sentiment qu'il me fut impossible de maîtriser; à peine étaient-elles proférées, que je le regrettai amèrement. Grace me regarda d'un air suppliant, devint pâle comme la mort, et fut prise d'un tremblement convulsif, comme si cette frêle organisation allait se dissoudre. Je la pris dans mes bras, j'implorai mon pardon, je lui promis d'être plus maître de moi à l'avenir, et je lui renouvelai de la manière la plus solennelle l'assurance d'exécuter ses intentions à la lettre. Il fallait que je visse ma sœur dans un état si déplorable pour trouver dans mon cœur le courage de ne point me rétracter. Je me dois à moi-même de déclarer qu'il n'entrait aucune considération d'intérêt dans la répugnance involontaire que j'éprouvais à faciliter un pareil arrangement. Il m'en coûtait de penser que le frère de Lucie, qu'un homme qui avait été si longtemps mon ami, pût tomber à ce point de dégradation et d'avilissement. Après tout, il n'était pas impossible qu'il ouvrît les yeux, et qu'il reculât devant cette sorte de sacrilége, et c'était un cas qu'il fallait bien prévoir.

— On pourrait hésiter à accepter votre argent, chère sœur, lui dis-je; et, dans ce cas, je voudrais savoir ce que j'aurai à faire.

—J'aime à croire qu'il n'en sera rien, répondit Grace, qui conserva jusqu'au dernier moment son aveuglement sur le véritable caractère de Rupert; s'il n'a pu commander à ses affections, il ne m'en portera pas moins toujours une sincère amitié; et il recevra ce souvenir comme vous en accepteriez un de la chère Lucie, ajouta-t-elle, un triste sourire animant cette physionomie angélique à laquelle j'ai fait si souvent allusion : vous ne voudriez pas repousser la dernière prière de Lucie, n'est-ce pas? pourquoi Rupert rejetterait-il la mienne?

Pauvre Grace! que m'aurait servi de chercher à lui faire sentir la différence énorme qui se trouvait dans nos positions respectives! Je me bornai à répéter encore une fois que ses intentions seraient remplies. Elle me mit alors entre les mains une lettre non cachetée, adressée à Rupert, qu'elle me pria de lire quand je serais seul, et que je devais lui donner en même temps que le legs.

— Que je repose encore un peu sur votre poitrine, Miles, dit Grace en penchant la tête, épuisée par les efforts qu'elle avait dû faire ; il y a longtemps que je ne me suis sentie aussi heureuse que dans ce moment ; cependant ma faiblesse croissante m'avertit que mon heure approche. Mon ami, vous n'avez qu'à vous rappeler tout ce que notre sainte mère vous a appris dans l'enfance, et vous ne me pleurerez point. Si je pouvais vous voir uni à une personne qui vous comprît et qui appréciât votre mérite, je mourrais contente, mais vous resterez seul, pauvre frère ; et, pendant quelque temps du moins, vous me regretterez.

— Toujours, Grace, tant que je vivrai ! murmurai-je presque à son oreille.

Ma sœur était si épuisée qu'elle resta immobile pendant un quart d'heure ; seulement elle me serrait la main de temps en temps ; et, dans ses ardentes prières au ciel, je distinguais quelques paroles où mon nom était mêlé. Ce peu de repos lui ayant fait du bien, ma sœur voulut reprendre la conversation ; je l'engageai à ne pas se fatiguer davantage, mais elle répondit en me jetant un ineffable sourire :

— Miles, vos pensées se reportent-elles quelquefois à ces images de l'avenir, si douces pour l'âme fidèle, où nous voyons que nous nous retrouverons un jour, dans un état de félicité plus complète que toutes celles que nous pouvons goûter ici-bas ?

— Nous autres marins, nous nous livrons peu à ces sortes de pensées ; mais je sens tout ce qu'elles renferment de consolant.

— Souvenez-vous, mon cher frère, que les bienheureux seuls jouiront de cette réunion si précieuse ; tandis que pour les maudits ce sera un poids de plus ajouté au fardeau de leurs misères.

Il est des moments sacrés où les idées religieuses se saisissent de notre âme avec une puissance toute particulière, et j'en éprouvais en ce moment l'influence. Il était si doux de penser que je reverrais ma sœur sous la forme où je l'avais vue et aimée si longtemps ! Mais Grace s'animait encore ; je craignis pour elle une nouvelle fatigue, et je lui proposai d'appeler Lucie, afin qu'on pût la transporter dans sa chambre ; car j'avais découvert par un mot échappé à Chloé qu'il avait fallu la porter pour qu'elle pût venir à la salle de famille. Grace me le permit ; mais en attendant que Chloé répondît à l'appel de la sonnette, elle continua à me parler.

— Je ne vous ai pas demandé, Miles, de cacher au monde mes dernières dispositions ; vous avez trop de délicatesse pour que cette précaution fût nécessaire; mais je vous prie même de n'en parler ni à M. Hardinge ni à Lucie. Ils pourraient élever quelque objection, et il vaut mieux éviter des discussions inutiles. Lucie a toujours eu des scrupules exagérés au sujet de l'argent. Jamais, lorsqu'elle était pauvre, malgré l'intimité profonde dans laquelle nous vivions, je n'ai pu lui faire accepter la moindre bagatelle. Elle refusait même ces petits présents que des amis sont dans l'habitude de se faire, parce que, disait-elle, elle n'avait pas le moyen de les rendre. Je me rappelai les six pièces d'or que la chère enfant m'avait forcé d'accepter lors de mon premier départ, et je l'en bénis de nouveau dans le fond de mon cœur.

— Et vous n'en aviez pour elle ni moins d'affection, ni moins d'estime, Grace? Mais ne répondez pas. Cette conversation prolongée doit vous fatiguer.

— Nullement, Miles. Maintenant que toutes les explications pénibles ont eu lieu, je parle sans efforts et sans souffrances. J'ai de longs, de bien longs entretiens avec ma chère Lucie, qui m'écoute avec plus de patience que vous, mon frère.

Je savais que cette remarque ne s'appliquait qu'à son désir de parler de ses espérances d'une autre vie, et je ne la pris point pour un reproche. Cependant, comme elle paraissait calme, et qu'elle éprouvait un soulagement évident à parler du ciel, je la laissai faire, et elle continua pendant quelque temps à m'entretenir sur le même ton.

— Embrassez-moi, Miles, dit-elle enfin quand elle entendit Chloé approcher; ne demandez pas à me revoir aujourd'hui, car j'ai beaucoup d'arrangements à faire avec Lucie; demain je compte sur une longue visite. Dieu vous accorde sa bénédiction, mon frère bien-aimé, et vous ait toujours en sa sainte garde!

Je quittai l'appartement, et en traversant le long corridor qui conduisait à mon cabinet, je trouvai Lucie à la porte. Elle avait les yeux rouges, et elle entra avec moi.

— Comment l'avez-vous trouvée, Miles? demanda la chère enfant, dont la voix tremblante annonçait tout ce qu'elle craignait.

— Il n'y a plus d'illusion possible, Lucie; Dieu va la rappeler à lui.

Les sentiments qui avaient été si longtemps comprimés en présence de Grace éclatèrent avec violence, et je sanglotai comme un enfant.

Combien Lucie se montra tendre et dévouée dans cet instant cruel !
Elle ne dit presque rien ; seulement je crus l'entendre murmurer : —
Pauvres Miles ! — bon ami ! quel coup ce doit être pour un frère ! —
Dieu le lui adoucira ! — et d'autres expressions semblables. Elle prit
une de mes mains, et la serra vivement dans les siennes ; elle l'y
garda pendant quelques minutes. Elle m'observait comme la mère
observe son enfant malade quand il est assoupi. Quand je pus repasser
dans mon esprit toutes les circonstances de ces scènes déchirantes,
il me parut alors que Lucie avait oublié complétement sa propre
douleur, pour ne songer qu'à me consoler. La chère enfant obéis-
sait ainsi à l'instinct de sa nature ; car elle ne vivait en quelque sorte
que hors d'elle-même et dans ceux qu'elle aimait. Lucie laissa complétement de côté cette réserve que les années et un plus grand usage
du monde avaient mise dans ses manières, et elle se conduisit envers
moi avec cette familiarité innocente qui avait marqué nos rapports
jusqu'à mon premier départ à bord de la *Crisis*. J'étais trop agité
dans le moment pour faire attention à ce qui se passait ; mais je me
rappelle qu'avant de me quitter pour retourner auprès de Grace, elle
pencha la tête sur mon front, et baisa mes cheveux. Trois ans plus
tôt, avant ses relations avec Drewet, c'eût été le front ou la joue
qui eût reçu ce précieux baiser.

Je fus longtemps avant de pouvoir reprendre quelque empire sur
moi-même. Quand je fus calme, j'ouvris la lettre de ma sœur à
Rupert, comme elle m'en avait prié, et je la lus trois fois de suite,
sans même m'arrêter pour réfléchir. Elle était conçue en ces termes :

« Cher Rupert,

« Quand vous lirez cette lettre, Dieu, dans les décrets impéné-
trables de sa sagesse infinie, aura jugé à propos de me rappeler à
lui. Que cette perte apparente ne vous affecte en aucune manière,
mon ami ; car je sens humblement que le grand sacrifice du Sauveur
ne sera pas perdu pour moi. Je n'aurais pu être heureuse dans cette
vie, Rupert, et c'est une grande merci que je sois transportée si
jeune dans un monde meilleur. Il m'en coûte de me séparer de votre
excellent père, de vous-même, de notre bien-aimée Lucie, et du
meilleur des frères. C'est le dernier tribut que je paie à la nature,
et j'espère qu'il me sera pardonné, à cause du motif. J'ai la ferme
confiance que l'exemple de ma mort ne sera pas inutile à mes amis.

«C'est à ce point de vue seulement que je vous prie, cher Rupert, de vous la rappeler quelquefois. Sous tous les autres rapports, ne pensez plus à moi. On ne peut commander à ses affections, et rien au monde n'eût pu me décider à devenir votre femme sans posséder tout votre cœur. Je prie chaque jour, presque à chaque heure — une larme était tombée évidemment sur cet endroit de la lettre — pour vous et pour Emilie. Soyez heureux ensemble ; elle est aimable ; elle a des talents qu'on ne pouvait acquérir à Clawbonny, et qui contribueront à l'agrément de votre intérieur. Pour que vous pensiez quelquefois à moi — ici la pauvre Grace se contredisait sans s'en apercevoir — Miles vous remettra le legs que je vous ai fait. Acceptez-le dans les sentiments qui me portent à vous l'offrir. Je voudrais qu'il fût plus considérable ; mais vous ne considérerez que l'intention. Tout faible qu'il est, j'espère qu'il suffira pour lever les obstacles qui pourraient retarder votre mariage, et le cœur de Lucie fera bientôt le reste.

« Adieu, Rupert ; je ne dis pas : adieu, Emilie ; car je pense que cette lettre, ainsi que le motif qui l'a dictée, restera un secret entre vous et moi, et mon frère ; mais je souhaite à votre future femme tout le bonheur que cette terre peut procurer, et une fin aussi pleine de consolations et d'espérances que celle qu'attend à chaque instant votre affectionnée

« GRACE WALLINGFORD. »

Oh ! femmes ! femmes ! que vous êtes admirables quand vous êtes abandonnées à l'impulsion presque divine de votre noble nature ! Pourquoi faut-il quelquefois que des passions mauvaises viennent étouffer les germes si précieux déposés dans vos âmes, et qu'un contact trop étroit avec le monde ternisse toute votre beauté morale !

# CHAPITRE VII.

> Et ces belles âmes, dont l'histoire est écrite dans des pages impérissables, elles aussi elles ont été ravies à l'amour des hommes, encore rayonnantes de tout leur éclat!
> MISTRESS HEMANS.

Je ne saurais m'étendre minutieusement sur les événements de la semaine qui suivit. Grace s'affaiblissait de plus en plus ; les secours de la médecine, dont elle était entourée, plutôt par devoir que dans l'espoir de leur efficacité, étaient impuissants. M. Hardinge visitait souvent la malade ; et je passais avec elle des heures entières, sa tête penchée sur mon épaule, position qu'elle affectionnait, au moment de la grande séparation dont j'étais menacé. Comme il n'était plus possible de songer à la transporter dans une autre pièce, la causeuse avait été placée dans sa chambre, et c'était là que comme autrefois nous avions nos entretiens intimes. Ce meuble vénérable existe toujours, et j'y passe encore de longues heures dans mes vieux jours, à me rappeler les différentes scènes et les conversations dont il a été le discret témoin.

M. Hardinge, ainsi qu'il l'avait annoncé, officia dans son église le dimanche suivant. Lucie resta auprès de son amie, et s'unit d'intention avec nous; pour moi, je rassemblai mes forces pour me rendre à Saint-Michel. Il était facile de lire l'expression d'une vive sympathie sur les visages de tous les membres de la petite congrégation, et des larmes coulèrent de tous les yeux, quand les prières pour les morts furent récitées. M. Hardinge resta au presbytère pour remplir les différents devoirs de son saint ministère. Quant à moi je remontai à cheval aussitôt après la cérémonie, trop inquiet pour prolonger mon absence plus qu'il n'était rigoureusement nécessaire dans un pareil moment. Je rejoignis sur la route Neb, qui retournait à Clawbonny d'un air si différent de celui qui lui était habituel, que je ne pus m'empêcher de le remarquer. Neb était un nègre vigoureux et bien découplé, qui marchait toujours d'un pas rapide, et je lui voyais traîner le pied, comme s'il avait eu de la peine à avancer. Ce changement devait provenir du mécompte qu'il avait éprouvé au sujet de Chloé ; et je voulus dire un mot d'encouragement au pauvre diable, qui avait été complétement oublié au milieu des angoisses auxquelles j'étais livré depuis huit jours. Je cherchai les sujets qui pouvaient l'intéresser, afin de le ranimer un peu.

— Eh bien! Neb, lui dis-je en mettant mon cheval au pas., on peut dire que M. Marbre a fini par avoir le vent en poupe au bout de son voyage. La meilleure des vieilles pour mère, la plus jolie des filles pour nièce, le port le plus commode pour ancrage; en voilà plus que le loup de mer le plus difficile n'en pouvait désirer.

— Oui, maître, répondit Neb, du ton d'un homme qui pense à toute autre chose qu'à ce qu'on lui dit, un fameux loup de mer, M. Marbre!

— Et à ce titre, il n'en mérite que mieux tous les biens qui lui arrivent à la fois.

— Possible, maître; mais néanmoins moi désirer vous et moi n'avoir jamais vu l'eau salée.

— Il aurait donc fallu fermer les yeux, mon garçon; car des hauteurs de Clawbonny on aperçoit l'Hudson, et ce n'est pas loin d'ici que l'eau de la rivière devient salée. Vous pensez à Chloé, et vous vous dites que si vous étiez resté tranquillement ici, vous auriez eu plus de chances de vous insinuer dans ses bonnes grâces.

— Non, maître, personne à Clawbonny penser aujourd'hui à autre chose qu'à la mort.

Je ne pus retenir un mouvement de surprise. M. Hardinge avait toujours cherché à préserver même les nègres de Clawbonny de toute exagération, et à les tenir en garde contre cette sensiblerie outrée que certaines sectes sont si portées à confondre avec une impulsion généreuse. Il semblait au premier moment que Neb cédait à quelque sentiment de ce genre, et je le regardai fixement avant de répondre.

— Je crains de vous comprendre, Neb, lui dis-je enfin. C'est une grande consolation pour moi de penser que vous êtes tous restés si attachés aux enfants de vos anciens maîtres.

— Nos cœurs biens durs, maître, s'il en était autrement. Ah! vous et moi, maître, avoir vu bien des choses terribles ensemble; mais jamais chose si terrible que dans ce moment!

Les joues de Neb ruisselaient de pleurs pendant qu'il parlait, et je piquai des deux pour ne pas laisser voir mon émotion, là sur la route, en présence de ceux qui commençaient à nous rejoindre.

Pourquoi Neb exprimait-il tant de regret d'avoir jamais été sur mer! Je ne pouvais me l'expliquer qu'en supposant qu'il s'imaginait que, si je n'avais pas été absent, Grace ne serait pas tombée malade.

En approchant de la maison, je ne rencontrai personne. Les hommes étaient tous allés à l'église, et on les apercevait de loin, dispersés le long de la route, sans se livrer à aucun de ces transports involontaires qui échappent si souvent aux nègres insouciants. Mais c'était l'heure où quelques-unes des négresses étaient dans l'habitude d'étaler leurs charmes au soleil, et leurs belles toilettes d'été à leurs admirateurs, et aucune ne paraissait : le devant de la maison, la pelouse, les cours, tout était vide. C'était d'un sinistre augure ; et, attachant la bride de mon cheval à un poteau, je courus vers la partie des bâtiments qu'habitait Grace.

En entrant dans le corridor qui conduisait à l'appartement de ma sœur, j'eus l'explication de cette solitude qui m'avait effrayé. Six à sept négresses étaient agenouillées près de la porte, et je pouvais entendre la voix de Lucie lisant d'un ton lent et solennel quelques-unes des prières et des oraisons qu'on récite près des mourants. Jamais cette voix, naturellement si mélodieuse, ne m'avait paru si douce et si touchante. La moindre inflexion se faisait entendre, et l'on sentait, à la sainte émotion avec laquelle chaque syllabe s'échappait du cœur, que la chère et pieuse créature se mettait réellement en présence de l'Être qu'elle invoquait. Qu'on dise que les formes de la liturgie diminuent la ferveur de la prière ! Il peut en être ainsi pour ceux qui sont tellement concentrés en eux-mêmes quand ils se mettent en rapport avec Dieu, qu'il faut que leurs pensées revêtent leur langage, tout uniforme, tout incohérent qu'il puisse être, pour s'exhaler en prières. Oui, mais ne devrait-on pas réfléchir que, quand on prie en commun, ces pieuses improvisations qui s'adressent à tous ceux qui écoutent, peuvent produire des résultats tout autres que ceux qu'on en attend? Aujourd'hui, — qu'on permette cette réflexion à un vieillard qui a vécu, et qui espère mourir dans le sein de l'église anglo-américaine, — aujourd'hui, que le christianisme ne semble que trop souvent dégénérer en querelles de sectes, oubliant la première des vertus, la charité, je ne puis me rappeler cette scène solennelle, sans me demander s'il est quelqu'un au monde qui ayant entendu, comme moi, Lucie réciter la prière que le Christ enseigna lui-même à ses disciples, eût pu croire un instant que le cœur ne se mettait pas en harmonie parfaite avec les paroles qu'elle répétait.

A peine la voix de Lucie avait-elle cessé de se faire entendre, que je passai au milieu des négresses encore agenouillées, et j'entrai dans la chambre de ma sœur. Grace était appuyée sur une chaise longue, les yeux fermés, les mains jointes, mais à genoux, et absorbée dans une pieuse méditation. Elle ne m'entendit pas, et je restai un instant debout auprès d'elle, ne sachant si je devais l'avertir de ma présence. Dans ce moment, je surpris le regard de Lucie, qui semblait vouloir me parler. L'appartement de Grace se composait de trois ou quatre petites pièces qui communiquaient entre elles. Lucie passa dans celle qui lui servait en quelque sorte de boudoir, quoique ce nom fût encore inconnu aux États-Unis; et, sur un signe qu'elle m'avait fait, je m'empressai de la suivre.

— Mon père est-il ici? demanda Lucie; et cette question me surprit; car elle devait savoir qu'il comptait rester au presbytère, pour se tenir prêt à réciter l'office du soir.

— Non; vous savez qu'il doit retourner à l'église.

— Je l'ai envoyé chercher, Miles; et elle ajouta en me serrant la main avec la tendresse d'une mère pour un enfant chéri : — Mon bon Miles, c'est le moment de rassembler tout votre courage!

— Ma sœur est-elle plus mal? demandai-je d'une voix étouffée; car, tout préparé que j'étais à un dénouement fatal, je ne pouvais croire qu'il fût encore si prochain.

— Plus mal, Miles? c'est ce que nous ne devons pas dire quand nous la voyons si admirablement disposée à paraître devant son Dieu. Mais je ne veux rien vous cacher. Il n'y a pas une heure que Grace m'a dit que le moment approchait. Elle se sent mourir par degrés, et son courage et sa résignation sont admirables. Elle n'a pas voulu que je vous fisse prévenir, disant que vous arriveriez toujours à temps. Mais j'ai envoyé chercher mon père, et il ne peut tarder à arriver.

— Bon Dieu! est-ce que vous pensez vraiment, Lucie, que le danger soit imminent?

— Puisque c'est la volonté de Dieu de nous reprendre, Miles, je ne puis qu'admirer que sa fin soit si douce, et, à tous égards, si paisible.

Tant que la mémoire ne m'aura pas complétement abandonné,

j'aurai toujours devant les yeux l'image de Lucie, telle qu'elle m'apparut dans ce moment. Elle aimait Grace comme une tendre sœur, avec tout le dévouement dont un cœur de femme est capable; et cependant, au moment où elle regardait comme son devoir de me faire une communication si douloureuse, c'était pour moi seul qu'elle semblait inquiète et tourmentée. Elle avait raisonné sa douleur; et résignée, confiante, disposée à prévoir tout ce que sa foi sincère lui avait appris à espérer, je crois fermement que le sort de ma sœur lui paraissait plutôt digne d'envie que de regret, malgré sa sollicitude si poignante à mon égard. Cette généreuse abnégation me toucha vivement, en même temps qu'elle m'éleva au-dessus de moi-même, en me donnant la force de me maîtriser à un point que je n'aurais jamais cru possible. Je rougissais de laisser voir tout ce que je souffrais en présence de tant de courage, et cela de la part d'une personne dont le cœur était le siége des plus tendres affections humaines. Le sourire mélancolique qui se montra un moment sur les lèvres de Lucie pendant qu'elle parlait, respirait l'espérance et la foi du chrétien.

— Que la volonté de Dieu soit faite! dis-je à voix basse; le ciel est une place plus convenable pour une âme pareille que les demeures des hommes.

Lucie me serra la main, et parut soulagée par ce semblant de courage. Elle m'engagea à rester où j'étais jusqu'à ce qu'elle eût appris à Grace que j'étais revenu de l'église. Je pus voir à travers la porte entr'ouverte que les négresses s'étaient retirées, et j'entendis bientôt le pas de M. Hardinge qui entrait dans la pièce attenante à celle où j'étais et qui servait en quelque sorte d'antichambre pour ceux qui venaient à la chambre de la malade de cette autre partie de la maison. J'allai au-devant de mon excellent tuteur.

— Dieu ait pitié de nous, mon cher enfant! dit le ministre d'un ton d'affliction autant que de prière; oui, de nous, car Grace m'a toujours été aussi chère que ma propre fille. Je savais que le coup devait venir, et j'ai prié le Seigneur de nous y préparer, et de le faire servir à notre sanctification à tous; mais néanmoins, la mort est venue littéralement au moment où personne ne l'attendait. Je voudrais avoir tout ce qu'il faut pour écrire, Miles; et je vous prie de donner des ordres pour qu'un de vos gens soit prêt à partir dans une demi-heure pour porter ma lettre.

— Si c'est pour consulter de nouveaux médecins, je crains bien, mon cher Monsieur, que ce ne soit une démarche inutile. Tous ceux que nous avons vus ont été d'accord qu'il n'y avait rien de plus à faire que ce qui a été prescrit. Néanmoins, je serai plus tranquille si l'on peut décider le docteur Bard à traverser le fleuve, et j'avais déjà songé à lui dépêcher Neb une seconde fois.

— Soit, répondit M. Hardinge en tirant à lui une petite table sur laquelle étaient quelques prescriptions écrites plutôt pour la forme que dans l'espoir du bien qu'elles pouvaient produire, et en se mettant à écrire tout en parlant : — soit, et en même temps Neb pourra mettre cette lettre à la poste sur l'autre rive ; de cette manière elle parviendra plus vite à Rupert.

— A Rupert? m'écriai-je avec une expression que je regrettai sur-le-champ.

— Sans doute ; nous ne pouvons nous dispenser de l'avertir. Il a toujours été comme un frère pour Grace, et le pauvre garçon nous en voudrait si nous négligions de le prévenir dans une occasion semblable. Vous paraissez surpris de ma détermination ; et pourquoi donc, Miles ?

— Rupert est aux Sources, Monsieur, heureux dans la société de miss Merton ; ne vaudrait-il pas mieux lui laisser ignorer...?

— Que penseriez-vous, Miles, si Lucie était sur son lit de mort, et que je négligeasse de vous en informer ?

— Ah ! Monsieur ! — et je jetai sur le bon vieillard des yeux si hagards, que, malgré toute sa simplicité, il ne put s'empêcher de voir quelle immense différence je faisais entre la supposition et la réalité.

— Il est vrai, mon pauvre Miles, ajouta M. Hardinge, comme pour s'excuser ; j'avais tort ; mais que voulez-vous ? Je commençais à espérer que, comme autrefois, vous ne regardiez plus Lucie qu'avec des yeux de frère. Mais ce n'est pas une raison pour oublier Rupert ; et voici ma lettre déjà faite.

— Il sera trop tard, Monsieur, dis-je d'une voix rauque ; ma pauvre sœur ne passera pas la journée.

Je m'aperçus que M. Hardinge n'était pas préparé à cette annonce. Il pâlit, et sa main tremblait pendant qu'il cachetait la lettre. Néanmoins je découvris plus tard qu'il l'avait envoyée.

— Si Dieu en a décidé ainsi dans sa sagesse, murmura l'excellent ministre, nous ne pouvons que nous soumettre. Mais Rupert peut du moins arriver à temps pour rendre les derniers devoirs à la sainte pour qui le ciel se sera ouvert.

Il n'y avait pas moyen de résister à tant de simplicité et de bonté de cœur ; au surplus, nous fûmes appelés dans cet instant auprès de Grace. Elle avait les yeux ouverts. Un frisson me saisit en voyant leur expression surnaturelle. Rien n'indiquait l'approche de la mort sous son aspect hideux ; mais c'était déjà cette espèce de rayonnement d'une âme qui se sent au moment de passer à un nouvel état d'existence. Je n'assurerais pas que je ne ressentis pas une impression douloureuse à la pensée que ma sœur pouvait être complétement heureuse sans que je fusse pour rien dans son bonheur. Nous sommes tous si égoïstes que ce sentiment se mêle presque toujours plus ou moins à nos pensées même les plus pures et les plus innocentes.

Mais Grace elle-même ne pouvait secouer entièrement le lien des affections terrestres tant que son âme restait prisonnière dans sa demeure mortelle. Au contraire, chaque regard qu'elle jetait sur nous respirait le plus tendre attachement. Elle était d'une faiblesse effrayante ; la mort semblait se hâter pour la délivrer le plus doucement possible ; et cependant l'intérêt qu'elle nous portait la soutint au point de lui donner la force de nous dire tout ce qu'elle désirait. Sur un signe qu'elle me fit, je m'agenouillai auprès d'elle, et je soutins sa tête sur ma poitrine, autant que possible dans l'attitude où nous avions passé tant d'heures ensemble pendant sa maladie. M. Hardinge, debout derrière nous, prononçait à voix basse, mais distinctement, quelques-uns des passages les plus sublimes de l'Écriture ; de ceux qui renferment les consolations les plus touchantes pour l'âme qui prend son essor vers le ciel. Quant à Lucie, elle était toujours là où sa présence était le plus nécessaire, et les yeux de Grace étaient souvent tournés vers elle avec une expression ineffable de reconnaissance et d'amour.

— L'heure approche, mon frère, dit tout bas Grace, la tête toujours appuyée sur mon sein. N'oubliez pas qu'en mourant je demande pardon autant pour ceux qui peuvent m'avoir offensée que pour moi-même. Songez que vous me l'avez promis ; ne faites rien qui puisse affliger Lucie et son père.

— Je vous comprends, ma bonne sœur, lui dis-je du même ton. Vous avez ma parole ; soyez sûre que je la tiendrai.

Un léger serrement de main me prouva la satisfaction que cette assurance lui causait.

A dater de ce moment, il me sembla que Grace était de moins en moins attachée aux choses de ce monde. Seulement son affection pour tout ce qu'elle aimait se montra jusqu'au dernier moment.

— Laissez entrer tous les esclaves qui pourraient désirer de me voir, dit-elle en se soulevant pour accomplir ce qu'elle regardait comme un dernier devoir. Je ne puis jamais reconnaître tout ce qu'ils ont fait pour moi ; mais je compte sur vous, Miles, pour acquitter ma dette.

Lucie sortit sans bruit, et, l'instant d'après, le petit cortége s'approcha lentement. La douleur de ces êtres essentiellement primitifs et incapables de se modérer est ordinairement bruyante et désordonnée, comme leur joie ; mais Lucie, la douce mais énergique Lucie, leur avait fait des recommandations si sévères qu'ils parvinrent à se contenir.

Grace parla à toutes les négresses, prenant congé de chacune d'elles avec bonté, en même temps qu'elle leur donnait de salutaires conseils. Tous les vieillards furent aussi l'objet d'une attention particulière.

— Allez, mes amis, et réjouissez-vous de ce que je vais être sitôt délivrée des soucis de ce monde, dit-elle dès que la triste cérémonie fut terminée. Priez pour moi et pour vous-mêmes. Mon frère connaît mes intentions à votre égard ; il veillera à ce qu'elles soient exécutées. Dieu soit toujours avec vous, mes amis !

Tel était l'ascendant que Lucie avait pris sur ces bonnes et simples créatures depuis le peu de temps qu'elles étaient placées sous sa douce, mais sage direction, qu'elles se retirèrent toutes dans le même silence qu'elles avaient observé en entrant, mais ce n'était que par les efforts les plus énergiques qu'elles avaient pu contenir les éclats ordinaires de leur désespoir, et plus d'une joue était sillonnée de larmes. Je m'étais retirée dans l'embrasure d'une fenêtre pour cacher mon émotion, quand un bruit qui se fit dans les broussailles au-dessous de moi frappa mon oreille. Je regardai : Neb était étendu tout de son long, mordant littéralement la terre dans l'agonie de sa douleur, et parvenant à étouffer ainsi ses gémissements de peur qu'ils n'arrivassent jusqu'à sa jeune maîtresse, et qu'ils ne troublassent son repos. Je sus ensuite qu'il restait là pour être à portée de recevoir des nouvelles que Chloé lui transmettait de moment en moment. Lucie me rappela bientôt, Grace ayant exprimé le désir de m'avoir auprès d'elle.

— Notre séparation ne sera que d'un instant, et nous nous retrouverons de nouveau tous ensemble, dit-elle d'une voix si claire et si distincte qu'elle nous fit tressaillir. La mort en s'approchant nous place sur une hauteur d'où nous pouvons voir le monde et toutes ses vanités d'un seul coup d'œil.

Je pressai la pauvre enfant contre mon cœur, comme pour témoigner, malgré moi, combien il m'était difficile de regarder sa perte avec cette philosophie religieuse qu'elle cherchait à m'inculquer.

— Ne vous désolez pas, Miles, ajouta-t-elle ; du courage, Dieu vous adoucira cette épreuve, et il saura la faire tourner à votre avantage éternel.

Voyant que je ne répondais rien, Grace fit un effort pour regarder de mon côté, et elle reprit d'un air attendri :

— Pauvre Miles ! je voudrais presque que nous fissions ensemble le grand voyage ! Vous avez été toujours pour moi un si bon, un si tendre frère ! Il m'en coûte de vous laisser presque seul dans ce monde. Mais vous aurez M. Hardinge et notre Lucie.

Elle s'arrêta, et son regard erra de moi à Lucie qui sanglotait à genoux. Elle semblait au moment d'exprimer un désir ou quelque regret qui se rattachait à nous deux : mais elle se contint, quoique son regard fût trop éloquent pour que je pusse m'y méprendre. Sans doute elle pensa qu'il était trop tard, puisque Lucie avait donné son cœur à André Drewet. En ce moment, les paroles de Neb me revinrent malgré moi à la mémoire : « Maître, je voudrais que ni vous ni moi nous n'eussions jamais vu l'eau salée. » Mais je chassai aussitôt cette idée ; et Grace elle-même sentait trop clairement que ses minutes étaient comptées pour s'y arrêter longtemps.

— La toute miséricordieuse Providence arrangera tout pour le mieux, murmura-t-elle, pendant que son esprit cherchait à se concentrer uniquement sur sa situation. Mais elle nous aimait trop, Lucie et moi, pour avoir pu ne pas s'occuper de notre avenir, même à l'heure de la mort.

M. Hardinge se mit alors à genoux, et le quart d'heure qui suivit se passa en prières. Quand il se releva, Grace, les yeux empreints d'une sérénité toute divine, lui donna la main, et, d'une voix distincte, elle le remercia des soins qu'il avait prodigués à de pauvres orphelins et appela sur lui les bénédictiens du ciel. Cette scène inattendue et si touchante d'une jeune fille bénissant un vieillard enleva au bon ministre tout son courage ; il tomba sur une chaise, et sanglota amèrement. Ses gémissements firent sortir Lucie de l'espèce d'anéantissement dans lequel elle était plongée, et elle regarda avec stupeur les cheveux gris de son père, pendant qu'il était entraîné par la force de son émotion. Mais des sentiments de cette nature ne pouvaient dominer longtemps un homme du caractère de M. Hardinge, et il reprit bientôt autant de sang-froid qu'il était possible d'en conserver auprès d'un lit de mort.

— On peut croire que je suis bien jeune pour mourir, reprit Grace, mais je suis déjà fatiguée du monde, et je remercie Dieu de me rappeler dès à présent. Lucie, ma bien-aimée, ouvrez les rideaux de la fenêtre en face, que je puisse voir encore une fois ce cher Clawbonny ; ce sera mon dernier regard sur le monde extérieur.

Ce désir de prendre congé d'objets inanimés, qu'on a connus, qu'on a aimés longtemps, est assez général à l'heure suprême. Il n'est pas dans notre nature de quitter pour jamais ce bel univers, sans jeter un dernier regard derrière nous. La main du divin Créateur avait imprimé ce jour-là un caractère particulier de beauté à mon petit domaine ; un saint repos semblait planer en quelque sorte sur les vergers, sur les prairies, sur les collines boisées. Le lit de Grace avait été placé exprès de manière à ce que, sans se déranger, elle pût découvrir toute la ferme, et ç'avait été pour elle une douce distraction, pendant ses longues heures de retraite, de pouvoir contempler des scènes si familières et si chéries. Je vis ses lèvres remuer, pendant qu'elle y jetait un dernier regard, et je suis convaincu que quelque sentiment particulier, se rattachant au passé, s'éveilla dans son âme à ce moment solennel. Je suivis la direction de ses yeux, et je m'aperçus qu'ils étaient fixés sur le petit bois où Rupert et moi nous avions rencontré les deux amies à notre retour de la mer ; but ordinaire de nos promenades, lieu favori qui, sans doute, avait été témoin de plus d'une tendre confidence entre Grace et son amant parjure. La mort avait beau faire déjà sentir son aiguillon, son cœur de femme ne pouvait rester fermé aux impressions produites par un pareil spectacle. En vain les rayons étincelants du soleil inondaient tout le paysage de flots de lumière ; en vain les prairies étalaient leurs robes de fleurs; les bois, les teintes variées de leur verdure américaine; les oiseaux, leur brillant plumage, pendant que l'air retentissait de leurs joyeux concerts; l'imagination de Grace se retraçait d'autres scènes qui se rapportaient au sentiment dominant de sa vie; je sentis qu'elle tremblait, pendant qu'elle s'appuyait sur mon bras, et, ayant penché la tête vers elle, je pus distinguer quelques paroles qui me montrèrent clairement qu'elle priait pour Rupert. Dès qu'elle eut achevé, elle demanda d'elle-même qu'on fermât le rideau, pour chasser à jamais toute pensée du dehors.

Quelle heure que celle qui suivit! M. Hardinge et Lucie en passèrent une grande partie à genoux, priant tout bas, pour ne pas troubler la malade. Ces souvenirs de Rupert, rappelés par la vue du bois, ce regard prolongé, jeté sur les scènes de son enfance, portèrent-ils le dernier coup à cette frêle organisation déjà si ébranlée, ou bien le lien mystérieux qui unit si intimement la partie immortelle de notre être à son enveloppe matérielle, allait-il se détachant de plus en plus de lui-même, c'est ce qu'il m'est impossible de décider; mais, à partir de ce moment, l'affaiblissement fut à son comble; les pensées de Grace, bien que toujours appuyées sur la foi et sur l'espérance chrétienne, prirent quelque chose de vague et de décousu, et s'emprégnirent en quelque sorte d'une simplicité enfantine; mais ses facultés avaient beau s'affaiblir, il y avait en elle une beauté morale que rien ne pouvait ternir. A peine faisait-elle le plus léger mouvement; ses mains étaient jointes, et ses yeux se portaient de temps en temps vers le ciel. Enfin elle parut se ranimer un peu et observer des objets extérieurs.

— Lucie, dit-elle, qu'est devenu Rupert? Sait-il que je suis mourante? Pourquoi n'est-il pas venu me voir pour la dernière fois?

Il est inutile de dire quelle impression cette brusque demande fit sur Lucie et sur moi. Lucie cacha sa figure dans ses mains sans répondre; mais le bon M. Hardinge, qui ne savait rien de nos tristes secrets, se hâta de disculper son fils.

— Rupert a été prévenu par moi, ma chère enfant, dit-il, et, quoiqu'il soit tout entier à son amour et à miss Merton, il ne manquera pas d'accourir dès qu'il aura reçu ma lettre.

— Miss Merton! répéta Grace en passant la main sur son front; qui est-elle? Je ne me rappelle personne de ce nom.

Nous comprîmes alors à quel point l'intelligence de la pauvre malade était affaiblie, et nous nous gardâmes bien de chercher à donner une direction plus vraie à ses peusées ; nous ne pouvions qu'écouter et pleurer. L'instant d'après, elle passa son bras autour du cou de Lucie, et l'attira vers elle avec une grâce enfantine :

— Lucie, ma chère, reprit-elle, il faut que nous détournions ces fous de garçons de cette idée d'aller en mer. Si le père de Miles et l'arrière grand-père de Rupert ont été marins, ce n'est pas une raison pour qu'ils le soient aussi.

Elle s'arrêta, parut réfléchir, et se tourna vers moi ; elle me considéra longtemps avec un tendre intérêt, comme le jour où nous avions eu notre première conférence dans la salle de famille. Elle eut encore assez de force pour soulever sa main amaigrie, la passant sur mon front, et jouant avec mes cheveux comme au temps de notre enfance.

— Miles, murmura la chère ange, car sa voix commençait à lui manquer, vous rappelez-vous ce que notre mère nous disait, de toujours dire la vérité? Vous êtes un honnête garçon, cher frère, et ce n'est pas vous qui diriez jamais autre chose que ce que vous pensez. Je voudrais que Rupert eût autant de franchise.

Ce fut la première, la seule parole de Grace qui indiquât jamais qu'elle eût reconnu quelque défaut à Rupert. Plût à Dieu qu'elle eût été éclairée plus tôt! mais c'est souhaiter à l'enfant le discernement et l'intelligence de la femme. La main de ma sœur était toujours sur mon front, et je ne l'aurais point déplacée, dans ce moment d'angoisses, pour acquérir la certitude d'être aimé de Lucie.

— Voyez, reprit ma sœur, comme son teint est bruni, quoique son front soit blanc ; je doute que ma mère le reconnût, Lucie? Est-ce que Rupert est devenu aussi brun?

— Rupert n'a pas voyagé autant que Miles, répondit Lucie d'une voix saccadée, tandis que le bras de Grace l'entourait toujours.

Cette voix si connue parut éveiller une nouvelle série d'idées.

— Lucie, demanda ma sœur, aimez-vous toujours Miles, comme lorsque nous étions enfants?

— J'ai toujours eu, je conserverai toujours une profonde affection pour Miles Wallingford, répondit Lucie avec assurance.

Grace se tourna alors vers moi ; le bras qui était resté suspendu au cou de Lucie retomba de lassitude, et, depuis lors, ses yeux restèrent attachés sur les miens. Mes sanglots éclataient malgré moi. Tout à coup nous entendîmes sa voix prier avec une ferveur qui la rendait distincte ; les paroles qu'elle prononça respiraient l'attachement sans bornes qu'elle n'avait cessé de me porter depuis mon enfance : — Père tout-puissant, disait-elle, jette un regard de bonté sur ce frère chéri ; ne l'abandonne pas aux jours des épreuves, et, quand tu le jugeras convenable, appelle-le, par les mérites du Sauveur, dans la demeure de la félicité éternelle !

Ce furent les dernières paroles que Grace Wallingford prononça jamais. Sa vie se prolongea encore pendant dix minutes, et elle mourut sur mon sein comme l'enfant qui rend le dernier soupir dans les bras de sa mère. Ses lèvres s'entr'ouvrirent plusieurs fois ; je crus saisir le nom de Lucie, mais j'ai sujet de croire qu'elle pria pour nous tous, sans excepter Rupert, jusqu'au moment où elle cessa d'exister !

## CHAPITRE VIII.

> Ces voix si douces qui chantaient dans nos promenades, elles sont muettes à présent ; et ces bancs restés vides dans nos demeures terrestres, personne ne les remplira plus !
> MISTRESS HEMANS.

JE ne revis jamais plus les traits de ma sœur. Il y a des personnes pour qui c'est une espèce de besoin d'aller contempler des morts ; pour moi, j'ai toujours éprouvé un sentiment contraire. Tout enfant, j'avais été conduit dans la salle de famille pour y voir successivement mon père et ma mère, exposés sur un lit de parade. J'étais alors un être purement passif, et il fallait suivre l'impulsion qui m'était donnée ; à présent que j'étais en âge de juger par moi-même, dès qu'il me fut possible de penser à quelque chose, je me dis que le dernier regard d'affection jeté sur moi par ma sœur, ce regard où respirait jusqu'au dernier moment toute la pureté de son cœur, serait l'impression durable que je conserverais et sur laquelle je voulais rester. Toujours, depuis lors, il me semble que je le vois se fixer sur moi, et je me suis félicité bien des fois de n'avoir pas permis que de tristes images de décomposition et de mort vinssent altérer en rien ce précieux souvenir.

A peine avais-je imprimé un long et dernier baiser sur le front d'ivoire, mais encore tiède, de ma pauvre sœur, que je quittai la maison. Je n'avais pas à craindre de regards importuns qui me forçassent à me renfermer dans mon cabinet, et il me semblait qu'il me serait impossible de respirer ailleurs qu'en plein air. En traversant la petite pelouse, j'entendis les gémissements convulsifs qui partaient de la cuisine. Maintenant que la malade ne pouvait plus être troublée par leurs lamentations, les fidèles esclaves ne se contenaient plus, et j'étais déjà loin que j'entendais encore retentir leurs sanglots.

Je suivis le chemin qui était devant moi, sans autre but que de faire diversion aux sentiments douloureux qui m'oppressaient, et j'entrai dans le petit bois, qui était le dernier objet du monde extérieur qui eût attiré l'attention de ma sœur. Là tout me rappelait le passé ; les jours de mon enfance et de ma jeunesse ; la douce intimité dans laquelle les quatre enfants de Clawbonny avaient vécu ensemble, courant dans ces bosquets avec toute la folle insouciance de leur âge. Je restai assis une grande heure dans le bois, et je n'y vécus que dans le passé ! Je voyais empreinte dans chaque feuille l'image angélique de Grace, j'entendais ce rire peu bruyant, mais si gai, qui lui était habituel dans ses jours de bonheur ; le son de sa douce voix retentissait à mon oreille presque comme si elle eût été auprès de moi. Rupert et Lucie étaient aussi avec nous. Je les voyais, je les entendais ; je cherchais à prendre part à leurs innocents plaisirs, comme autrefois ; mais la triste vérité venait jeter son ombre lugubre sur ces riants tableaux, et le charme était détruit.

Quand je quittai ce petit bois, ce fut pour chercher des allées plus touffues, ou des plaines plus éloignées de la maison. Il faisait nuit quand je songeai à revenir. Tout ce temps fut passé dans une espèce d'hallucination mystique où mon esprit se perdait dans des images étrangères à celles que j'avais eues si récemment sous les yeux. Partout Grace m'apparaissait. Tantôt c'était l'enfant au berceau qu'on me permettait de conduire dans un petit chariot ; c'était le plus éloigné de tous ceux de mes souvenirs qui se rapportaient à cette sœur chérie ; un peu plus grande, elle courait après moi pendant que je lançais mon cerceau dans l'espace ; tantôt c'étaient de petites leçons que je lui faisais réciter ; j'entendais les recommandations qui lui étaient faites, les principes excellents qui lui étaient inculqués ; tantôt enfin c'était la jeune personne que je voyais dans tout l'éclat de sa beauté, si aimante et si digne d'être aimée. Combien de fois, pendant cette journée, le murmure d'un ruisseau ou le bourdonnement d'une abeille se confondit dans mon imagination avec la voix, le chant, le rire ou la prière de la sœur bien-aimée dont l'âme était alors au ciel, et qui ne devait plus partager ni mes soins ni mes chagrins !

Un moment j'avais eu l'intention de passer la nuit dans les champs ; à mesure que chaque étoile se montrait sur le firmament, je me disais que c'était peut-être là qu'habitait l'esprit de celle qui n'était plus. Mais tout absorbé que je fusse par l'image de Grace, je ne pouvais oublier Lucie ni le bon M. Hardinge. Ils devaient être inquiets de mon absence prolongée, et je sentis qu'il était de mon devoir de retourner près d'eux. Neb et deux ou trois autres nègres m'avaient cherché dans toutes les directions, excepté celle que j'avais prise ; et j'éprouvais un triste plaisir à voir ces esclaves dévoués se croiser dans tous les sens et échanger quelques mots en passant. Leurs gestes, leurs sanglots, leurs exclamations indiquaient assez qu'ils parlaient de leur jeune maîtresse, et je n'avais pas besoin de les entendre pour savoir de quelle manière ils en parlaient.

Notre famille avait toujours été étroitement unie. Mon père avait su conserver cet empire du cœur que sa femme avait établi avec un succès admirable, et il l'avait étendu jusqu'aux esclaves, qui prenaient part avec la même vivacité à tout ce qui arrivait d'heureux ou de malheureux à leurs maîtres. Parmi les nègres, il n'y en avait qu'un qui pût être considéré comme déchu, et qui faisait en quelque sorte bande à part. C'était un vieux drôle, nommé Vulcain, qui exerçait le métier de forgeron, ayant reçu ce nom de mon grand'père, qui le destinait à l'enclume. Par suite de son état, il avait passé la plus grande partie de sa jeunesse dans un hameau voisin où il avait contracté des habitudes tout opposées à notre genre de vie paisible et laborieuse. Il s'était isolé de plus en plus, évité par les autres nègres qui rougissaient de le voir tourner si mal, et il était devenu presque un étranger pour nous. Néanmoins, un décès, un retour de voyage, ou tout autre événement important arrivé dans la famille, ne manquait pas de le ramener parmi nous ; et pendant un mois entier, il menait alors une vie exemplaire. Dans la circonstance actuelle, il était du nombre de ceux qui s'étaient disséminés dans les plaines et dans les bois pour me chercher; et ce fut justement lui qui me découvrit.

La manière solennelle dont Vulcain m'aborda eût suffi, à défaut d'autre preuve, pour montrer quel coup terrible venait de frapper Clawbonny. Les yeux de ce misérable étaient toujours rouges ; mais il était facile de voir que lui aussi il avait versé des larmes. Il savait qu'il n'était pas mon favori ; il venait rarement près de moi, à moins qu'il n'eût à s'excuser de quelque négligence ou de quelque faute, et il était en quelque sorte au ban pour ses méfaits continuels. Néanmoins ce sentiment de douleur qui nous était commun à tous l'enhardit, et Neb lui-même ne m'aurait pas parlé avec plus d'abandon et en même temps de respect.

— Oh! maître! s'écria-t-il, certain que sur ce sujet du moins nous serions d'accord, bonne jeune maîtresse ! jamais pauvre nègre ne verra sa pareille !

— Ma sœur est au ciel, Vulcain, et c'est là que tous, tant que nous sommes, noirs et blancs, nous devons nous efforcer de la rejoindre, en vivant d'une manière qui nous mérite la miséricorde de Dieu.

— Maître croit cela possible? demanda le vieillard en fixant ses gros yeux sur moi avec une attention qui prouvait que tout sentiment moral n'était pas encore éteint en lui.

— Tout est possible à Dieu, Vulcain. Pourvu que vous ayez toujours ses commandements présents à l'esprit, vous pouvez encore espérer de voir votre jeune maîtresse et de partager son bonheur.

— Merveilleux ! s'écria Vulcain ; ce que dit maître est grande consolation pour pauvre esclave. Jeune maîtresse, quand elle était petite dame, venait à la porte de ma boutique, et demandait à voir sauter les étincelles.

— Vous êtes venu me chercher, Vulcain, et je vous remercie de votre attention. Je vais retourner à la maison ; soyez donc sans inquiétude. N'oubliez pas que le seul espoir qui nous reste de revoir jamais miss Grace, c'est de vivre comme elle a vécu, en suivant les bons préceptes de M. Hardinge.

— Merveilleux ! répéta le vieillard, qui se trouvait dans une disposition d'esprit favorable pour recevoir une leçon de ce genre. — Oui, jeune maîtresse venait à la boutique de vieux Vulcain pour voir sauter les étincelles. Oh! jeune maîtresse va bien lui manquer !

Tels étaient les sentiments qui se manifestaient parmi les nègres, quoique peut-être, chez les autres, d'une manière plus durable. Je congédiai le forgeron, et je pris le chemin de la maison. Il faisait tout à fait nuit quand je traversai la pelouse. Je vis passer comme une ombre sous les arcades du portique, et j'allais me détourner pour entrer par une porte de côté, afin d'éviter la rencontre, quand Lucie s'avança vivement à l'entrée du perron pour me recevoir.

— Oh ! Miles ! cher Miles ! que je suis aise de vous revoir ! s'écria l'aimable fille en prenant ma main avec l'empressement et l'abandon d'une sœur. Nous commencions à être sérieusement inquiets. Mon père est parti pour le presbytère, pensant que vous vous y étiez peut-être retiré.

— J'ai été constamment avec vous, avec Grace, avec votre père, ma bonne Lucie, depuis que nous sommes séparés. Je suis plus maître de moi à présent, et vous n'avez à concevoir aucune inquiétude sur mon compte. Je vous remercie du fond du cœur de l'intérêt que vous me témoignez, et je suis fâché de vous avoir alarmée sans le vouloir.

La manière dont Lucie fondit alors en larmes trahissait l'intensité des sentiments qui l'avaient agitée et le soulagement qu'elle trouvait dans mes paroles. Elle ne se fit même pas scrupule de s'appuyer sur mon épaule, tant que dura cet accès de sensibilité. Dès qu'il fut passé, elle s'essuya les yeux, prit de nouveau ma main avec une tendre confiance, et me jeta un douloureux regard en me disant de sa voix la plus douce :

— Nous avons fait une grande perte, Miles, une perte irréparable. Ni vous ni moi, nous ne trouverons jamais personne pour remplir la place que Grace occupait dans notre cœur. Où rencontrer jamais une pareille conformité de goûts, de sentiments, d'opinion, et, — que l'ange qui est parti me pardonne d'oser ainsi me comparer à elle ! — de principes?

— Vous avez raison, Lucie ; Clawbonny ne sera jamais plus pour nous le Clawbonny d'autrefois.

— Et pourtant, Miles, Grace est si heureuse à présent que nous ne saurions désirer de la voir reparaître au milieu de nous. Dans peu de temps elle sera pour vous et pour moi une chère et précieuse image de bonté, de vertus et d'affection; et nous éprouverons un plaisir mélancolique, mais réel, à nous rappeler combien elle nous a aimés, et dans quelle intimité étroite nous avons vécu ensemble.

— C'est un lien du moins qui restera entre nous, Lucie, et qui résistera, je l'espère, à tous les changements et au froid égoïsme du monde.

— Je l'espère aussi, Miles, répondit Lucie à voix basse, et, à ce qu'il me parut dans le moment, avec un embarras que je ne manquai pas d'attribuer à la réflexion qu'elle faisait sans doute que c'était André Drewet qui avait droit à une association de sentiment aussi intime, — nous, qui nous connaissons depuis l'enfance, pouvons-nous cesser de nous estimer et de rester attachés l'un à l'autre?

Lucie parut alors penser qu'elle pouvait m'abandonner à moi-même, et elle rentra dans la maison. Je ne la revis qu'au moment où M. Hardinge nous rassembla tous pour la prière du soir. La réunion de la famille eut ce soir-là un caractère de solennité et de tristesse qu'elle n'avait jamais eu. Il me semblait que l'esprit de Grace planait au milieu de nous; plus d'une fois je crus entendre sa douce voix se mêlant aux nôtres, et dirigeant la prière, comme c'était son habitude quand notre bon tuteur était absent. Tous les nègres me regardaient avec sollicitude; ils sentaient que c'était mon triste privilége de ressentir le plus profondément le coup qui nous avait frappés. Chacun d'eux me salua en se retirant. Quant à Chloé, elle était suffoquée par ses sanglots; la pauvre enfant n'avait consenti à quitter un instant le corps de sa jeune maîtresse que pour se joindre un moment à nous; et elle s'empressa de retourner au poste douloureux que son dévouement éprouvé ne voulait céder à aucun autre.

Je me suis déjà étendu sur les circonstances de la mort de Grace plus longuement que je n'en avais l'intention; il est des sujets que, tout pénibles qu'ils sont, on ne peut se décider à quitter. Les deux ou trois jours qui suivirent ramenèrent un calme apparent; et quoique, pendant bien des années, Lucie et moi nous n'ayons pas cessé un seul jour de la pleurer, nous reprîmes la présence d'esprit nécessaire pour remplir les devoirs qui nous restaient à accomplir. Grace était morte un dimanche, vers l'heure du dîner. Malgré l'empressement peu convenable avec lequel on enterre les morts aux États-Unis, en partie sans doute à cause du climat, M. Hardinge décida que la cérémonie funèbre n'aurait lieu que le jeudi suivant.

Je passai presque tout cet intervalle dans mon cabinet à lire et à m'abandonner à mes réflexions. Lucie m'avait écrit deux ou trois petits billets pour me consulter sur différents points. Le dernier était pour me demander quand je voudrais rendre une dernière visite à ma sœur : ma réponse à cette question la décida à venir me trouver; elle paraissait un peu surprise ; car elle avait peine à concevoir, elle qui n'avait voulu quitter Grace ni vivante ni morte, qu'un frère qui l'avait tant aimée ne désirât pas de lui dire un dernier adieu. Je lui expliquai mes sentiments à ce sujet, et elle en parut frappée.

— Je ne voudrais pas répondre que vous n'ayez pas raison, Miles, me dit-elle ; l'image que vous conservez dans votre cœur est trop précieuse pour que vous permettiez qu'elle reçoive la moindre atteinte. Cependant vous serez bien aise d'apprendre que Grace est un ange dans la mort comme elle l'était pendant sa vie ; tous ceux qui l'ont vue sont frappés de la sérénité paisible de sa figure.

— Merci, Lucie, merci. — Cette assurance me suffit, et c'est encore une consolation que je vous dois.

— Plusieurs membres de la famille sont ici, Miles ; ils sont venus pour la cérémonie funèbre. Un étranger vient aussi d'arriver, sans doute dans la même intention ; personne ne le connaît ; mais il demande à vous voir avec de telles instances, que mon père ne sait comment s'y prendre pour le refuser.

— Qu'il vienne, Lucie ; c'est sans doute un de ces malheureux que Grace a obligés avec tant de délicatesse ; car sa charité ne se lassait jamais.

Lucie ne semblait pas partager cette idée ; mais elle me quitta pour faire connaître ma décision. Quelques instants après, un homme d'environ cinquante ans, aux épaules carrées, aux traits un peu rudes, quoique, à tout prendre, d'assez bonne mine, entra dans le cabinet, vint droit à moi les larmes aux yeux, me serra vivement la main, puis s'assit sans cérémonie. Ses vêtements annonçaient un campagnard dans l'aisance, quoique son ton, son accent, ses manières, indiquassent une personne d'une classe un peu supérieure à celle des gens au milieu desquels il vivait. Il me fallut le regarder deux fois avant de reconnaître Jacques Wallingford, le cousin de mon père, qui faisait valoir ses terres dans l'ouest.

— Je vois à votre air, cousin Miles, que vous ne me remettez qu'à moitié, me dit-il; je regrette profondément que ce soit dans une occasion aussi triste que nous renouvelions connaissance.

— Il reste si peu de membres de notre famille, monsieur Wallingford, que cette preuve d'intérêt nous est doublement précieuse. Si vous n'avez pas été informé par nous de la perte que nous venons de faire, c'est que vous demeurez si loin, que je ne pensais pas que vous pussiez arriver à temps pour la cérémonie funèbre. Je me réservais de le faire dès que je serais un peu plus en état d'accomplir un pareil devoir.

— Merci, cousin. Tout ce qui porte le nom de Wallingford me sera toujours cher, et j'aime Clawbonny comme si c'était mon chez moi.

— Ma pauvre sœur avait pour vous une estime toute particulière; et la dernière fois que je m'embarquai, elle voulait que je vous laissasse ce bien dans mon testament, parce que vous êtes le plus proche héritier direct des Wallingford. Elle trouvait même vos droits supérieurs aux siens.

— Voilà qui est conforme à tout ce que j'ai entendu dire de cet ange, répondit Jacques Wallingford en essuyant une larme, ce qui me donna une opinion favorable de son cœur. Vous avez refusé, j'espère, et c'est elle que vous avez institué votre héritière, comme de raison ?

— Oui, mais elle me menaçait de vous transférer la propriété dès qu'elle lui appartiendrait.

— Menace qu'il lui aurait été difficile d'exécuter, attendu que j'aurais très-certainement refusé net. Sans doute nous sommes à moitié sauvages, à l'Ouest du Pont [1]; cependant nos produits commencent à se montrer dans les marchés, et nous comptons déjà quelques riches parmi nous.

Ces paroles furent dites avec un certain air de satisfaction que mon cousin était un peu trop porté à prendre, toutes les fois qu'il était question de fortune. J'eus, ce jour-là même, occasion de remarquer plusieurs fois qu'il attachait un grand prix à l'argent; quoiqu'en même temps sa manière de voir fût en général juste et conforme à

---

[1]. Dans la partie occidentale de l'État de New-York; il y a plusieurs petits lacs qui coulent presque parallèlement l'un à l'autre, dans une longueur qui varie de 15 à 40 milles. Un de ces lacs (le Cayuga) traverse la grande route qui conduit à Buffalo, et un pont d'un mille de longueur y a été construit. De là vient le dicton : « à l'Ouest du Pont, » pour indiquer les provinces limitrophes.

l'honneur. Il gagna tout à fait mes bonnes grâces par le respect qu'il professait pour Clawbonny et pour tout ce qui en dépendait. Cette vénération était si profonde, que je commençai à croire que je ferais bien de lui laisser Clawbonny, si je venais à mourir sans enfants, ce qui n'était que trop probable, puisque Lucie ne pouvait pas être ma femme, et qu'il me semblait que je n'en aurais jamais d'autre. J'avais de plus proches parents que Jacques Wallingford; quelques-uns même étaient en ce moment dans la maison; mais ils ne descendaient point des Wallingford de mâle en mâle; et j'étais certain que Miles Ier aurait pris les mêmes dispositions à l'égard de Clawbonny, s'il eût prévu les événements et que la loi l'eût permis. Et puis c'était le désir de Grace, et c'était une consolation pour moi d'accomplir ses moindres volontés.

L'enterrement n'eut lieu que le lendemain de l'arrivée de Jacques Wallingford, qui avait appris par hasard la mort de ma sœur, et qui était venu sans être invité pour assister aux obsèques. Je passai avec lui la plus grande partie de la soirée, et il me plut tellement que je le priai de marcher le lendemain auprès de moi dans le triste cortége. Je sus plus tard que cet arrangement avait profondément blessé quelques membres de la famille, qui étaient parents plus proches d'un degré, quoiqu'ils ne portassent pas le même nom. Nous voilà bien, nous querellant pour une misérable question d'amour-propre, sur le bord même d'un tombeau, qui devrait nous faire penser à l'éternité et à toutes ses terribles conséquences! Heureusement, je n'en sus rien dans le moment, et Jacques fut le seul de mes parents que je vis ce soir-là; encore le dut-il à ses manières libres et sans façon, qui lui faisaient faire assez généralement tout ce qui lui passait par la tête.

Je me levai assez tard le lendemain, et le cœur bien oppressé. C'était une des plus belles journées de la saison. Le cortége devait se former à dix heures, et je voyais déjà les nègres qui se rangeaient sur la pelouse, habillés de leur mieux, et la tristesse peinte sur la figure. Plusieurs voisins commençaient aussi à arriver, et je m'habillai en toute hâte pour ne pas me faire attendre.

Depuis la mort de ma sœur, je mangeais toujours seul dans mon petit cabinet, et je n'avais encore vu personne que mon tuteur, Lucie et Jacques Wallingford. Celui-ci avait soupé la veille avec moi; mais il était alors à déjeuner avec le reste de la famille dans la salle à manger. M. Hardinge s'était chargé de faire les honneurs de la maison.

Quant à moi, je trouvai ma petite table préparée, comme j'en avais donné l'ordre. Seulement on avait mis deux tasses. J'en demandai la raison au vieux nègre qui me servait.

— Miss Lucie dit comme ça qu'elle veut déjeuner avec maître ce matin.

En donnant cette explication, le pauvre nègre avait pris un air solennel et grave, approprié à la circonstance. Je lui dis de prévenir miss Lucie que je l'attendais.

— Ah! maître! s'écria le vieil esclave en s'en allant, elle seule est jeune maîtresse à présent!

Lucie entra presque au même instant. Elle était en grand deuil, ce qui pouvait contribuer à faire ressortir sa pâleur; il était évident qu'elle n'avait fait que pleurer depuis que nous ne nous étions vus. Il y avait dans tous ses traits une expression de douceur ineffable. Elle me tendit la main avec un sourire mélancolique; je la lui serrai avec ardeur, et je l'embrassai tendrement. Ces effusions de tendresse furent naturelles, involontaires, telles qu'elles auraient eu lieu entre un frère et une sœur, et nous n'y attachâmes ni l'un ni l'autre d'autre pensée, j'en suis certain, que celle de la confiance et de l'intimité qui nous avaient toujours unis dans l'enfance.

— C'est bien bon à vous, chère Lucie, lui dis-je quand nous eûmes pris place autour de la petite table, de venir ainsi auprès de moi. Mon cousin Jacques Wallingford, quoique bon homme au fond, ne nous est pas encore assez connu pour que sa compagnie me fût agréable dans un pareil moment.

— Je l'ai vu, répondit Lucie, avec un léger tremblement de voix qui prouvait à quel point elle se faisait violence pour ne pas fondre en larmes; et il me plaît assez. Je crois que c'était le favori de maman Wallingford — Lucie avait pris l'habitude d'appeler ainsi ma mère; — et ce doit être une grande recommandation auprès de nous, Miles.

— Je suis disposé à l'aimer, et je tâcherai d'avoir avec lui plus de relations que je n'en ai eu jusqu'à présent. C'est lorsque nous commençons à nous trouver seuls dans le monde, Lucie, que nous sentons le besoin de réunir autour de nous tous les appuis qui peuvent nous rester.

— Vous n'êtes pas seul, Miles, et vous ne le serez pas, tant que mon père et moi nous vivrons. Nous sommes pour vous plus que de simples parents; et vous ne pouvez souffrir ni être heureux sans que nous soyons de moitié dans vos sentiments.

Ces paroles ne furent pas prononcées sans effort; mais cependant il y avait une fermeté dans l'accent qui prouvait qu'elles étaient sincères. J'aurais presque désiré qu'il y eût moins de naturel et plus d'hésitation dans la manière dont Lucie m'exprimait une si tendre sympathie. L'amour n'est jamais content, parce qu'il est rare qu'il soit raisonnable.

Nous parlâmes ensuite de la cérémonie qui allait avoir lieu, sans doute avec un sentiment profond de tristesse, mais sans signes de faiblesse extérieurs : nous savions que c'était un devoir qu'il fallait remplir, et nous nous y étions préparés. Il n'était pas d'usage que les femmes, dans une certaine classe de la société, assistassent à un service funèbre; mais Lucie me dit que son intention était d'aller à l'église, et de mêler ses prières à celles des autres assistants. Dans une population aussi mélangée que la nôtre, il n'est pas toujours facile de déterminer quel est l'usage du pays, ou du moins de tel État, dans une occasion semblable; cependant il me semblait que Lucie s'en écartait, et je lui en fis l'observation.

— Dans toute autre circonstance je m'abstiendrais, dit-elle, d'une voix de plus en plus tremblante; mais je ne puis m'ôter de l'idée que l'esprit de Grace va planer dans l'auguste enceinte, et que la présence de celle qui fut pour elle plus qu'une sœur lui sera agréable. C'est un besoin pour moi de l'accompagner jusqu'au dernier moment, et il me semble que c'est même un devoir. Et à présent, Miles, mon frère, mon ami, ajouta Lucie en se levant et en venant me prendre la main, j'ai une nouvelle à vous communiquer, que seule je puis vous apprendre, car mon père n'en comprendrait pas la nécessité.

Je regardai Lucie, et je vis dans ses yeux une expression d'inquiétude et presque d'alarme.

— Je crois vous comprendre, Lucie, répondis-je d'une voix étouffée, Rupert est ici?

— Oui, Miles; je vous supplie de vous rappeler quels seraient les vœux, les prières de celle qui est maintenant un ange dans le ciel, si Dieu n'avait pas élevé une barrière entre elle et nous.

— Il suffit, Lucie. Je sais ce que j'ai promis ; ne craignez rien. Je préférerais ne pas le voir, mais je n'oublierai jamais qu'il est votre frère.

— Vous le verrez aussi peu que possible, Miles. — Merci, merci de tant de bonté.

Je sentis la douce chaleur d'un baiser que Lucie déposa à la hâte sur mon front en sortant. C'était en quelque sorte le sceau d'un contrat entre nous qui était beaucoup trop sacré pour que je songeasse jamais à le violer.

Je passe les détails du cortége funèbre. Il eut lieu dans l'ordre usité dans les campagnes, les amis suivant le corps dans des voitures ou à cheval, suivant les circonstances. Jacques Wallingford prit place à côté de moi, comme je l'en avais prié, et les autres personnes nous suivirent par rang d'âge ou de parenté. Je ne vis pas Rupert ; mais il est vrai que je ne vis guère que le corbillard qui portait le corps de ma sœur. Quand nous arrivâmes à l'entrée de l'église, les nègres de la famille se disputèrent l'honneur de porter le corps dans l'intérieur. M. Hardinge vint au-devant de nous, et alors commencèrent ces belles et touchantes prières qui manquent rarement leur effet, même sur les cœurs les plus endurcis. Le bon ministre avait le mérite immense de lire tous les offices de l'église comme il les sentait ; et, dans cette occasion, tous les sentiments de son âme semblaient se refléter dans sa voix. Je m'étonnai qu'il pût aller jusqu'au bout ; mais M. Hardinge était avant tout un serviteur des autels ; et quand il était dans la maison de son maître, il ne savait que se soumettre à sa volonté. Dans de pareilles circonstances, il semblait s'élever au-dessus des sentiments humains, et oublier la terre dans la ferveur de son zèle. Le courage de mon tuteur anima le mien ; je ne versai pas une larme pendant la cérémonie, et je me sentis soutenu par les pensées et les saintes espérances qu'elle était si propre à inspirer. Je crois que Lucie, qui était cachée dans un coin de l'église, ressentit la même influence ; car je distinguai sa douce voix au milieu de celles qui répondaient au ministre. Je ne saurais trop le répéter. Que ceux qui veulent substituer leurs inspirations mal digérées aux paroles sublimes de la liturgie se rangent autour d'un tombeau, et qu'ils écoutent ces déclamations adressées sous la forme d'entretiens au Tout-Puissant, ou bien les formules sacrées et vénérables qui nous sont prescrites ; et, la main sur la conscience, qu'ils disent ensuite de quelle manière ils voudraient voir célébrer de préférence les obsèques de ce qu'ils ont de plus cher au monde.

Ce fut un moment terrible quand la première pelletée de terre tomba sur le cercueil. Dieu me donna la force de supporter cette angoisse ! je ne poussai pas un gémissement. Quand M. Hardinge offrit les remerciements d'usage à ceux qui étaient venus m'aider à ensevelir la défunte, j'eus même le courage de saluer les assistants et de m'éloigner d'un pas assez ferme. Il est vrai que Jacques Wallingford me prit très-affectueusement le bras pour me soutenir ; mais il ne me semblait pas que j'eusse besoin de support. J'entendis les sanglots des nègres, pendant qu'ils se pressaient autour de la fosse, qu'ils voulaient remplir eux-mêmes, comme si miss Grace ne pouvait reposer doucement qu'autant qu'ils se seraient acquittés eux-mêmes de ce soin ; et je sus qu'aucun d'eux ne s'était retiré avant que la place eût repris l'aspect frais et verdoyant qu'elle avait avant que la bêche y eût été enfoncée. Les mêmes roses, qui avaient été déplantées avec précaution, furent remises là où elles avaient fleuri ; et un étranger eût eu de la peine à découvrir l'endroit où une nouvelle fosse avait été creusée auprès de celles du capitaine Miles Wallingford et de sa respectable veuve. Mais les habitants des environs ne s'y trompèrent pas, et pendant quinze grands jours bien des pèlerinages y furent entrepris, les jeunes filles des fermes voisines en particulier venant visiter la tombe de Grace Wallingford, le « lis de Clawbonny, » ainsi qu'on la surnommait quelquefois.

# CHAPITRE IX.

> Je savais qu'il fallait nous séparer, — aucune jouissance au monde ne pouvait te sauver d'une mort prématurée. Ces yeux éteints, où se lisait pourtant jusqu'au dernier moment toute la tendresse d'une sœur; ces lèvres si pâles, qui se collaient si doucement sur ma joue; cette voix, — hélas, tu ne pouvais qu'essayer de parler! — tout prédisait ton destin; je le sentais au fond du cœur, le coup avait porté. — Je savais qu'il fallait nous séparer.
> SPRAGUE.

C'est au retour d'une semblable cérémonie que le sentiment de la perte qu'on a faite se manifeste avec le plus de force. Le corps a été éloigné de nos yeux; mais le vide qui s'est fait autour de nous n'en a été que plus grand encore. Chaque pas, en nous rappelant un souvenir, ravive une douleur; et combien je l'éprouvai pendant le peu de temps que je restai encore à Clawbonny!

Je n'avais pas vu Rupert à l'enterrement. Je savais qu'il y était; mais Lucie et lui avaient su s'y prendre de manière à me dérober sa présence. Jacques Wallingford, qui connaissait mes rapports intimes avec les Hardinge, pensant me faire plaisir, me dit, pendant que nous revenions à la maison, que le jeune M. Hardinge était parvenu, à force de diligence, à arriver à temps pour la cérémonie. Je suppose que Lucie, sous prétexte d'avoir besoin de son bras, avait gardé son frère au presbytère jusqu'à ce que je fusse rentré.

En arrivant, je vis tous nos amis, et je les remerciai moi-même de la preuve d'attachement qu'ils nous avaient donnée. Ce devoir accompli, ils prirent tous congé de moi, à l'exception de Jacques Wallingford, qui me tint compagnie. Quelle maison c'était à présent que Clawbonny! Les esclaves marchaient sur la pointe du pied, comme s'ils craignaient de troubler le repos de la défunte; tout bruit, toute dissipation avaient cessé; et aucun rire joyeux ne se faisait plus entendre.

Aucun des Hardinge ne revint dîner; le bon ministre m'écrivit un billet pour me dire qu'il viendrait me voir dans la soirée, après que tout le monde serait parti. Je dînai donc tête à tête avec Jacques Wallingford. Mon cousin, dans le but évident de détourner mes pensées de la scène du matin, se mit à me parler des sujets qu'il devait croire les plus propres à m'intéresser. Au lieu de se jeter dans des lieux communs dont la maladresse révolte au lieu de distraire, il eut le bon esprit de rattacher la conversation à la perte même que je venais de faire.

— Je suppose, cousin, que vous vous remettrez en mer dès que votre bâtiment sera prêt, me dit-il. C'est un moment de grande activité pour le commerce, et celui qui reste les bras croisés perd des occasions d'or.

— L'or n'a plus de charmes pour moi, mon cousin, répondis-je tristement. Je suis plus riche maintenant qu'il n'est nécessaire pour le peu de besoins que j'ai, et comme il est probable que je ne me marierai jamais, je ne vois pas grand intérêt à me fatiguer davantage. Cependant je m'embarquerai sur mon bâtiment, et cela le plus tôt possible. Pour rien au monde je ne voudrais passer ici l'été, et j'aime la mer. Oui, oui, il faut que j'entreprenne un voyage sans délai ; c'est le parti le plus sage.

— Voilà parler en homme ! Il n'y a point de poules mouillées parmi les Wallingford, et vous êtes de la vraie roche. Mais pourquoi ne jamais vous marier, Miles ? Votre père était marin, et il s'est marié. J'ai toujours entendu dire qu'il s'en était très-bien trouvé.

— Mon père a été heureux en ménage, je le sais ; mais néanmoins je sens que je resterai garçon.

— En ce cas, que deviendra Clawbonny ? demanda Jacques Wallingford tout crûment.

Je ne pus m'empêcher de sourire de la question. Je le regardais comme mon héritier, quoique légalement mes biens eussent dû passer à d'autres parents ; mais il est probable que Jacques, qui était beaucoup plus âgé que moi, ne s'était jamais arrêté à la pensée qu'il pût me survivre.

— Je ferai un nouveau testament dès que je serai arrivé à New-York, et je vous laisserai Clawbonny, répondis-je sans hésiter, — car c'était la pensée qui m'était venue du premier moment que je l'avais vu ; — vous êtes la personne qui y avez le plus de droits, et si vous me survivez, la propriété est à vous.

— Miles, j'aime cela ! s'écria mon cousin avec une sincérité étrange en étendant la main pour prendre la mienne, qu'il serra de toutes ses forces ; vous avez raison ; je dois être l'héritier du bien si vous mourez sans enfants, quand même vous laisseriez une veuve.

Cela fut dit si naturellement que j'en fus moins choqué que surpris. Je savais que Jacques Wallingford aimait l'argent, et quand cette passion est portée à un certain degré, elle fausse le jugement et fait quelquefois heurter les convenances. J'aurais voulu que mon cousin n'eût pas parlé ainsi, mais mes intentions en sa faveur n'en étaient nullement ébranlées.

— Vous êtes plus disposé à conseiller à vos amis de se marier qu'à leur donner l'exemple, répondis-je, voulant détourner un peu la conversation. Vous qui avez près de cinquante ans, vous êtes encore garçon.

— Et je resterai tel toute ma vie. Il y a eu un temps où j'aurais pu me marier, si j'avais été riche; maintenant que je suis raisonnablement riche, je trouve d'autres objets pour y attacher mes affections. Mais ce n'est pas une raison pour que vous ne me laissiez pas Clawbonny, quoiqu'il soit probable que je ne vivrai pas assez pour en hériter. Néanmoins, c'est un bien de famille, et il ne doit pas sortir du nom. Je craignais toujours, si vous aviez fait naufrage, ou si vous aviez été enlevé par une de ces fièvres pernicieuses qui emportent quelquefois les marins, que le bien ne passât à des femmes, et qu'il n'y eût plus un Wallingford à Clawbonny. Miles, je ne vous envie pas du tout cette propriété; jouissez-en tant que vous pourrez, cousin; mais ce serait pour moi un crève-cœur de tous les diables de savoir que c'est un de ces Hazens, ou de ces Morgans, ou ces Van-der-Schamps, qui en seraient en possession. — C'étaient les noms des enfants d'autant de miss Wallingford, mes tantes ou grand'tantes. — Quelques-uns peuvent être plus rapprochés de vous d'un demi-degré peut-être, mais aucun ne tient d'aussi près à Clawbonny — c'est un Wallingford qu'il faut à Clawbonny.

Cet aplomb imperturbable m'amusait malgré moi, et j'étais disposé à poursuivre la conversation, pour mieux connaître le caractère de mon cousin.

— Et si nous ne nous marions ni l'un ni l'autre, et que nous mourions garçons, lui dis-je, que deviendra Clawbonny pour le coup?

— J'y ai pensé, Miles, et voici ma réponse. Si cela arrive, et qu'il ne reste aucun Wallingford, du moins aucun Wallingford ne vivra pour savoir que c'est un Van-der-dunder-Schamps — je m'embrouille avec tous ces noms hollandais — qui demeure dans la maison de ses pères, et il n'y aura point de mal. Mais il y a d'autres Wallingford que vous et moi.

— Comment donc? voilà du nouveau! j'avais toujours cru que nous étions les deux derniers?

— Non : Miles Ier laissa deux fils : l'aîné, dont nous descendons, et un autre qui passa dans la colonie de New-Jersey, et dont les descendants existent encore. Celui de nous deux qui survivra peut aller chercher là un héritier, si bon lui semble. Mais n'oubliez pas que je viens avant eux, dans tous les cas.

J'assurai mon cousin qu'il passerait avant eux sans contredit, et je changeai de discours; car, franchement, la manière dont il parlait commençait à me déplaire. Je le priai de m'excuser et je me retirai dans ma chambre, pendant qu'il allait, disait-il, jeter un coup d'œil sur le bien de ses ancêtres, qu'il n'avait pas encore eu le loisir d'examiner en détail.

Il faisait tout à fait nuit quand j'entendis le bruit d'une voiture; c'était celle de Lucie, et M. Hardinge monta bientôt auprès de moi. Il s'informa d'abord de ma santé, et me témoigna l'intérêt le plus paternel; après quoi il ajouta :

— Rupert est ici. Je l'ai amené pour vous voir. Lucie et lui paraissaient croire qu'il valait mieux ne pas vous déranger ce soir; mais je vous connais mieux. Qui doit être auprès de vous dans ces moments pénibles, mon cher Miles, si ce n'est Rupert, votre ancien ami, le compagnon de votre enfance, je pourrais presque dire votre frère?

— Mon frère! et pourtant je me contins. Grace avait reçu ma promesse solennelle, Lucie également : Rupert n'avait rien à appréhender. Je demandai même à le voir, priant seulement qu'on nous laissât seuls ensemble. J'attendis quelques minutes sans le voir paraître. Enfin la porte de ma chambre s'ouvrit, et Chloé m'apporta un billet. Il était de Lucie, et conçu en ces termes : Miles, pour *elle*, pour moi, contenez-vous! — Chère Lucie! elle n'avait pas sujet de s'alarmer. L'image de Grace semblait me sourire, et m'encourager au nouveau sacrifice que j'allais lui faire.

Enfin Rupert parut. Lucie l'avait retenu jusqu'à ce qu'elle fût bien sûre que son billet m'avait été remis. Ses manières humbles et réservées vinrent en aide à mes bonnes résolutions. S'il s'était avancé pour prendre ma main, s'il avait cherché à balbutier quelques paroles de consolation, qui sait ce qui aurait pu arriver? Mais il montra, dans le premier moment, de la discrétion, du respect, de la réserve plutôt que de la familiarité; et il eut le tact ou la prudence de ne faire aucune allusion à la triste circonstance qui l'avait amené à Clawbonny. Je l'invitai à s'asseoir; il n'en fit rien, et se tint debout à quelque distance, preuve qu'il ne comptait pas prolonger sa visite. Je n'en étais pas fâché, et je résolus d'entrer sur-le-champ en matière; car j'avais un devoir sacré à remplir, et je désirais m'en acquitter sans délai.

— Je suis bien aise, monsieur Hardinge, dis-je après quelques phrases banales échangées entre nous, que l'occasion se présente aussi promptement de vous entretenir d'une affaire qui m'a été recommandée par Grace, et que je voudrais terminer le plus vite possible.

— Par Grace! — par miss Wallingford! balbutia Rupert en reculant de surprise. Ce sera pour moi un grand honneur, — je veux dire, un triste plaisir de chercher à remplir ses désirs, quels qu'ils soient. Personne n'a jamais eu plus de droits à mon respect, monsieur Wallingford, et je la regarderai toujours comme l'une des femmes les plus aimables et les plus accomplies qu'il m'ait été donné de connaître.

Je n'eus plus de peine dès lors à me contenir; car il était facile de voir que Rupert savait à peine ce qu'il disait. Avec un pareil homme, je ne voyais pas grande nécessité d'user de réserve ou de ménagements extraordinaires.

— Vous savez sans doute deux circonstances de l'histoire de notre famille, dis-je alors sans circonlocution : la première c'est que ma sœur aurait été à la tête d'une petite fortune, si elle avait atteint l'âge de vingt et un ans; la seconde, c'est qu'elle est morte à vingt ans.

La surprise de Rupert fut cette fois plus naturelle, et il m'écouta avec un intérêt, — je rougis de le dire pour l'honneur de l'humanité, — très-naturel aussi.

— Étant mineure, elle ne pouvait point faire de testament; mais ses volontés, qu'elle m'a exprimées, n'en sont pas moins sacrées à mes yeux, et je dois m'y conformer. Elle a laissé un peu moins de vingt-deux mille dollars, tout compris; elle en a consacré une faible partie à donner un souvenir d'amitié à votre sœur, et à faire quelques œuvres charitables; la somme ronde de vingt mille dollars qui restera ensuite, c'est à vous qu'elle la lègue.

— A moi ! monsieur Wallingford ! — Miles ! ai-je bien entendu ?

— A vous, monsieur Hardinge; c'est le dernier vœu de ma sœur, et elle vous le dit dans cette lettre, que j'ai été chargé de vous remettre, en vous faisant part de ces dispositions.

Je lui donnai, en finissant, la lettre de Grace, et je me mis à un bureau pour écrire pendant qu'il la lisait. Tout occupé que j'étais, je ne pus m'empêcher de jeter de temps en temps un regard sur Rupert pour observer l'effet que produisaient sur lui les dernières paroles de celle qu'il avait fait autrefois profession d'aimer. Je ne voudrais pas être injuste, même à l'égard de Rupert Hardinge. Il éprouva une agitation effrayante, et il marcha quelque temps à grands pas, sans parler. Je crus même entendre un soupir mal comprimé. J'eus la compassion de feindre d'être absorbé dans mon travail, pour lui laisser le temps de se remettre. Ce ne fut pas long ; car les bonnes impressions n'étaient guère durables chez lui, et je le connaissais assez pour distinguer bientôt sur sa physionomie une lueur de satisfaction à la perspective de se voir en possession d'une somme si considérable.

— Dans des circonstances semblables, dis-je enfin en me levant, il vaut mieux en finir sur-le-champ. Voici un billet à votre ordre de vingt mille dollars, payable à la banque de New-York à dix jours de vue ; les fonds seront faits à l'échéance, et ce sera une affaire terminée.

— Je ne sais, Wallingford, si je dois accepter une somme aussi considérable. Que dirait mon père, Lucie, le monde même ?

— Ni votre père, ni Lucie, ni le monde n'en sauront rien, Monsieur, à moins que vous ne jugiez à propos de le leur apprendre. Pour moi, je ne parlerai pas de ce legs ; et je vous avoue que, pour ma sœur, je préfère que vous en fassiez autant.

— Eh bien ! monsieur Wallingford, répondit Rupert en mettant tranquillement le billet dans son portefeuille, j'y songerai, et s'il m'est possible de me rendre aux désirs de cette pauvre Grace, je n'y manquerai pas. Je ne sais ce que j'aurais pu lui refuser, et tous mes efforts tendront à honorer sa mémoire. Mais je respecte votre douleur, et je vais vous laisser. Vous connaîtrez ma détermination sous peu de jours.

Rupert se retira en emportant le billet. Je ne fis aucun effort pour le retenir, et je ne fus pas fâché d'apprendre qu'il était retourné au presbytère pour y passer la nuit; sa sœur l'avait emmené. Le lendemain il se rendit à New-York, sans m'envoyer aucun message, et gardant le billet par conséquent; deux jours après il partait pour aller rejoindre les Merton.

Jacques Wallingford me quitta le lendemain des obsèques, promettant de me revoir à la ville. — N'oubliez pas le testament, Miles, me dit ce singulier homme en me secouant la main; et vous me montrerez l'article où il sera question de Clawbonny, avant que je repasse « à l'Ouest du Pont. » Entre parents du même nom, il ne doit y avoir rien de caché en pareille matière.

Je savais à peine si je devais rire ou me fâcher d'une pareille demande; mais ma résolution n'en fut pas ébranlée; parce que je sentais que ce que je voulais faire était juste. J'avoue qu'il y avait des moments où j'étais tenté de me méfier d'un homme qui faisait valoir si opiniâtrément des droits de cette nature, surtout dans un moment où la mort venait de montrer trop éloquemment, en frappant une si jeune victime, que le cas qu'il s'agissait de prévoir ne pouvait que trop bien arriver. Néanmoins, il y avait tant de franchise dans la manière de mon cousin, il semblait compatir si sincèrement à mes peines, et ses opinions étaient, quant au fond, si conformes aux miennes, que ce nuage ne fut que passager. A tout prendre, j'étais très-content de Jacques Wallingford, et, comme on le verra par la suite, il obtint bientôt toute ma confiance.

Après le départ de tous mes parents, je sentis combien j'étais complétement seul au monde. Lucie passa la nuit au presbytère avec son frère; et le bon M. Hardinge, tout en se persuadant qu'il restait pour m'offrir ses consolations et pour me tenir compagnie, fut si occupé par suite de mille petites affaires à régler, que ce fut à peine si je le vis. Il est possible qu'il me comprit assez pour savoir que la solitude était ce qu'il y avait de mieux pour moi dans le moment actuel, surtout lorsque je pouvais me dire qu'il y avait là tout près quelqu'un que je n'avais qu'à appeler si je voulais.

Enfin cette journée si longue, si pénible, tira à sa fin. Le soir vint, calme, paisible, amenant avec soi la douce clarté d'une nouvelle lune. Je me promenais sur la pelouse, quand le souvenir de Grace et du plaisir qu'elle eût goûté dans une semblable promenade se présenta si vivement à mon esprit, que, par un mouvement involontaire, je me dirigeai vers sa tombe. Les chemins qui entouraient Clawbonny n'étaient jamais très-fréquentés ; mais à cette heure surtout, et après la cérémonie qui avait eu lieu le matin, il n'y avait pas à craindre de rencontrer personne sur la route qui conduisait au cimetière. Bien des mois s'écoulèrent avant qu'aucun nègre osât se hasarder de ce côté dans les ténèbres ; et même pendant le jour, ils n'en approchaient qu'avec une sorte de sainte terreur. C'était pour eux un événement terrible que la mort d'une personne du nom de Wallingford. Je ne sais si c'était l'effet de l'âge ou de la préoccupation où j'étais ; mais il me semble que la mort de leur jeune maîtresse avait fait encore plus d'impression sur ces simples créatures que celle de ma mère.

Le cimetière de Saint-Michel était orné de cèdres magnifiques, qui avaient été cultivés avec soin. Un bouquet de ces arbres ombrageait les tombeaux de ma famille, et un banc rustique avait été placé à leur pied, par ordre de ma mère, qui était dans l'habitude de venir y méditer des heures entières devant la tombe de son mari. Souvent, après la mort de ma mère, Grace, Lucie et moi, nous nous rendions le soir à cette place, et nous y restions longtemps assis dans un morne silence ; ou, si nous échangions quelques mots, c'était à voix basse, de manière à ne pas troubler le repos des morts. En approchant, j'éprouvai une sorte de satisfaction amère à me rappeler que Rupert ne nous avait jamais accompagnés dans ces petits pèlerinages. Même aux jours de son plus grand ascendant, Grace n'avait jamais pu le décider à une démarche qui répugnait à son caractère. Quant à Lucie, sa famille reposait d'un côté du bouquet d'arbres, et la nôtre, de l'autre ; et souvent j'avais vu les yeux de la pauvre enfant se mouiller en se fixant sur la tombe de parents qu'elle n'avait jamais connus. Mais ma mère avait été sa mère adoptive ; aussi Lucie éprouvait-elle pour cette amie un attachement presque aussi vif ; peut-être même devrais-je dire tout aussi vif que celui que nous lui portions nous-mêmes.

Je craignais que, par une soirée aussi attrayante, il ne se trouvât quelques personnes près du tombeau de ma sœur, et je m'approchai avec précaution, décidé d'avance à me retirer si j'apercevais quelqu'un. Je ne vis personne, et je me dirigeai vers le bouquet de cèdres, me plaçant au pied de la tombe la plus récemment fermée. J'y étais à peine que j'entendis mon nom prononcé d'une voix à demi étouffée. Je ne pouvais m'y tromper ; c'était celle de Lucie. Elle était assise si près d'un cèdre, que ses vêtements de deuil se confondaient avec l'ombre qu'il projetait. J'allai m'asseoir à côté d'elle.

— Je ne suis pas surpris de vous trouver ici, dis-je en lui prenant la main, par une sorte de mouvement machinal, puisque depuis l'enfance c'était ainsi que nous étions dans l'habitude de nous témoigner notre affection, — vous qui l'avez veillée si constamment pendant les dernières heures de son existence !

— Ah ! Miles ! répondit Lucie d'une voix remplie d'amertume ; combien j'étais loin de m'attendre à cela quand vous m'avez vue au spectacle !

Je compris sur-le-champ ce qu'elle voulait dire. Lucie était par son éducation au-dessus de toutes les petitesses d'une morale étroite et fausse. Son père avait su établir à ses yeux une ligne de démarcation profonde entre la piété et les exigences minutieuses d'un puritanisme exagéré qui voudrait les faire passer pour la loi de Dieu ; et dans la pureté de son innocence, elle ne croyait faire aucun mal en se livrant à d'innocents plaisirs. Mais penser que Grace était souffrante et dans la peine au moment même où elle s'amusait à écouter les beaux vers de Shakespeare, c'était une image qui lui était pénible ; et, oubliant tout le dévouement qu'elle avait montré pour ma sœur, elle se le reprochait amèrement.

— C'est la volonté de Dieu, Lucie, répondis-je ; il faut bien nous y soumettre.

— Si vous pouvez penser ainsi, Miles, combien il me deviendra plus facile de vous imiter ! et pourtant...

— Achevez, Lucie ; je connais toute votre affection pour Grace ; mais vous ne pouvez croire cependant qu'elle vous fût plus chère qu'à moi-même.

— Ce n'est pas cela, Miles. Mais n'ai-je pas, moi, une cause toute personnelle de regret, un motif d'humilité profonde, de honte, je ne crains pas de le dire, qui vient aggraver ma peine ?

— Je vous comprends, Lucie, et je réponds sans hésiter : non. Vous n'êtes pas Rupert. Que d'autres deviennent ce qu'ils pourront ; vous serez toujours Lucie Hardinge.

— Merci, Miles, répondit ma chère compagne, en pressant doucement la main que je tenais encore dans la mienne ; merci du fond du cœur. Mais d'autres juges pourront être moins indulgents que vous. Nous ne vous étions pas parents, nous étions reçus dans le sein de votre famille, nous habitions sous votre toit, et tout nous imposait l'obligation sacrée de ne point porter le trouble parmi vous. Je ne voudrais pour rien au monde que mon pauvre père sût la vérité.

— Il ne l'apprendra jamais, Lucie, et mon plus cher désir est que nous oubliions tout ce qui s'est passé. A partir de ce moment, Rupert et moi nous devons être des étrangers l'un pour l'autre ; mais le lien qui existe entre moi et le reste de votre famille n'est devenu que plus étroit par suite de ce triste événement.

— Rupert est mon frère, répondit Lucie, mais d'une voix si basse que je l'entendis à peine.

— Voudriez-vous donc me laisser seul au monde ? dis-je d'un ton de reproche.

— Non, Miles, jamais. Ce lien-là doit, comme vous le dites, durer autant que la vie. Et je ne puis demander non plus que vous ayez pour Rupert les mêmes sentiments qu'autrefois. Je sens que c'est impossible ; que ce ne serait même pas convenable. Mais ne pouvez-vous nous faire aussi quelques concessions en échange de celles que je vous fais si volontiers ?

— Rupert est votre frère, Lucie, et je ne demande pas que vous l'oubliiez jamais. Qu'il épouse miss Merton ; qu'il soit heureux avec elle. Ici, sur la tombe de ma sœur, je vous renouvelle la promesse de ne jamais entretenir aucune idée de vengeance.

Lucie ne répondit rien ; mais au mouvement qu'elle fit, on eût dit qu'elle allait baiser ma main. Je ne pouvais le souffrir, et je portai la sienne à mes lèvres, où je la tins jusqu'à ce que la chère fille la retirât doucement.

— Miles, dit-elle après un long silence, il ne faut pas que vous restiez dans ce moment à Clawbonny. Votre cousin Jacques Wallingford a paru vous plaire assez. Pourquoi n'iriez-vous pas lui rendre une visite ? Il demeure près du Niagara, à l'Ouest du Pont, comme il dit ; et vous pourriez profiter de l'occasion pour voir les Chutes.

— Je vous comprends, Lucie, et je vous remercie sincèrement de l'intérêt que vous prenez à mon bonheur. Je ne compte pas prolonger mon séjour à Clawbonny. Demain même je dois partir.

— Demain ! interrompit Lucie, et, à ce qu'il parut, avec une sorte d'effroi.

— Est-ce trop tôt? Je sens le besoin de l'occupation, ainsi que d'un changement de lieu. Songez que j'ai un navire et des intérêts assez importants à soigner. C'est vers l'Orient que je dois me diriger, et non vers l'Occident.

— Vous comptez donc, Miles, continuer votre profession? dit Lucie avec douceur, et presque avec une expression de regret.

— Assurément, et que puis-je faire de mieux? Je n'ai pas besoin de richesses, j'en conviens; en fait d'argent, j'ai tout ce qu'il me faut, et au-delà. Mais je ne puis rester oisif. Je suis jeune, j'aime la mer; je ne me marierai jamais. — Lucie tressaillit. — Et maintenant que je n'ai pas d'héritier plus proche que Jacques Wallingford...

— Jacques Wallingford! Vous avez de plus proches parents?

— Il est vrai, mais non pas dans la ligne masculine. C'était le désir de Grace de laisser à notre cousin Jacques la propriété de Claw-bonny, quelque emploi que je dusse faire du reste de la fortune. Vous êtes si riche à présent, Lucie, que vous n'en avez pas besoin. Autrement tout vous appartiendrait jusqu'au dernier dollar.

— Je vous crois, cher Miles, répondit Lucie avec chaleur; vous avez toujours été tout ce qu'il y a de bon et de généreux pour moi, et je ne l'oublierai jamais.

— Vous parlez de ma bonté, Lucie, vous qui vous êtes dépouillée de tout ce que vous possédiez au monde pour me donner votre petite bourse, quand je m'embarquais! quel dommage que vous soyez si riche!

— Croyez-moi, ne parlons plus d'argent dans ce lieu sacré, répondit Lucie d'une voix tremblante; vous oublierez ce qu'une folle enfant a pu faire, nous étions si jeunes alors!

Ainsi il y avait des circonstances de notre premier âge que Lucie désirait que j'oubliasse! Sans doute ses relations actuelles avec André Drewett rendaient ces souvenirs délicats, sinon pénibles. Lucie, dans ce moment, n'était plus, suivant moi, tout à fait elle-même, elle toujours si simple, si affectueuse, si vraie. Mais l'amour est un sentiment si jaloux qu'il pouvait s'alarmer sans raison de ce qui n'était qu'une réflexion toute naturelle. Ce qui résulta de cet incident, ce fut que la conversation changea d'objet, et que nous nous remîmes à causer de celle que nous étions venus l'un et l'autre pour pleurer librement en ce lieu.

— Notre vie aura beau se prolonger, Miles, dit Lucie; nous nous rappellerons toujours Grace telle qu'elle était, et nous chérirons sa mémoire, comme nous la chérissions elle-même pendant sa vie. Il ne s'écoule pas une heure sans que je la voie assise à côté de moi, causant dans la plus douce intimité, comme nous l'avions toujours fait depuis l'enfance !

En disant ces mots, Lucie se leva, s'enveloppa dans son châle, et me tendit la main pour prendre congé de moi, car j'avais manifesté l'intention de quitter Clawbonny de bonne heure le lendemain. Lucie versait des larmes ; mais était-ce par suite de notre conversation ; était-ce, comme autrefois, à cause de ce départ ? C'est ce que je ne pouvais dire. Mais, en tout cas, je ne pouvais la quitter ainsi. J'avais une sorte de pressentiment que cette fois c'était une séparation définitive ; car la femme d'André Drewett ne pouvait jamais être tout à fait pour moi ce que Lucie Hardinge n'avait jamais cessé d'être depuis près de vingt ans.

— Je ne vous dis pas adieu maintenant, Lucie. Si vous ne venez pas à New-York avant que je mette à la voile, je reviendrai à Clawbonny pour prendre congé de vous. Dieu seul sait ce que je deviendrai, où ma destinée peut me conduire. C'est vous et votre excellent père qui devez recevoir mes derniers adieux.

Lucie me serra la main, me dit bonsoir à la hâte, et se glissa à travers la petite porte du presbytère, jusqu'à laquelle je l'avais conduite. Sans doute elle crut que je retournais immédiatement à la maison. Mais, loin de là, je passai encore bien des heures dans le cimetière, pensant tantôt aux morts, et tantôt aux vivants. Je pouvais distinguer de la lumière à la fenêtre de Lucie, et je ne me retirai qu'après qu'elle fut éteinte. Il était alors plus de minuit.

Je passai des moments remplis d'une émotion étrange au milieu de ces cèdres en fleurs. Deux fois je m'agenouillai sur la tombe de Grace, et je priai Dieu avec ferveur. Il me semblait que des prières, adressées dans un pareil lieu, devaient être encore plus agréables au Seigneur. Je pensai à ma mère, à mon brave et loyal père, à Grace, à tous ceux qui n'étaient plus. Puis, j'errai longtemps sous la fenêtre de Lucie ; et malgré cette visite solennelle au milieu des tombeaux, ce ne fut pas une image de mort que j'emportai le plus profondément gravée dans mon cœur.

# CHAPITRE X.

> SHYLOCK. — Trois mille ducats, — bien.
> BACCANIO. — Oui, Monsieur, pour trois mois.
> SHYLOCK. — Pour trois mois ? — bien.
> BACCANIO. — Et pour garant'e de cette somme, comme je vous le disais, un billet d'Antonio.
> SHYLOCK. — Un billet d'Antonio ? — bien.
> *Le Marchand de Venise.*

Je trouvai à New-York Jacques Wallingford qui m'attendait. Il avait pris un logement à l'hôtel de la Cité, afin d'être sous le même toit que moi, et nos appartements se touchaient. Je dînai avec lui; et, après le dîner, nous allâmes ensemble rendre une visite à *l'Aurore.* Le second lieutenant m'apprit que Marbre n'avait fait que paraître un moment, pour annoncer qu'il reviendrait dans quelques jours. En comparant les dates, j'acquis la certitude qu'il arriverait à temps pour la vente qui avait tant d'intérêt pour lui, et je n'eus plus du moins d'inquiétude à ce sujet.

— Miles, dit froidement Jacques Wallingford pendant que nous retournions à l'hôtel, ne m'avez-vous pas dit que Richard Harrison était votre homme d'affaires?

— Oui. M. Hardinge m'a fait faire sa connaissance, et j'ai entendu dire que c'était un des plus anciens jurisconsultes du pays. Voilà son bureau, juste en face, de l'autre côté de la rue.

— Je le voyais, et c'était justement le motif de ma question. Si nous entrions chez lui, pendant que nous y sommes, pour lui toucher un mot du testament? Je voudrais voir Clawbonny bien assuré à la branche directe. Vous offririez de me le donner pour un dollar, que je ne consentirais jamais à en priver le fils unique de la branche aînée; mais j'aurais le cœur brisé de le voir occupé par un autre qu'un Wallingford. M. Harrison est aussi mon conseil et un de mes vieux amis.

C'était jouer cartes sur table, et j'en fus un moment étourdi; cependant il y avait dans la manière de cet homme un je ne sais quoi qui m'empêchait de lui en vouloir.

— M. Harrison ne serait pas visible à cette heure, mais je vais entrer dans son bureau, et lui écrire un mot à ce sujet, répondis-je.

Et à l'instant je fis comme je disais, et je laissai Jacques Wallingford poursuivre seul son chemin. Toutefois, le lendemain matin, le testament était rédigé, signé et mis entre les mains de mon cousin, en sa qualité d'exécuteur testamentaire. Si le lecteur vient à me demander pourquoi j'agis ainsi, surtout par rapport à la dernière circonstance, je serais fort embarrassé de répondre. Une confiance extraordinaire s'était emparée de moi, par suite de cette franchise à brûle-pourpoint qu'un homme même plus expérimenté que moi aurait pu prendre ou pour le nec plus ultra de la droiture, ou pour la perfection de l'art. Quoi qu'il en soit, non-seulement je lui laissai mon testament, mais dans le cours de la semaine suivante je l'initiai dans le secret de toutes mes affaires pécuniaires, le legs de Grace à Rupert, seul excepté. Jacques Wallingford encouragea cette confidence, en me disant que le meilleur moyen de me distraire de mes chagrins était de me plonger tête baissée dans les affaires.

Un de mes premiers soins, en fait d'affaires, fut de m'occuper du billet donné à Rupert. Il était payable à la banque où j'avais un compte ouvert, et j'allai m'informer s'il avait été laissé pour qu'on en poursuivît le recouvrement. Voici la conversation que j'eus avec le caissier à cette occasion :

— Bonjour, Monsieur —, je viens m'informer si on vous a déposé un billet de vingt mille dollars que j'ai fait à l'ordre de M. Rupert Hardinge, à dix jours de date, pour que vous le fissiez recevoir. Si vous l'avez, je suis prêt à le payer dès à présent.

Le caissier me jeta un sourire affairé, qui indiquait que l'état de mes finances prospérait, et que je figurais glorieusement sur les comptes.

— Pour le faire recevoir? Pas positivement, capitaine Wallingford; car rien ne nous ferait plus de plaisir que de le renouveler, si vous vouliez, seulement pour la forme, vous procurer la signature d'un endosseur.

— M. Hardinge vous l'a donc laissé en vous chargeant d'en opérer le recouvrement? demandai-je, regrettant, malgré tout ce qui s'était passé, que Rupert eût donné cette nouvelle preuve de la bassesse de son caractère.

— Pas positivement, Monsieur; car comme il était obligé de quitter la ville, et qu'il avait besoin d'argent, nous le lui avons escompté.

— Escompté, Monsieur !

— Oui, avec grand plaisir, car nous savions que le billet était excellent. M. Hardinge fit observer que vous n'aviez pas trouvé convenable de tirer à vue une si forte somme, que vous aviez donc pris une courte échéance, et que comme il vous avait versé la somme intégralement, il n'était pas fâché de rentrer dans ses fonds. Nous ne pouvions hésiter naturellement.

— Versé la somme intégralement ! m'écriai-je, malgré ma résolution de rester de sang-froid ; mais heureusement l'entrée d'une autre personne détourna l'attention du caissier, qui ne remarqua ni les paroles, ni le ton dont elles avaient été prononcées. — Eh bien, Monsieur, je vais vous donner mon reçu et retirer mon billet.

De nouveaux sourires me furent adressés. La quittance fut donnée, le billet remis, et je quittai la banque avec une balance en ma faveur d'un peu plus de dix mille dollars au lieu de celle de trente mille que j'avais avant d'entrer. Il est vrai que j'étais l'héritier légal de toute la fortune de Grace. Elle consistait surtout en rentes et en créances hypothécaires dont M. Hardinge m'avait remis les titres avant mon départ de Clawbonny.

— Eh ! bien, Miles, que comptez-vous faire de votre navire ? demanda Jacques Wallingford, le soir même. J'entends dire que le chargement pour lequel vous étiez en marché a été donné à un autre armateur, à cause des tristes événements qui vous ont forcé de négliger vos affaires, et j'apprends que, pour le moment, le fret est à très-bas prix.

— En vérité, cousin, je ne sais trop que vous répondre. Les denrées coloniales se vendent à des prix très-élevés dans le nord de l'Allemagne ; et si j'étais en fonds, j'en achèterais une cargaison pour mon propre compte. On m'a offert aujourd'hui des sucres et des cafés excellents, à des prix très-raisonnables, pour de l'argent comptant.

— Et quel argent vous serait nécessaire pour exécuter ce projet, mon garçon ?

— Cinquante mille dollars plus ou moins, tandis qu'en vendant tous mes titres j'aurais bien de la peine à en réaliser trente mille ; ainsi il n'y faut pas songer.

— Comment donc ? je ne vois pas pourquoi. Laissez-moi y rêver cette nuit, et nous en reparlerons demain matin. J'aime les marchés qui se font vite, mais il faut avoir la tête froide. Cette ville brûlante et le vieux madère me donnent la fièvre, et j'ai besoin d'une nuit de repos avant de rien conclure.

Le lendemain matin, Jacques Wallingford ramena la conversation sur ce sujet au déjeuner, repas que nous prenions toujours dans notre chambre pour être plus libres.

— J'ai ruminé ce sujet qui ne manque pas de douceur, les sucres, Miles, commença mon cousin, et j'approuve votre plan. Avez-vous quelques garanties que vous puissiez me donner, si je vous prête la somme?

— J'ai sur moi pour vingt-deux mille dollars de créances et de rentes, qui pourraient y être affectés.

— Mais ce n'est pas une garantie suffisante pour les trente à trente-cinq mille dollars dont vous avez besoin pour courir l'aventure.

— C'est très-vrai; mais c'est tout ce que je possède, sauf le navire et Clawbonny.

— Je ne donnerais pas ça du navire, dit mon cousin en faisant claquer ses doigts; que vous et votre cargaison périssent, et adieu *l'Aurore*. Quant aux assurances, elles ne me vont pas. Je suis homme de terre, et ce sont de bonnes sûretés territoriales qu'il me faut. Vous allez me faire votre billet à trois ou à six mois, si vous voulez; vous me donnerez les titres dont vous me parlez, ainsi qu'une hypothèque sur Clawbonny, et je vous compte aujourd'hui même quarante mille dollars, si vous en avez besoin.

Je fus surpris de cette offre, ne soupçonnant pas que mon cousin fût assez riche pour me prêter une somme aussi considérable. Dans le cours de la conversation, j'appris qu'il avait le double de la somme en question, en argent comptant, et que son principal commerce était de faire des avances sur de bons gages. Il consentait néanmoins à m'en prêter la moitié, afin d'aider un parent qu'il aimait. L'idée d'hypothéquer Clawbonny ne me plaisait nullement; mais il se moqua de moi, et me fit voir que ce n'était rien du tout.

— Si cela devait sortir de la famille, ou même du nom, me dit-il, j'y regarderais moi-même à deux fois, Miles; mais une hypothèque de vous à moi, c'est comme serait une hypothèque de moi à vous. Vous m'avez fait votre héritier, et, pour ne vous rien cacher, mon garçon, je vous ai fait le mien. Si vous perdez mon argent, c'est le vôtre que vous perdrez.

Comment résister à un raisonnement pareil? La franchise apparente de mon cousin, et ses manières toutes rondes, triomphèrent de mes scrupules, et je consentis à faire l'emprunt aux conditions qu'il avait tracées. Jacques Wallingford rédigea l'acte lui-même, et je n'eus qu'à signer. L'argent était prêté à cinq pour cent, mon cousin refusant positivement de recevoir l'intérêt légal d'un Wallingford. Le jour du paiement fut fixé à six mois de date, et tout fut fait dans les formes.

— Je ne ferai pas enregistrer cette hypothèque, Miles, dit Wallingford en pliant le papier, j'ai trop de confiance en votre loyauté, pour croire cette précaution nécessaire. Vous avez donné une première hypothèque sur Clawbonny avec trop de répugnance pour qu'il soit probable que vous vous hâtiez d'en laisser prendre une seconde. Quant à moi, j'avoue que j'éprouve un secret plaisir à tenir, même par ce tout petit bout, la vieille maison. Il me semble que je suis plus que jamais un Wallingford.

J'admirais à quel point mon cousin poussait l'orgueil de famille, et je commençais à croire que j'avais été trop humble en appréciant ma position dans le monde. Il était difficile, je l'avoue, que je me fisse illusion sur ce point, et cependant quand je voyais un homme qui pouvait prêter quarante mille dollars en moins d'une heure, et qui pourtant se glorifiait de descendre de Miles I$^{er}$, je ne pouvais m'empêcher de regarder Miles I$^{er}$ comme un personnage plus important que je ne l'avais cru jusqu'alors. Quant à l'argent, j'étais flatté de la confiance que Jacques Wallingford avait en moi; j'avais réellement envie de tenter la spéculation pour laquelle il m'avançait les fonds nécessaires, et je regardais son refus de faire enregistrer l'hypothèque comme un acte de délicatesse qui faisait honneur à son cœur.

Mon cousin ne m'abandonna pas aussitôt après avoir rempli ma bourse. Il m'acccompagna partout et assista à tous mes achats. Il me donna des conseils excellents, et son expérience ainsi que sa sagacité me furent très-utiles. Comme je payais tout comptant, la cargaison fut bientôt complétée.

Ces occupations continuelles étaient pour moi une distraction forcée à ma douleur, et cependant jamais l'image de Grace n'était longtemps absente de mon esprit; et je voyais Lucie à côté d'elle, lui prodiguant les soins de la plus tendre sœur. Jacques Wallingford me quitta au bout d'une semaine, après m'avoir installé sur mon bord en ma triple qualité de négociant, d'armateur et de capitaine.

— Adieu, Miles, me dit-il en me secouant la main avec une cordialité qui semblait augmenter à mesure que nous nous connaissions mieux ; adieu, mon cher garçon, et que Dieu fasse prospérer vos justes et légitimes entreprises. N'oubliez jamais que vous êtes un Wallingford, et le propriétaire de Clawbonny. Si nous devons nous revoir, vous trouverez en moi un ami dévoué ; au cas contraire, vous aurez sujet de vous souvenir de moi.

C'était à l'hôtel que nous nous étions fait nos adieux. Quelques heures plus tard, j'étais dans la chambre de *l'Aurore*, arrangeant quelques papiers, quand j'entendis sur le pont une voix bien connue qui criait d'un ton d'autorité aux matelots chargés de l'arrimage et du gréement : Allons, dépêchez-vous ! Qu'on débarrasse le gaillard d'avant ! Du monde à ce mât de charge ! A-t-on jamais vu un mât de charge rester ainsi en place, après que les écoutilles sont fermées, sur un bâtiment de première classe ? Allons, qu'on se remue ; vous avez un vieux loup de mer parmi vous, mes enfants.

Il n'y avait pas à se tromper sur le personnage. Je montai sur le pont, et je trouvai Marbre, qui avait mis habit bas, mais qui avait encore le reste de son costume de ville ; et qui s'évertuait au milieu des matelots, leur communiquant une nouvelle activité. Il entendit mes pas derrière lui ; mais il ne se retourna pas pour me saluer, qu'il n'eût terminé sa besogne. Alors il me fit cet honneur, et un nuage passa sur ses traits colorés, quand il remarqua que j'étais en grand deuil.

— Bonjour, capitaine, bonjour, dit-il en me saluant. La volonté de Dieu soit faite ! Nous sommes tous pécheurs, mais je n'en sache pas de plus grands que ces arrimeurs qui vous laissent un mât de charge, planté là debout devant l'écoutille, comme si le bâtiment avait besoin d'un mât de fortune ! Oui, capitaine, il faut se résigner, et j'ai été diantrement chagrin quand j'ai lu dans le journal : Grace, fille... etc., et sœur unique... etc., décédée à, etc. Enfin, n'en parlons plus. Vous serez bien aise d'apprendre, n'est-il pas vrai, que Willow Cove est amarré solidement dans la famille et que l'hypothèque infernale est à tous les diables.

— Je l'apprends avec plaisir, monsieur Marbre, répondis-je avec un certain serrement de cœur dont je ne pus me défendre en me rappelant que je venais justement d'hypothéquer mon bien patrimonial. Comment avez-vous laissé votre mère et votre nièce?

— Je ne les ai pas laissées du tout, capitaine. J'ai amené la bonne vieille et Kitty avec moi à New-York, d'après un principe mutuel de montrer les choses.

— Pardon, Moïse; je ne comprends pas bien ce principe mutuel dont vous parlez.

— Merci, Miles, répondit le lieutenant, car nous étions alors assez loin de toute oreille indiscrète pour qu'il pût se permettre cette familiarité,—merci de me donner ce nom. Appelez-moi Moïse le plus souvent que vous pourrez; car ma mère m'assourdit de ses Oloff, et la petite Kitty ne m'appelle que mon oncle. Que diable, je suis Moïse après tout, et je finirais par l'oublier, si je n'y mettais ordre. Quant au principe mutuel, voici ce que c'est : Je dois montrer à ma mère, d'abord *l'Aurore*, cela va sans dire, ensuite un ou deux marchés; car croiriez-vous bien que la chère âme n'a jamais vu un marché de sa vie, et qu'elle en meurt d'envie; aussi je la conduirai d'abord à l'Ours, puis à l'Oswego, et, pour finir, au marché aux Mouches, quoiqu'elle ne puisse comprendre ce que les mouches font là; — après quoi, je la conduirai dans une des églises hollandaises, et de là au spectacle. On dit aussi qu'il y a un lion dans le haut de la ville, qui beugle comme un taureau. Il faudra bien qu'elle aille le voir aussi.

— Et quand votre mère aura vu toutes ces belles choses, qu'est-ce qu'elle vous montrera en retour?

— La pierre tumulaire sur laquelle j'ai été déposé quand je n'avais que cinq semaines. Elle me dit qu'elle l'a cherchée, par affaire de sentiment, et qu'elle a fini par la découvrir sur la tombe d'une vieille demoiselle, avec une inscription des plus édifiantes. Mère dit qu'elle contient un verset entier de la Bible! Cette pierre peut encore me donner un bon coup de main pour me faire cingler vers le port, n'est-ce pas, Miles?

Je félicitai Marbre de cette découverte importante, et lui demandai de quelle manière il s'était tiré des griffes de l'usurier, et comment Willow Cove se trouvait amarré si solidement dans la famille!

— Voyez-vous, Miles, le tout est d'être bien lesté d'argent; avec cela on irait au bout du monde. Quand le vieux Van Tassel entrevit mon sac de dollars, il fut assez poli, et me débita de belles phrases. Il ne voulait pas tourmenter la digne mistress Wetmore; bien au contraire; et elle pouvait garder la somme tant qu'elle le voudrait, pourvu que les intérêts fussent payés exactement; mais je ne me laissai pas enjôler par ses belles paroles; je vidai le sac sur la table, et je lui dis de le compter. Il me rendit mon obligation, et il ne me resta plus qu'à purger l'hypothèque. Quel drôle de jargon, Miles! Purger l'hypothèque! c'est sa conscience qui aurait grand besoin d'être purgée au vieux coquin. Mais que de formalités ils vous font faire! Dieu vous garde des hypothèques, mon ami! c'est bien le plus grand fléau que je connaisse!

L'avis venait trop tard. Clawbonny était déjà hypothéqué, et pendant que Marbre racontait son histoire, je sentis bien quelques remords de mon imprudence. Néanmoins je ne pouvais comparer mon cousin, cet homme si rond, si ouvert, si dévoué à la famille, à un infâme usurier, tel que le persécuteur de mistress Wetmore.

Je fus charmé pour plus d'une raison de revoir mon lieutenant. Il se chargea à ma place d'une foule de détails fastidieux, et prit soin du bâtiment, où il installa sa mère et Kitty le jour même. Je remarquai que la bonne dame ne revenait pas de sa surprise de voir partout tant d'ordre et de propreté. Elle s'imaginait que dans un navire on ne marchait que sur du goudron; et elle fut charmée de trouver des chambres qui étaient presque aussi propres que la sienne. Pendant un jour entier elle ne voulut pas d'autre plaisir que de parcourir le bâtiment; mais ensuite elle pensa à l'église hollandaise et au lion que Marbre lui avait promis de lui montrer. Son fils lui tint parole en tout point, sans oublier le spectacle. Ce dernier amusement confondit mistress Wetmore, qui n'imaginait rien de pareil, et divertit infiniment Kitty. La charmante enfant avoua ingénument qu'elle irait volontiers tous les soirs au spectacle; qu'elle voudrait bien savoir ce que Horace Bright en penserait, et s'il oserait s'aventurer tout seul dans un théâtre, dans le cas où il viendrait à New-York. En 1803, il n'y avait guère de comédiens ambulants aux États-Unis. Les grandes cités avaient seules le privilége d'admirer les merveilles du théâtre, et les provinciaux ne pouvaient jouir que là de tout l'agrément que procurent le rouge, les mouches et les bouts de chandelle, tous ces prestiges de la scène. Pauvre petite Kitty! Pendant un jour ou deux, la tête lui tourna de toutes ces magnificences, et l'astre d'Horace Bright lui-même pâlit un moment devant tant de splendeurs.

Je ne pus m'empêcher d'accompagner la famille au Muséum. c'était alors une collection assez insignifiante de curiosités; mais c'était la merveille des merveilles pour la tante et la nièce. Il y avait surtout une collection de figures de cire qui les jeta dans l'extase. C'étaient la Beauté de New-York, la Beauté de la Caroline du Sud, la Beauté de la Pensylvanie, et une foule d'autres beautés. Kitty, après les avoir admirées, donna toute son attention à une religieuse; elle ne pouvait concevoir quelle pouvait être cette femme ainsi affublée. Une religieuse et un couvent c'étaient des choses qu'on connaissait à peine à New-York, à cette époque.

— Grand'mère! s'écria Kitty; quelle est donc cette dame? ne serait-ce pas lady Washington?

— On dirait plutôt la femme d'un ministre, répondit mistress Wetmore, qui elle-même n'était pas légèrement intriguée. Il me semble que si c'était madame Washington, elle aurait un costume moins austère, et qu'elle aurait l'air plus heureuse. Certes, si une femme a dû être heureuse, c'est bien celle-là.

— Mère, vous avez mis le doigt dessus, s'écria son fils. C'est ce qu'on appelle une religieuse dans les pays catholiques romains de notre machine ronde.

— Une religieuse! répéta la petite Kitty; n'est-ce pas une femme qui s'enferme dans une maison, et promet de ne jamais se marier, mon oncle?

— Précisément, ma chère; et je suis surpris que vous ayez déniché tant d'idées utiles dans votre trou perdu de Willow Cove.

— Pas si perdu, mon oncle, dit Kitty avec un petit ton de reproche, puisque vous avez bien su le trouver.

— Parbleu, vous avez raison, Kitty. Oui, une religieuse est une sorte d'ermite femelle, engeance que je déteste cordialement.

— Je suppose, Kitty, lui demandai-je, que vous n'approuvez pas qu'on fasse vœu de ne jamais se marier?

La pauvre fille rougit, et elle cessa de regarder la religieuse, sans rien répondre. On ne saurait dire quel tour la conversation aurait pris si les regards de la grand'mère n'étaient tombés sur une copie assez médiocre du célèbre tableau de la Cène de Léonard de Vinci. On lui avait donné une explication imprimée du tableau, rédigée par quelque antiquaire de l'endroit, qui s'était hasardé à donner des noms, suivant son idée, aux différents personnages du groupe. Je lui fis remarquer la figure principale, et je la renvoyai au catalogue pour le reste des noms.

— Qui eût jamais dit, bon dieu! s'écria la bonne dame, que je vivrais assez pour voir la figure de tous ces saints personnages! Kitty, ma chère, ce vieillard à la tête chauve, c'est saint Pierre. Auriez-vous jamais pensé que saint Pierre était chauve? Et puis, voilà saint Jean, avec ses yeux noirs. Mais c'est qu'ils y sont tous vraiment!

Kitty était tout aussi étonnée que sa grand'mère, et le fils lui-même partageait un peu leur surprise. Il finit par faire observer que « le monde allait de plus en plus de l'avant dans toutes ces sortes de choses; et que quant à lui, il ne concevait pas où les peintres et les auteurs allaient chercher tout ce qu'ils peignaient. »

La matinée avait été bien employée. Vers une heure, je me séparai de mes compagnons, et j'entrai dans un café qui était le rendez-vous des négociants, pour manger une sandwich et boire un verre de porter. J'étais dans un des cabinets, dont les rideaux étaient fermés, quand une société composée de trois personnes entra dans le cabinet voisin, et demanda trois verres de punch; c'était alors la boisson à la mode, et même un homme comme il faut pouvait se permettre d'en prendre avant dîner.

Comme les cabinets n'étaient séparés que par des rideaux, il était impossible de ne pas entendre de l'un ce qui se disait dans l'autre, surtout lorsque les personnes ne prenaient nullement la précaution de parler bas, ce qui était justement le cas pour mes trois voisins. Aussi reconnus-je sur-le-champ les voix d'André Drewett et de Rupert Hardinge; celle du troisième interlocuteur m'était inconnue.

— Eh! bien, Norton, dit Rupert avec un peu d'affectation, vous êtes parvenu à nous entraîner, Drewett et moi, au milieu de tous vos marchands. J'espère que vous allez nous faire les honneurs de l'endroit d'une manière un peu soignée. Vous dites que c'est un café accrédité, tant mieux; car un marchand sans crédit, c'est peu de chose.

— Ne craignez rien pour votre gentilhommerie, Rupert, répondit celui qu'on avait appelé Norton; les personnes les plus distinguées de la ville viennent ici, et on y fait le punch mieux que partout ailleurs. A propos, Rupert, j'ai vu, l'autre jour, dans un journal, qu'une de vos parentes est morte, miss Grace Wallingford, l'amie de votre sœur?

Il y eut moment de silence pendant lequel je respirai à peine.

— Non, pas une parente, répondit enfin Rupert; seulement la pupille de mon père. Vous savez comment les choses se passent dans les campagnes; c'est le ministre qui doit prendre soin de tous les malades et de tous les orphelins.

— Mais les Wallingford sont d'une classe trop élevée pour tomber ainsi à la charge de personne, dit vivement Drewett; j'ai été chez eux, et leur habitation est vraiment très-respectable. Quant à miss Wallingford, c'était une charmante personne, et sa mort sera un coup terrible pour votre sœur, Hardinge.

Cela fut dit avec un accent si pénétré que j'aurais presque pardonné à celui qui parlait ainsi d'aimer Lucie, quoique je doute qu'il m'eût été aussi facile de lui pardonner d'être aimé d'elle.

— Oui, reprit Rupert, affectant une indifférence qu'évidemment il était loin d'éprouver; Grace était une bonne personne, quoique, ayant toujours vécu avec elle depuis l'enfance, je la remarquasse peut-être moins qu'un autre moins habitué à la voir ne l'eût fait à ma place. Néanmoins, j'avais de l'estime pour elle, je ne m'en cache pas.

— Et qui aurait pu la connaître sans avoir pour elle autant d'estime que de respect! ajouta Drewett, comme s'il eût été déterminé à me gagner le cœur; et, suivant moi, elle était aussi bonne qu'aimable.

— Voilà un éloge qui n'est pas mince de la part d'un homme qui est l'admirateur déclaré de votre sœur, Hardinge, dit le troisième interlocuteur; mais je suppose que Drewett voit la chère défunte avec les yeux de sa belle; car miss Hardinge était intime avec elle, à ce qu'il me semble.

— C'étaient deux sœurs par l'affection qu'elles se portaient, reprit Drewett avec sentiment. L'amie de miss Hardinge ne pouvait être qu'une personne accomplie.

— Grace Wallingford était très-bien, sans doute, ajouta Rupert, comme son frère est un assez bon garçon. Quand j'étais petit, j'étais aussi intime avec lui.

— Preuve certaine de son mérite et de ses vertus, dit l'inconnu en riant. Mais si c'est une pupille, il doit y avoir de la fortune. Je crois avoir entendu dire que ces Wallingford étaient à leur aise.

— Oui, à leur aise, c'est le mot, dit Drewett. Ils pouvaient avoir entre eux de quarante à cinquante mille dollars, dont le frère doit avoir hérité en totalité. Je suis charmé que la fortune revienne à un aussi honnête garçon.

— C'est généreux à vous, Drewett, de faire ainsi son éloge; car j'ai entendu dire que ce frère aurait bien pu être votre rival.

— J'en ai eu quelques craintes, je l'avoue; mais elles n'existent plus. Je puis le louer tout à mon aise. En outre, je lui dois la vie.

Ses craintes n'existaient plus! Etait-ce assez clair, et me fallait-il d'autre preuve de l'accord parfait qui régnait entre les amants! Et pourquoi m'aurait-on craint, moi qui n'avais jamais osé dire un seul mot qui pût faire soupçonner l'état de mon cœur à celle que j'aimais tant!

— Oui, Drewett est à l'abri de tout danger, j'imagine, ajouta Rupert en riant, quoiqu'il ne m'appartienne pas d'éventer la mèche.

— C'est un sujet interdit, reprit l'amant; parlons de Wallingford. Il hérite donc de la fortune de sa sœur?

— Triste héritage. Pauvre Grace! elle n'avait pas grand'chose à laisser, j'imagine, dit tranquillement Rupert.

— A vos yeux, c'est possible, ajouta la troisième personne; mais pour son frère, le patron de navire, c'est différent. Depuis que vous avez hérité de tous les biens de mistress Bradfort, quelques milliers de dollars ne sont rien pour vous.

— Ce seraient des millions, que le frère croirait les avoir achetés trop cher par la perte de sa sœur! s'écria Drewett.

— Il est assez clair qu'il n'y a pas l'ombre de rivalité entre André et Miles, dit Rupert d'un ton goguenard. Certes, l'argent n'a plus autant de prix à mes yeux aujourd'hui que lorsque je n'avais pour toute ressource que les rognures du traitement d'un pauvre ministre. Quant à la fortune de mistress Bradfort, je ne vois pas qui y aurait plus de droits que ceux qui la possèdent maintenant.

— Si ce n'est peut-être votre père, dit l'inconnu, qui devait passer avant vous, suivant toutes les lois de la primogéniture. Je parierais que Rupert a fait la cour à sa vieille cousine, pour lui faire sauter ainsi une génération.

— Rupert n'a rien fait de semblable; il aime Émilie Merton, il s'en vante, et n'aime qu'elle. Comme ma digne cousine ne pouvait emporter sa fortune avec elle, elle l'a laissée à ses héritiers naturels.

Comment savez-vous si j'en ai eu quelque chose? Je vous donne ma parole que la balance de mon compte à la banque ne s'élève pas à vingt mille dollars.

— Mais vraiment ce n'est pas mal, répliqua l'autre, pour un panier percé comme vous. Une pareille balance en votre faveur suppose un fameux revenu.

— Comment donc? quelques personnes ne disent-elles pas que ma sœur a toute la fortune? Drewett, j'en suis sûr, pourrait vous donner quelques éclaircissements à cet égard. L'affaire l'intéresse autant que personne.

— Je ne sais rien, et ne veux rien savoir, répondit Drewett avec un accent de sincérité. Miss Hardinge n'aurait pas un dollar, que je n'en serais pas moins prêt à l'épouser demain.

— Voilà du désintéressement! et c'est ce que j'aime en vous, Drewett, dit Rupert avec emphase. Soyez sûr que vous ne vous en trouverez pas plus mal à la longue. Lucie connaît votre caractère, et elle sait l'apprécier comme elle le doit.

Je ne me souciai pas d'en entendre davantage, et je sortis du café, en ayant soin de ne pas être vu. A présent il me tardait de me mettre en mer. J'oubliai même mon projet d'aller rendre une dernière visite à la tombe de ma sœur; et je ne me sentis pas le courage d'avoir une nouvelle entrevue avec Lucie. Dans l'après-midi même, je dis à Marbre de se tenir prêt à appareiller le lendemain matin.

## CHAPITRE XI.

> Va, mon mignon, prends cette clef; délivre le pâtre; qu'il vienne ici sur-le-champ. Il faut que je le charge de porter une lettre à mon amie.
> [*Les peines perdues de l'amour.*

JE n'essaierai pas d'analyser les sentiments qui me portèrent à quitter les Etats-Unis. J'avais découvert chez André Drewett des qualités qui le rendaient digne, jusqu'à un certain point, de Lucie, et j'éprouvai combien il est pénible d'être obligé de rendre cette justice à un rival. Cependant je dois ajouter que, dans mes moments plus calmes, quand je réfléchissais que Lucie ne pouvait jamais être ma femme, j'étais bien aise de trouver des qualités aussi précieuses dans celui qui devait être son mari. En même temps je ne pouvais m'ôter de la pensée que la confiance qu'il avait d'être préféré était pour beaucoup dans le bien qu'il disait de moi. Cette supposition était d'autant plus absurde que jamais je n'avais donné à personne sujet de croire que j'eusse quelques prétentions sur la main de Lucie.

Jamais je n'avais vu Marbre déployer autant d'activité que lorsque je lui donnai l'ordre d'appareiller dans l'après-midi. Il embarqua sa mère et sa nièce pour Willow-Cove à bord d'un sloop d'Albany, rassembla l'équipage, et *l'Aurore* était mouillée au large avant que le soleil fût couché. Suivant toutes les règles établies à bord des bâtiments marchands, j'aurais dû être rendu moi-même à mon poste depuis vingt-quatre heures ; mais il m'en coûtait de m'éloigner du tombeau de Grace, et je différais jusqu'au dernier moment. Cependant il fallut bien prendre mon parti. Neb vint à mon hôtel pendant que je déjeunais, il m'apprit que le bâtiment était mouillé sur une seule ancre, et que le petit hunier était déferlé. Je l'envoyai chercher mes lettres à la poste pendant que je payais ma note. Mes bagages avaient été portés à bord, pendant que *l'Aurore* était encore amarrée au rivage ; et comme les courses n'étaient pas longues alors dans New-York, Neb fut bientôt de retour, et prêt à charger mon sac de nuit sur ses épaules. Il me remit trois ou quatre lettres, et je me dirigeai vers la Batterie, suivi du nègre fidèle qui avait abandonné de nouveau Chloé et Clawbonny pour suivre ma fortune.

J'envoyai Neb en avant au canot, et je me promenai un moment sous les arbres pour examiner ma correspondance. Deux des lettres portaient le timbre du bureau de poste le plus voisin de Clawbonny ; la troisième était d'Albany ; et la quatrième venait de Washington, et portait le sceau du secrétaire d'état. Surpris de cette circonstance, je commençai par ouvrir cette dernière.

La lettre officielle contenait des dépêches qu'on me priait de remettre à notre consul à Hambourg, port vers lequel je me dirigeais. Il n'y avait aucune difficulté à ce sujet. Une des lettres de Clawbonny était de l'écriture de M. Hardinge, et j'y trouvai d'excellents conseils. Il me parlait de ma sœur, mais c'était avec calme, et avec les espérances qui convenaient à son caractère sacré. Je ne fus pas fâché de voir qu'il ne me conseillait pas de retourner pour le moment à Clawbonny. Lucie était bien, disait-il, et une douce mélancolie prenait graduellement la place de la vive douleur qu'elle avait éprouvée immédiatement après la mort de son amie. « Vous n'avez pu soupçonner, Miles, ajoutait mon tuteur, à quel point la pauvre enfant souffrait ; car elle faisait de grands efforts pour se contenir en votre présence ; mais elle n'a rien de caché pour moi, et elle a passé des heures entières à pleurer dans mes bras. Il n'y a pas une minute de la journée où l'image de votre sœur ne soit présente à sa pensée. Elle ne parle pas souvent de vous ; mais, quand elle le fait, c'est toujours avec le plus tendre intérêt, avec une affection vraiment *fraternelle.* » — Toujours fraternelle ! Le bon vieillard avait eu soin de souligner le mot lui-même.

A mon grand étonnement et à ma grande joie, il y avait aussi une longue lettre de Lucie. Comment n'avais-je pas reconnu sur-le-champ sa jolie petite écriture ! Je me reprochais chaque instant que j'avais perdu sans prendre connaissance de mon trésor. La manière dont l'adresse était mise me fit plaisir. Elle portait : « A Miles Wallingford, Ecuyer ; » tandis que les trois autres lettres étaient adressées « au capitaine Miles Wallingford. » Rigoureusement un patron de navire n'a pas plus droit d'être appelé capitaine qu'écuyer. Le commandant d'un vaisseau de guerre est le seul vrai capitaine. D'un autre côté, aucun Américain ne devrait être appelé écuyer, titre qui répond à celui de chevalier, lequel est prohibé à juste titre par la constitution, quoiqu'on s'imagine qu'un magistrat est écuyer *ex officio*. Il est écuyer comme un membre du congrès est « un honorable, » parce qu'il prend ce titre, et non parce qu'il a droit de le prendre. Que penseriez-vous de Marc-Antoine, écuyer ; de l'écuyer Lucius-Junius-Brutus ; de son excellence Jules-César ? Il faudrait que nous fussions conséquents avec nous-mêmes. Quoi qu'il en soit, cette dénomination d'écuyer s'applique généralement à tous ceux qui ont droit au nom de *gentleman*, et c'est une simple formule de politesse. Lucie, en l'employant, semblait m'élever à son niveau, et me distinguer de la classe des simples patrons de navire ; c'était ce dont je ne pouvais m'empêcher de lui savoir beaucoup de gré.

Quant à la lettre en elle-même, elle était trop longue pour que je la transcrive ici. Elle était dictée par le sentiment le plus vrai. Elle me conseillait aussi de ne pas revenir à Clawbonny, et c'était le seul passage qui ne me satisfît pas complétement. « Le temps, ajoutait-elle, adoucira la douleur que vous causerait une pareille visite ; et alors vous ne regarderez notre bien-aimée Grace que comme un pur esprit qui nous attend dans le ciel. Il fallait la connaître comme nous la connaissions pour comprendre toutes ses vertus. Mon père m'a parlé du désir qu'elle avait montré de nous voir accepter un souvenir de l'affection qu'elle nous portait. Cette attention touchante n'était pas nécessaire : le peu de cheveux que j'ai d'elle — et j'en ai aussi réservé pour vous, — me sont bien plus précieux que tous les bijoux du monde. Mais enfin, puisqu'il faut se soumettre à une volonté, devenue sacrée pour nous, je désirerais que ce souvenir consistât dans les perles que vous avez données à Grace, à votre retour de la mer Pacifique. Il est bien entendu que je ne veux pas parler du beau collier que vous avez réservé pour celle qui vous sera un jour plus chère qu'aucune de nous, mais des quelques perles que vous lui avez distribuées devant moi à Clawbonny. Elles ont assez de valeur en elles-mêmes pour que les intentions de Grace soient remplies, et je sais que leur plus grand prix à ses yeux était de venir de vous, cher Miles. Je suis sûre que vous ne penserez pas que cette circonstance me les fera paraître moins précieuses. Comme je sais où elles se trouvent, j'irai à Clawbonny pour les prendre moi-même ; ainsi, vous n'avez plus à songer à ce cadeau ; je l'ai reçu, et je vous en décharge, pour peu que vous n'ayez pas d'objection à ma proposition. »

Je ne savais que penser. Dans le temps, j'avais voulu partager les perles entre les deux amies ; mais Lucie avait refusé obstinément, et aujourd'hui elle me demandait ces mêmes perles, dont la valeur était très-inférieure à la somme que Grace avait affectée à l'achat d'un bijou pour son amie. Ce désir de posséder ces perles était difficile à expliquer ; Grace laissait d'autres bijoux qu'elle avait portés encore plus souvent. J'avais eu, je l'avoue, un instant l'idée d'offrir mon collier ; mais un peu de réflexion m'avait démontré que c'était m'exposer évidemment à un nouveau refus, et je n'en avais rien dit. Je ne pouvais qu'acquiescer au désir de Lucie ; mais en même temps je résolus d'y joindre quelque autre cadeau, afin que les intentions de ma sœur fussent complètement remplies.

Quoi qu'il en soit, la lettre de Lucie me causa une joie bien douce. Je me décidai à lui répondre sur-le-champ, et à charger le pilote de ma réponse. Je n'avais pas d'armateur qui pût prendre intérêt aux mouvements de mon bâtiment ; pas de sœur qui pût être inquiète sur mon compte. A qui mes derniers adieux en m'éloignant pouvaient-ils mieux s'adresser qu'à cette amie constante et dévouée? Car, du moins, je pouvais appeler ainsi Lucie, et c'était comme la planche à laquelle le matelot s'attache dans le naufrage.

La quatrième lettre était signée de Jacques Wallingford, et datée d'Albany. Il s'était arrêté un moment dans cette ville en retournant chez lui, et il m'avait écrit quelques lignes pour m'en informer. Au surplus, voici sa lettre :

« Cher Miles,

« Je suis *ici*, et je suis fâché de voir par les journaux que vous êtes encore *là*. Faites attention, mon camarade, que les sucres se fondront. Il est grand temps de partir. Ce que je dis, c'est pour vous, et non pour moi, car vous savez que j'ai de bonnes garanties. Mais les prix peuvent ne pas se soutenir; et celui qui arrive le premier est en position d'attendre une hausse, tandis que le dernier venu est obligé de se contenter de ce qui lui est offert.

« Surtout, Miles, n'allez pas vous mettre dans la tête de changer en rien votre testament. Les choses sont maintenant arrangées entre nous exactement comme elles doivent l'être, et je hais les changements. Je suis votre héritier, et vous êtes le mien. Votre conseil, Richard Harrison, est un des hommes les plus respectables que je connaisse; il a toujours eu toute ma confiance, et notre secret ne pouvait être déposé en mains plus sûres.

« Adieu, mon garçon; nous sommes les deux derniers représentants des Wallingford. Que Clawbonny appartienne à l'un ou à l'autre de nous, peu importe. Mais il ne faut pas qu'il soit jamais à aucun autre.

« Votre affectionné cousin ,
« Jacques Wallingford. »

J'avoue que toute cette sollicitude au sujet de Clawbonny commençait à me peser, et que je regrettais un peu ma précipitation. C'était bien assez d'être patron et armateur, sans avoir voulu encore faire le négociant.

Pendant que le pilote dirigeait *l'Aurore* dans sa sortie de la baie, je m'occupai de ma correspondance. Je répondis à tout le monde, même au secrétaire d'état, qui, en ce moment, n'était rien moins que James Madison. Je me bornai à lui accuser réception des dépêches, et à promettre de les remettre à mon arrivée. Ma lettre à M. Hardinge fut conçue dans les termes qu'un fils eût employés en écrivant au père le plus vénéré. Je lui demandais la permission de lui envoyer, en souvenir de ma sœur, une collection de livres précieux de théologie, qu'on ne pouvait se procurer qu'en Europe. Tout en le priant de jeter de temps en temps un coup d'œil sur Clawbonny, je me gardai bien de lui parler de l'hypothèque que j'avais eu la faiblesse de consentir, bien convaincu qu'il n'approuverait pas ce que j'avais fait.

La lettre de Jacques Wallingford fut aussi courte que la sienne. Je lui disais que je n'étais pas d'un caractère à revenir légèrement sur ce que j'avais cru devoir faire ; qu'il n'avait donc aucune inquiétude à concevoir au sujet du testament ; que les sucres étaient en bon état, et déjà sur la route de Hambourg, d'où j'espérais, avant peu, lui rendre bon compte de la vente que j'en aurais faite.

A l'égard de Lucie, je fus loin d'être aussi laconique. Au sujet des perles, je lui disais de faire ce qu'elle voulait, en la priant toutefois de choisir en outre, dans ce qui avait appartenu à Grace ; ce qui pouvait lui être le plus agréable ; car elle ne pouvait vouloir que je restasse son débiteur. Il y avait surtout une paire de bracelets sur lesquels j'aurais désiré que son choix se portât. Ma sœur les aimait beaucoup, et ils étaient effectivement très-jolis. Mon père avait acheté les pierres, qui étaient des rubis assez beaux, dans un de ses voyages, et je les avais fait monter pour Grace, qui s'en était parée quelquefois. Cette circonstance pourrait leur donner plus de prix aux yeux de Lucie. Il est vrai que les bracelets renfermaient aussi un peu de mes cheveux ; Grace l'avait exigé ; mais il ne serait pas difficile de les ôter, et la parure n'en serait que plus jolie. Je le faisais entendre dans ma lettre.

Je m'étendis peu sur la mort de ma sœur ; il m'eût été impossible d'en parler longuement sans renouveler toutes mes angoisses ; et nos sentiments étaient trop bien en harmonie sur ce point, pour que Lucie ne comprît pas tout ce que je n'avais pas le courage d'exprimer.

Au sujet du collier, je fus plus hardi que je ne l'aurais cru possible, et l'allusion fut faite dans la partie de la lettre où l'on dit que toute femme dépose sa véritable pensée : le post-scriptum : —

« Vous semblez croire, y disais-je, que je réserve le collier pour la personne qui peut devenir ma femme. J'avoue que telle était mon intention dans l'origine ; et c'était pour moi une douce illusion de penser que des perles que j'avais retirées de la mer de mes propres mains, seraient portées un jour par une personne qui me serait si chère. Mais, Lucie, ce n'était qu'une illusion en effet, et elle s'est évanouie. Je ne me marierai jamais. Je sais qu'une pareille déclaration dans la bouche d'un jeune homme de vingt-trois ans fait sourire plus souvent qu'elle ne persuade ; mais je ne parle pas ainsi, sans une profonde conviction. Celle que j'espérai un jour de décider à accepter ma main, quelque amitié qu'elle ait pour moi, n'éprouve pas les sentiments plus tendres que j'aurais été si heureux et si fier d'inspirer. Les circonstances qui nous ont rapprochés l'ont portée sans doute à voir en moi plutôt un frère qu'un amant, et, pendant ce temps, ses affections se concentraient sur un autre. Je ressemble, sous ce rapport du moins, à ma pauvre sœur, et, pas plus qu'elle, je ne changerai. D'une constitution plus forte et plus énergique, je pourrai résister plus longtemps ; mais je sens que je ne saurais aimer deux fois comme j'ai aimé, comme j'aimerai toujours. Mais pourquoi vous ennuyer de ces réflexions? Je sais que vous n'accepterez jamais le collier, — vous pourtant si empressée à me donner votre dernière pièce d'or, quand je n'avais rien, et j'ai accepté, moi ! Mais enfin n'en parlons plus. Je n'ai pas le droit de vous importuner du récit de mes peines, surtout quand je sais à quel point la perte que nous venons de faire déchire déjà votre cœur. »

J'avouerai qu'en écrivant ces lignes, je croyais faire une sorte de demi-déclaration à Lucie, ou du moins lui en dire assez pour lui laisser entrevoir le véritable état de mon cœur. Ce ne fut qu'une semaine plus tard que, réfléchissant à ce que j'avais écrit, je fus frappé de l'idée qu'il n'y avait pas un mot qui ne pût s'appliquer tout aussi bien à Emilie Merton qu'à Lucie Hardinge. Des circonstances particulières m'avaient placé dans des rapports d'étroite intimité avec la jeune Anglaise, et elles pouvaient avoir produit les résultats dont je parlais. Nous pensions tous qu'Emilie avait donné son cœur à Rupert, qui avait su se faire aimer d'elle pendant mon absence. Lucie avait trop de modestie et de défiance d'elle-même pour ne pas chercher ailleurs qu'en elle-même l'original de mon portrait.

Ces lettres m'occupèrent longtemps. J'aurais voulu prolonger toujours cette conversation intime avec Lucie ; mais des devoirs sérieux me réclamaient, et il fallut bien fermer et cacheter mes dépêches. Quand je remontai sur le pont, les ondulations de l'Océan commençaient à se faire sentir, et bientôt nous étions en pleine mer. Je ne pus m'empêcher de regarder Neb en souriant, quand nous pûmes étendre librement nos regards sur cet immense horizon d'eau. Il était sur la vergue du grand hunier, où il s'était rendu pour fixer le boutehors d'une bonnette de perroquet afin d'établir la voile. Avant de quitter sa position, il se redressa et jeta un regard du côté du vent. Ses yeux s'écarquillèrent, ses narines se dilatèrent ; on eût dit un limier qui flairait le gibier, pendant qu'il aspirait de toute la force de ses poumons l'air chargé des exhalaisons toutes particulières à l'Océan. Je doute que dans ce moment Neb pensât en aucune manière à Chloé.

Dès que nous eûmes franchi la barre, je donnai mon paquet au pilote, et il passa dans son canot. Je ne fus pas obligé de diminuer de voiles à cet effet, car la marche du bâtiment n'excédait pas cinq nœuds par heure.

— Voyez-vous là-bas une voile au sud-est ? dit le pilote en nous quittant, et en nous montrant un point blanc sur l'Océan. Méfiez-vous de ce gaillard-là, et passez à bonne distance de lui ; autrement il pourrait vous faire faire connaissance avec Halifax ou avec les Bermudes.

— Halifax ! les Bermudes ! je n'ai ni besoin ni envie d'y aller. Pourquoi craindrais-je cette voile ?

— Pour deux raisons, d'abord à cause de votre cargaison, et ensuite à cause de vos matelots. C'est le bâtiment de Sa Majesté *le Leander*. Voilà plus d'une semaine qu'il rôde dans ces parages. Les bâtiments qui rentrent disent qu'il agit d'après des ordres nouvellement reçus, et ils nomment plusieurs navires qui ont été vus se dirigeant vers le nord-est après qu'il les avait abordés. Cette nouvelle guerre va sans doute amener de nouveaux troubles sur la côte, et tous les bâtiments destinés à prendre la mer feront bien de se tenir sur leurs gardes.

« Un bâtiment de Sa Majesté ! » C'était une singulière expression dans la bouche d'un Américain pour désigner un souverain quelconque, vingt ans après la proclamation de l'indépendance des États-Unis. Mais elle était généralement employée à cette époque, et elle n'est pas sans se rencontrer encore quelquefois dans nos journaux ; tant il est plus difficile de changer les formes du langage que de faire une révolution ! Malgré cet anachronisme du pilote, je résolus de ne pas négliger son avis. Il courait depuis un mois à New-York certain bruit que les deux grandes nations belligérantes pourraient bien se porter de nouveau aux mêmes extrémités qu'autrefois ; l'Angleterre et la France ayant alors le monopole des mers au point de se croire affranchies en quelque sorte de toute obligation de respecter les vieux principes relatifs aux droits des neutres. Quant aux Etats-Unis, on n'y parlait qu'économie ; et c'est un mal qui peut produire des conséquences aussi déplorables que le vice opposé, la prodigalité. L'argent payé pour intérêts des sommes dépensées pendant la guerre de 1812 aurait suffi pour entretenir une marine capable de faire respecter nos droits, et par conséquent pour sauver le capital, sans parler des pertes immenses qu'entraîna la suspension du commerce ; mais les démagogues hurlaient à qui mieux mieux, et il est difficile de faire entendre raison aux masses, quand il s'agit de faire un sacrifice actuel pour se procurer des avantages qui ne sont pas immédiats. Il est vrai que, suivant le principe mis en avant par un profond politique de France, la tendance des démocraties étant de se jeter dans les extrêmes, si vous donnez à un peuple le pouvoir, il se taxera jusqu'à ce qu'il ait versé son dernier écu ; mais, quelque vraie que cette théorie puisse être au fond, elle n'est nullement applicable aux bons citoyens de la grande république modèle. C'était déjà un assez grand fléau que cet esprit de sordide économie ; mais ce n'était pas encore le plus terrible de ceux qui nuisaient aux intérêts nationaux. L'esprit de parti s'était mis activement à l'œuvre dans le pays ; et il était presque aussi rare de rencontrer un citoyen qui fût guidé par un sentiment vrai et réfléchi de patriotisme, qu'il le serait de trouver un honnête homme aux galères. Règle générale, la nation était ou anglaise ou française. Les uns juraient par le Premier Consul, les autres par Pitt. Quant aux villes commerçantes, envisagées dans leurs sommités, elles ne faisaient que réfléchir l'opinion anglaise, en l'exagérant encore à cause de la distance. Ceux qui n'avalaient pas de confiance tout ce que les tories anglais s'amusaient à leur servir, prenaient sans sourciller les *pilules napoléoniennes*. S'il y avait des exceptions, elles étaient en très-petit nombre, et c'étaits urtout dans la classe des voyageurs, pèlerins qui, en approchant des idoles, avaient reconnu qu'elles avaient été faites par des mains mortelles.

Avec le renouvellement de la guerre, reparut l'usage de *presser* des matelots sur mer, même à bord de bâtiments neutres; et tous les navires américains avaient grand soin d'éviter les croiseurs qui pouvaient leur enlever leurs équipages. Quelque étrange que cela puisse paraître, il se trouvait des Américains, parmi les plus influents, qui justifiaient cette prétention des Anglais, quoiqu'elle s'exerçât au détriment des bâtiments de leur propre pays. Quelle cause ne défendrait-on pas, quand on est aveuglé ou excité par l'esprit de parti? Comme il en résultait que tout marin était Anglais, s'il ne pouvait prouver, au milieu de l'Océan, à trois cents lieues peut-être de la terre, qu'il était Américain, les officiers de la marine anglaise exerçaient sur des étrangers naviguant sous pavillon étranger une juridiction qui ne serait pas tolérée de la part du lord grand chancelier d'Angleterre lui-même, dans une des rues de Londres; l'obligation de prouver son innocence, incombant à l'accusé. Il y avait une foule d'autres principes non moins évidents, non moins incontestables, qui étaient violés tous les jours dans l'application de ce système de presse; mais on n'en voyait pas moins des membres du congrès, des publicistes éminents, soutenir avec ardeur le droit des Anglais. L'esprit de parti est-il donc complétement incompatible avec l'usage de la raison?

Je puis dire, sans trop de vanité, que j'ai su me tenir constamment en dehors de ces exagérations. Mon père avait été fédéraliste, mais de nombreux voyages en pays étrangers l'avaient considérablement refroidi, et jamais on n'avait cherché à me faire croire que le jour était la nuit dans l'intérêt de tel ou tel parti. Je savais que pour exercer le droit de presse sur des bâtiments étrangers hors des eaux de la Grande-Bretagne, on ne pouvait invoquer d'autre argument que celui de la force; et quant aux denrées coloniales, et à toutes les chicanes auxquelles pouvait donner lieu leur transport, je pensais que des neutres avaient parfaitement le droit d'acheter à l'une des nations belligérantes pour vendre à une autre, pourvu qu'ils trouvassent leur intérêt à le faire, et à condition de ne violer aucun blocus réel, et de ne transporter rien de ce qu'on appelle contrebande de guerre.

Je n'en résolus pas moins de suivre l'avis du pilote, et de faire tous mes efforts pour me tenir à bonne distance du *Leander*.

Le *Leander* était un bâtiment à deux ponts, de cinquante canons, mauvaise espèce de navire; mais qui pourtant s'était bien comporté au combat d'Aboukir et dans une ou deux occasions assez célèbres. Néanmoins, j'avais la ferme confiance que *l'Aurore* pourrait lui échapper, toutes choses égales d'ailleurs. Le *Leander* acquit ensuite une grande célébrité, sur la côte d'Amérique, par suite de la mort d'un matelot tué par un de ses boulets à bord d'un caboteur, à vingt milles de l'endroit où je le voyais alors, événement qui contribua pour sa part au sentiment d'irritation qui amena la guerre de 1812, dont les effets commencent à se montrer dans la politique de la république. Le *Leander* était bon voilier pour un bâtiment de ce genre, mais *l'Aurore* était fine voilière entre tous les navires; et j'avais grande confiance en elle. Il est vrai qu'il avait sur elle l'avantage du vent; mais il était à une grande distance au sud, et il était possible qu'on vît de son bord quelque objet qu'on ne pouvait distinguer, même de nos barres de perroquet, sur lesquelles Neb était monté pour visiter l'horizon.

Notre plan fut bientôt fait. Le côté méridional de Long-Island inclinant un peu vers le nord-est, je fis présenter le cap à l'est-quart sud-est, ce qui me permit, comme le vent était sud-sud-ouest, de porter toutes nos bonnettes. La terre était en vue à moins de deux lieues de distance.

Une heure à peine s'était écoulée, et nous pouvions être à quatre lieues du phare de Sandy-Hook, lorsque le vaisseau anglais vira tout à coup de bord, et fit force de voiles pour nous couper notre route. En ce moment, il était devant nous juste par notre travers du vent; position qui ne lui permettait pas de porter des bonnettes des deux côtés; car, s'il s'était tenu assez au large pour cela, il serait tombé dans notre sillage; tandis qu'en allant en dépendant pour nous accoster, ses voiles de l'avant étaient abritées par celles de l'arrière, et cela dans un moment où toute notre voilure tirait comme un attelage de chevaux bien dressés. Malgré cet avantage, nous eûmes une après-midi et une nuit laborieuses. Ces vieux bâtiments de cinquante marchent bien vent arrière; et plus d'une fois je crus que le *Leander* allait arriver sur nous. Cependant *l'Aurore* ne s'endormit pas, et à la faveur du vent qui fraîchit encore, quoiqu'en inclinant plus au sud, le lendemain matin j'eus la satisfaction de voir le fort Montauk qui nous restait un peu sous le vent, tandis que *le Leander* était toujours hors de la portée du canon par mon travers du vent.

J'eus alors une conférence avec Marbre pour décider quelle était la meilleure manœuvre à faire. J'étais assez disposé à laisser *le Leander* approcher et nous envoyer une embarcation. Qu'avions-nous à craindre? Hambourg était notre destination, et notre cargaison provenait moitié des îles anglaises, moitié des îles françaises. Mais Marbre ne voulut entendre à aucune proposition de ce genre. Il affirma qu'il saurait bien nous piloter dans toutes les passes possibles, et qu'il ne fallait permettre, à aucun prix, à ce bâtiment de s'approcher de nous.

— Laissez porter sur Montauk, capitaine, s'écria le lieutenant, et que ces Anglais nous suivent, s'ils l'osent. Il y a par là un ou deux récifs sur lesquels je me fais fort de les conduire, si ce jeu leur plaît, et cela pourra les guérir de l'envie de donner la chasse à un yankee.

— Et si je me rends à vos désirs, vous vous engagez, Marbre, à conduire le bâtiment en dedans des bancs?

— Je le conduirai dans tel port que vous voudrez, à l'est de Block-Island, capitaine. Quoique né natif de New-York, comme cela est établi incontestablement aujourd'hui, c'est dans l'est que j'ai été éduqué, et il y a dans ma peau un pilote côtier qui en vaut bien un autre, je vous en réponds.

Je me rendis, et je gouvernai aussitôt dans la direction indiquée.

## CHAPITRE XII.

> Le vent est favorable, le navire sent l'influence de la brise qui s'élève, et, le plus rapide entre mille vaisseaux, il s'élance sur la vague écumante.
>
> WILLIS.

UNE demi-heure plus tard, un moment de crise approchait. Nous avions été obligés de loffer un peu pour parer un récif que Marbre savait être à la hauteur de Montauk, tandis que *le Leander*, laissait porter au contraire, dans la vue de s'approcher de nous. Et il avait si bien réussi, que son commandant, se trouvant droit par notre travers du vent, résolut d'essayer l'effet de la poudre. Il tira son canon de chasse, et le boulet, qui n'était que de douze livres, vint, de ricochets en ricochets, tomber sous notre étrave, à cent brasses de distance. C'était une preuve incontestable que le jeu ne pouvait pas durer beaucoup plus longtemps, à moins que l'intervalle qui séparait les bâtiments ne vînt à s'augmenter sensiblement. Heureusement, nous étions alors à l'ouvert du fort Montauk, et nous avions l'alternative ou de doubler cette pointe et d'entrer dans la passe, ou de gouverner vers Block-Island, en prenant nos jambes à notre cou. Après une courte conférence avec Marbre, ce fut au premier parti que je m'arrêtai.

Un des avantages matériels d'un vaisseau de guerre qui chasse un bâtiment marchand, c'est de pouvoir ferler ou déferler les voiles avec plus de rapidité. Je savais que du moment où nous commencerions à toucher à nos amarres et à nos écoutes, *le Leander* en ferait autant, et que la même manœuvre que nous mettrions deux minutes à exécuter serait faite par lui en une minute. Néanmoins il fallait bien en venir là, et nous fîmes nos apprêts avec autant de soin que d'activité. Ce n'était pas une grande affaire de haler les bras du vent, jusqu'à ce que les vergues fussent presque carrées; mais pousser les boute-hors et établir les bonnettes, c'était un travail qui demandait plusieurs minutes. Marbre proposa qu'en faisant porter graduellement, nous missions *le Leander* par notre hanche assez pour que notre voilure de l'arrière lui masquât nos mouvements de l'avant. Je trouvai l'idée bonne, et je me mis sur-le-champ en devoir de l'exécuter.

Il n'était pas douteux que les longues-vues des Anglais ne fussent braquées sur nous. Il fallait donc user d'adresse pour parvenir à brasser les vergues sans être vu.

Pour cela, je fis coucher les hommes sur le pont pour exécuter la manœuvre. Nous amenâmes ainsi nos vergues presque carrées, ou du moins autant que le demandait la nouvelle direction que je voulais suivre, quand j'envoyai du monde en haut pour pousser les boute-hors sous le vent. Mais nous avions compté sans notre hôte : John-Bull ne s'y laissa pas prendre. A peine nos matelots étaient-ils dans le gréement de l'avant sous le vent, que je vis *le Leander* arriver à la même route que nous, les vergues brassées carrées, et tout indiquant qu'il avait comme nous des bonnettes à bâbord. Le changement de route eut pourtant un bon résultat : il amena *le Leander* si fort par notre hanche que, appuyé sur le cabestan, je le voyais à travers le gréement du mât d'artimon. De cette manière *l'Aurore* se trouvait à l'abri des bordées du vaisseau anglais, n'étant exposée qu'à la décharge des trois ou quatre canons qui formaient la batterie de l'avant, s'il jugeait à propos de s'en servir. Soit qu'il répugnât aux Anglais de recourir à une mesure si extrême, quand nous étions si complétement dans les eaux américaines, soit qu'ils eussent assez de confiance dans la rapidité de leur marche pour juger toute autre démonstration inutile, ce qui est certain, c'est qu'ils ne firent plus usage du canon.

Comme il était facile de le prévoir, *le Leander* avait toutes ses petites voiles dehors avant nous, et je crus remarquer que la célérité de sa marche s'était accrue. Il commençait évidemment à nous gagner ; mais nous nous approchions encore plus de la terre. Toutefois il y avait danger imminent qu'il nous atteignît avant que nous eussions pu doubler la pointe, et il fallait prendre immédiatement quelque mesure énergique pour l'éviter.

— Après tout, monsieur Marbre, dis-je après avoir observé longtemps avec mes officiers l'état actuel des choses, il serait peut-être à propos de carguer nos voiles légères, et de nous laisser approcher par le vaisseau de guerre. Nous sommes d'honnêtes gens après tout, et il n'y a pas grand mal à ce qu'il voie tout ce que nous avons à lui montrer.

— Gardez-vous-en bien ! s'écria Marbre. Après cette longue chasse, John Bull va être aussi furieux qu'un ours qui se sent blessé. Il ne nous laissera pas un matelot à bord, et il y a gros à parier qu'il enverra *l'Aurore* à Halifax, sous un prétexte ou sous un autre : que les sucres ne sont pas assez sucrés ; ou bien que le café est venu dans une île française ; que sais-je, moi ? Non, non, capitaine. Le vent est sud-sud-ouest, et nous avons le cap au nord-nord-demi-est, avec cet individu-là derrière nous. Dès que nous serons d'un quart plus au nord, le drôle sera juste dans nos eaux.

— Oui, très-bien, comme théorie ; mais voyons un peu dans la pratique. Nous nous avançons vers Montauk avec un sillage de dix nœuds, et vous m'avez dit, vous-même, qu'il y a un récif à la hauteur de cette pointe, précisément dans la direction que nous suivons. A ce compte, avant un quart d'heure, nous devons nous y briser en mille pièces.

A la manière dont Marbre roulait sa chique dans sa bouche, au profond regard qu'il jetait sur l'eau en tête de nous, il était évident qu'il était agité. J'avais la plus grande confiance dans son jugement et dans sa prudence, en même temps que je le savais capable de proposer les mesures les plus énergiques dans les circonstances difficiles. Dans ce moment, il oublia nos situations respectives, et me parla comme il l'eût fait au temps où il était mon supérieur, dans les moments de crise.

— Écoutez, Miles, dit-il ; devant nous est le récif, mais il y a un passage entre lui et la pointe. J'en suis sûr : je l'ai traversé dans la guerre de la révolution, en chassant un bâtiment anglais, et j'ai tenu moi-même, pendant tout le temps, la sonde à la main. — Faites porter, Neb ; faites porter encore d'un quart, — bien, comme çà, — très-bien, — ne bougez plus. — Maintenant que John-Bull nous suive, s'il l'ose !

— Il faut que vous soyez bien sûr de votre chenal, monsieur Marbre, pour assumer sur vous une pareille responsabilité, répondis-je d'un ton grave. N'oubliez pas que tout ce que je possède est à bord de ce bâtiment, et que je ne donnerais pas un dollar de l'assurance, si nous allions nous perdre ici en plein jour. Réfléchissez un moment, je vous prie, si vous n'êtes pas bien sûr de votre fait.

— Et elle sera jolie votre assurance, si nous allons à Halifax ou aux Bermudes ! Je réponds du chenal sur ma tête, et songez, Miles, que la santé de votre bâtiment m'est plus chère que s'il était à moi. Si vous m'aimez, allez de l'avant, et nous verrons si ce lourdaud de deux-ponts, ce vaisseau manqué, malgré ses airs de rodomont, osera nous suivre !

Je cédai, quoique j'aie peine à comprendre aujourd'hui que j'aie pu me décider à courir un pareil risque. J'exposais ma fortune et celle de mon cousin Jacques Wallingford, ou, ce qui ne valait guère mieux, je compromettais ma propriété de Clawbonny. Mais j'étais excité ; à cette espèce d'enivrement que cause une course où l'on cherche à se dépasser l'un l'autre, venaient se joindre les craintes vagues, mais réelles, que tout matelot américain avait alors au sujet des grandes nations belligérantes.

Il n'est pas dans mon intention de m'étendre sur la politique de la France et de l'Angleterre pendant cette grande lutte, plus qu'il n'est nécessaire pour l'intelligence des événements qui se rapportent à mes aventures; mais on me pardonnera de dire un mot en passant pour justifier nos marins. Il est rare qu'on nuise à quelqu'un sans le calomnier; et le corps auquel j'appartenais alors se vit accorder très-libéralement, pour tous les griefs dont il avait à se plaindre, cette espèce de réparation qui consiste à démontrer que la partie lésée n'a souffert que ce qu'elle mérite. On nous a accusés de tromper les croiseurs anglais par de faux rapports, et d'être dévorés de la soif de l'or.

D'abord, je demanderai à nos accusateurs s'il serait bien étonnant que des hommes qui se sentent froissés tous les jours dans leurs intérêts et dans leurs droits recourussent aux moyens qui sont en leur pouvoir de se venger. Mais, au surplus, cette accusation est-elle bien fondée? Sans doute, des institutions qui suppriment toute distinction héréditaire donnent à la fortune une prépondérance fâcheuse; les travaux de l'intelligence n'obtiennent pas encore chez nous la considération qui leur est due; et la grande masse de la nation ne regarde les hommes de lettres, les artistes, tous ceux mêmes qui exercent des professions libérales, que comme autant de serviteurs publics, dont on se sert comme de tout autre serviteur, et qu'on n'estime que dans la proportion des services qu'ils peuvent rendre. Cela tient à deux causes : d'abord, à ce que la civilisation, d'origine encore si récente, quoique déjà si avancée pour tout ce qui constitue la base de la grandeur nationale, n'a pas encore développé ces qualités supérieures qui distinguent partout la haute société; et ensuite à ce que, par suite de l'absence de toute contrainte, des déclamateurs grossiers et vulgaires se font entendre et obtiennent un crédit qu'ils n'auraient nulle part ailleurs. Malgré toutes ces imperfections, je soutiens que l'or n'est pas plus l'idole des Américains que celle de toute autre nation active et énergique. Le nombre des jeunes gens qui s'adonnent à la culture des lettres et des arts aux États-Unis est plus considérable qu'on ne le croit généralement en Europe; beaucoup se livrent aussi à la politique; tout cela n'est rien moins qu'un moyen de gagner de l'argent. D'où résulte la preuve que si la fortune semble être le seul but de l'existence aux États-Unis, c'est principalement parce qu'il n'y a point d'autre issue ouverte à celui qui veut se distinguer. Mais ces réflexions nous ont entraîné loin de nos bâtiments, il est temps d'y revenir.

Le chemin qu'avait parcouru *l'Aurore* ne nous laissa bientôt plus le choix de la direction à suivre. En consultant les cartes, il était évident que nous étions alors en dedans des récifs, et qu'il ne nous restait d'autre alternative que de donner à la côte ou de passer par le chenal de Marbre. Ce fut à ce dernier parti que je m'arrêtai, et je réussis au delà de toute espérance; car l'Anglais se hala dans le vent quand il crut s'être approché du danger autant que le permettait la prudence, et il abandonna la chasse. Je continuai à faire voile vers le nord pendant une heure, et alors, voyant que nous n'apercevions plus que le sommet des mâts du *Leander* qui portait au sud-ouest, je rentrai nos bonnettes de bâbord, je vins debout au vent, et je mis de nouveau au large, à l'est de Block-Island.

On peut se faire une idée des transports de joie qui éclatèrent à bord de *l'Aurore*, quand on se vit délivré de toute crainte de poursuite. Le lendemain, au lever du soleil, nous vîmes à une grande distance, à l'ouest, une voile que nous supposâmes être *le Leander*; mais elle ne nous donna pas chasse. Marbre et les matelots étaient enchantés d'avoir, disaient-ils, damé le pion à John-Bull; mais néanmoins cet incident me rendit prudent, et je résolus de ne plus m'approcher autant d'un bâtiment de guerre, si je pouvais l'éviter.

Pendant les vingt jours qui suivirent, aucun incident ne signala notre voyage. Nous doublâmes le banc de Terre-Neuve par quarante-six degrés de latitude, et nous nous dirigeâmes vers l'extrémité occidentale de l'Angleterre en aussi droite ligne que les vents le permettaient. Pendant quelques jours, je fus incertain si je devais porter ou non vers le nord, pensant que je rencontrerais moins de croiseurs en doublant l'Écosse qu'en remontant la Manche. Cette dernière route était de beaucoup la plus courte; quoique, à cet égard, le vent déjoue souvent tous les calculs. Pendant les deux tiers de la traversée, il resta constamment au sud-ouest; mais dans le vingtième degré de latitude est de Greenwich, nous rencontrâmes des vents de nord-est, et comme notre meilleur bord était sur le bâbord, je gouvernai pendant dix jours au sud-est. Nous nous trouvâmes ainsi sur la route de tout ce qui allait dans la Méditerranée ou qui en revenait; et si nous avions suivi cette direction plus longtemps, nous aurions atterri dans les environs du golfe de Gascogne. Mais je savais que, dès que nous serions dans les eaux d'Europe, je trouverais l'Océan couvert de croiseurs anglais; et nous virâmes au nord-ouest quand nous étions à environ cent lieues de la terre.

Le trente-troisième jour ne devait point se passer aussi tranquillement, le vent avait sauté au sud-ouest; il était frais, et il tombait une pluie fine, accompagnée d'une brume qui souvent empêchait de voir à un quart de mille du bâtiment. Le changement avait eu lieu à minuit; et il y avait toute apparence que le vent resterait là jusqu'à ce qu'il nous eût poussés vers l'entrée de la Manche, d'où nous étions alors, d'après mon calcul, éloignés d'environ quatre cents milles. Marbre avait le quart à quatre heures, et il m'envoya chercher pour que je décidasse la route à suivre et la voilure à porter. La route fut nord-nord-est, et quant à la voilure, je me déterminai à marcher sous nos huniers, notre misaine, notre brigantine et notre foc, jusqu'à ce que le jour me permît de prendre un parti en connaissance de cause. Quand le soleil parut sur l'horizon, il n'y avait point de changement, et je fis établir quelques-unes des bonnettes, ainsi que le grand perroquet, n'étant pas bien sûr si les mâts supporteraient une plus grande quantité de toile, par le grand frais qu'il faisait.

— Nous ne sommes pas loin de l'endroit où nous surprîmes *la Dame de Nantes*, capitaine, me dit Marbre, pendant que je regardais gréer une bonnette au petit mât de hune, opération à laquelle il prenait part de ses propres mains; et le temps n'était pas plus brouillé qu'aujourd'hui.

— A cela près de quelques centaines de milles, maître Moïse, votre comparaison est assez juste. Nous avons deux fois plus de vent et de mer qu'alors, et le temps était sec, tandis qu'il est légèrement humide en ce moment.

— Ah! capitaine, c'étaient là de beaux jours! Je n'ai rien à dire contre ceux-ci; mais c'était le bon temps, comme tous ceux qui étaient avec moi à bord de *la Crisis* en conviendront volontiers.

— Peut-être en dirons-nous autant de celui-ci dans cinq à six ans.

— Je ne dis pas non : Que voulez-vous? Le dernier voyage se cramponne toujours à notre mémoire, tandis que nous pensons à peine à celui que nous faisons. Nous sommes tous de même sous ce rapport, et il paraît que le Seigneur nous a faits ainsi. — Allons, Neb, pendant que vous êtes sur la vergue de misaine, faites-nous voir votre boute-hors de bonnette.

Mais Neb, contre son habitude, resta immobile sur la vergue, se tenant à la balancine, et regardant, par dessus la ralingue du vent, avec une attention marquée.

— Eh bien, qu'y a-t-il? s'écria Marbre, frappé des manières et de l'attitude du nègre. Que voyez-vous?

— Moi rien voir à présent, Monsieur; mais avoir bien vu tout à l'heure un navire.

— Où donc?

— En avant, là-bas, par le bossoir de bâbord, maître. Vous regarder bien, et le voir bientôt vous-même.

Nous ne nous le fîmes pas dire deux fois; tous les yeux se portèrent dans la direction indiquée, et en moins d'une minute nous aperçûmes en effet un bâtiment. Cette apparition ne dura qu'un instant; car le brouillard, qui s'était entr'ouvert, se condensa aussitôt, et il nous en déroba la vue presque au même moment où il venait de nous le montrer. Cependant j'en avais vu assez pour reconnaître que c'était une frégate, et une de ces frégates, telles qu'on les construisait alors, tenant le milieu entre la grande corvette et le bâtiment à deux ponts; ce qui est la dimension peut-être la plus favorable pour la force et l'agilité d'un bâtiment. Nous avions distingué sa batterie peinte en jaune, percée de quatorze sabords, et ressortant sur la carène dont la couleur foncée était rendue encore plus sombre et plus brillante par l'effet du brouillard. La frégate avait ses trois huniers avec deux ris pris, sa brigantine et son foc; ses basses voiles étaient sur leurs cargues: Comme le vent n'était pas assez fort pour obliger de prendre plus d'un ris, même en courant au plus près, ce peu de voilure prouvait que la frégate était en croisière, et qu'elle battait la mer en cherchant fortune. Comme tous les croiseurs, lorsqu'ils sont dans leur station à ne rien faire, prennent des ris la nuit, et qu'il était encore de bonne heure, il était possible qu'au moment où nous avions aperçu la frégate, le capitaine ou le premier lieutenant n'eussent pas encore paru sur le pont.

La frégate croisait exactement notre route, ayant ses vergues brassées carrées. Que chacun des deux bâtiments continuât à tenir la même route, et en moins de quelques minutes, ils seraient passés à une portée de pistolet l'un de l'autre. Je ne sais quelle impulsion soudaine me fit crier à l'homme qui était au gouvernail de mettre la barre à tribord. C'était sans doute par suite d'un sentiment instinctif qui me disait qu'il valait mieux qu'un pavillon neutre eût le moins de rapports possible avec une des nations belligérantes et que la presse pourrait bien m'enlever quelques uns de mes matelots. Quoi qu'il en fût, l'ordre avait été donné, et *l'Aurore* vint au vent, à l'ouest, dans une direction contraire à celle que suivait la frégate. Dès que les voiles commencèrent à fasier, la barre fut redressée ; et nous marchâmes ainsi, ayant le vent par notre travers, avec à peu près autant de brise qu'il en fallait pour la toile que nous portions.

*L'Aurore* pouvait être à environ un mille de la frégate quand cette manœuvre fut exécutée. Nous ignorions si nous avions été vus ; mais nous étions certains que c'était un bâtiment anglais. Pendant toute la durée des guerres qui suivirent la révolution française, cette partie de l'Océan était surveillée avec grand soin par les Anglais, et il était rare qu'on pût y passer sans rencontrer plusieurs de leurs croiseurs.

Je n'étais pas sans quelque espoir de passer inaperçu. Le brouillard était redevenu très-épais ; et une fois à un mille de la frégate, il y aurait peu de danger qu'on nous vît, puisque, de toute la matinée, nous n'avions pas eu un horizon de la moitié de ce diamètre. Neb reçut ordre de se mettre en vigie sur les barres de perroquet, pendant que, sur le pont, tous les yeux cherchaient à percer le brouillard, comme nous avions jadis cherché à saisir les contours brumeux de *la Dame de Nantes*. Marbre, avec sa vieille expérience, savait le mieux dans quelle direction il devait regarder ; aussi fut-il le premier à revoir la frégate. Elle nous restait directement sous le vent, glissant légèrement sur l'eau, sous la même voilure ; les ris toujours pris, les bonnettes sur leurs cargues, et la brigantine serrée, comme si c'eût été pour la nuit.

— De par saint George ! s'écria Marbre, tous ces John Bull sont encore endormis, et ils ne nous ont pas vus ! Si nous pouvons encore leur damer le pion, comme nous l'avons fait au vieux *Léandre*, capitaine, *l'Aurore* deviendra aussi célèbre que le *Voltigeur Hollandais !* Voyez donc cette frégate qui se dandine aussi tranquillement que si elle allait à l'église ou au moulin ; et pas plus de mouvement à son bord que dans une assemblée de quakers ! Voilà qui serait joliment du goût de ma bonne vieille chère mère !

En effet la frégate continuait sa route, sans que la moindre alerte parût avoir été donnée. Les deux bâtiments s'étaient croisés, et le brouillard s'épaississait de nouveau. L'instant d'après, le voile se leva. — Nulle part on n'apercevait la forme de ce beau navire. Marbre se frotta les mains de joie ; et tous nos matelots commencèrent un feu roulant de plaisanteries aux dépens des Anglais. — Si un bâtiment marchand peut voir un vaisseau de guerre, disaient-ils avec assez de raison, comment se fait-il qu'un vaisseau de guerre ne voie pas un bâtiment marchand ? — L'équipage de *l'Aurore* se composait en grande partie d'Américains, quoiqu'il se trouvât quatre ou cinq Européens dans le nombre. Un de ces derniers était certainement un Anglais, peut-être même un déserteur d'un bâtiment de guerre ; l'autre était, sans aucun doute, un rejeton de la verte Erin. Ces deux hommes surtout étaient dans le ravissement, quoiqu'ils fussent pourvus de ces documents véridiques, appelés protections, où l'on trouve tout, excepté la vérité, et qui, la plupart du temps, peuvent s'appliquer tout aussi bien à un homme qu'à un autre. C'était la banalité connue de ces attestations qui autorisait jusqu'à un certain point les officiers anglais à commencer par n'en tenir aucun compte. Leur erreur était de supposer qu'ils fussent en droit de demander à un homme de prouver quoi que ce fût, quand il était à bord d'un navire étranger ; et la nôtre était de permettre que nos concitoyens fussent traduits devant des juges étrangers, dans quelque circonstance que ce pût être. Si l'Angleterre avait besoin de ses matelots, c'était à elle de les garder dans la circonscription de sa juridiction ; mais elle ne pouvait aller les poursuivre quand ils étaient sous un pavillon neutre.

Quoi qu'il en soit, la frégate nous avait croisés, et je commençais à croire que nous étions délivrés de cet importun voisin, quand Neb descendit sur le pont, sur un ordre du lieutenant.

— Relevez le timonier, maître Clawbonny, dit Marbre qui s'amusait souvent à donner au nègre son nom patronymique ; nous pouvons avoir besoin de quelques coups vigoureux avant que la danse commence. Où était John Bull quand vous l'avez vu pour la dernière fois ?

— A l'est, Monsieur. — Neb, dans les grandes occasions, montrait une intelligence peu commune ; il y avait dans sa noble profession quelque chose qui semblait l'élever presque au niveau des blancs.

— Mais lui alors rassembler son monde pour faire de la voile.

— Bah ! et qu'en savez-vous ? moi, je vous dis, mon garçon, qu'ils sont tous à dormir comme des hiboux.

— Vous voir, maître Marbre, et vous savoir alors.

Neb fit sa grimace ordinaire en disant ces mots; et je restai convaincu qu'il avait vu quelque chose qu'il comprenait, mais qu'il ne savait comment expliquer. Ce qui était certain, c'était que John Bull ne dormait pas. Nos doutes à cet égard ne durèrent pas longtemps. Une nouvelle éclaircie dans le brouillard nous montra, à trois quarts de mille, *le Léander* qui arrivait sur notre hanche sous le vent. Nous sûmes du premier coup d'œil à quoi nous en tenir. La frégate virait de bord et brassait ses vergues de l'avant; preuve certaine que c'était un bâtiment facile à manier, puisque la manœuvre avait été exécutée contre une forte mer, et sous des huniers avec deux ris pris. Il est probable qu'on nous avait aperçus au moment même où nous les perdions de vue, et on se disposait à larguer les ris.

Cette fois la frégate resta visible pour nous l'espace d'environ trois minutes. J'épiais tous ses mouvements comme le chat guette la souris. Les ris furent donc largués, et les huniers parurent tout à coup à tête de mât, avec la même rapidité que l'oiseau étend ses ailes. Le grand et le petit perroquet flottèrent à la brise au même moment. — Il faisait trop de vent pour la perruche. — Puis ils furent promptement établis, et leurs boulines halées. Comment la misaine et la grande voile furent-elles amarrées? je ne saurais le dire; j'avais les yeux sur les manœuvres hautes, et quand je les abaissai, c'était déjà fait. La brigantine avait été bordée auparavant pour aider la frégate à virer vent devant.

Il n'y avait plus d'erreur possible. Nous étions vus, et l'on nous donnait chasse... Pesamment chargés comme nous l'étions, et au train dont allait la frégate, nous ne pouvions tarder à être atteints. Dans cette circonstance, je fis signe à Marbre de me suivre sur le gaillard d'arrière, pour le consulter. J'avoue que j'étais disposé à diminuer de voiles, et à laisser le croiseur nous aborder; mais Marbre, comme à son ordinaire, fut pour tenir bon.

— Nous allons à Hambourg, qui est situé là, par notre travers sous le vent, dit le lieutenant, et personne n'est en droit de se plaindre que nous suivions notre route. Le brouillard nous masque de nouveau la frégate, et comme il est certain qu'elle nous atteindra en tenant le plus près, je vous engage, Miles, à brasser les vergues parfaitement carrées, à vous éloigner en dépendant de deux quarts de plus, et à établir les bonnettes du vent. Si John Bull peut être encore quelque temps à courir à tâtons, nous avons une chance d'être à trois ou quatre milles de distance sous le vent, avant qu'il apprenne où nous sommes ; et alors il sera bien fin s'il nous attrape !

L'avis était bon, et je résolus de le suivre. Le vent était vif dans ce moment, et *l'Aurore* commença à plonger avec une rapidité remarquable, dès qu'elle sentit l'impulsion des bonnettes. La direction que nous suivions alors formait un angle obtus avec celle de la frégate, et nous avions la chance d'augmenter la distance qui nous séparait, assez pour être hors de la portée de la vue, même au moment de l'éclaircie. L'obscurité de l'atmosphère dura si longtemps, que je commençais à espérer beaucoup, quand tout à coup un de nos matelots cria : La frégate ! Cette fois elle nous restait à l'arrière, et à près de deux milles de distance ! Nous avions gagné tant de terrain, que dix minutes de plus nous étions sauvés. Puisque nous la voyions alors, il était évident qu'on ne tarderait pas à nous voir, attendu que, comme nous, on devait être aux aguets. Néanmoins le croiseur courait encore au plus près, suivant la même route que précédemment.

Mais cela ne dura qu'un moment. L'instant d'après *le Léander* arriva vent arrière. Nous pûmes voir ses bonnettes voltigeant en l'air, pendant qu'on était en train de les établir. Le brouillard se condensa encore et la frégate fut dérobée à notre vue. Que faire? Marbre dit que, comme nous n'étions pas précisément dans notre route, nous n'avions rien de mieux à faire que de présenter au vent notre joue de tribord, de mettre toutes les bonnettes que nous pouvions porter du même côté, et de gouverner à l'est-nord-est. J'y consentis, et les changements nécessaires furent exécutés sur-le-champ. Le vent et la brume augmentèrent, et nous nous éloignâmes en suivant une ligne divergente de la route de la frégate, à raison de dix nœuds par heure. Cela dura bien quarante minutes, et nous nous croyions tous sauvés. Les plaisanteries et les quolibets recommencèrent de plus belle, quand le voile épais qui couvrait l'horizon s'entr'ouvrit au sud-ouest ; le soleil se fraya un passage à travers les nuages ; les vapeurs se dispersèrent, et graduellement le rideau qui avait caché l'Océan pendant toute la matinée se leva, laissant la vue planer librement dans toutes les directions.

L'anxiété avec laquelle nous assistâmes à ce grand changement de décoration sur cet immense théâtre ne saurait se décrire. Tous les yeux se tournèrent du côté où l'on s'attendait à voir la frégate ; et grande fut notre satisfaction, à mesure que le cercle s'agrandissait davantage autour de nous, de ne point la découvrir. Mais il ne pouvait en être toujours ainsi, puisqu'il était impossible qu'elle fût sortie pour nous des limites de l'horizon naturel. Ce fut, suivant l'usage, Marbre qui l'aperçut le premier. Elle nous restait alors sous le vent, et était à deux bonnes lieues de distance, s'élançant en avant avec la rapidité d'un cheval de course. Par un temps aussi clair, avec une brise aussi forte, lorsqu'il restait encore plusieurs heures de jour, il était inutile de songer à échapper à un bâtiment aussi fin voilier que *le Léander*, et il ne restait qu'à me fier à la bonté de ma cause. Le lecteur qui voudra bien lire le chapitre suivant verra le résultat de cette détermination.

## CHAPITRE XIII.

>Qui est-ce qui vient m'importuner ici ? Buckingham !
>C'est le roi qui l'envoie, j'en suis sûr. Il faut dissimuler.
>**Le roi Henri VI.**

D'abord la frégate prit un ris à ses huniers, établit les perroquets, et tint le plus près. Mais voyant que nous ne nous mettions pas en devoir d'amener nos bonnettes, elle largua les ris, brassa les vergues carrées, mit ses bonnettes de hune et laissa porter de manière à nous couper le chemin. Arrivée à peu de distance, elle ralentit sa marche, et diminua de voiles comme pour nous attendre. *L'Aurore* n'en continua pas moins sa route, sans carguer une seule voile. John Bull montra son pavillon, nous en fîmes autant, mais toujours sans nous arrêter. Surpris de notre obstination, il tira un canon de chasse, en ayant soin de ne pas nous atteindre. Je jugeai qu'il était temps de faire une démonstration plus amicale. Je réduisis la voilure aux trois huniers avec les ris pris, et je mis en panne attendant la visite de John Bull.

Dès que la frégate nous vit immobile, elle mit en panne à son tour. Au même instant un canot fut mis à la mer, un jeune aspirant se laissa glisser le long des flancs du navire, et y prit place.

ainsi qu'un lieutenant, et la petite coquille de noix, s'élevant sur le sommet d'une vague, vint se ranger sous notre arrière. Debout sur le pont, j'examinais les nouveaux venus, pendant qu'ils luttaient contre la lame afin d'accrocher avec la gaffe la chaîne du grand hauban. Les matelots, comme ceux de presque tous les vaisseaux de guerre, avaient l'air actifs, robustes et soumis. L'aspirant était un jeune garçon très-bien habillé, évidemment fils de bonne famille, mais le lieutenant était un de ces vieux loups de mer battus par le temps, qu'on ne voit à bord de canots que dans des occasions graves. C'était un homme de quarante ans, marqué de la petite vérole, aux traits durs et à la mine refrognée. J'appris ensuite que c'était le fils d'un employé subalterne dans les chantiers de Portsmouth, et qu'il était parvenu jusqu'au grade de lieutenant, surtout grâce à l'activité qu'il déployait dans le service de la presse. Il s'appelait Sennit.

Marbre alla le recevoir au bord de l'échelle avec les civilités d'usage. Je m'amusai à observer l'entrevue de ces deux hommes, qui avaient beaucoup d'analogie entre eux. Tout pratiques, tout positifs, tout pleins du sentiment de leur importance comme marins, ils détestaient chacun le pays de l'autre le plus cordialement du monde. Mais Sennit savait distinguer un second d'un patron de navire ; et sans rendre à Marbre son salut, impertinence que Marbre ne lui pardonna pas de longtemps, il vint droit à moi, assez mécontent, à ce qu'il me parut, qu'un patron ne fût pas venu recevoir lui-même un lieutenant de la marine militaire.

— Votre serviteur, Monsieur, commença M. Sennit en daignant répondre à mon salut, votre serviteur. Il paraît que si nous avons le plaisir de vous voir, nous le devons à ce que le temps s'est éclairci.

Ce début n'était pas très-amical, et je n'hésitai pas à répondre sur le même ton :

— Rien n'est plus probable, Monsieur. Il me semble que vous n'avez pas eu beaucoup d'avantage sur nous tant qu'il a fait du brouillard.

— Oui, vous jouez admirablement à cache-cache, et il n'est pas facile de vous atteindre dans l'obscurité. Mais la frégate de Sa Majesté *le Rapide* ne se laissera pas jouer par un yankée.

— C'est ce qu'il paraît, Monsieur, puisque vous êtes ici.

— Quand on prend ainsi la fuite, on a ordinairement de bonnes raisons pour cela. Ce sont ces raisons que mon devoir est de rechercher. Ainsi, Monsieur, pour commencer, quel est, je vous prie, le nom de votre bâtiment?

— *L'Aurore*, de New-York.

— Ah! yankée pur sang! J'avais reconnu à vos farces que vous étiez de la Nouvelle-Angleterre.

— New-York n'est pas dans la Nouvelle-Angleterre ; et nous n'appelons pas un bâtiment de New-York un yankée, jeta Marbre dans la conversation.

— Bon! bon! si l'on en croyait tous vos seconds, de l'autre côté de l'eau, on s'imaginerait bientôt que le roi George ne tient sa couronne qu'en vertu d'une commission du président Washington.

— Le président Washington est mort, Dieu veuille avoir son âme! repartit Marbre ; et si l'on croyait la moitié de ce que vous dites, vous autres Anglais, on s'imaginerait bientôt que le président Jefferson n'est qu'un des valets du roi George.

Je fis signe à Marbre de se taire, et j'annonçai au lieutenant que j'étais prêt à répondre à toutes les questions qu'il pourrait désirer de m'adresser. Mais Sennit ne reprit la parole qu'après avoir lancé à Marbre un regard significatif qui semblait dire : prends garde! j'ai *pressé* un second dans mon temps.

— Nous disons donc, Monsieur, *l'Aurore*, de New-York, continua-t-il en écrivant le nom sur son portefeuille. Comment vous appelez-vous vous-même?

— Miles Wallingford, capitaine.

— Miles Wallingford, capitaine, à merveille. D'où venez-vous, où allez-vous, et quel est votre chargement?

— Nous venons de New-York, nous allons à Hambourg, et notre cargaison se compose de sucres, de cafés et de cochenille.

— C'est une cargaison de prix, Monsieur, dit M. Sennit un peu sèchement. Je suis fâché pour vous que votre destination ne soit pas pour un autre pays ; car cette dernière guerre a conduit les Français dans cette partie de l'Allemagne, et Hambourg est soupçonné d'être un peu trop sous l'influence de Bonaparte.

— Et quand nous serions chargés pour Bordeaux, Monsieur, quel pouvoir avez-vous d'arrêter un bâtiment neutre, à cette distance en mer?

— Prenez garde! si vous parlez de *pouvoir*, vous êtes perdus, car nous avons le pouvoir de vous manger, si la fantaisie nous en prenait. C'est sans doute le *droit* que vous voulez dire.

— Je ne chicanerai pas sur les mots, Monsieur.

— Eh bien ! pour vous prouver que je suis animé de dispositions tout aussi amicales que vous-même, je n'en dirai pas plus long sur ce sujet. Avec votre permission, je vais à présent examiner vos papiers ; et pour vous prouver que je me sens au milieu d'amis, je vais commencer par renvoyer mon canot au *Rapide*.

La manière de cet homme me révoltait. Il avait dans toute sa personne cet air de prétention vulgaire qu'il affectait dans son langage ; et il y joignait une sorte de ton ironique de bas aloi qui me le faisait paraître aussi repoussant qu'il me semblait dangereux. Mais je ne pouvais refuser de lui montrer mes papiers ; je descendis donc pour les chercher, pendant que Sennit donnait quelques instructions secrètes à son aspirant, et le renvoyait à la frégate.

Puisque je suis sur ce sujet, le lecteur m'excusera de dire un mot en passant sur la question générale du droit de visite. Quant au prétexte mis en avant par quelques-uns de ceux qui veulent qu'on puisse exercer la presse à bord des bâtiments neutres, en s'appuyant sur ce que, les nations belligérantes ayant le droit incontestable de rechercher quelle est la nature du bâtiment et de sa cargaison, ce droit implique celui de mettre la main sur tous les sujets de leur souverain qui peuvent s'y trouver, il ne mérite pas une réfutation sérieuse. L'exercice d'un droit ne peut jamais autoriser l'abus qu'on en peut faire ; mais, d'un autre côté, la possibilité de l'abus ne peut nous autoriser à refuser l'exercice d'un droit, et ce sont ces principes salutaires que je ne voudrais pas voir méconnaître, parce qu'ils me semblent indispensables au bien-être de toutes les nations civilisées. C'est donc à tort, suivant moi, qu'aux Etats-Unis nous avons posé récemment la doctrine que des vaisseaux de guerre étrangers ne devaient pas aborder des bâtiments américains sur la côte d'Afrique, en temps de paix, pour constater leur identité.

Je parlerai avec une entière franchise. D'abord, je ne me pique en aucune manière de ce patriotisme de pacotille qui dit : qu'il ait tort ou qu'il ait raison, mon pays avant tout. On peut tenir ce langage devant les hommes ; mais devant Dieu comment le justifiera-t-on ? Ce qui est mal est toujours mal ; et il est mal suivant moi, politiquement, sinon moralement parlant, de contester à un vaisseau de guerre le privilége que l'Angleterre revendique. Je ne vois qu'un seul argument plausible qu'on puisse opposer, la crainte des abus qui peuvent s'élever dans la pratique ; mais quelle est la chose au monde dont on ne puisse abuser ? Faudra-t-il supprimer les lois, parce qu'un juge en aura fait une fois une fausse application ? Si un vaisseau de guerre a le droit d'arrêter un pirate, il faut bien qu'il ait celui de constater l'identité d'un bâtiment ; autrement le pirate n'aura, pour lui échapper, qu'à arborer le pavillon d'un autre état que le croiseur est obligé de respecter. Tout ce que celui-ci demande c'est la faculté de vérifier si le pavillon n'est pas une fraude ; et tout vaisseau qui a une commission régulière doit être en droit de le faire, dans l'intérêt de la civilisation et de la bonne police des mers.

Je n'ai pu m'empêcher de consigner ici ces observations, parce que, bien que John Bull ait rarement raison dans ses différends avec nous, il l'a évidemment dans cette circonstance ; et parce qu'il est plus honorable, pour une nation comme pour un individu, d'avoir toujours la justice de son côté que de triompher toujours.

Je fus bientôt de retour avec mon portefeuille sous le bras, M. Sennit ayant exprimé le désir de procéder à son examen en plein air. Il lut tous les papiers avec une grande attention ; mais ce fut surtout le rôle de l'équipage qu'il éplucha minutieusement, s'arrêtant à chaque nom ; car il était dans son élément quand il pouvait mettre la main sur un matelot pour sa frégate.

— Voyons un peu ce Nabuchodonosor Clawbonny, monsieur Wallingford, dit-il en ricanant. Voilà un nom assez original, et je ne serais pas étonné qu'il cachât un compatriote.

— Vous n'avez qu'à tourner la tête pour le voir. C'est l'homme qui est au gouvernail.

— Un nègre ? En effet, ils prennent quelquefois des noms de guerre assez bizarres. Je ne crois pas qu'il soit né à Gosport.

— Il est né dans la maison de mon père, Monsieur, et il est mon esclave.

— Votre esclave ! voilà un mot qui résonne étrangement dans la bouche d'un enfant de la liberté. Il est heureux que le lieu de votre destination ne soit pas cette terre du despotisme, la vieille Angleterre, autrement votre esclave pourrait bien voir tomber ses fers.

Cette réponse me piqua d'autant plus que le sarcasme était assez mérité ; seulement il n'était pas à sa place dans la bouche d'un Anglais. Mais Sennit ne connaissait pas plus l'histoire de son pays que la nôtre : tout ce qu'il en savait, c'était par les journaux qu'il l'avait appris. Néanmoins je parvins à garder le silence.

— Nathan Hitchcock ! Voilà un nom yankée, s'il en fut jamais, et cela m'est suspect. Auriez-vous la bonté de me le faire voir ?

— Il est tout aussi yankée que son nom, comme vous allez en juger.

Nathan comparut, et à peine Sennit l'eut-il vu qu'il lui dit qu'il pouvait s'en aller. Il ne lui fallait qu'un coup d'œil pour distinguer si l'on était de telle ou telle nation ; et comme *le Rapide* avait un équipage assez complet, il était disposé à ne mettre la main que sur ses compatriotes.

— Je vous demanderai, Monsieur, de réunir tout votre monde dans le passe-avant, dit Sennit en se levant. Je ne suis qu'officier surnuméraire à bord du *Rapide*, et je compte que nous aurons bientôt le plaisir de voir arriver ici le premier lieutenant, l'honorable M. Powlett. On ne dira pas que notre frégate n'est pas noble, Monsieur ; car nous avons pour capitaine lord Harry Dermond, et pour aspirants tous rejetons de grandes familles.

Peu m'importait quels étaient les officiers du *Rapide*, mais le rouge me montait au front en songeant qu'il fallait me résigner à voir mon équipage passé en revue par un officier étranger, et cela dans l'intention formelle de me prendre tous les hommes qu'il jugerait à propos de qualifier de sujets la Grande-Bretagne. Dans mon humble jugement, la jeune et puissante république aurait beaucoup mieux fait de chercher à résister à des prétentions aussi tyranniques et aussi déraisonnables, que de vouloir contester des principes reconnus de droit public, parce que l'application pouvait entraîner quelques inconvénients. J'étais bien tenté de répondre à Sennit par un refus net ; et si je n'eusse compromis que moi, je n'aurais pas hésité ; mais sachant bien que ce seraient mes matelots qui en pâtiraient, je crus plus prudent de faire ce qui m'était demandé. Tout le monde vint donc à l'appel près du gaillard d'arrière.

Tout en défendant les principes, je ne dois pas me montrer injuste à l'égard de Sennit. Il est certain qu'il découvrit les deux matelots anglais et irlandais dès la première question qu'il leur adressa. L'un et l'autre reçurent ordre de se préparer à passer à bord du *Rapide*, et il me dit tranquillement de leur payer ce qui pouvait leur revenir. Marbre était près de moi ; et voyant le sentiment de dégoût qui se peignait sur ma figure, il prit sur lui de répondre :

— Vous croyez donc qu'il faut régler les comptes avant que ces hommes quittent notre bord? dit-il en lançant de mon côté un regard significatif.

— Sans doute, et c'est mon devoir d'y veiller. Veuillez donc vous en occuper sur-le-champ.

— Eh bien ! alors, c'est nous qui avons à recevoir, au lieu de payer. Vous avez pu voir sur le rôle de l'équipage que chacun d'eux a reçu cinquante dollars, ou deux mois de paie d'avance. Il reste un mois à courir ; nous prierons donc Sa Majesté de nous rendre la différence.

— Vous êtes bien impudent, mon ami. Prenez garde ! Savez-vous que ce ne serait pas la première fois que j'emmènerais le second d'un bâtiment marchand ?

— Je viens de la terre des Tombeaux, ce qui est un avantage ; attendu que je connais d'avance la route qu'il nous faudra parcourir tôt ou tard. Mon nom est Marbre, pour vous servir ; et ma tête est dure à l'avenant.

Dans ce moment le canot de la frégate amenait l'honorable M. Powlett. La présence du premier lieutenant empêcha la tempête qui allait probablement éclater. Sennit se contint, mais je suis sûr que le ressentiment qu'il conserva des sarcasmes de Moïse n'eut pas peu d'influence sur ce qui arriva plus tard.

M. Powlett ne ressemblait en rien à son compagnon. Ce pouvait être un *gentleman* accompli ; mais il était impossible de le prendre pour un marin. Il était incontestable qu'il devait son grade à des influences de famille, et que c'était un de ces rejetons de l'aristocratie (et je me hâte d'ajouter que ce n'est nullement la règle dans l'aristocratie anglaise) qui sont beaucoup mieux à leur place dans un salon qu'à bord d'une frégate. Comme je l'appris ensuite, son père occupait une haute position ministérielle, circonstance qui expliquait comment, à vingt ans, il se trouvait premier lieutenant d'une frégate de 36 canons, ayant sous ses ordres un officier surnuméraire, qui était marin longtemps avant la naissance de son supérieur. Mais le capitaine du *Rapide* lui-même, lord Harry

Dermond, n'avait que vingt-quatre ans, quoiqu'il le commandât déjà depuis deux ans, et qu'il eût déjà soutenu un combat glorieux.

Après que j'eus adressé à M. Powlett un salut respectueux qu'il me rendit avec beaucoup de politesse, Sennit prit le premier lieutenant à l'écart, et il eut avec lui une conférence secrète de quelque longueur.

— Faites ce que vous voudrez, Sennit, finit par dire M. Powlett à demi-voix en s'éloignant de son compagnon; — je ne m'en mêlerai pas. En vérité, je ne puis me mettre à faire la presse; j'aimerais mieux que *le Rapide* en fût réduit à être manœuvré par ses officiers. C'est une besogne à laquelle vous êtes accoutumé; je vous la laisse.

Je compris que c'était une sorte de carte blanche donnée à Sennit pour emmener tous ceux de mes matelots qu'il jugerait convenable. Ce n'est pas chose nouvelle ou surprenante qu'on tolère dans les autres ce qu'on ne voudrait pas faire soi-même. Le jeune lieutenant s'approcha de moi.

— Eh bien! Monsieur, on dit que vous allez à Hambourg?

— Oui, Monsieur, mes papiers en font foi.

— Notre gouvernement regarde d'un œil de défiance toute espèce de commerce avec cette partie du continent, surtout depuis les dernières opérations des Français. Je voudrais, Monsieur, que votre destination fût toute autre.

— Je crois que Hambourg est encore un port neutre, Monsieur; et, quand il en serait autrement, je ne vois pas pourquoi un bâtiment américain ne pourrait pas y entrer, tant que le blocus n'est pas déclaré.

— Ah! voilà bien de vos idées américaines! Je suis fâché de ne pouvoir les partager, et je suis obligé d'exécuter mes ordres. Lord Harry nous a recommandé d'être très-sévères dans nos recherches, et vous comprenez que nous ne pouvons qu'obéir. Vous avez pour chargement du sucre et du café : voilà qui est bien suspect!

— J'aurais cru que c'était la chose la plus innocente du monde.

— Avez-vous quelque intérêt particulier dans la cargaison, capitaine Wallingford?

— Celui d'un propriétaire, Monsieur. Le bâtiment et la cargaison m'appartiennent.

— Et vous paraissez être Anglais ou Américain? car j'avoue que je ne suis guère en état de distinguer entre les habitants des deux pays, quoique sans doute il y ait une grande différence.

— Je suis Américain de naissance, comme l'ont été tous mes ancêtres.

— Voilà qui est remarquable! Eh bien! je n'y connais rien. Mais si vous êtes Américain, je ne vois pas pourquoi le sucre et le café n'auraient pas la même origine. Quoi qu'il en soit, lord Harry nous a répété que nous ne pouvions pas prendre trop de précautions; et, sans savoir ses motifs, je dois obéir. Savez-vous par hasard d'où provient ce sucre?

— De cannes, qui sont, je crois, à Saint-Domingue.

— Saint-Domingue! n'est-ce pas une île française?

— Oui, en partie, Monsieur; quoique les Espagnols et les nègres en disputent la possession aux Français.

— Il faut en vérité que j'informe lord Harry de tout cela! Je suis désolé de vous retenir, capitaine Wallingford, mais mon devoir m'oblige à envoyer un aspirant à bord du *Rapide* pour y prendre des instructions.

Je n'avais pas d'objection plausible à faire; l'aspirant retourna donc à la frégate. Pendant ce temps, Sennit n'était pas resté oisif. Au nombre de nos matelots se trouvaient un Suédois et un Prussien; et comme ils avaient appris ce qu'ils savaient d'anglais à Londres ou à Liverpool, il affecta de croire qu'ils étaient nés dans la vieille île, et il leur dit de préparer leur bagage. Néanmoins ni l'un ni l'autre ne se montraient disposés à obéir, et quand je vins me mêler au groupe, laissant l'honorable M. Powlett attendre sur le gaillard d'arrière le retour du canot, je les trouvai tous les trois livrés à une chaude discussion.

— Voyons, monsieur Wallingford, me cria Sennit dès qu'il m'aperçut, faisons un compromis. Voilà deux gaillards qui sont de vrais Lancastriens, si la vérité était connue, et qui se prétendent de la Norvége, de la Laponie ou de je ne sais quelle autre terre perdue. J'aurais voulu les enrôler sous la bannière de Sa Majesté; mais puisqu'ils montrent tant de répugnance à recevoir cet honneur, je consentirai à prendre à la place ce bel homme du comté de Kent, qui les vaut bien tous les deux ensemble.

En disant ces mots, Sennit me montrait Tom Voorhees, jeune

colosse de North-River (la Rivière du Nord), d'extraction hollandaise, qui n'avait pas une goutte de sang anglais dans les veines, et le meilleur et le plus vigoureux des matelots de *l'Aurore*, circonstance qui n'avait pas échappé au tact du lieutenant.

— Vous me demandez de vous laisser prendre un homme qui demeure à dix milles de chez moi, répondis-je, et dont je connais la famille qui est américaine depuis près de deux siècles.

— Oui, oui, vous descendez tous de vieilles familles en Amérique, comme chacun sait. Je parierais cent guinées que le drôle est né en Angleterre, et je nommerais au besoin la partie du comté de Kent où il a vu le jour pour la première fois, bien sûr de ne pas me tromper de dix milles. Je ne prétends pas dire pour cela que vous ne soyez pas son voisin ; car vous avez un certain air qui sent son Douvres d'une lieue.

— Vous ne plaisanteriez pas ainsi, Monsieur, si ce bâtiment était une frégate de 36 canons, ou si nous étions à terre.

Sennit me jeta un regard dédaigneux, et je mis fin à la discussion en disant à Voorhees de préparer son coffre, et de se disposer à suivre les deux hommes qui avaient été pressés. Mais, prenant exemple du Suédois et du Prussien, Voorhees s'éloigna sans se montrer très-disposé à obéir. Pour moi, dégoûté au-delà de toute expression des manières grossières et triviales de cet homme, j'allai rejoindre sur l'arrière l'autre lieutenant, qui cachait du moins sa nullité sous un vernis de savoir-vivre.

M. Powlett se mit à me parler de Londres ; il me dit combien de fois il avait été à l'Opéra pendant son dernier voyage, et s'extasia sur la charmante fête champêtre que lady une telle avait donnée. Ces détails nous occupèrent jusqu'au retour du canot, qui apportait la réponse du commandant du *Rapide*. Il me faisait prier très-poliment de vouloir bien aller lui rendre visite, en apportant mes papiers. Comme il n'avait aucun droit de l'exiger, je pouvais m'y refuser. Mais croyant que les choses en iraient mieux, regardant la forme polie sous laquelle la demande était faite comme d'heureux augure, et n'étant pas fâché de traiter avec les chefs dans une affaire qui, sans la moindre cause, semblait prendre une tournure sérieuse, je consentis à me rendre sur son bord. Marbre fut appelé, et je le chargeai dans toutes les formes du soin du bâtiment. Je crus remarquer que cette petite cérémonie provoquait un sourire de mépris sur les lèvres de Sennit, qui pourtant ne fit aucune observation. J'avais pensé que le premier lieutenant m'accompagnerait ; mais, après une courte conférence avec Sennit, il fut décidé que ce serait celui-ci qui me ferait cet honneur.

Sennit parut alors disposé à me faire toutes les avanies et tous les affronts qu'un homme de cette trempe pouvait inventer. Il me fit passer avant lui sur le canot, et, en arrivant près du *Rapide*, il monta le premier à bord. La conduite de son capitaine fut bien différente. Si lord Harry manquait de distinction dans la figure, il en avait beaucoup dans les manières ; et il était facile de voir qu'il commandait vraiment sa frégate, et qu'il la commandait admirablement. On crie beaucoup contre l'aristocratie ; on répète sans cesse que ses rejetons sont mous et efféminés ; et moi j'ai trouvé dix fois plus de mollesse derrière les comptoirs ou dans les boutiques. La force de caractère se trouve bien plus souvent dans l'aristocratie que dans la roture, car si d'un côté on se sent placé au-dessus de l'opinion publique, de l'autre on s'incline devant elle, comme l'esclave d'Asie se prosterne devant son maître. Je voudrais pouvoir penser autrement ; mais l'expérience m'a convaincu de ces faits, et j'ai appris à comprendre la vérité d'un axiome qui commence à prendre racine parmi nous, à savoir : si vous voulez faire un vrai démocrate, prenez un aristocrate. Ce qui est certain, c'est qu'aux États-Unis j'ai vu tous les démocrates sincères et indépendants accusés d'aristocratie, uniquement parce qu'ils voulaient être conséquents avec leurs principes, et ne pas subir le joug du plus impérieux des tyrans : l'esprit de coterie. Pour ce qui est du mérite personnel, il se rencontre à un degré tout aussi éminent d'un côté que de l'autre, et c'est vouloir faire servilement sa cour au peuple que de soutenir le contraire. Talleyrand était de l'une des maisons les plus anciennes et les plus illustres de l'Europe ; il en était de même de Turenne. Chez nous, les Mansfield, les Erskine, les Grey, les Wellington, sont d'une extraction noble. — Non, non, la cause des institutions libres a des arguments beaucoup plus justes et plus solides à invoquer en sa faveur que cette supériorité imaginaire du plébéien sur celui qui est d'une ancienne origine.

Lord Harry Dermond me fit l'accueil que je devais attendre d'un homme de son rang ; il fut poli sans compromettre en aucune manière sa dignité. Il y avait constamment sur ses lèvres un sourire bienveillant, dont d'abord je ne me rendais pas bien compte. Il eut aussi quelques instants d'entretien particulier avec Sennit, mais l'expression de sa figure n'en fut nullement altérée ; et j'en conclus à la fin que ce sourire lui était habituel, et qu'il n'y avait aucune conclusion à en tirer. Les parts de prises sont le côté faible de cette belle et chevaleresque profession de marin, et c'est une tache que le noble se résigne à subir avec tout aussi peu de répugnance que le plébéien. La nature humaine est singulièrement homogène à cet égard, et la rapacité est la même à tous les degrés de l'échelle sociale.

— Je suis désolé, capitaine Wallingford, dit lord Harry Dermond, à la fin de sa conférence secrète avec Sennit, — de devoir envoyer votre bâtiment à Plymouth. Les Français ont pris un tel ascendant sur le continent, que nous sommes obligés d'user de la plus grande vigilance pour déjouer leurs efforts ; et puis votre cargaison provient d'un territoire ennemi.

— Vous voudrez bien remarquer, Milord, que nous autres Américains, nous sommes tout à fait étrangers à l'ascendant que les Français peuvent avoir pris, et que quant à ma cargaison, comme elle provient nécessairement de la récolte de l'année dernière, les denrées qui la composent ont été recueillies à une époque de paix générale. Il en serait autrement, que la mesure que vous voulez prendre n'en serait pas moins illégale.

— C'est ce que je laisse à décider à sir William Scott, mon bon monsieur, répondit le capitaine avec son sourire ordinaire, et il serait superflu de discuter ce point. Mais quand on a un devoir pénible à remplir, ajouta-t-il — comme si la perspective d'empocher deux ou trois mille livres sterling avait quelque chose de si pénible — il faut du moins y mettre toutes les formes possibles. Veuillez indiquer ceux de vos hommes que vous désirez conserver sur votre bâtiment ; vos désirs seront remplis. Il va sans dire que vous resterez sur votre bord ; quelque décision que l'on prenne à l'égard de la cargaison, je ne puis croire que le bâtiment ne vous soit pas rendu. Comme il se fait tard, et qu'il faudra quelque temps pour changer les matelots de bord, vous ne sauriez me faire de plus grand plaisir que de venir prendre part à une légère collation dans ma chambre.

A défaut de légalité, il y avait du moins de la politesse dans ce procédé. Je ne craignais guère l'issue de l'affaire ; mais le retard seul était pour moi rempli d'inconvénients. Le billet que j'avais souscrit en faveur de Jacques Wallingford, il fallait en fournir les fonds, et si j'étais retenu deux mois, je pouvais ne plus arriver à temps pour faire honneur à ma signature. L'hypothèque donnée sur Clawbonny me trottait alors par la tête, et ne laissait pas de m'occuper un peu. Aussi n'étais-je pas dans une disposition d'esprit très-favorable pour jouir de l'hospitalité de lord Harry Dermond. Cependant, comme les remontrances étaient inutiles, il fallait du moins montrer du calme et de la dignité et ne pas laisser percer un abattement ridicule. Je me bornai à demander que mon second, le cuisinier et Neb, fussent laissés à bord de *l'Aurore*, me soumettant, pour le reste, à la volonté de mes maîtres. Lord Harry fit l'observation qu'il n'était pas d'usage de laisser un lieutenant, mais que, pour m'obliger, il ne s'y refusait pas. La frégate devait rentrer sous quinze jours pour renouveler sa provision d'eau, et je pouvais compter qu'alors mon équipage entier, sauf les sujets de Sa Majesté, serait replacé sous mes ordres.

## CHAPITRE XIV.

> PREMIER GENTILHOMME. — Patron, dites-moi, quelle sera ma rançon ?
> LE PATRON. — Mille écus, ou ta tête tombera.
> LE CONTRE-MAÎTRE. — Et toi, tu en donneras autant, ou gare à la tienne !
> **Le roi Henri VI.**

JAMAIS on ne vit de stupeur ni d'indignation pareille à celle dont Marbre fut saisi quand il apprit que *l'Aurore* allait être envoyée en Angleterre. Rien ne put retenir sa langue dans les bornes de la modération, et des paroles il en serait venu infailliblement aux actions, si je ne lui avais pas répété sans cesse qu'il serait envoyé à bord du *Rapide*, s'il ne se conduisait pas avec prudence. A mesure qu'on emmenait nos matelots, sa fureur se rallumait, et il en vint jusqu'à me proposer de tomber sur Sennit, et de le jeter par-dessus le bord. Je lui fis comprendre par un regard significatif qu'il n'était pas encore temps. Marbre mit alors un doigt sur sa bouche, cligna de l'œil, et, à partir de ce moment, non-seulement il resta calme, mais il aida même avec empressement à effectuer les divers arrangements que nécessitait l'échange des équipages.

Quand tout fut prêt, nous apprîmes que Sennit devait commander la prise. La croisière touchait à sa fin; la presse avait été des plus productives; on n'avait plus besoin de ses services, et on ne fut pas fâché sans doute de trouver cette occasion de se débarasser d'un officier sorti du peuple, dont les manières vulgaires déplaisaient aux jeunes nobles qui servaient avec lui. On lui donna dix matelots et un aide-master nommé Diggins. Dans des circonstances ordinaires, ce dernier dignitaire aurait pu suffire; mais c'était la première prise que faisait lord Harry; elle promettait de grands bénéfices si elle était déclarée valable; et cette raison, ajoutée à celle que nous venons d'indiquer, avait fait donner le commandement à Sennit.

La chasse du matin, la collation, les divers changements à effectuer, avaient employé une si grande partie de la journée, qu'il était quatre heures quand les deux bâtiments mirent à la voile en même temps; *le Rapide*, au plus près du vent, avec deux ris pris aux huniers, comme au moment où nous l'avions vu pour la première fois, pour courir des bordées çà et là, en attendant de nouvelles prises, et *l'Aurore*, sous des bonnettes, ayant le vent presque en poupe. Quand tout fut prêt, chaque navire partit, dans une direction opposée, du point de l'Océan où il était en panne depuis si longtemps, et avec une rapidité qui mit bientôt entre eux une vaste étendue d'eau.

La mortification de me trouver sous les ordres d'un homme comme Sennit m'était presque aussi sensible que la perte de mon bâtiment. Il s'établit dans ma chambre avec l'aide-master, prit également possession de la grand'chambre, et fit tranquillement suspendre son hamac à la place du mien. Comme les caissons étaient fermés avec de bons cadenas, je les laissai faire; mais je n'en affectai pas moins une grande indignation; et comme Diggins avait également substitué son lit à la place de celui de Marbre, je dis à Neb de débarrasser un coin dans la cale, et d'y placer nos hamacs. Sennit, en voyant ces préparatifs, s'humanisa un peu. Toutes les provisions étaient sous clef, et il n'aurait pas osé briser les serrures, sans un ordre formel de l'amirauté. Il était donc d'une grande importance pour lui d'être admis à ma table, et il sentit la nécessité de me présenter quelques excuses sur sa conduite cavalière. Il se rejeta sur les usages de la marine, sur les exigences de sa position, et je crus devoir me contenter de ses explications, afin d'éviter une rupture ouverte. Sennit fut laissé en possession de la chambre, et je consentis à y aller prendre mes repas. Le reste du temps, je devais le passer dans la cale. Cet arrangement, qui, de ma part, était prémédité, me fournit les moyens de conférer secrètement avec Marbre, et de faire nos préparatifs pour profiter de la première occasion qui pourrait se présenter de reprendre le bâtiment. A cette époque, ces reprises n'étaient pas rares. Du moment que j'avais appris que *l'Aurore* devait être envoyée en Angleterre, j'y avais songé; et je n'avais conservé Marbre auprès de moi que dans cette intention.

Le lecteur se fera facilement une idée de la position du bâtiment, ainsi que des circonstances dans lesquelles nous étions placés. Nous étions à trois cent cinquante-deux milles au sud-ouest du cap Scilly, et le vent soufflant avec force du sud-sud-ouest, il n'y avait pas de temps à perdre, si je voulais effectuer à temps mon projet. La première occasion de parler à Marbre se présenta pendant que nous étions occupés ensemble dans la cale à faire les dispositions qui pouvaient nous permettre d'y habiter.

— Que pensez-vous, Moïse, de ce M. Sennit et de ses gens? demandai-je à voix basse, en m'appuyant sur une barrique d'eau pour rapprocher ma tête de la sienne. Ils n'ont pas l'air de fameux gaillards. Est-ce qu'avec de l'activité et de l'adresse, nous ne pourrions pas en venir à bout?

Marbre donna à sa figure l'expression la plus fine qu'il put imaginer, cligna de nouveau de l'œil, alla à l'entrée de la cale pour voir si personne n'écoutait; et, après s'être bien convaincu qu'il n'y avait rien à craindre, il donna enfin un libre cours à ses pensées.

— La même idée fermente ici, dit-il en se frappant le front, et il faudra bien qu'elle produise quelque chose. Ce M. Sennit est un malin compère, et il ne faut pas s'y fier; mais son aide boit comme un charbonnier. Il suffit de regarder sa face rubiconde pour s'en convaincre. Celui-là, c'est l'eau-de-vie qui nous le livrera. Ensuite je ne conçois pas où l'on a été chercher ce tas de lourdauds et d'imbéciles qu'ils nous ont envoyés pour manœuvrer *l'Aurore*. Il faut qu'ils nous aient donné le rebut de leurs matelots.

— Voyez-vous, ces jeunes capitaines de vaisseau si fringants gardent ce qu'ils ont de mieux, dans l'espoir de quelque combat.

Les frégates françaises sont, dit-on, assez nombreuses, et ce lord Harry Dermond, malgré son amour pour le sucre et le café, aimerait encore bien mieux rencontrer *la Vigilante* ou *la Diane*. Voilà pourquoi il a donné à Sennit ce tas de conscrits ; et puis il suppose que *l'Aurore* sera à Plymouth dans quarante-huit heures, ce qui arrivera certainement si ce vent persiste.

—On dirait qu'on les a pris parmi les garçons boulangers de Londres. C'est tout au plus s'il y a trois matelots parmi eux, et les pauvres diables seraient beaucoup mieux placés dans un hôpital que sur une vergue.

Il y avait quelque vérité mêlée à beaucoup d'exagération dans ce portrait tracé par Marbre. Sans doute le capitaine du *Rapide* n'avait pas fait passer ses meilleurs hommes sur notre bord ; mais ils n'étaient pourtant pas tout à fait aussi novices que Marbre, dans son désir de les exterminer, était porté à se l'imaginer. S'il n'y avait parmi eux que trois marins véritables, comme son coup d'œil prompt et sûr le lui avait révélé, tous avaient été du moins assez longtemps à bord, pour pouvoir se rendre plus ou moins utiles.

— S'il y a quelque chose à faire, repris-je, c'est sur-le-champ qu'il faut l'entreprendre. Nous ne sommes que quatre contre douze ; mais nous sommes vigoureux, et nous aurons l'avantage d'attaquer par surprise.

— Je suis fâché que vous n'ayez pas songé à demander Voorhees, Miles. C'est un gaillard qui en vaut trois à lui tout seul.

— J'y ai pensé, mais c'était s'exposer inutilement à un refus. On peut demander un cuisinier, un domestique comme Neb ; mais demander un ou deux bons marins, c'eût été montrer le bout de l'oreille.

— Peut-être avez-vous raison, et nous devons nous estimer heureux d'être en force comme nous le sommes. Mais que dira la justice s'il nous faut fracasser quelques crânes pour réussir dans notre entreprise ? Les États-Unis ne sont en guerre avec personne, et il ne faudrait pas donner lieu à une accusation de piraterie !

— J'ai fait toutes ces réflexions, Moïse, et je ne vois pas grand sujet de crainte. Certes, on a le droit de recouvrer par la force ce que la force nous a ravi. Si le sang doit couler, ce que j'espère éviter, les tribunaux anglais nous traiteraient mal, tandis que ceux des États-Unis nous acquitteraient. Et pourtant la loi est la même dans les deux pays; l'application seule serait différente. Dans tous les cas, je suis prêt à en courir le risque, et je ne veux pas que personne s'unisse à mon sort, sans que je puisse compter sur son cœur comme sur sa main.

— Ma main, la voilà! s'écria Marbre; et, quant à mon cœur, vous savez où il se trouve et à qui il appartient. Mais, assez causé pour une première fois. Nous en dirons plus après le souper.

— Bien! dites toujours un mot à Billings, le cuisinier. Je me charge de Neb, et nous pouvons être tranquilles sur son compte. Quant à l'autre, il sera bon de lui faire quelques promesses.

— Fiez-vous à moi, je connais l'homme, et la négociation ne sera pas difficile.

Marbre et moi nous nous séparâmes alors, et je montai sur le pont pour voir comment les choses s'y passaient. On ne voyait plus dans l'éloignement que le haut de la mâture du *Rapide*, pendant que *l'Aurore* continuait sa course, toutes les voiles dehors. Tous les Anglais étaient sur le pont, y compris Sennit. Celui-ci me fit un salut assez poli quand je mis le pied sur le gaillard d'arrière, mais j'évitai d'entrer en conversation avec lui. Mon but était d'examiner à fond ses compagnons, et de tâcher de voir comment on se proposait de les distribuer pendant la nuit. Un seul coup d'œil jeté sur Diggins me convainquit que Marbre l'avait bien jugé. C'était un de ces hommes sur qui les liqueurs fortes ont tout pouvoir, et l'amour de la bouteille avait dû mettre toujours obstacle à son avancement, quoique du reste ce parût être un excellent marin, ce qui se rencontre assez souvent. Je vis que nous en viendrions facilement à bout, puisque nous connaissions son faible. Mais Sennit ne semblait pas devoir être de si bonne composition. Le cognac avait bien aussi laissé quelques traces sur sa figure, mais il avait le sentiment de sa position et de la responsabilité qu'elle entraînait, et il savait se maintenir dans de justes bornes. Il avait plus d'habitude du monde que son compagnon, et son regard se promenait sans cesse de tous les côtés avec une vigilance qui ne laissait pas de m'inquiéter un peu.

Mon désir était de tenter un coup de main, s'il était possible, dans la nuit même, car chaque minute nous rapprochait rapidement de la Manche où les Anglais avaient tant de croiseurs que plus tard nous aurions eu peu de chances de nous échapper, quand même nous fussions parvenus à rentrer en possession de notre bâtiment. Je craignais en outre qu'il ne prît fantaisie à Sennit de faire rester tout le monde sur le pont pendant la nuit, à cause du voisinage de la terre. S'il adoptait ce parti, alors notre position était à peu près désespérée.

— Votre lieutenant semble aimer la bouteille, monsieur Wallingford, me dit Sennit avec enjouement, et dans le désir évident d'établir entre nous des relations encore plus amicales; voilà dix minutes qu'il est à rôder autour de la cuisine, son pot d'étain à la main, comme une nouvelle recrue qui regrette le thé de « maman ».

Et Sennit, enchanté de cette saillie, se mit à rire. Je l'imitai, sachant bien que Marbre avait adopté cet expédient pour tâcher de parler au cuisinier.

— M. Marbre se met aisément en goguette, répondis-je d'une manière évasive.

— Eh bien ! à le voir, on ne le dirait pas. Il est difficile d'avoir plus complétement la mine d'un vrai loup de mer, capitaine Wallingford — c'était la première fois que Sennit daignait me donner ce titre —, et c'est pour cela qu'il m'a plu dès le premier moment. J'espère que vous me ferez l'honneur de souper avec nous dans la chambre; car, à la fumée qui sort de la cuisine, je vois qu'on ne nous fera pas attendre longtemps.

— Après les explications qui ont eu lieu, j'accepte volontiers, Monsieur. Je présume que mon second pourra m'accompagner, comme le vôtre sera aussi de la partie ?

— Sans doute. Vous voudrez bien permettre que M. Marbre remplace Diggins pendant une demi-heure, pour que le pauvre diable puisse manger un morceau. Ce sera à charge de revanche.

Cette demande fut présentée sur le ton de la plaisanterie, comme si Sennit sentait bien ce qu'elle avait d'insolite. Il était assez étrange, en effet, de prier un homme à qui on venait de prendre son bâtiment, d'aider à conduire ce bâtiment dans le port; mais si c'était une raillerie, elle avait son bon côté, et je fus loin de m'en fâcher.

Neb ne tarda pas à venir annoncer que le souper était servi. Sennit n'avait fait qu'un assez mauvais dîner, à ce qu'il paraissait, et il semblait tout disposé à prendre sa revanche dans cette occasion. Il prit les devants en me disant de le suivre, et témoigna une grande satisfaction de voir que nous allions prendre notre repas ensemble. A strictement parler, les hommes qu'on avait mis sur notre bord n'avaient pas le droit, dans les circonstances où nous nous trouvions placés, de consommer aucune partie des provisions de *l'Aurore*, tant qu'un arrêt en bonne forme n'avait pas légitimé la conduite de lord Harry Dermond. Mais j'avais voulu être généreux ; le cuisinier avait reçu des ordres en conséquence, et le repas qui nous fut servi fut très-convenable. Sennit se mit sur-le-champ à l'œuvre avec ardeur. Quant à moi, sous prétexte de chercher de meilleur sucre que celui qu'on avait mis sur la table, je glissai secrètement à Neb trois bouteilles d'eau-de-vie, en lui disant à l'oreille d'en donner une à l'aide-master, et les deux autres au reste de l'équipage. Cette libéralité pouvait s'expliquer par tant de motifs, tels que le désir de nous concilier leurs bonnes grâces, etc., que je n'avais pas à craindre qu'elle parût suspecte à ceux qui allaient en profiter.

Sennit, Marbre et moi, nous tînmes table pendant une grande heure. Sennit se versait du vin sans scrupule ; mais il ne voulut point accepter d'eau-de-vie. Comme je lui en avais vu prendre deux ou trois verres précédemment, je restai convaincu que sa sobriété actuelle lui était dictée par la prudence, et je sentis la nécessité de redoubler de précautions. Enfin le lieutenant parla du « pauvre diable qui se morfondait sur le pont, » et Marbre fut envoyé pour prendre sa place. Dès que Diggins parut dans la chambre, je reconnus que l'eau-de-vie avait déjà fait son effet, et je tremblai que son supérieur ne s'en aperçût. Mais dans ce moment Sennit caressait trop amoureusement les contours d'une bouteille de madère, pour remarquer si le nouveau venu avait bu quelques coups de trop.

Enfin il en fut de ce mémorable souper comme de toutes les choses de ce monde ; il finit, et nous montâmes tous ensemble sur le pont, laissant à Neb et au cuisinier le soin de faire disparaître les restes. Il faisait nuit alors, quoique les étoiles répandissent leur douce clarté sur la surface onduleuse de la mer. Le vent s'était un peu modéré, et la nuit semblait devoir se passer sans grande fatigue pour l'équipage, Diggins ayant fait serrer quelques bonnettes avant de descendre.

Quand des marins arrivent sur le pont, il est rare que la conversation ne subisse pas une interruption, chacun étant occupé à examiner le temps et la position du bâtiment. Sennit et moi, nous nous séparâmes pour faire nos observations à loisir. Marbre rendit le commandement du pont à Diggins, et se promena seul, tandis que Neb et le cuisinier, occupés à relever la vaisselle, faisaient entendre le cliquetis ordinaire des fourchettes, des couteaux et des assiettes.

— Est-ce que nos hommes ont eu leur souper, monsieur Diggins? demanda le lieutenant.

— Pas encore, Monsieur. Nous n'avons pas de cuisinier à nous, comme vous savez, et ils ont dû attendre.

— Les gens du roi n'attendent personne. Ordonnez à ce moricaud de les servir sur-le-champ. Pendant ce temps, nous nous occuperons de régler les quarts pour la nuit.

Diggins était évidemment de plus en plus sous l'influence de l'eau-de-vie. Il avait trouvé moyen de cacher la bouteille sur sa personne, et il y faisait en cachette de nombreuses visites. Il donna néanmoins les ordres nécessaires; les hommes se réunirent sur le gaillard d'arrière, et ils furent répartis en deux quarts de cinq hommes chacun.

— Il est plus de huit heures, dit Sennit quand cette opération fut terminée. Allez tous manger un morceau en bas. Je n'ai besoin ici que de l'homme qui est au gouvernail. Allons, mes enfants, dépêchons-nous. Ce n'est pas ici un bâtiment que l'on puisse laisser sans vigies. En attendant, les Yankees voudront bien nous donner un coup de main.

— De grand cœur, s'écria Marbre, qui était venu au passavant pour observer ces préparatifs. Allons, Neb, sortez de la cuisine, mon garçon, et redevenez pour un moment matelot de l'avant, pendant que John Bull va prendre son souper. Voyez-vous, il est maussade quand il a l'estomac vide, et il faut que nous le nourrissions bien, pour qu'il soit gentil avec nous.

Ces paroles en firent rire quelques-uns, en firent grommeler d'autres; mais chacun parut disposé à profiter de l'arrangement, et les Anglais descendirent quatre à quatre pour attaquer vivement la marmite. Je m'imaginai que l'intention de Marbre était de fermer brusquement l'écoutille du gaillard d'avant, et de tomber sur les deux officiers et sur l'homme qui était au gouvernail. En laissant un homme de garde près de l'écoutille, nous serions encore en nombre égal, et le succès semblait infaillible. J'étais plus jeune et plus robuste que Sennit, et Marbre eût pelotté Diggins comme un enfant. Quant au matelot, Neb au besoin l'aurait envoyé, d'un revers de main, à moitié chemin de la lune d'artimon. Mais il paraît que mon lieutenant avait un autre projet en tête, et il n'est pas bien certain, après tout, que le premier moyen eût réussi ; car un des Anglais remonta presque aussitôt pour manger sur le pont, comprenant sans doute qu'il pouvait y avoir quelque danger à le laisser ainsi dégarni. Il faisait alors suffisamment sombre pour nos desseins, et je commençais à réfléchir sincèrement à la meilleure marche à suivre, quand l'eau bouillonna tout à coup avec fracas près de moi, et Marbre s'écria qu'un homme venait de tomber par-dessus le bord.

Sennit et moi, nous courûmes au passavant sous le vent, et nous aperçûmes encore le chapeau du pauvre diable, qui semblait nager avec énergie, au moment où *l'Aurore* passait devant lui en soulevant des flots d'écume.

— Tribord la barre ! s'écria Marbre ; tribord la barre ! vite aux bras de misaine, Neb — Vous, cuisinier, halez de ce côté, mon garçon. Capitaine Wallingford, veuillez nous donner un coup de main. — Occupez-vous du canot, monsieur Sennit ; nous nous chargeons des vergues de l'avant.

Tous ces détails avaient été profondément combinés d'avance dans le cerveau de Marbre. Par ce moyen, il sut réunir nos hommes sur le même point et les éloigner du canot. Ces dispositions furent prises si naturellement qu'elles ne pouvaient éveiller aucune défiance. Pour rendre justice à Sennit, je dois reconnaître que, dans cet appel soudain fait à son activité et à son énergie, il se conduisit très-bien. La perte d'un homme était une chose grave à ses yeux, parce que c'étaient deux bras de moins pour le service des manœuvres ; autant valait en sauver un qu'en *presser* un ; il fut le premier à sauter dans l'embarcation. Au moment où le bâtiment perdait son aire, le canot était prêt, et j'entendis Sennit donner l'ordre de le mettre à l'eau. Quant à nous autres Américains, nous avions bien assez à faire de brasser les vergues de l'avant. Aussitôt après, nous mîmes le grand hunier sur le mât, et nous réussîmes ainsi à ralentir la marche du bâtiment.

Je courus alors à la lisse de couronnement pour m'assurer de l'état des choses. Au moment où j'arrivais à l'arrière, Sennit encourageait ses matelots à nager vigoureusement. Je vis qu'il en avait six avec lui, et sans doute les six meilleurs de son équipage, car ce sont toujours les plus hardis et les plus intrépides qui se mettent en avant en pareil cas. Il n'y avait pas de temps à perdre, et je me retournai pour regarder Marbre. Il était à mon côté, car il me cherchait également. Nous nous éloignâmes de l'homme qui tenait le gouvernail, pour n'être pas entendus.

— A présent, c'est votre tour, Miles, me dit Marbre à l'oreille, en me glissant un pistolet dans la main. Cet aide-master dort tout de bout, et nous lui ferons faire ce que nous voudrons. Neb a ses instructions, le cuisinier est prêt à tout. Vous n'avez qu'à dire un mot pour commencer.

— Je ne vois pas la nécessité de verser du sang, répondis-je. Si vous avez l'autre pistolet, ne vous en servez qu'à la dernière extrémité. Nous pouvons en avoir besoin contre le canot.

— Contre le canot! interrompit Marbre. Et que nous importe le canot à présent? Non, non, Miles. — Que ce M. Sennit regagne l'Angleterre, sa chère patrie, si bon lui semble. Vous allez voir ce que je vais faire. — Eh! Diggins! ajouta-t-il, j'aurais besoin d'un palan d'amure; voulez-vous dire à deux ou trois de vos hommes d'aller le chercher?

— Entendez-vous, là-bas? — dit l'aide-master avec une langue épaisse. Descendez vite dans le gaillard d'avant, et apportez le palan à M. Marbre.

Il ne restait à bord que trois Anglais, non compris l'aide-master et le timonnier; de sorte que tous les trois descendirent précipitamment pour exécuter l'ordre qui leur était donné. Marbre ferma tranquillement l'écoutille sur eux, dit au cuisinier de se tenir en vigie sur l'avant, et, se dirigeant vers l'arrière, comme si rien n'était arrivé, il dit avec son calme ordinaire:

— Vous voilà redevenu maître de votre bâtiment, capitaine Wallingford.

— Monsieur Diggins, dis-je en m'approchant de l'aide-master, comme ce bâtiment m'appartient, je vais en prendre le commandement, si vous voulez bien. Vous feriez mieux de descendre en bas, et d'y prendre vos aises. Vous y trouverez d'excellente eau-de-vie, et vous pouvez passer une soirée agréable, et vous coucher ensuite quand vous le voudrez.

Diggins, malgré tous ses défauts, n'était pas dépourvu d'une certaine énergie. Il voulut d'abord faire le mutin, et cria à ses gens de venir à son secours; mais je mis fin à ces simagrées en le saisissant par le collet et en lui faisant descendre l'échelle de l'arrière un peu plus vite qu'il ne l'aurait désiré. Une demi-heure après il était ivre-mort, et ronflait sur le plancher de la chambre.

Il ne restait à s'occuper que du timonnier; c'était un véritable matelot, et un de ces hommes rangés et tranquilles qui se soumettent ordinairement au pouvoir de fait.

— Vous voyez ce qui en est, mon garçon, dis-je en l'abordant; le bâtiment a changé une seconde fois de maître. Quant à vous, votre conduite décidera de votre sort; restez au gouvernail, et vous aurez du grog à discrétion; mais si vous faites la mauvaise tête, vous serez garrotté avant que vous ayez eu le temps de vous reconnaître.

— Bien, bien, Monsieur! répondit le matelot en portant la main à son chapeau, sans se déranger.

— A présent, monsieur Marbre, continuai-je, il est temps d'avoir l'œil sur le canot, qui trouvera bientôt le noyé, ou renoncera à le sauver. Je conviens que j'aurais voulu pouvoir recouvrer le bâtiment sans que ce pauvre diable eût été jeté par-dessus le bord.

— Par-dessus le bord! s'écria Marbre en riant; savez-vous bien que, s'il l'avait fallu, et que la chose eût dépendu de moi, j'aurais jeté en pareil cas toute l'Angleterre à la mer? mais il n'y a pas eu besoin de tant de cérémonie. Savez-vous bien ce qu'ils sont à chercher là à tâtons? tout bonnement une défense de chaloupe ayant un bout de corde frappé d'un côté, et de l'autre un morceau de prélart. M. Sennit n'a pas besoin de se dépêcher, car je réponds que son « matelot noyé » flottera aussi longtemps que son canot.

Le stratagème de Marbre m'était alors expliqué, et j'avoue que je me sentis soulagé d'un grand poids. A part le plaisir que j'éprouvais à songer que la vie d'aucun homme n'avait dû être sacrifiée, je me disais que, si nous venions à tomber de nouveau au pouvoir des Anglais, ce qui n'était nullement invraisemblable dans la situation où nous étions placés, cette circonstance pouvait être très-importante pour nous. Mais il fallut couper court aux réflexions : j'avais à m'occuper du canot et du bâtiment.

La première mesure fut de carguer les voiles de perroquet; *l'Aurore* serait ainsi plus facile à manœuvrer, ce qui était essentiel avec aussi peu de bras que nous en avions à notre disposition, et nous aurions moins de dangers à courir pour la mâture en tenant le plus près. Ensuite je donnai ordre de brasser le plus près possible; il était temps, car les avirons se faisaient entendre, et j'entrevis le canot qui venait se ranger sous notre hanche du vent. Je dis aussitôt de mettre le vent dans les voiles de l'arrière, et de gouverner près et plein. Les bras furent maintenus le mieux possible par Marbre, Neb et le cuisinier, pendant que j'avais l'œil fixé sur le canot, tout en jetant de temps en temps un regard sur le timonnier.

— Oh! du canot! criai-je dès que le lieutenant fut assez près pour entendre.

— Eh bien! oh! du canot? Se moque-t-on de nous? murmura Sennit. Le dos de certaine personne paiera cher ce tour. Le matelot tombé par-dessus bord n'est qu'une maudite poupée faite d'un tronçon de câble, surmonté d'un morceau de prélart. Je soupçonne votre second de cette mauvaise plaisanterie, monsieur Wallingford.

— Il ne s'en défend pas, Monsieur, et s'il se l'est permise, c'était pour reprendre notre bien, et nous remettre en possession de notre bâtiment. *L'Aurore* est de nouveau sous mon commandement, et avant que je vous permette de revenir à bord, il est bon que nous ayons ensemble une petite explication.

Deux ou trois jurons expressifs, que lâcha le lieutenant, me convainquirent que jusque-là il n'avait pas eu le plus léger soupçon de la vérité. Le canot était alors sous notre poupe, où il avait été amené pour qu'on pût le hisser à bord, pendant que les hommes monteraient à l'aide des palans. Je m'en inquiétais peu, car il m'était facile, en me tenant sur la lisse de couronnement, d'assommer le premier qui tenterait de nous aborder de cette façon. Cependant, pour plus de sûreté, je dis à Neb de prendre la barre, et Marbre emmena le matelot anglais sur l'avant pour aider à haler les boulines et à orienter les voiles. Comme le bâtiment commençait à prendre de l'aire, je jetai à Sennit le bout d'une drisse de bonnette basse, et je criai au matelot de l'avant de lâcher le palan qu'il avait déjà saisi, et de filer au canot une bonne longueur de remorque. Comme Neb avait reçu l'ordre de gouverner au plus près, notre bâtiment prenant de la vitesse, le canot que nous remorquions fut bientôt à une distance suffisante de *l'Aurore* pour que, des deux côtés, il n'y eût rien à craindre.

— Vous ne songez pas à nous abandonner ici, sur l'Atlantique, à cinq cents milles de la terre, monsieur Wallingford? cria Sennit dès qu'il eut pris le temps de rassembler ses idées.

— Cela dépend de la manière dont vous vous conduirez, Monsieur. Je ne vous en veux pas, monsieur Sennit, mais je veux mon bâtiment. La nuit s'annonce bien : le vent se modère, et le canot ne courra pas le moindre danger ; nous vous remorquerons, nous vous jetterons une voile de rechange pour vous abriter, et vous aurez la consolation de penser que nous veillerons pour vous, pendant que vous pourrez dormir tout à votre aise.

— Oui, oui, je comprends à présent ; c'est une consolation à l'usage de Job. Quoi qu'il en soit, comme je vois bien que tous les raisonnements du monde n'y feraient rien, nous n'avons rien de mieux à faire que de nous soumettre. Donnez-nous en outre de l'eau et quelques provisions, et, pour l'amour de Dieu, ne nous abandonnez pas à la dérive, sur ce canot, à une pareille distance de la terre.

Je promis à Sennit d'avoir soin de lui, et je lui fis passer la voile avec un sac de biscuit, du bœuf, du porc et un baril d'eau fraîche. Je pris toutes ces précautions avec d'autant plus d'empressement que nous pouvions être obligés d'abandonner le canot, et qu'il fallait au moins laisser à l'équipage le moyen de se sauver. Je dois rendre à Marbre cette justice, qu'il montra beaucoup d'activité à diriger ces arrangements, bien que s'il eût fallu, pour reprendre notre bâtiment, couper le cou à tout l'équipage, il n'eût pas hésité un instant, et il eût coulé bas la Grande-Bretagne tout entière, s'il n'y avait pas eu d'autre moyen d'arriver au même résultat. Je fus plus humain, et j'éprouvai une douce satisfaction en me revoyant en possession de *l'Aurore*, après un interrègne de moins de dix heures, sans avoir dû verser une seule goutte de sang.

Dès que toutes ces dispositions furent prises, nous laissâmes le canot rester de l'arrière de presque toute la longueur des drisses de bonnettes ; nous le remorquerions à cette distance avec beaucoup plus de sûreté pour lui comme pour nous : pour lui, parce qu'il courrait moins de danger d'être entraîné sous notre bâtiment ; pour nous, parce qu'ainsi nous n'aurions pas à craindre qu'il prît envie aux Anglais de répondre à notre courtoisie en nous surprenant à notre tour ; à une pareille distance, nous aurions toujours le temps de nous mettre sur nos gardes et de repousser toute tentative d'abordage.

# CHAPITRE XV.

> Le Capitaine. — Quant à ceux dont nous avons fixé la rançon, nous ordonnons que l'un d'eux soit délivré. Ainsi donc que celui-ci parte, et vous, venez avec nous.
> *Le roi Henri VI.* 2<sup>me</sup> partie.

A présent que *l'Aurore* était replacée sous mon commandement, il n'était pas facile de décider ce qu'il fallait en faire. Nous étions précisément à l'entrée des parages occupés par les croiseurs anglais, et c'eût été une folie d'espérer passer au milieu d'eux sans être aperçu. Il est vrai que nous pouvions rencontrer vingt vaisseaux de guerre anglais avant de trouver un autre *Rapide* pour nous saisir et nous diriger sur Plymouth, si tout avait été dans l'ordre et dans l'état ordinaire ; mais aucun croiseur ne pourrait nous aborder sans demander pourquoi un si grand bâtiment était manœuvré par un si faible équipage. C'était le sujet de la délibération qui s'était établie entre Marbre, qui tenait le gouvernail, et moi. Le cuisinier était en vigie sur le gaillard d'avant ; l'Anglais s'était couché, par mon ordre, au pied du grand mât, de manière à être bien en vue ; et Neb, toujours prêt à dormir quand il n'était pas de service, faisait un somme sur la drome.

— Nous avons repris le bâtiment, Moïse, dis-je en commençant ; la question qui se présente actuellement est celle-ci : que faut-il faire ?

— Le conduire à sa destination, capitaine ; cela va sans dire.

— Oui, cela va sans dire, si la chose est possible ; mais, sans parler de la difficulté qu'il y a pour quatre hommes de manœuvrer un bâtiment de cinq cents tonneaux, la mer, qui est devant nous, est couverte de croiseurs anglais.

— Quant aux quatre hommes, vous pouvez largement les compter pour huit. Oui, je réponds que nous ferons plus de besogne que huit de ces vauriens qu'on ramasse aujourd'hui sur les côtes. Les hommes d'aujourd'hui ne sont que des enfants auprès de ceux qu'on rencontrait quand j'étais jeune, Miles.

— Mais, à votre compte, Neb, le cuisinier et moi, nous ne devons compter que pour trois ; car nous ne sommes pas du temps passé, mais bien d'aujourd'hui. Je sais que nous pouvons faire quelque chose, pourvu qu'il ne survienne pas de bourrasque ; car, alors, à peine serions-nous capables de serrer la voile de perroquet, en laissant un homme au gouvernail et un autre pour laisser tomber les agrès. Non, non, Moïse, en envisageant les choses au mieux, nous sommes à court de bras.

— Oh! si vous vous mettez à généraliser ainsi, Miles, il faudra bien que je me range de votre avis, mon cher garçon ; mais nous pouvons remonter la Manche, et il y a dix à parier contre un que nous rencontrerons quelque navire yankee qui nous prêtera quelques matelots.

— Dites plutôt qu'il y a vingt à parier contre un que nous rencontrerons les vaisseaux du roi George, qui se feront montrer notre rôle d'équipage, et qui voudront savoir ce que le reste de nos hommes sont devenus.

— Eh bien! nous leur dirons qu'ils ont été pressés ; ce sont des tours qui leur sont trop familiers pour qu'ils ne trouvent pas la réponse très-raisonnable.

— Il n'est pas un officier qui eût laissé un bâtiment de cette dimension avec quatre hommes seulement pour en prendre soin, quand il n'aurait trouvé à bord que des déserteurs qu'il eût pu réclamer. En pareil cas, il eût du moins envoyé un détachement de ses propres hommes pour conduire le navire dans un port. Non, non, Moïse ; il faut nous tenir à bonne distance des Anglais, ou ils nous conduiront encore à Plymouth.

— Bien obligé! je connais la cage, vu que j'y suis resté prisonnier pendant la révolution, et je n'ai nulle envie d'y retourner. Pourquoi ne pas nous diriger vers le nord, Miles? Il doit y avoir peu de croiseurs dans cette direction.

— La route est trop longue, le temps devient trop brumeux, et la côte est trop dangereuse pour nous, Moïse. Nous n'avons à choisir qu'entre deux partis : ou tourner le cap à l'ouest, et tâcher de regagner l'Amérique, en nous fiant à notre étoile pour rencontrer quelque navire des États-Unis qui vienne à notre secours ; ou bien, gouverner à l'est, et chercher quelque port français, Bordeaux, par exemple, où nous puissions ou vendre notre cargaison, ou recruter quelques matelots et gagner notre lieu de destination.

— Ma foi, tentons le dernier moyen, à tout prix ; avec ce vent-là, nous pourrons être en vue de la terre dans deux ou trois jours, et alors nous moquer de tous les croiseurs du monde. L'idée me sourit, et je suis pour la mettre à exécution. Bordeaux regorge toujours d'Américains ; nous n'aurons qu'à frapper du pied sur le quai, et il en sortira une foule de matelots entre lesquels nous n'aurons qu'à choisir.

Après nous être concertés encore quelque temps ensemble, nous nous arrêtâmes à ce plan et nous nous mîmes sur-le-champ à l'ouvrage. La manœuvre n'avait rien de difficile, et dès qu'elle fut exécutée et que nous eûmes le cap à l'est, j'envoyai le matelot anglais tenir compagnie à Diggins dans la chambre, et nous établîmes des quarts réguliers de deux hommes chacun, se relayant de quatre heures en quatre heures, suivant l'usage. Marbre était dans l'un et moi dans l'autre, comme de raison.

Je dois avouer que je dormis peu cette nuit-là. Deux ou trois fois Sennit essaya de se ranger contre notre arrière, sans aucun doute dans le but de nous surprendre ; mais, chaque fois, il s'éloignait aussitôt de toute la longueur de la remorque, en apercevant la tête de Marbre, ou la mienne, s'élevant au-dessus de la lisse de couronnement. Au point du jour, je fus appelé, et j'examinai l'horizon dans tous les sens, à mesure qu'il s'éclairait et s'élargissait autour de nous. Le point essentiel pour nous était de reconnaître, autant que possible, quels bâtiments pouvaient se trouver à proximité.

Une seule voile était visible ; ce paraissait être un bâtiment assez considérable, courant au plus près, et gouvernant au sud est. Sans nous écarter de notre direction, ou du moins en inclinant très-peu au sud, il nous serait facile de lui parler. Comme il était évident que ce n'était pas un vaisseau de guerre, mon parti fut pris à l'instant ; je le communiquai à Marbre, qui l'approuva sans restriction.

D'abord j'ordonnai à Sennit, qui était éveillé, comme il l'avait été, je crois, pendant toute la nuit, de se haler de l'avant jusqu'à notre bâtiment et de s'emparer d'un des palans du canot. Il obéit d'assez bonne grâce, ne doutant pas sans doute que j'allais le recevoir à bord par suite d'un traité. J'étais aux aguets pour prévenir toute attaque, car un seul homme suffit pour en tenir en respect une douzaine, qui n'ont d'autre moyen d'approcher qu'en montant le long d'un cordage main sur main. Pendant ce temps, Marbre descendait dans la chambre pour voir où en étaient les deux personnages, qui n'avaient fait que ronfler toute la nuit; un instant après, mon lieutenant reparut, traînant après lui le matelot, qui dormait encore debout. Cet homme reçut l'ordre d'empoigner le palan et de se laisser glisser, par les garants, dans le canot; comme il n'y avait point à répliquer, et qu'il était beaucoup plus facile de descendre que de monter, cet exploit fut bientôt accompli, et nous nous trouvâmes délivrés d'un de nos ennemis. Sennit voulut alors essayer des remontrances et me faire envisager le danger que courait l'embarcation d'être submergée, notre bâtiment fendant les ondes à raison de cinq ou six nœuds; mais je savais que les Anglais étaient trop adroits pour se laisser noyer sans nécessité, et qu'ils lâcheraient le palan au moment où ils courraient risque de passer sous notre quille ; il y avait dans cette position de quoi agacer des nerfs un peu susceptibles, j'en conviens ; mais ils réussirent merveilleusement à se tirer d'affaire.

Nous eûmes plus de peine avec Diggins; le malheureux s'était soûlé si complétement qu'il savait à peine ce dont il s'agissait quand Marbre le secoua pour le réveiller, et il fallut le traîner plutôt que le conduire à la lisse de couronnement; enfin il y arriva, et bientôt il fut suspendu au palan; mais il était tellement abasourdi, tellement hébété, qu'il lâcha prise, et tomba dans la mer. Ce plongeon lui fit du bien, j'en suis sûr; un de ses camarades le saisit par le collet, et parvint à le hisser à bord du canot.

Sennit profita de cet accident pour renouveler ses instances, et supplier qu'on ne chargeât pas davantage l'embarcation.

— Pour l'amour de Dieu, capitaine Wallingford, restons-en là, je vous prie, dit-il du ton le plus aimable et le plus touchant. Vous voyez ce qui en est : nous avons toutes les peines du monde à empêcher le canot de couler bas avec tant d'hommes à bord, et plus de douze fois cette nuit j'ai cru que le bâtiment nous entraînait sous sa quille. Il n'y a rien de plus facile pour vous que de vous assurer de nos personnes, en nous laissant venir à bord un à la fois.

— Je n'ai nulle envie de vous mettre aux fers, monsieur Sennit, et il n'est point nécessaire d'en venir à cette extrémité. Mais tenez bien le palan ; car je vous avertis que nous lâchons tout, et que je vous abandonne à votre sort si vous n'obéissez pas.

Cette menace produisit l'effet désiré. Le reste des matelots furent tirés un à un du gaillard d'avant et envoyés dans le canot. Du biscuit, de la viande cuite, du rhum et de l'eau furent fournis aux Anglais; et, en cas d'accident, je leur remis une boussole et le quart de cercle de Sennit. Ce dernier instrument lui fut passé sur sa demande même; car il semblait soupçonner que nous avions le projet de le laisser aller à la dérive au premier moment favorable, ce qui était assez vrai.

Quoique l'embarcation eût alors douze hommes à bord, elle ne courait aucun danger; car c'était une yole fortement construite, à trois rangs de rames, qui aurait pu contenir vingt hommes au besoin. En même temps le temps promettait d'être favorable; la brise était juste ce qu'il faut pour un bâtiment qui porte près et plein. La seule chose qui me tourmentât un peu, c'était la pensée que les vents du sud-ouest amènent souvent des brouillards, et que le canot pouvait se perdre. Mais qu'y faire? Il fallait bien courir quelques risques, et je poursuivis l'exécution de mon plan sans hésiter.

Aussitôt que tous les Anglais furent dans le canot, pourvus des objets les plus nécessaires, nous fûmes plus libres dans nos mouvements, et nous pûmes nous occuper du bâtiment. L'homme placé au gouvernail pouvait avoir l'œil sur l'ennemi, *l'Aurore* gouvernant comme un bateau de pilote. Neb fut envoyé en haut pour accomplir certaines opérations nécessaires. Les perroquets étant déferlés, les cargues-points furent roidis, et les voiles établies. Je le fis plutôt pour que le vaisseau anglais ne pût concevoir de mauvais soupçons sur notre compte, en voyant un bâtiment courir vent arrière avec si peu de toile, que dans le désir de gagner de l'avant, puisque nous allions déjà assez vite pour être à peu près certains de dépasser le vaisseau, à moins que je ne préférasse changer de direction pour le rejoindre.

Diogène Billings, le cuisinier, eut alors un peu de loisir pour nous servir un déjeuner chaud. Si M. Sennit vivait encore, je pense qu'il me rendrait la justice de dire qu'il ne fut pas oublié. Nous lui envoyâmes de bon café chaud, bien sucré, pour lui et pour son équipage, ainsi qu'une large part du reste de notre repas. Nous lui fîmes passer aussi les voiles régulières du canot, qui était gréé pour porter deux civadières.

Le navire étranger était alors à deux lieues de nous, et il devenait nécessaire d'agir. J'envoyai Marbre en haut pour examiner l'horizon, et il me fit rapport qu'il n'y avait point d'autre voile en vue. C'était d'un heureux présage. Je me rendis à la lisse de couronnement, et hélant le canot, je dis à Sennit de s'approcher assez pour que nous puissions causer facilement. Il obéit.

— Monsieur Sennit, lui dis-je, il faut que nous nous séparions ici. Le bâtiment en vue est anglais, et il vous recueillera. J'ai l'intention de lui parler, et j'aurai soin qu'il sache où vous êtes. En portant à l'est, vous ne pouvez manquer de le rencontrer.

— De grâce, capitaine Wallingford, s'écria Sennit, réfléchissez un peu avant de nous abandonner ici à plus de mille milles de la terre.

— Vous n'êtes qu'à trois cent vingt-six milles des îles Scilly, et guère plus loin du cap Land's-End, monsieur Sennit, et vous avez le vent le plus favorable. Mais au surplus soyez tranquille, vos compatriotes sont là pour vous conduire au port.

— Oui, à quelqu'une des îles des Indes occidentales ; car si ce bâtiment est anglais, c'est de ce côté qu'il se dirige sans doute. Il nous conduira tout d'une traite à la Jamaïque.

— Eh bien ! vous pourrez du moins revenir tout à votre aise. Rappelez-vous que vous vouliez aussi m'écarter de ma route, ou tout au moins me faire perdre autant de temps. Je n'ai pas plus de goût pour Plymouth que vous n'en paraissez avoir pour la Jamaïque.

— Mais si c'était un navire français ? Maintenant que je l'examine avec attention, il m'en a tout l'air.

— S'il est français, il vous traitera à merveille. Ce sera échanger du bœuf contre de la soupe maigre pendant une semaine ou deux. Ces Français mangent et boivent tout aussi bien que les Anglais.

— Mais, capitaine Wallingford, leurs prisons ? Ce diable de Bonaparte ne consent à aucun échange, et si je mets le pied en France, je suis un homme ruiné !

— Et qu'aurais-je été, s'il vous plaît, si j'avais mis le pied à Plymouth ?

— Songez que nous sommes du même sang après tout, — peuples de la même origine, — tout aussi compatriotes que les habitants des comtés de Kent et de Suffolk. C'est le vieux sang saxon des deux côtés.

— Bien obligé, Monsieur. Je ne contesterai pas la parenté, puisque c'est votre bon plaisir de vous en prévaloir. Je m'étonne toutefois que vous ayez été assez mauvais parent pour ne pas laisser passer le bâtiment d'un cousin sans l'arrêter.

— Que voulez-vous, mon cher Wallingford? Lord Harry est un noble ; c'est mon commandant. Qu'est-ce qu'un pauvre diable de lieutenant, dont le brevet n'a pas un an de date, pouvait faire contre de pareilles autorités? Non, non, il doit y avoir plus de bonne intelligence et de camaraderie entre deux garçons, comme vous et moi, qui avons notre chemin à faire dans le monde.

— Parbleu! vous me rappelez à propos qu'en effet j'ai du chemin à faire. Adieu, monsieur Sennit, au revoir! — Coupez, Moïse!

Marbre donna un coup de hache sur la remorque, et *l'Aurore* s'élança en avant, laissant le canot à vingt brasses en arrière. Je ne pouvais plus entendre ce que disait M. Sennit; mais, à l'énergie de ses gestes, je suis sûr qu'il ne m'appliquait pas les épithètes les plus douces. En moins de dix minutes le canot nous restait de l'arrière de plus d'un mille. D'abord Sennit parut disposé à ne rien faire; il restait immobile sur l'eau dans une inaction complète; mais bientôt il se ravisa; il établit ses deux mâts, et, en moins de vingt minutes, ses voiles étaient déployées, et il faisait tous ses efforts pour se mettre dans les eaux du navire inconnu.

Mon intention avait été d'abord, comme je l'avais dit à Sennit, de parler à ce navire; mais voyant que le canot ne pouvait guère manquer de le rejoindre, je changeai de projet, et je gouvernai de manière à croiser sa route en avant, à environ un demi-mille de distance. J'arborai le pavillon yankee, et il me montra celui d'Angleterre. S'il eût été français, je ne m'en serais pas inquiété davantage; car que m'importaient que ceux qui m'avaient capturé fussent prisonniers de guerre? Ils avaient voulu chercher leur intérêt à mes dépens, et je n'étais pas fâché de leur rendre la pareille.

Nous fîmes alors nos dispositions pour établir des bonnettes, quoiqu'il me semblât que le bâtiment anglais montrait le désir de me parler. Je savais qu'il devait être armé, et je n'avais nulle envie d'acquiescer à sa demande, attendu qu'il pourrait bien lui prendre fantaisie de faire quelques questions au sujet du canot, qu'il ne pouvait tarder à voir. Une fois que je l'aurais dépassé, je ne le craignais pas, et, dans une chasse, j'étais certain que *l'Aurore* conserverait toujours l'avantage.

Le navire anglais aperçut l'embarcation quand nous restions à environ un mille par son travers sous le vent, ayant des bonnettes basses et de huniers, et gouvernant en plein est, à raison de huit brasses. Ce qui nous l'apprit, c'est qu'il arbora le pavillon yacht au mât de misaine. De ce moment, je n'eus plus aucune inquiétude sur le compte de Sennit et de ses campagnons. Vingt minutes après, nous vîmes le navire coiffer son grand hunier, et, à l'aide des longues-vues, nous distinguâmes clairement le canot qui l'élongeait. Après quelque délai, la yole fut hissée à bord, et le bâtiment éventa son hunier. J'avais quelque curiosité de savoir ce qui se passerait ensuite. Sans doute Sennit engagea le capitaine à nous donner la chasse ; car dès que le navire prit de l'aire, il porta sur nous, toutes voiles dehors. Nous eûmes tout lieu de nous féliciter d'avoir employé nos moments de loisir à faire nous-mêmes de la voile ; car ayant une bonnette basse et deux bonnettes de hunier au moment où la chasse commença, je n'avais pas grande crainte d'être rejoint. Pour plus de sûreté, néanmoins, nous établîmes nos perroquets.

Quand le bâtiment anglais porta sur nous, nous pouvions avoir deux lieues d'avance. Loin de perdre de cette distance, quoiqu'il portât des bonnettes de cacatois, nous l'étendîmes graduellement à trois lieues ; et alors, désespérant de nous rejoindre, le capitaine cargua ses voiles légères, et brassa de nouveau au vent, tournant le dos aux côtes d'Angleterre. J'appris plus tard que Sennit et ses compagnons avaient été débarqués aux Barbades, après une jolie traversée qui n'avait duré que vingt-six jours. Je ne fais aucun doute qu'ils mirent beaucoup plus de temps à revenir. Ce qui est certain, c'est que, six mois après, aucun d'eux n'avait encore reparu en Angleterre.

Nous étions enfin les maîtres du bâtiment, quoique avec un équipage très-diminué. Le jour était le temps convenable pour dormir. On se relaya au gouvernail, et ceux qui n'étaient pas de service consacrèrent au sommeil tout le temps que les repas laissaient de libre. Mais à six heures du soir tout le monde était sur le pont : il fallait faire nos dispositions pour la nuit.

Le vent était alors constant et favorable ; aucun bâtiment n'était en vue, et tout annonçait une nuit tranquille. Nous avions fait cent milles dans la journée, et je calculais que la distance jusqu'à Brest, devait être de moins de quatre cents milles. En me rapprochant de la terre, je pourrais choisir entre tous les ports de France, de Cherbourg à Bayonne.

— Eh bien ! Moïse, dis-je à mon vieux camarade quand nous eûmes fini nos observations, tout s'annonce assez bien. Tant que le vent reste où il est, nous n'avons pas à nous plaindre. Si nous parvenons à gagner un port sans encombre, je ne regretterai pas le retard que nous avons éprouvé ; l'honneur que nous avons acquis compense largement quelques pertes d'argent ou quelques avaries. Pour ce qui est de M. Sennit, il doit être à soixante ou à quatre-vingts milles d'ici au sud-ouest, et nous pouvons lui dire : Bon voyage

— S'il allait rencontrer *le Rapide*, et raconter ce qui est arrivé, Miles ? C'est une chance que je rumine, et qui me chiffonne malgré moi. Le bâtiment anglais cinglait droit vers le parage où la frégate est en croisière. Il ne faut pas encore nous presser de chanter victoire.

— Ce risque est si éloigné, que je ne m'en préoccuperai guère. J'ai l'intention de forcer de voiles pour gagner la terre, et ensuite de profiter du premier vent favorable pour me diriger vers un port quelconque. Si vous avez un meilleur avis à ouvrir, je vous engage à vous expliquer.

Marbre m'approuva, quoiqu'il fût évident qu'il ne pût se défendre d'une certaine appréhension. Le lendemain matin, aucun changement n'était survenu, la mer était libre ; et, trois jours après la reprise de *l'Aurore*, nous avions si bien marché que nous n'étions plus qu'à cent quatre milles au sud-est d'Ouessant. Cependant le vent avait changé, et il était sauté au nord-est. Nous nous mîmes tous à l'ouvrage pour rentrer les bonnettes, et pour brasser au plus près ; opération qui employa bien deux heures. Nous étions si occupés que nous n'avions guère le temps de regarder autour de nous, et ma surprise fut grande quand le cuisinier s'écria : Oh ! une voile, J'étais occupé à orienter convenablement la grande vergue, et levant les yeux je vis un lougre qui s'avançait vers nous, et qui n'était plus qu'à une bonne portée de canon. Je sus ensuite que, nous voyant approcher, le lougre était resté immobile, comme un serpent sous l'herbe, à sec de voiles, et qu'il n'avait commencé la chasse que lorsqu'il nous avait jugés assez près. Il ne me fallut qu'un coup d'œil pour reconnaître plusieurs faits importants. D'abord le lougre était français, il ne pouvait y avoir le plus léger doute à cet égard ; en second lieu, c'était un croiseur ; enfin, dans les circonstances actuelles, il était impossible de lui échapper. Mais pourquoi aurions-nous cherché à éviter ce bâtiment ? Les deux pays étaient en paix : nous venions d'acheter la Louisiane à la France, nous l'avions payée quinze millions de dollars, ce qui non-seulement nous assurait la possession du pays, mais empêchait qu'il ne devînt la proie de John Bull ; on disait que nous étions redevenus les meilleurs amis du monde. Et puis il n'y avait qu'un jour ou deux que *l'Aurore* s'était tirée des griffes des Anglais ; sans aucun doute le lougre nous donnerait toute l'assistance dont nous pourrions avoir besoin.

— Je parierais mille dollars qu'il est français, Moïse ! m'écriai-je en abaissant ma longue-vue dès que j'eus pu l'examiner avec attention ; en laissant porter de deux quarts, nous ne pouvons manquer de lui parler dans un quart d'heure.

— Français tant que vous voudrez, répondit Marbre ; je ne m'y fierais pas davantage, et je voudrais n'avoir rien à démêler avec toute cette engeance-là. Nous vivons dans un temps de démoralisation, Miles, et la mer n'est couverte que de Van Tassels qui nous grugeront et nous traiteront comme ils ont traité ma pauvre chère âme de mère, et la petite Kitty, les misérables !

— Allons, Moïse ! du sang-froid. Nous n'avons rien de semblable à craindre aujourd'hui. Ce sont des Français, vous dis-je ; notre destination est un port de France ; ils n'hésiteront pas à nous prêter une demi-douzaine de matelots pour nous aider à continuer notre voyage.

— Oui, et à nous prendre la moitié de la cargaison pour droit de sauvetage ! Je connais ces forbans, et vous devriez les connaître aussi, Miles, car il n'y a pas plus de deux ou trois ans que vous avez été leur prisonnier. Hein ? comme c'était amusant !

— Je vous le répète, Moïse, les temps sont changés. Ayez confiance. Laissez porter, Neb — c'est ça — gouvernez sur le mât de misaine du lougre — bien !

Par suite de ces commandements, les deux bâtiments se trouvèrent bientôt bord à bord. En approchant du lougre, nous reconnûmes que c'était un bâtiment solidement construit, et bon voilier, de seize canons, et qui semblait avoir un nombreux équipage. Dès qu'il fut à un demi-mille de distance, il arbora le pavillon tricolore, certain, s'il y avait une prise à faire, que sa proie ne pouvait lui échapper. Nous lui montrâmes le nôtre en retour, nous imaginant qu'il nous traiterait en amis.

— Quel est ce bâtiment ? demanda un officier en assez mauvais anglais, dès qu'il fut à portée de la voix.

— *L'Aurore*, de New-York. — Et puis-je demander le nom de votre lougre?

— *Le Polisson*, corsaire français. — Quel est votre chargement?

— Du sucre, du café, avec de la cochenille et quelques autres articles.

— Peste! — Où allez-vous, Monsieur, s'il vous plaît?

— A Hambourg.

— Diable! Vous n'en prenez guère le chemin. Comment vous trouvez-vous donc ici, Monsieur, avec le vent au sud-ouest?

— Nous allons à Brest, pour y chercher du secours.

— Du secours? Eh! vous n'avez qu'à parler; qui peut vous en offrir mieux que nous?

Je fus alors invité, en style de corsaire, à mettre un canot en mer, et à me rendre à bord du lougre avec mes papiers. Quand je répondis que je n'avais point de canot, le capitaine français manifesta quelque surprise, mais il envoya sa yole pour me chercher. Le capitaine me reçut en personne, et je vis, du premier coup d'œil, que j'avais affaire à des hommes qui battaient les mers pour chercher de l'or, tout en ayant toujours la crainte de tomber entre les mains des Anglais. Je ne fus pas invité à descendre dans la chambre, trou sale et obscur; car, à cette époque, rien de plus mal tenu qu'un bâtiment français; mais on me fit asseoir sur une cage à poules, et on me dit de montrer mes papiers.

Comme tout était en règle, le rôle d'équipage, l'état de la cargaison, les acquits, etc., je vis que M. Gallois n'était pas de très-bonne humeur. Il avait auprès de lui, pour l'aider dans son examen, un homme que je pris pour un déserteur anglais, sans que je pusse en être bien certain, vu le soin qu'il prit de ne jamais parler en ma présence. Après la vérification la plus minutieuse, sans avoir pu découvrir la moindre irrégularité dans mes papiers, ils eurent ensemble une longue conférence secrète. Alors M. Gallois s'approcha de moi et reprit l'entretien.

— Vous n'avez point de canot, Monsieur? me demanda-t-il.

— Non, Monsieur, je l'ai perdu, il y a trois jours, à une centaine de lieues au sud-ouest.

— Et vos marins? est-ce que vous les avez perdus aussi, pour en avoir si peu?

Je vis que je ferais mieux de dire tout de suite toute la vérité; car, si je devais obtenir quelque secours de ce lougre, tôt ou tard les faits viendraient à être connus. Je fis donc au capitaine français et à son compagnon à la mine anglaise le récit détaillé de tout ce qui s'était passé entre nous et *le Rapide*. Quand j'eus fini, il y eut une nouvelle conférence entre M. Gallois et son ami. Alors la yole fut de nouveau préparée, et le capitaine du lougre, accompagné de son conseiller intime, se rendit avec moi à bord de *l'Aurore*. A peine arrivés, il ne leur fut pas difficile de se convaincre de la vérité de mon histoire.

J'avoue que j'espérais recevoir quelques éloges de la part du capitaine, pour la manière dont j'avais su retirer mon bâtiment des mains des Philistins. Il n'en fut rien. Un *bon!* expressif s'échappa, il est vrai, une ou deux fois de ses lèvres, mais il était évident qu'il cherchait bien plutôt un prétexte pour nous capturer lui-même, que des raisons pour nous féliciter de notre conduite. L'affaire fut examinée à fond sous toutes ses faces, et les deux amis tinrent à l'écart un nouveau conciliabule.

— Monsieur, me dit enfin M. Gallois, j'en éprouve un profond regret, mais votre bâtiment est de *bonne prise*[1]. Vous avez été *prisonnier* des Anglais, les ennemis de la France, et vous ne sauriez vous prendre vous-même. L'Amérique n'est pas en guerre, elle est neutre, comme vous dites très-bien, et les Américains ne peuvent point faire de prise. Je considère votre bâtiment, Monsieur, comme entre les mains des Anglais, et je m'en empare. *Mes regrets sont vifs, mais que voulez-vous?* un corsaire doit faire son devoir, tout aussi bien qu'un vaisseau *national*. Je vous enverrai à Brest, et si vous n'y êtes pas vendu *par un décret*, je serai trop heureux de vous rendre votre bâtiment. — *Allons!*

N'était-ce pas là un dénouement de l'affaire merveilleusement trouvé? Les Anglais m'avaient pris, donc les Français devaient me prendre! Que répondre à un pareil raisonnement? Ce fut le commencement de cette longue série d'iniquités dont le commerce américain eut tant à souffrir, en vertu de ce même principe, auquel on donna seulement un peu plus d'extension, et qui fut appliqué avec rigueur, iniquités qui se terminèrent enfin par le blocus de toutes les mers, sur le papier.

---

1. Les mots en italique sont en français dans l'auteur anglais. (*Note du Traducteur.*)

Je savais que toute remontrance serait inutile avec un corsaire rapace. — Qu'il m'envoie toujours en France, pensai-je en moi-même ; c'est justement où je voulais aller. Une fois là, le ministre peut déclarer la prise illégale, et alors ce sera mon corsaire qui sera dupe de sa courtoisie.

Je présume que M. Gallois envisageait les choses sous un tout autre aspect ; car il montra le plus grand empressement à faire passer sur notre bord dix-sept hommes d'équipage, grands et petits. J'assistai en silence à cette opération, ainsi que Neb et Diogène. Quant à Marbre, il alluma un cigarre, et s'assit sur le guindeau, tout prêt à faire explosion à la première occasion qui pourrait se présenter ; mais se contenant néanmoins, dans la crainte d'être renvoyé du bâtiment, s'il laissait percer la moitié de ce qu'il éprouvait. Quoi qu'il en soit, nous restâmes tous les quatre à bord, les Français ne se souciant pas sans doute de recevoir des passagers, lorsqu'ils avaient à peine assez de place pour eux-mêmes.

## CHAPITRE XVI.

> Vous êtes en sûreté, que dis-je ? vous êtes presque triomphant. Écoutez donc : je ne vous dirai que la vérité.
>
> *Marino Faliero.*

Il était quatre heures de l'après-midi quand *l'Aurore* et *le Polisson* se séparèrent : *l'Aurore*, pour se diriger de nouveau vers Brest, et le lougre, pour continuer sa croisière. Le lougre courait au plus près avec un élan magique. Nous portions aussi au plus près de notre côté, quoique à contre-bord.

On peut se figurer de quels sentiments nous étions animés tous les quatre, par suite de la scène qui venait de se passer sous nos yeux. Diogènes lui-même était indigné. J'ai déjà dit ce qu'éprouvait Marbre ; et, à défaut d'autre indication, le dialogue suivant, qui s'établit entre nous après le coucher du soleil, le ferait connaître suffisamment. — C'était la première fois que nous pouvions nous parler en liberté depuis que nous étions pour la seconde fois prisonniers ; les Français étant alors à souper.

— Eh bien ! Miles, me dit Marbre d'un ton bref ; ce qui reste à faire, il faut le faire sur-le-champ. Quand commencerons-nous ? au quart de minuit ou au quart de la pointe du jour ?

— Commencer quoi, Moïse ? demandai-je, un peu surpris d'une question posée avec tant d'assurance.

— A jeter ces Français par-dessus le bord. — Sans doute vous ne comptez pas leur laisser conduire votre bâtiment à Brest ?

— Pourquoi pas ? c'est à Brest que nous allions quand nous les avons rencontrés, et s'ils veulent nous y mener, ils nous épargneront les soucis du voyage.

— Ne vous bercez pas d'une pareille chimère, Miles. Je suis tombé dans les griffes des Français avant de vous connaître ; et je sais qu'il y a peu d'espoir de s'en tirer, tant que le bâtiment et la cargaison peuvent payer les frais du séquestre. Non, non, mon garçon ; vous savez que vous êtes ce que j'aime le mieux au monde, ma bonne chère mère et la petite Kitty exceptées ; car ce serait contre la religion, n'est-il pas vrai ? de vous aimer mieux que ma chair et que mon sang ; mais enfin, après ces deux personnes, vous êtes ce que j'ai de plus cher sur la terre. Eh bien ! je ne puis rester les bras croisés, lorsque je vous vois jeter vous-même dans le brasier tout ce que vous possédez. Pour Dieu ! ne souffrez pas que votre bâtiment relâche jamais en France, après ce qui s'est passé, si vous avez quelque moyen de l'empêcher !

— Mais ce moyen, où le trouver ? Pensez-vous qu'à nous quatre, nous puissions lutter contre un si grand nombre ?

— Pourquoi pas, Miles ? répondit Marbre en regardant froidement le groupe bruyant des matelots français, qui parlaient tous ensemble autour de leur gamelle. Ne voilà-t-il pas des héros bien redoutables, malgré toute leur vivacité et leur pétulance ? Nous sommes quatre après tout, et ils ne sont que dix-sept. Neb que voilà est fort comme un Turc ; Diogènes est un autre Hercule, et nous deux nous ne sommes pas manchots. Dans une lutte sérieuse, vous viendriez facilement à bout de quatre de ces petits messieurs.

Marbre parlait sans aucune rodomontade, quoiqu'il se trompât énormément dans l'évaluation de nos forces respectives. Il est vrai que tous les quatre nous étions d'une vigueur peu commune ; mais parmi les Français, il y en avait au moins six qui n'étaient pas moins robustes. J'ai su toujours, je l'espère, me tenir au-dessus de ce préjugé qui consiste à regarder son pays comme supérieur sur tous les points à tous les autres, un des travers les plus communs de la pauvre humanité. Je n'ai pas encore visité un pays dont les habitants ne se crussent pas les premiers de la terre. En fait de hâbleries de ce genre, tous se ressemblent, la forme seule diffère. Quant à Marbre, il était de bonne foi ; il croyait fermement que dans une mêlée où l'on n'aurait fait usage que des armes de la nature, nous aurions pu avoir l'avantage. J'avoue que je ne partageais pas complétement son illusion.

Et cependant je n'étais plus aussi certain d'avoir gain de cause, si le corsaire nous envoyait dans un port français. Marbre m'en dit tant sur les anarchistes de France, qu'il avait connus à la plus mauvaise époque de la révolution ; il avait tant d'histoires à raconter de navires saisis, de négociants ruinés, que ma confiance dans mon bon droit en était un peu ébranlée. Bonaparte était alors à l'apogée de sa puissance consulaire, — il touchait au moment de devenir empereur, — et il avait commencé cette guerre avec une telle violence, avec un tel mépris pour les droits acquis, notamment en retenant tous les Anglais qui résidaient alors en France, qu'on ne pouvait trop se tenir sur ses gardes. Toutes ces réflexions furent échangées rapidement entre mon lieutenant et moi, et la résolution qu'elles nous inspirèrent fut de chercher à jouer à messieurs les Français le même tour que nous avions joué à John Bull quand il avait été notre maître. Seulement il fallait en varier la forme, car j'avais eu l'imprudence de raconter à M. Gallois l'histoire du matelot postiche jeté par-dessus bord, et la manière dont nous nous étions remis en possession de notre bâtiment. Il était évident que ce genre de stratagème était usé, et qu'il fallait en imaginer quelque autre.

C'est toujours une bonne chose que la confiance, quand, de toute nécessité, il faut en venir aux mains. Il peut être convenable de respecter son ennemi jusqu'au moment où il faut tomber sur lui ; mais, ce moment une fois arrivé, plus on le méprise, mieux cela vaut. Quand Neb et Diogènes apprirent qu'il faudrait bientôt se mettre à la besogne, et s'escrimer de plus belle, ils ne montrèrent pas la moindre inquiétude.

— Eux, ce n'être que des Français, dit Diogènes, qui était philosophe à sa manière ; nous les peloter comme du coton.

Je me gardai bien de combattre cette idée, toute folle qu'elle était. Je leur dis seulement de se tenir prêts, et d'attendre le signal. L'officier qui commandait la prise s'appelait Le Gros. Il ne faisait nullement honneur à son nom; car c'était un petit homme maigre, au teint jaune, qui n'avait nullement l'air d'un Hercule. Mais, néanmoins, tout au rebours de Sennit, il était d'une vigilance et d'une activité incroyables. Il ne quittait jamais le pont, et nous étions si près de la côte que je vis bien que nous aurions sa compagnie pendant toute la nuit. Il fallait donc user de la plus grande prudence. Puis, à cette proximité de la côte, si nous nous tirions des mains de ce corsaire, ce ne pouvait guère être que pour tomber dans celles de quelque autre croiseur. Tout cela demandait de sérieuses réflexions, et quand Marbre et moi nous nous séparâmes, en apparence pour prendre quelque repos, nous étions tombés d'accord sur tous les points.

M. Le Gros ne s'occupa nullement des chambres ni de ce qui se passait en bas. Toute son attention était concentrée sur le pont. Craignant de rencontrer quelque croiseur anglais, il était continuellement aux aguets, et son regard embrassait l'horizon, autant que l'obscurité le permettait. J'étais de mon côté constamment sur le qui vive, sortant doucement de la chambre pour aller jusqu'au pied de l'échelle de commandement, dans l'espoir de le trouver endormi. Je recommençai ce manége au moins douze fois pendant la nuit; mais, chaque fois, je le voyais marcher à grands pas sur le gaillard d'arrière, armé jusqu'aux dents, et aussi alerte, aussi éveillé que si la fatigue et le sommeil n'avaient aucune prise sur lui. Il fallut bien renoncer à le trouver en défaut; et Marbre et moi, épuisés, nous finîmes par tomber dans un profond sommeil. Quant aux deux nègres, ils dormirent toute la nuit, sûrs qu'on les réveillerait dès que le moment d'agir serait arrivé. Neb, en particulier, avait cette complète insouciance qui accompagne l'absence totale de responsabilité, et qui est inhérente à l'état d'esclave, les mouvements du navire l'occupant aussi peu que ceux de la terre occupent ses habitants.

Il était dix heures quand je m'éveillai, plus dispos, mais mécontent de moi-même. Marbre ronflait encore dans son hamac, et je fus obligé de le réveiller. Je m'aperçus qu'il y avait une brise, et que la marche du bâtiment était rapide; à la force du vent, il était évident qu'il courait au plus près. La toilette d'un marin n'est pas longue ; pendant que nous nous habillions à la hâte, Marbre jeta un coup d'œil par une des fenêtres de la chambre, qui se trouvaient ouvertes à cause de la chaleur, et qui laissaient découvrir une vue étendue de l'océan juste dans notre sillage.

— Par Jupiter ! s'écria-t-il, on nous donne la chasse. Je ne m'étonne plus si M. *La Grenouille*[1] est si éveillé ce matin. C'est une frégate qui vient à nous, ou je ne m'appelle pas Oloff Marbre.

C'était bien une frégate en effet. Elle était à deux lieues derrière nous, et l'on eût dit un nuage pyramidal qui s'avançait sur l'océan, tant ses mâts étaient couverts de toile. Il était plus que probable que c'était un bâtiment anglais ; d'abord c'était le parage de la croisière, et puis les Français cherchaient à l'éviter. Nous montâmes sur le pont sans perdre de temps.

Mon premier regard fut jeté en avant. A mon grand regret, la terre n'était plus qu'à trois lieues de nous. Le vent était frais, au nord-est, et M. Le Gros semblait se diriger vers un groupe d'îles qui nous restait un peu par notre bossoir sous le vent. Il n'était plus question de Brest ; si nous pouvions gagner la terre, au milieu de ces îles, avant qu'on nous eût atteints, c'était tout ce que nous pouvions désirer. Les Français étaient évidemment alarmés ; les pontons anglais se représentaient à leur imagination avec toutes leurs horreurs. M. Le Gros se mit à crier à tue-tête, donna vingt ordres dans une minute, pendant que les seize matelots faisaient plus de tapage que n'en auraient fait mille Américains. Et je vous demande un peu pourquoi ? Le bâtiment avait autant de voiles qu'il en pouvait porter. J'éprouvais l'impatience de cet Arabe qui possédait la plus rare jument du désert, et qui, courant après le voleur qui la lui avait ravie, se voyait sur le point de l'atteindre, quoiqu'il n'eût qu'une triste monture, parce que le malheureux ne savait pas le moyen de tirer le meilleur parti possible de la jument : « Pince-lui l'oreille droite, ou je vais t'attraper », lui cria l'Arabe. Et moi aussi, plus de vingt fois je fus tenté d'orienter les voiles, et d'envoyer Neb au gouvernail, afin d'éviter à *l'Aurore* la honte d'être dépassée par la frégate. Cependant, comme je ne pouvais que gagner à changer

---

[1]. Sobriquet donné par les Anglais aux Français, qu'ils appellent « mangeurs de grenouilles. »
(*Note du Traducteur.*)

de maîtres, je crus plus prudent de laisser les choses suivre leur cours.

Une heure s'était à peine écoulée que *l'Aurore* commença à diminuer de voile. Des rochers se montraient à un demi-mille de distance, et l'on cargua les basses voiles et les voiles de perroquet. Nous rencontrâmes un grand bateau de pêcheurs qui vint bord à bord, dès qu'ils eurent reconnu qui nous étions. Ils étaient trop accoutumés à tous les mouvements qui avaient lieu le long de la côte pour ne pas deviner sur-le-champ ce qui se passait. On les pressa de questions pour savoir si *l'Aurore* pouvait s'aventurer à travers une des passes qui étaient devant nous, et qui semblaient bordées de rochers. M. Le Gros parut déconcerté lorsqu'on lui dit que toute la question était de savoir s'il y aurait assez d'eau, ce que les pêcheurs ne savaient pas. Si le bruit et le tumulte étaient déjà grands avant l'arrivée de ces pêcheurs, ce fut alors un tapage vraiment infernal. Cependant la frégate avançait rapidement, et il ne fallait qu'une demi-heure pour qu'elle ne fût plus qu'à une portée de canon. Il y a dans une chasse une excitation qui tient de l'ivresse. J'éprouvai un vif désir de soustraire *l'Aurore* à la poursuite des Anglais au moment même où je croyais que j'avais moins de chance de me voir rendre justice par les Français. Comprenant la nécessité de ne point perdre de temps, je m'adressai vivement à M. Le Gros, et je lui offris d'aller avec lui reconnaître le passage sur le bateau des pêcheurs. Avec de l'activité, cette reconnaissance ne nous demanderait qu'un quart d'heure, et nous saurions du moins quel parti il valait mieux prendre, ou y introduire notre bâtiment, ou nous échouer sur les rochers, et sauver ce que nous pourrions de la cargaison, au moyen d'allèges.

Il ne saurait y avoir d'ordre à bord d'un bâtiment sans silence et sans subordination. Un matelot remuant et empressé est un mauvais matelot; la première qualité, après qu'on a appris les premiers éléments du métier, étant le calme et le sang-froid. Un bon officier ne fait jamais de bruit, à moins que le fracas des éléments ne le mette dans l'impossibilité de se faire entendre autrement. A cette époque les Français n'étaient pas encore initiés à ce secret important, et surtout les corsaires. Je ne puis comparer les clameurs qui s'élevèrent sur le passavant sous le vent de *l'Aurore* qu'à celles que poussent les femmes de pêcheurs de la Hollande quand elles voient revenir la barque chargée de poissons. Ma proposition ne fut pas plus tôt faite qu'elle fut acceptée avec transport, et les corsaires se mirent à s'élancer dans le bateau, se bousculant les uns les autres, sans ordre et sans direction. M. Le Gros fut entraîné par le torrent, et quand les pêcheurs firent jouer leurs avirons, il ne restait que trois Français à bord de *l'Aurore*. Tous les autres avaient été emportés par leur désir de se rendre utiles, et peut-être aussi un peu par la terreur que leur inspiraient les pontons anglais.

— Vous aurez la complaisance, monsieur Wallingford, cria Le Gros au moment où le bateau s'éloignait, de mettre le vent dans les huniers, et d'entrer dans la passe quand nous agiterons nos chapeaux.

— Oui, oui, répondis-je, je m'en charge, et John Bull verra à qui il a affaire.

Cela fut dit en français, et l'on répondit du bateau par des cris de : Vive la France ! Je ne sais pas ce que ces étourdis pensaient ; mais s'ils pensaient revenir jamais à bord de *l'Aurore*, ils ne connaissaient pas ceux qu'ils laissaient derrière eux. Quant aux Français qui restaient, Marbre et moi nous suffisions amplement pour les mettre à la raison ; et j'étais bien aise qu'ils fussent avec nous, puisqu'ils pouvaient nous être d'une grande utilité dans les manœuvres.

*L'Aurore* était sous ses trois huniers, son grand foc et sa brigantine, quand M. Le Gros la plaça si singulièrement sous mon commandement. La grande vergue était brassée carrée. Mon premier soin fut de décharger les huniers et de donner de l'aire au bâtiment. Ce fut bientôt fait ; et en laissant porter, je me dirigeai vers les roches, qui restèrent bientôt par notre travers du vent, bien résolu à m'en approcher le plus possible, dans l'espoir que les Anglais n'oseraient m'y suivre. Je pouvais être jeté à la côte, il est vrai ; mais tout était préférable à tomber entre les mains des Anglais, après ce qui était arrivé dernièrement. Dans un an ou deux l'affaire du *Rapide* pouvait être oubliée ; mais elle était encore trop récente pour que l'émotion fût calmée. Du moins ce fut ainsi que je raisonnai, et j'agis en conséquence.

*L'Aurore* se trouvait donc de nouveau sous mes ordres ; et si je pouvais me maintenir hors de la portée des canons de la frégate, je m'inquiétais fort peu de M. Le Gros. D'abord les corsaires supposèrent qu'en faisant servir, je n'avais d'autre intention que de seconder leurs vues ; mais quand ils s'aperçurent que *l'Aurore* portait sous le vent de la passe, leurs yeux commencèrent à se dessiller. Dès qu'ils avaient reconnu que l'eau était assez profonde pour l'exécution de leur projet, ils s'étaient mis à se démener et à agiter en l'air leurs chapeaux et leurs bonnets crasseux. Mais ce fut peine perdue, et *l'Aurore* continuait sa course, les vergues brassées en pointe, ayant le vent par le travers, et rangeant les îles d'aussi près que la prudence le permettait. Pour la frégate, elle se tenait au large, afin de gagner assez dans le vent pour ne point manquer sa proie. En ce moment les deux navires pouvaient être à une lieue de distance l'un de l'autre.

M. Le Gros ne soupçonna pas plutôt le tour que je lui jouais, qu'il sortit de la passe avec son bateau pêcheur, dont il accélérait la marche à l'aide d'une demi-douzaine d'avirons. Voyant qu'il faisait mine de nous poursuivre, je laissai tomber la voile de misaine, et je bordai le grand perroquet à toucher ; non que j'eusse la moindre crainte du bateau, mais parce que je voulais éviter, autant que possible, l'effusion du sang. Entre autres inconséquences que les Français avaient commises dans leur précipitation, ils nous avaient laissé six à huit fusils avec plusieurs boîtes de cartouches. Avec ces armes il nous aurait été facile de donner aux corsaires une leçon qui n'aurait pas manqué de les tenir en respect. Et puis j'avais toujours mes pistolets à deux coups bien chargés. Nous n'avions donc de sujet d'alarmes que de la part des Anglais.

M. Le Gros était sans doute d'un avis différent ; car la chasse qu'il nous donnait était animée, et paraissait sérieuse. Malgré tout son zèle, *l'Aurore* le laissait en arrière, fendant l'eau à raison de six nœuds par heure. Mais la frégate arrivait sur nous à raison de huit nœuds, et il était évident qu'avant une heure ou deux tout au plus nous serions exposés au feu de ses canons, si la difficulté d'une navigation compliquée ou les bas-fonds ne venaient à notre secours.

Étant à Bordeaux l'année précédente, j'avais acheté une carte des côtes de France, avec un livre contenant des indications semblables à celles qui se trouvent dans notre « Pilote côtier. » Naturellement je les avais avec moi, et ils me furent très-utiles. Je vis dans l'ouvrage que les îles qui étaient près de nous étaient séparées par des passes étroites où l'eau était profonde, mais que le danger venait surtout de la présence de récifs. C'étaient ces récifs qui avaient fait dire aux pêcheurs que le passage était impraticable, et mon livre recommandait aux navigateurs de n'en approcher qu'avec une extrême prudence. Mais *l'Aurore* était dans une position telle que ce qui la mettait en danger faisait en même temps sa sauvegarde, puisque faire naufrage n'était rien pour moi auprès de tomber au pouvoir, soit des Anglais, soit des Français. Si je restais en dehors, je ne pouvais échapper à la frégate, tandis que j'avais au moins une chance d'éviter les récifs. M. Le Gros m'offrit une occasion favorable dont je ne manquai pas de profiter. Il avait coupé en faisant passer le bateau à travers quelques îlots que nous étions obligés de doubler, de sorte qu'il ne tarda pas à se trouver devant nous. Toutefois, au lieu de chercher à nous aborder, il entra dans une passe excessivement étroite, en faisant des gestes furibonds pour nous décider à l'y suivre. Dans ce moment la frégate nous tirait son premier coup de canon, et le boulet tomba très-près de notre bord. Si nous traversions la passe dans laquelle M. Le Gros était entré, nous tombions sous le vent de tout le groupe d'îlots; et alors tout dépendait de la vitesse de notre course. Il n'y avait qu'une minute pour se décider. Dans un instant nous aurions passé l'ouverture, que nous ne pourrions plus retrouver qu'en virant de bord. Je donnai l'ordre de loffer.

Nos trois Français, persuadés cette fois qu'ils se dirigeaient vers la belle France, se montrèrent aussi agiles que des écureuils. Neb et Diogène pesèrent sur les bras avec leur force musculaire. Bientôt nous eûmes brassé au plus près, et *l'Aurore* présenta bien le cap au vent de la passe. M. Le Gros semblait enchanté. Il pensait sans doute que pour le coup nous agissions de concert; et il nous montrait le chemin en agitant ses deux mains en l'air, tandis que tous les hommes du bateau, compris les pêcheurs, hurlaient, gesticulaient de manière à nous étourdir, si nous avions eu le temps d'y faire attention. Je crus à propos de suivre le bateau, mais je ne m'amusai pas à répondre à leurs cris. Si M. Le Gros avait eu l'idée de nous attendre dans l'endroit le plus étroit du passage, il eût pu nous embarrasser; mais, loin de là, il semblait être emporté par l'entraînement de la chasse, et il courait en avant comme un enfant qui veut atteindre le premier le but.

Ce fut un instant d'angoisses que celui où *l'Aurore* plongea de l'avant dans la passe étroite. La largeur d'une roche à l'autre, en ne parlant que des objets visibles, pouvait être de trente brasses; mais elle se rétrécissait ensuite de plus en plus, jusqu'à ce qu'elle ne fût guère que de dix brasses. Le flot s'y précipitait en tourbillonnant, et il était peut-être heureux pour nous que nous n'eussions pas eu le temps de la réflexion; car il y avait de quoi faire reculer le plus intrépide. Nous étions précipités en avant avec une impétuosité telle que notre bâtiment eût volé en mille pièces, si nous avions donné contre un récif. Les chances de perte ou de salut étaient à peu près égales; la science du pilote était ici en défaut; nous ne pouvions prévoir ce que chaque seconde amènerait pour nous.

Notre anxiété était terrible. Elle dura bien cinq minutes. *L'Aurore* avait alors franchi la distance d'un mille, entraînée par le courant plus que par le vent. Nous étions lancés avec une telle rapidité dans la partie la plus étroite, que je ne pus m'empêcher de saisir les filets de bastingage de peur d'être renversé. Les Français poussèrent une acclamation générale au moment où le bateau sortit de la passe pour entrer dans une vaste baie, qui formait une rade assez grande, en dedans du groupe d'îlots. Il y avait à l'extrémité de la dernière île une batterie, un phare, et quelques cabanes de pêcheurs, ce qui indiquait que c'était un parage assez fréquenté.

M. Le Gros nous attendait à environ deux encâblures de l'endroit où nous fîmes notre entrée dans la baie. Il avait choisi très-judicieusement un ancrage pour nous à une pointe que commandaient les quatre pièces de trente-six de la batterie. La distance me permit de jeter un coup d'œil autour de moi. Dans l'espace le long duquel se prolongeaient les îlots, se trouvait une sorte de canal qui avait au moins une lieue de large. La côte qui le bordait du côté du continent présentait plusieurs baies où des caboteurs étaient à l'ancre. Sur les points les plus élevés étaient dressées de petites batteries qui, insuffisantes contre une flotte ou contre un vaisseau de guerre, étaient assez formidables pour tenir en respect une corvette ou une frégate. Jeter l'ancre à l'endroit où le bateau nous attendait, c'était rendre le bâtiment aux corsaires, à cause de la batterie qui commandait complétement ce point. Essayer de passer au milieu du canal, c'était une entreprise plus que hasardeuse. Le bonheur voulut que la direction du vent et celle de la marée, qui étaient contraires, nous offrissent un expédient auquel je m'empressai d'avoir recours.

Quelques efforts que nous eussions pu faire, nous ne pouvions gagner directement l'endroit où le bateau avait jeté l'ancre. Nous en passâmes pourtant à portée de la voix, et ce fut à qui nous crierait de diminuer de voiles et de mouiller. Feignant de vouloir atteindre le point précis où était le bateau, je dis à M. Le Gros que j'allais avancer encore un peu, et qu'aussitôt que je serais en mesure de venir me ranger à côté de lui, je virerais de bord. Cette réponse était de nature à satisfaire le capitaine et son équipage ; cependant plusieurs voix crièrent : *N'importe, n'importe !* pour nous engager à ne pas aller plus loin ; et en effet un endroit valait l'autre pour jeter l'ancre à plus d'une demi-lieue à la ronde.

*L'Aurore* se comporta à merveille ce jour-là, et bien lui en prit, car la frégate continuait la chasse. Le circuit qu'elle avait à faire, et la distance respectueuse à laquelle elle jugeait prudent de se tenir de la première batterie, nous donnèrent une avance considérable. Au moment où je passai devant le bateau, le haut des voiles de la frégate apparaissait du côté extérieur de l'île, glissant le long des rochers avec une rapidité qui lui faisait honneur. Elle doubla la pointe au moment où nous étions au milieu du canal, mais alors la batterie nous rendit un grand service ; car, au lieu de courir au plus près, les Anglais étaient obligés de pousser un peu au large, dans la crainte d'être exposés à son feu. Cependant les hommes qui servaient la batterie, prévenus par M. Le Gros, qui leur avait dépêché à cet effet un petit canot, n'en pointèrent pas moins leurs pièces contre eux ; mais la distance rendait ces démonstrations peu à craindre ; et pendant ce temps on ne songeait pas à nous inquiéter.

Il est facile à quiconque est le moins du monde au fait des évolutions des bâtiments, de comprendre l'avantage que nous avions alors. La passe entre ces îlots et le continent pouvait avoir quatre lieues de long, et celle dans laquelle les pêcheurs nous avaient engagés d'abord à entrer était vers le milieu du groupe. Favorisés par le flot et par une brise bien établie, nous étions déjà à un mille du bateau, et nous lui restions considérablement au vent, quand M. Le Gros jugea à propos de lever l'ancre, et de commencer une nouvelle poursuite. Il eut la sagacité de comprendre que nous serions bientôt obligés de virer de bord, à cause de la proximité du continent, et de porter de nouveau vers l'île. Au lieu de se mettre dans nos eaux, il profita donc de la direction du courant, et nagea au vent dans la vue de nous couper. Son intention était évidente, mais je ne m'en inquiétai guère. Avec une pareille brise, il nous était facile de le gagner de vitesse, et nous pouvions toujours virer au milieu du canal, sans nous approcher du bateau. La frégate me tourmentait davantage.

C'était, comme je l'appris ensuite, un bâtiment de construction française appelé *la Dorothée*, bâtiment ancien, mais excellent voilier, et son capitaine s'était rendu célèbre par la hardiesse avec laquelle il s'approchait des côtes de France. C'était la troisième fois qu'il s'aventurait dans ce canal, et comme il en connaissait les coudes et les détours, il pouvait s'y diriger avec moins de danger. Dès que la frégate se crut à une distance suffisante des pièces de canon, elle courut quatre ou cinq courtes bordées près de la terre, où elle se trouva dans la meilleure position pour profiter du flot et de la brise, et où elle n'avait rien à craindre, la rade ordinaire étant naturellement sous l'île.

Il ne me fallut pas plus d'une heure pour me convaincre qu'il n'y avait aucune chance de lui échapper. Si nous continuions à suivre le canal, nous pourrions en atteindre l'extrémité occidentale un peu avant elle ; mais une fois en pleine mer, et l'ayant en terre de nous, nous n'avions aucun espoir de l'éviter. Dans cette circonstance critique, Marbre eut une de ces idées heureuses que je n'avais que le mérite d'exécuter promptement au moment précis. La passe où nous avions été d'abord invités à entrer par les pêcheurs nous restait en ligne directe ; depuis ce moment, la marée avait monté au moins de six pieds, et mon lieutenant me proposa d'en essayer, comme porte de sortie.

— Les Anglais n'oseront jamais nous suivre à cause de la batterie qui la commande, ajouta-t-il, tandis que les Français ne tireront pas sur nous, parce qu'ils croiront que nous fuyons un ennemi commun.

Mon plan fut combiné à la minute. J'arborai le pavillon tricolore au-dessus du pavillon anglais, pour faire croire aux artilleurs qui servaient cette seconde batterie que, pris par les Français, nous cherchions à leur échapper, et je gouvernai droit sur la passe, à l'entrée de laquelle un petit brig était à l'ancre. Pour compléter la ruse, je fis carguer nos basses voiles et amener les perroquets. A cette vue, M. Le Gros s'imagina que nous nous apprêtions à jeter l'ancre sous la batterie, et que nous avions arboré ces pavillons pour nous moquer des Anglais ; les bonnets et les chapeaux furent agités en triomphe à bord du bateau, qui pouvait être alors à un quart de mille de distance. Nous passâmes tout contre le brig, qui nous accueillit aux cris mille fois répétés de : Vive la France ! Cependant mon œil ne quittait pas la batterie. Elle avait été construite pour commander la rade, mais on n'avait pas songé à défendre la passe, où il semblait impossible qu'un bâtiment ennemi pût jamais songer à s'introduire. Il est vrai que deux gros canons étaient dirigés sur l'entrée ; mais ils étaient placés dans un ouvrage détaché, et on ne les manœuvrait que dans des cas extrêmes.

Je respirai enfin, et je me sentis soulagé d'un poids immense au moment où *l'Aurore* se trouva hors de la portée du dernier canon dans le petit hémicycle. Les soldats gesticulèrent pour nous indiquer que nous portions trop à l'ouest ; mais nous n'y faisions pas attention. Au lieu de diminuer de voiles, la misaine et la grand'voile furent amurées, et les perroquets établis. C'était révéler nos intentions ; aussi ce fut sur la côte un concert de vociférations qui arrivaient jusqu'à nous. On courut jusqu'à la batterie pour la pointer contre nous ; mais il était trop tard ; nous étions passés, et six minutes après nous cinglions en pleine mer sous le pavillon américain, ayant des banderoles à tous les mâts, étalant, en un mot, tous les emblèmes de triomphe que nous pouvions montrer.

## CHAPITRE XVII.

> Ouf! je n'en puis plus ! cette course m'a mis hors d'haleine ; j'ai prié avec d'autant plus de ferveur que je me croyais perdu.
> SHAKSPEARE.

MARBRE et moi, nous nous regardâmes en face, et nous nous mîmes à éclater de rire, au moment où les Français nous envoyaient un seul boulet de la batterie de deux pièces. Le boulet passa par dessus nos têtes ; je changeai la direction du bâtiment pour être à l'abri de toute crainte, et je ne fus plus inquiété. Le bateau ne tenta pas de nous suivre, et ainsi finirent pour le moment nos relations avec *le Polisson* et son équipage. Quant à *la Fortunée*, il lui aurait fallu au moins quatre heures pour doubler l'extrémité du groupe d'ilots, et son commandant, voyant qu'il fallait renoncer à l'espoir de nous atteindre, s'en vengea sur le brig qu'il parvint à enlever de la rade, malgré toutes les batteries. J'entendis les coups de canon qu'ils échangèrent entre eux ; je vis la fumée qui s'élevait au-dessus de ce point, longtemps après que les îles avaient disparu sous l'horizon.

— Eh bien ! Miles, s'écria Marbre, pendant que nous dînions ensemble sur le pont, n'avais-je pas raison de dire que vous étiez né coiffé? Voyez un peu comme vous vous tirez toujours de la gueule du loup ! Vous mourrez un jour ou l'autre, c'est infaillible, mais non pas avant d'avoir accompli quelque grande chose. C'est plaisir de naviguer avec vous, mon garçon. Il n'y a point de police d'assurance qui vaille votre compagnie, et l'on peut dormir sur les deux oreilles, quand on est sous vos ordres. Sans vous, je ne serais qu'un infernal ermite, au lieu du fils respectueux et du tendre oncle que je suis. Mais, voyons, qu'allez-vous faire à présent?

— Je crois, Moïse, que le mieux est de nous diriger vers Hambourg, notre lieu de destination. Ce vent du nord ne saurait durer longtemps dans cette saison ; qu'il passe au sud-ouest, et en moins de quinze jours, nous sommes dans le port.

— Voyez donc comme ces Français attaquent ce quartier de porc ! Ils n'ont jamais fait si bonne chère de leur vie.

— Nourrissez-les bien, traitez-les bien, et faites-les travailler : ils ne songeront jamais à vous molester. D'ailleurs, je ne crois pas qu'ils entendent rien à la navigation. Je vois qu'ils fument et qu'ils chiquent; nous leur donnerons autant de tabac que leurs pipes et leurs bouches pourront en contenir, et cela les maintiendra en bonne humeur.

— Et John Bull?

— Ah! John Bull, c'est une autre affaire. Après tout, on ne rencontre pas tous les jours un Sennit, qui ne rêve que presse. Mon projet est de longer la côte d'Angleterre, et de montrer hardiment notre pavillon. Presque tous les vaisseaux de guerre nous laisseront passer sans nous dire mot, persuadés que nous sommes en destination de Londres; ce n'est que des brigs et des cutters qu'il faut nous méfier, Moïse. C'est le fretin qui donne toujours le plus d'embarras.

— Ce n'est pas ce que nous avons appris dans cette traversée, Miles. Mais vous êtes non-seulement capitaine, mais armateur; c'est à vous à manœuvrer votre barque. Il faut bien que nous allions quelque part après tout ; autant vaut là qu'ailleurs. Mon expérience de trente ans est toujours prête à baisser pavillon devant votre décision.

Nous continuâmes à discuter le plan sous toutes ses faces, et il fut définitivement adopté.

L'*Aurore* porta largue tant que les côtes de France furent en vue, alors nous fîmes route au plus près. Mes trois Français voulurent un moment faire les récalcitrants. Ils refusèrent de travailler, et je fus obligé de les menacer de les envoyer à bord du premier vaisseau de guerre anglais que nous rencontrerions. La menace produisit l'effet désiré ; et, après une discussion amicale, je convins de leur compter une haute paie à notre arrivée dans un port ami, et ils promirent de me servir de leur mieux. C'était peu de sept hommes pour manœuvrer un bâtiment comme l'*Aurore;* mais nous ne craignions pas la fatigue, et nous étions si charmés d'être délivrés et des Français et des Anglais, que nous nous serions donné volontiers deux fois encore plus de peine pour être certains de ne plus rencontrer aucun de leurs croiseurs. La Providence en avait décidé autrement.

Cette nuit-là le vent passa de nouveau au sud-ouest. Je fis brasser les vergues, et mettre le cap en route ; mais je crus plus prudent de ne pas forcer de voiles dans l'obscurité. Marbre avait le quart, et je le chargeai de m'appeler au lever du soleil. Quand je revins sur le pont le lendemain, je le trouvai qui examinait l'horizon avec une attention particulière.

— Nous sommes en bonne compagnie ce matin, capitaine Wallingford, me dit-il dès qu'il me vit. Je n'ai pas compté moins de six voiles en vue depuis le point du jour.

— J'espère qu'il n'y a pas de lougre dans le nombre. Ce *Polisson* me cause plus de frayeur à présent que tous les vaisseaux de la chrétienté. Il doit être à croiser à l'entrée de la Manche, et nous nous en rapprochons de plus en plus.

— Dieu le veuille ! mais là-bas, au nord-ouest, je vois quelque chose qui sent diablement le lougre. C'est peut-être parce que je ne vois que le haut de ses huniers ; mais ils ressemblent à s'y méprendre à des voiles de fortune.

J'examinai moi-même l'océan, et je déclarai sans hésiter que le bâtiment dont Marbre se défiait était bien un lougre en effet, et, qui pis est, *le Polisson*, selon toutes les apparences. Il formait avec les quatre autres navires un cercle parfait, au centre duquel était *l'Aurore*; c'était lui qui était le plus rapproché de nous; car les autres pouvaient à peine se voir à travers le diamètre du cercle. Je crus que, dans cette circonstance, le parti le plus sage était de poursuivre notre route, comme des honnêtes gens que nous étions. Marbre fut du même avis, et, à vrai dire, nous n'avions guère la liberté du choix, entourés comme nous l'étions alors. Ce qu'il y avait de plus fâcheux, c'était notre position centrale, qui ne pouvait manquer d'attirer sur nous tous les croiseurs.

Deux heures amenèrent un changement matériel. Les cinq bâtiments nous serraient de plus en plus, et je pus les examiner de plus près. Les deux qui nous restaient à l'arrière étaient évidemment des bâtiments lourds, qui voguaient de conserve, quoique je n'eusse pas su dire à quelle nation ils appartenaient. Ils avaient mis toutes les bonnettes, et, dans toutes les probabilités, il ne leur faudrait pas plus de deux heures pour nous accoster.

Deux des navires qui étaient devant nous me parurent être des frégates; leur travers était exposé à nos regards; nous avions déjà vu sortir de l'eau une rangée de sabords; mais il était possible qu'ils fussent à deux ponts. Ce qui était certain, c'est que c'étaient des bâtiments de guerre; et, à en juger à la grandeur de l'envergure de leurs voiles hautes, ce devaient être des bâtiments anglais. Ils marchaient aussi de conserve, comme l'annonçaient les signaux qu'ils échangeaient entre eux, et s'approchaient aussi rapidement à contrebord. Quant au lougre, le doute n'était plus possible : c'était *le Polisson*, qui venait droit à nous, quoiqu'il eût à ses trousses une corvette qui était déjà dans ses eaux, et qui, toutes voiles dehors, n'en était plus qu'à deux lieues.

M. Gallois avait tant de confiance dans la rapidité de sa marche, qu'il continuait sa route, sans paraître songer à la poursuite dont il était l'objet. Il fallait payer de hardiesse. L'essentiel était de gagner du temps, pour que la corvette pût arriver assez près pour ôter au corsaire l'envie de nous faire de nouveau prisonniers. Ma crainte était qu'il ne nous emmenât tous pour se venger, et qu'il ne mît le feu au bâtiment. Dans tous les cas, j'étais décidé à opposer une vigoureuse résistance.

Il était dix heures quand *le Polisson* vint se ranger sous notre travers, et nous mîmes en panne. Il était évident que les Français nous reconnaissaient, et les clameurs qu'ils poussèrent pouvaient donner une idée de celles qui s'élevèrent sans doute dans la tour de Babel. Sachant que nous n'avions pas d'embarcation, M. Gallois ne perdit pas de temps, il mit sa yole à la mer, et vint en personne sur notre bord. Comme j'avais ordonné aux trois Français de rester en bas, il ne trouva sur le pont que Marbre, Diogène, Neb et moi.

— Parbleu, monsieur Wallingford, s'écria le corsaire en me saluant très-poliment en dépit des apparences, — *c'est bien extraordinaire!* qu'avez-vous fait de mes hommes, heim? est-ce que vous leur avez fait faire le plongeon comme à l'Anglais?

La peine des explications me fut épargnée par l'apparition subite de mes trois prisonniers, qui, sans s'inquiéter de mes ordres, accoururent auprès de leur commandant, et se mirent à lui raconter tous à la fois ce qui s'était passé. Ce fut un tel déluge de paroles, de jurons, de compliments sur le caractère américain, qu'il était impossible d'y rien comprendre, et M. Gallois fut obligé de recourir à moi. Je lui fis un récit sincère des événements, en anglais, langue qu'il comprenait beaucoup mieux qu'il ne la parlait.

M. Gallois, à la rapacité d'un voleur de grand chemin, joignait toute l'urbanité française. Il n'avait pas toujours été corsaire, et son jugement n'était pas complétement faussé par l'amour exclusif de l'or. Quand j'eus fini, il se mit à rire. Je m'étais permis de plaisanter un peu aux dépens de ce bon M. Le Gros, qui avait eu la complaisance de quitter le navire et de me piloter dans la baie, et M. Gallois ne l'épargna pas davantage.

— *Tenez, mon ami!* me dit-il en me serrant la main, tandis qu'il jetait un coup d'œil sur la corvette, qui n'était plus qu'à une lieue de distance; vous êtes un brave garçon. J'*admire votre esprit!* votre évasion est admirable, et je regrette vivement de ne pouvoir cultiver plus longtemps *votre connaissance*. Mais je suis obligé de vous quitter. — Mille pardons. — Vous n'avez pas trop de monde avec vous; mais que voulez-vous? c'est impossible d'abandonner ses compatriotes. — *Allons, mes enfants, au canot!*

Les trois Français n'attendirent pas ma permission pour nous quitter. M. Gallois passa le dernier dans le canot, après m'avoir de nouveau serré la main, et m'avoir renouvelé ses regrets de ne pouvoir prolonger sa visite. La corvette était assez près déjà, pour qu'il n'y eût pas pour lui de temps à perdre. Pour amariner une prise, il eût fallu courir le danger presque certain de tomber entre les mains de l'ennemi; et se faisant de nécessité vertu, M. Gallois voulut se montrer poli pour ceux qu'il ne pouvait piller. La forme chez lui valait mieux que le fond; mais la forme a tant d'empire sur nous! Moi-même, je ne pus me défendre d'en ressentir l'influence, et je pardonnai presque au corsaire l'action indigne qu'il avait commise si récemment à mon égard.

Le canot ne fut pas plus tôt hissé à bord que *le Polisson* ne tarda pas à prendre de l'aire. Il passa si près de nous, sur la cime d'une vague, qu'on pouvait distinguer l'expression des figures, et il y en avait peu qui montrassent la même longanimité que celle du commandant. Celui-ci avait toujours le sourire sur les lèvres, pendant le caquetage continuel qui bourdonnait nuit et jour à ses oreilles; mais sa longue-vue se dirigea immédiatement sur la corvette, qui commençait à l'inquiéter un peu.

Comme nous n'étions plus que quatre, je ne vis pas la nécessité de nous harasser pour mettre le vent dans les huniers, lorsqu'il était certain que la corvette nous forcerait d'amener. *L'Aurore* resta donc stationnaire, attendant les événements avec une patience toute philosophique.

— Il est inutile, Moïse, de tenter de nous échapper, lui dis-je; ce n'est pas à nous quatre que nous pourrions gagner de vitesse la corvette.

— Ah! voici qu'elle hisse son pavillon. — Et puis le coup de canon d'usage! — C'est le pavillon blanc anglais, preuve qu'elle est commandée par quelque amiral, ou vice ou contre-amiral de l'escadre blanche, tandis que, si je ne me trompe, les deux frégates ont arboré des pavillons bleus. S'il en est ainsi, ces bâtiments ne naviguent pas de conserve.

La longue-vue me confirma le fait, et nous dûmes supposer que les trois bâtiments anglais n'appartenaient pas à la même escadre. Voici quelles étaient, pour le moment, les positions respectives: *L'Aurore* était en panne, sa misaine carguée, ses basses voiles dehors, sa grande voile serrée, son grand hunier sur le mât, les perroquets sur le ton, le foc et la brigantine dehors. *Le Polisson* prenait chasse en cherchant à se mettre sous le vent des deux frégates du vent, que nous supposions et qu'il savait probablement être françaises. Les bâtiments sous le vent venaient de passer à portée de voix l'un de l'autre ; celui qui était à l'est vira de bord immédiatement après, et vint se placer dans les eaux de sa conserve, et tous deux se couvrirent de voiles tout aussitôt. Les frégates qui étaient au sud pouvaient être à deux lieues de nous, et les bâtiments sous le vent, à trois lieues. Quant à la corvette, elle semblait porter droit sur nos mâts. Elle arrivait sous toutes ses voiles parfaitement orientées, l'eau jaillissant de ses écubiers, lorsqu'elle s'élançait du creux d'une lame, et écumant sous ses bossoirs. Elle était à moins d'un mille de distance.

Ce fut alors que la corvette fit des signaux aux bâtiments qui étaient du côté du vent. On y répondit, mais de manière à montrer qu'on ne s'entendait pas. Alors elle tenta la fortune auprès des navires sous le vent, et, malgré la distance, elle fut plus heureuse. Je présume qu'elle demandait le nom des frégates, faisait connaître le sien, et annonçait que les bâtiments au vent étaient des ennemis.

Le moment de la crise approchait pour nous. La corvette vint se placer sous le vent, et largua ses boulines pour ralentir un peu sa marche, afin d'avoir plus de temps pour faire ses questions et recevoir les réponses. Ce fut elle qui, suivant son droit, entama la conversation.

— Quel est ce bâtiment, et où allez-vous ?
— *L'Aurore*, de New-York, Miles Wallingford, capitaine, en destination de Hambourg.
— Le lougre ne vous a-t-il pas abordé ?
— Oui, pour la seconde fois depuis trois jours.
— Quel est son nom, et quelle est sa force ?
— *Le Polisson*, de Brest, de seize canons, et d'environ cent hommes d'équipage.
— Savez-vous quelque chose des bâtiments au vent ?
— Rien ; mais je les suppose français.
— Et, s'il vous plaît, d'où vient cette . . . .

La distance m'empêcha d'en entendre davantage. La corvette cargua ses boulines, et se remit à la poursuite du lougre, sans faire attention aux quatre frégates, quoique les deux qui étaient du côté du vent vinssent d'arborer le pavillon tricolore, et tirassent le canon en signe de provocation.

M. Gallois, bientôt après, vira de bord, dans l'intention évidente de se diriger vers les frégates de sa nation. La corvette en fit autant à l'instant même, portant droit sur ces mêmes navires, déterminée à couper le lougre, dût-elle s'exposer au feu des bâtiments qui le protégeaient. C'était une manœuvre hardie, et qui méritait de réussir par l'audace même et l'intrépidité qui l'avaient fait concevoir.

Il me parut néanmoins que les frégates françaises faisaient très-peu d'attention au lougre. Par une légère déviation de route, il leur eût été facile de le couvrir complétement et de le défendre des attaques de la corvette ; mais, loin de le faire, ce fut dans la direction contraire qu'elles firent un mouvement, comme si elles voulaient se rapprocher des deux bâtiments sous le vent, du côté qui les empêcherait de se mettre entre elles et la terre. Comme aucun des deux partis ne semblait disposé à s'occuper de nous, nous présentâmes nos huniers au vent, et sortîmes du cercle, sans forcer de voiles, regardant comme d'une mauvaise politique d'avoir l'air de nous hâter. En tout cas, il nous eût été difficile de montrer plus d'empressement, puisque nous n'étions que quatre pour augmenter la voilure.

Vers onze heures, les quatre frégates étaient à un peu plus d'une lieue de distance les unes des autres ; l'*Aurore* pouvait être à une demi-lieue des bâtiments français, et un peu plus loin des navires anglais. Si l'action avait commencé alors, nous aurions été d'un mille hors de la ligne du feu. Curieux de connaître le résultat, je mis en panne un peu plus loin, convaincu qu'après le combat, le parti vainqueur, quel qu'il fût, serait peu disposé à inquiéter un bâtiment neutre, et que je pourrais en obtenir du secours. Il y avait alors peu de croiseurs qui n'eussent à bord des étrangers qu'ils étaient prêts à céder à des navires en détresse. Quant aux explications que je comptais donner, elles dépendaient des circonstances. Si les Français triomphaient, je parlerais de mon affaire avec *le Rapide;* si c'étaient les Anglais au contraire, c'est sur ma rencontre avec *le Polisson* que je comptais m'étendre. Dans l'un comme dans l'autre cas, je ne dirais que la vérité ; seulement il était probable que je m'abstiendrais de dire *toute* la vérité.

Les frégates françaises commencèrent à amener leurs voiles légères, au moment où nous mettions en panne. Cette manœuvre fut faite gauchement et d'une manière irrégulière, comme s'il y avait peu d'ordre et d'accord à bord. Marbre n'épargna pas les remarques, et, suivant lui, ce début n'annonçait rien de bon pour les trois couleurs. Il est certain que la marine française laissait beaucoup à désirer en 1803. Les Anglais avaient coutume de dire que c'était une rude besogne de prendre un bâtiment français ; oui, parce que la nation était naturellement guerrière ; mais les braves soldats étaient plus nombreux que les bons marins. Et puis il y avait ce malheureux penchant à parler toujours, qui est bien l'obstacle le plus funeste au bon ordre d'un navire.

C'était un beau coup d'œil de voir les quatre frégates dégarnir leurs mâts pour le combat. Les voiles françaises ne furent pas amenées tout à fait dans les règles. Les Anglais au contraire ne se pressèrent pas. Leurs ennemis étaient sous leurs trois huniers, le foc et la brigantine, avec les perroquets cargués, que John Bull n'avait pas encore touché même aux cacatois. Il faut se rappeler que les bâtiments anglais étaient sous le vent, et qu'ils avaient à serrer l'ennemi. Pour y réussir, ils s'avancèrent tellement dans notre direction, dans l'espoir de virer de bord dans les eaux des Français, que je vis que nous éviterions difficilement de leur parler. J'avoue que je n'avais pas compté sur cet incident ; mais il était trop tard pour se retirer ; c'eût été probablement nous faire capturer. Je résolus donc de faire bonne contenance et d'attendre les événements.

Au moment où les frégates anglaises venaient à une portée de fusil de *l'Aurore*, les Français, qui étaient alors à un mille et demi à l'est de leurs ennemis, et à un demi-mille au sud de nous, virèrent vent arrière, et présentèrent le cap à l'ouest, ou dans notre direction. Comme c'était s'approcher, les Anglais commencèrent à larguer les amures et les écoutes, afin d'être prêts. Les six cacatois flottèrent tous en même temps, ainsi que les clin-focs ; l'instant d'après, la toile fut roulée, et l'on n'en vit plus un seul bout. Alors les vergues elles-mêmes furent amenées, et toute la voilure légère disparut sur toute la surface du bâtiment, comme un oiseau qui plie ses ailes. Ensuite les basses voiles furent carguées, mais les voiles ne furent pas serrées. La frégate qui était en tête n'était alors qu'à une encâblure de distance.

— Par saint George, Miles, s'écria Marbre qui était à mon côté, la seconde frégate est *le Rapide !* Je la reconnais à son étrave et à la grande distance de son sabord de chasse à l'avant. Jamais vous n'avez vu réserver tant d'espace pour traverser les ancres. Voilà bien ses trente-un canons, et ses bastingages peints en blanc. A-t-on jamais vu pareille chose en mer !

Marbre avait raison ; c'était bien *le Rapide*, et sans doute les regards de lord Harry Dermond et de ses officiers seraient dirigés sur nous dans très-peu d'instants, car la distance entre les deux frégates n'était que de deux encâblures. En attendant, il fallait s'occuper de celle qui était en tête.

— Pouvez-vous me dire quelque chose des deux bâtiments qui nous restent au sud? demanda sans préambule un officier, à l'aide du porte-voix.

— Rien que ce que vous voyez, Monsieur. Je *suppose* que ce sont des Français, et je *vois* qu'ils portent sur nous.

— Sur nous! s'écria le capitaine anglais d'une voix assez forte pour se faire entendre sans porte-voix ; — en effet ! — pare à virer ! — la barre dessous ! — décharge derrière ! — brasse devant !

Ces commandements donnés à de courts intervalles, et d'une voix de tonnerre, furent exécutés avec promptitude. Il en résulta que la frégate vira vent devant droit par notre travers du vent, et si près de nous qu'on aurait pu jeter un biscuit sur son bord. Mais l'évolution se fit avec une précision admirable ; à peine la frégate perdit-elle de son aire, et elle s'élança aussitôt en avant, regardant ses ennemis droit en face.

— A présent, Miles, il est temps de faire porter et de gagner de l'avant. *Le Rapide* sait qu'on nous a parlé, et il supposera que nous sommes en règle; mais il va venir ici pour virer à son tour dans les eaux de sa conserve, et, à moins d'être aveugle, il ne pourrait manquer de lire notre nom. Allons, brasse bien sous le vent, et droit la barre, Neb !

Nous réussîmes assez bien pour être à une encâblure du *Rapide*, au moment où il arriva au point que nous venions de quitter. Je ne pus douter qu'il ne nous eût reconnus. Il semblait incertain sur ce qu'il devait faire ; un officier était sur le passavant à nous examiner avec une longue-vue : et lorsque la frégate, en faisant son abatée, nous déroba à ses yeux, il courut à la lisse de couronnement; c'était le jeune lieutenant, je le reconnus parfaitement à l'aide de ma longue-vue. D'autres vinrent bientôt le joindre, et, entre autres, lord Harry Dermond en personne. Je m'imaginai qu'ils me reconnaissaient moi-même, et que toutes leurs lunettes étaient braquées sur ma figure. Quel moment de cruelle angoisse! Les deux bâtiments n'étaient pas à un quart de mille l'un de l'autre, quoique *l'Aurore* augmentât rapidement cette distance; et, en faisant une grande arrivée, *le Rapide* nous aurait tenus sous son feu. Qu'était devenu l'équipage qu'il avait fait passer sur notre bord? car si Sennit eût été avec nous, il serait entré en communication avec son commandant. Avaient-ils été jetés tous à la mer, ou bien étaient-ils prisonniers à fond de cale? Toutes ces pensées devaient se présenter à l'esprit des officiers anglais.

Je crus encore une fois que nous étions perdus; mais la Providence vint encore à notre secours. Pendant ce temps, la frégate anglaise, qui était en tête, et les deux bâtiments français se rapprochèrent rapidement. L'action ne pouvait tarder à s'engager, tandis que *le Rapide* restait de plus en plus de l'arrière. A ce moment critique, une des frégates françaises tira un coup de canon en signe de défi. Ce signal sembla tirer tout à coup *le Rapide* de sa léthargie; ses vergues d'avant furent tournées au vent en un clin-d'œil; tous les officiers disparurent de la lisse de couronnement; en un instant, la misaine et la grand'voile étaient amurées, et les perroquets s'élevaient à tête de mâts. Grâce à ce surcroît d'impulsion, l'ardente frégate s'élança de l'avant, et fut bientôt à une demi-encâblure du *Prince-Noir*, c'était le nom de l'autre bâtiment anglais. J'ajouterai que le bâtiment du commodore français s'appelait *la Désirée*, et sa conserve, *le Cerf*. M. Menneval commandait la division française, comme le plus ancien capitaine; sir Hotham Ward commandait la division anglaise au même titre. Je n'ai jamais su le nom de l'autre officier français; ou, si je l'ai su, je l'ai oublié.

Maintenant que nous étions délivrés de ce dangereux voisinage, je ne devais plus chercher qu'à nous mettre, autant que possible, à l'abri du feu des combattants, et je présentai le cap de *l'Aurore* à l'ouest. Pendant qu'elle s'éloignait dans cette direction, je cherchai des yeux le lougre et la corvette sur l'Océan; le lougre était toujours en tête, et il était parvenu, en courant de petites bordées, à se mettre considérablement au vent des deux frégates françaises. Alors il avait couru une dernière bordée à l'est, pour se diriger vers la côte. La corvette était toujours dans son sillage, et le suivait de près.

# CHAPITRE XVIII.

— Vous et moi, nous nous sommes connus, Monsieur.
— Sur mer, je crois?
— Oui, Monsieur.
— Vous avez réussi sur mer?
— Et vous sur terre.

*Antoine et Cléopâtre.*

C'est un panorama mobile que j'ai à mettre sous les yeux du lecteur. Dès que *l'Aurore* fut à près de deux milles des frégates anglaises, nous mîmes de nouveau nos huniers sur le mât, car je brûlais du désir d'être spectateur de ce qui allait suivre ; mes compagnons le partageaient au même degré ; et, les yeux fixés sur les combattants, c'est à peine s'ils songeaient à notre bâtiment. Sans doute il y avait de l'imprudence à ne pas profiter de ce moment de répit pour nous éloigner ; mais il faut penser que des deux côtés on avait affaire à trop forte partie pour que le vainqueur n'eût pas aussi de fortes avaries à réparer, sans parler des prises à armer, et des mille autres chances qui pouvaient nous être favorables ; mais, sans parler même de ces considérations, l'intérêt que nous éprouvions tous était si vif qu'il absorbait tout autre sentiment, et il nous eût été moralement impossible de nous retirer avant la fin du combat.

Cependant les combattants se rapprochaient de plus en plus les uns des autres. *Le Rapide* était venu se poster un peu au vent du sillage du *Prince-Noir*, quoique à une demi-encâblure en arrière. Les frégates françaises étaient encore en ordre plus serré, et, à la manière dont elles avançaient, elles devaient bientôt placer *le Prince-Noir* entre deux feux. Les quatre bâtiments étaient sous leurs huniers, leurs focs et leurs brigantines, avec les basses-voiles sur les cargues. Les Anglais avaient leurs huniers cargués, tandis que ceux des Français étaient encore bordés à toucher, avec les vergues sur le ton. Les quatre frégates avaient amené les vergues de cacatois ; c'étaient bien les préparatifs d'un combat, et tout annonçait que M. Menneval voulait qu'il fût sérieux.

Le premier coup de canon fut tiré par *la Désirée*, qui était en tête; il était dirigé contre *le Prince-Noir*, et le boulet arriva probablement à son adresse, car sir Hotham Ward laissa porter immédiatement, sans doute pour éviter d'être enfilé. Les Français en firent autant pour se maintenir en équerre, et les quatre frégates s'avancèrent sur des lignes parallèles, quoique dans des directions différentes, et à une courte encâblure l'une de l'autre. *La Désirée* lâcha successivement toute sa bordée ; *le Prince-Noir* la reçut sans riposter, quoique je pusse voir qu'il avait considérablement souffert, surtout dans sa mâture. A la fin, sir Hotham Ward prit la parole à son tour ; il vomit toute sa bordée presque en même temps, et il en résulta un fracas effroyable. La fumée ne tarda pas à cacher son bâtiment, tandis que *la Désirée*, en s'avançant vers nous, devançait le nuage qu'elle avait formé elle-même.

*Le Rapide* ouvrit alors le feu sur le commodore français, qui dut riposter vivement, à en juger par le bruit qui retentissait de ce côté. Les quatre frégates ralinguèrent leurs huniers pour ralentir leur marche ; et il y eut un moment où l'on eût dit qu'elles s'arrêtaient sous le dais de fumée qui s'était formé au-dessus d'elles, afin de se faire le plus de mal qu'elles pourraient. Cependant les bâtiments français sortirent bientôt de derrière le rideau, et la cessation de la canonnade annonça qu'ils s'étaient séparés. Je ne vis d'abord guère les navires anglais, à cause de la fumée ; mais leurs adversaires sortirent de la mêlée, toute courte qu'elle eût été, les voiles déchirées, les vergues percées de part en part, et *le Cerf* avait son mât de perroquet de fougue pendant sous le vent. Presque au même instant, j'entrevis *le Prince-Noir* qui serrait le vent le plus près possible à travers le sillage de ses ennemis. *Le Rapide* le suivait à la piste, comme le limier le plus intelligent, plutôt en se rapprochant encore. Bientôt *le Prince-Noir* vira vent devant ; mais, au milieu de la manœuvre, son grand mât de perroquet tomba, entraînant naturellement avec lui les vergues et les voiles ; c'était un indice que M. Menneval ne plaisantait pas.

Les Français, après ce premier choc avec leurs ennemis, portèrent en route pendant quelques minutes, et nous pûmes les voir occupés activement, mais sans ordre, à enlever les débris, à bosser les huniers, en un mot, à réparer les avaries. *Le Cerf*, lui, avait fort à faire à cause de son mât de fougue qui se balançait d'une manière effrayante. Il parvint enfin à s'en débarrasser ; et, dix minutes après que le feu avait cessé, les frégates françaises mirent la barre au vent et portèrent au nord, vent arrière, comme si elles invitaient l'ennemi à venir les rejoindre, s'il se sentait disposé à continuer le combat.

Il était temps pour nous qu'un parti fût pris, car les combattants n'étaient plus qu'à un mille de *l'Aurore*. Il était urgent de leur faire place. Je laissai porter en toute hâte. Quand M. Menneval arriva, ses antagonistes le serreraient de près par sa hanche du vent, et à moins qu'il n'eût l'intention de combattre sous le vent, il était urgent pour lui de s'éloigner à son tour.

Cependant sir Hotham Ward était un marin trop expérimenté pour ne pas profiter de l'avantage que M. Menneval lui avait donné. Dès que le commandant français laissa porter, il en fit autant; mais, au lieu d'arriver vent arrière, il loffa de nouveau à temps, sans avoir touché à ses bras, et traversa le sillage de ses ennemis, en lâchant en poupe une bordée des plus meurtrières. A ma grande surprise, *la Désirée* continua sa route jusqu'à ce que *le Rapide* eût envoyé une seconde bordée. Alors la frégate anglaise vira rapidement vent arrière presque sur elle-même, et elle semblait sur le point de recommencer le même manége, quand M. Menneval, voyant qu'il n'y avait qu'à perdre à ce jeu-là, vint au vent, tirant à mesure que ses canons portaient, et *le Cerf* en fit autant, le cap tourné dans l'autre direction, ce qui détruisait toute espèce d'ensemble dans leurs mouvements. Les Anglais serrèrent au feu, et en une minute tous les bâtiments étaient enveloppés du même nuage de fumée. Nous vîmes encore quelque temps le haut des mâts; mais bientôt la fumée, en élargissant son cercle, nous en déroba complétement la vue. Les décharges se succédaient rapidement, et l'intérêt que nous prenions était si intense, que nous mîmes en panne malgré toutes les considérations qui auraient dû s'y opposer.

Une heure se passa ainsi, qui me parut un jour, tant il me tardait de connaître l'issue. Quelques boulets étaient venus dans notre direction; deux même étaient passés entre nos mâts, et c'est à peine si nous y avions fait attention. Enfin le feu se ralentit par degrés, et il finit par cesser entièrement. La fumée, qui était agglomérée sur l'Océan, se leva et se dispersa peu à peu, et le champ de bataille se montra enfin à nos regards avides.

Le premier bâtiment que nous aperçûmes fut notre vieille connaissance, *le Rapide*. Les huniers étaient partis; le bout de la grande vergue avait été enlevé; ses manœuvres basses étaient couvertes de débris. Sa misaine, son artimon, son foc et sa brigantine étaient dehors; c'était à peu près toute la voilure qu'elle pouvait porter.

A peine avions-nous eu le temps de jeter un coup d'œil sur *le Rapide*, que la coque sombre du *Cerf* parut à son tour. Cette frégate avait été rudement traitée. A vingt pieds au-dessus du pont, il ne restait littéralement rien que le mât de misaine; encore la tête en avait-elle été enlevée presque jusqu'à la hune. Tout autour d'elle la mer était couverte de débris, et trois de ses embarcations étaient à la mer, repêchant les hommes qui se tenaient encore aux agrès qui les avaient entraînés dans leur chute. Elle était en panne à une encâblure du *Rapide*, et elle paraissait avoir grande envie de s'éloigner davantage, car elle n'eut pas plus tôt rembarqué ses canots, qu'elle laissa tomber sa misaine, et arriva vent arrière.

Ce fut en observant les mouvements du *Cerf* que nous découvrîmes *la Désirée*, qui exécutait la même manœuvre. Leur but commun était de se tenir à portée de se secourir l'un l'autre, et à la plus grande distance possible de leurs ennemis. Le pavillon tricolore flottait à l'extrémité de ce qui restait de leurs mâts. *La Désirée* n'était pourtant pas tout à fait en aussi mauvais état que sa conserve; son mât de misaine et son grand mât étaient intacts; mais le mât d'artimon avait été rasé à fleur du pont.

*Le Prince-Noir* fut le dernier à sortir du nuage de fumée. Tout y était à sa place, à partir des traversins de barre de hune et de perroquet jusqu'au pont. Les mâts de perroquet et de perruche étaient partis, et les débris étaient déjà enlevés, mais toutes les vergues des hunes étaient sur le ton; et les agrès, les mâts, les hunes étaient couverts de matelots, ainsi que ceux du *Rapide*. C'était ce qui expliquait la cessation des hostilités; les Anglais employant leur monde à maintenir leur mâture, tandis que les Français, en courant vent arrière, ne pouvaient tirer efficacement une seule bordée. Les canons de retraite d'une frégate étaient rarement employés alors, à cause de l'élancement de l'étrave. Il m'a toujours paru que les Espagnols construisaient les meilleurs bâtiments à ce point de vue; les Anglais et les Américains, en particulier, semblent ne jamais calculer la possibilité d'une retraite. Et qu'on ne croie pas qu'en parlant ainsi des navires espagnols, je veuille insinuer que la nation espagnole manque de courage, lorsque je pense tout le contraire ; non, je tiens seulement à constater leur supériorité sur un point de l'architecture navale, au moment même où, après avoir construit un beau bâtiment, ils ne savaient point en faire usage.

Les dix premières minutes furent employées activement de part et d'autre à réparer les avaries ; de la part des Français, avec leur confusion, et, j'en suis certain, avec leur loquacité ordinaire ; et, de la part des Anglais, avec ensemble et avec une parfaite connaissance de ce qu'ils avaient à faire. Néanmoins, il y avait des exceptions. Ainsi, à bord du *Cerf*, j'observai un groupe de matelots occupés à déblayer le bâtiment et à enlever les débris du grand mât, et ils procédaient avec un sang-froid, une vigueur et une méthode qui prouvaient tout le parti qu'on aurait pu tirer de pareils hommes, s'ils avaient été convenablement dirigés, et surtout, je ne me lasserai pas de le répéter, si les officiers avaient compris l'importance extrême du silence à bord d'un bâtiment chargé de monde. Les Anglais ont dû autant de victoires à la taciturnité naturelle de leur nation, jointe à leur amour de l'ordre et de la discipline, poussé jusqu'à l'exagération, que leurs ennemis ont dû peut-être de revers à leur loquacité innée, qui sembla prendre un nouvel essor sous le règne *des citoyens*. Il est heureux pour nous que le caractère américain soit porté au silence et à la réflexion dans les cas graves ; nous ne sommes brouillons, bavards et fanfarons qu'en politique.

Voyant que l'orage allait selon toute apparence passer du côté sous le vent, nous restâmes quelque temps immobiles, pour épier le dénouement. Je fus surpris de la manière dont *le Prince-Noir* se tenait à l'écart, tandis que *le Rapide* laissait porter, et courait sur les traces du *Cerf*, le harcelant tantôt d'un côté, tantôt de l'autre, et faisant sur lui un feu des plus meurtriers. A la fin sir Hotham Ward arriva vent arrière, ayant un sillage deux fois plus grand que *le Rapide*, parce qu'il pouvait porter ses huniers. Il paraîtrait que M. Menneval n'était pas content de la manière dont sa conserve avait été traitée ; car, au lieu d'attendre qu'on l'attaquât de la même manière, il mit la barre à babord, vint au plus près du vent, et lâcha en loffant une bordée qui fut fatale au *Prince-Noir*, et son grand mât tomba immédiatement, entraînant après lui le mât de perroquet de fougue. La frégate anglaise se comporta bien dans des circonstances si critiques. Toutes les voiles de la misaine faisaient toujours leur service, et elle continua à avancer droit sur l'ennemi. Elle attendit pour essayer de loffer qu'elle ne fût qu'à deux cents brasses, et alors elle vint lentement au vent ; manœuvre qui fut facilitée par la chute de son petit mât de hune, qui alla rejoindre à l'arrière les autres débris, au moment où la barre devait être mise à babord. *Le Cerf* voyant que le combat allait recommencer, sans changer de place, vint aussi au vent, et les quatre combattants s'apprêtèrent avec la même ardeur que si une première action n'avait pas déjà eu lieu.

Il ne serait pas facile de décrire tous les incidents de cette seconde affaire. Pendant deux heures les frégates restèrent à une encâblure l'une de l'autre, se livrant le combat le plus acharné qu'il fût possible dans les circonstances où elles se trouvaient. Toutes se conduisirent noblement ; mais c'est surtout *le Prince-Noir* qui, quoique son pont n'offrît que ruines, excita mon admiration ; et son feu fut encore le plus nourri et le plus actif ; mais, gêné dans ses manœuvres par tous ces mâts et ces agrès épars, il finit par être dépassé par *la Désirée*, qui prit graduellement la tête, et les deux bâtiments se trouvèrent hors de la portée de leurs canons respectifs. Le commandant anglais gagna alors au vent, tandis que la frégate française remplaçait son foc et sa brigantine, qui n'étaient plus que des lambeaux informes.

Pendant ce temps *le Rapide* et *le Cerf* n'étaient pas restés inactifs. Le bâtiment français se comporta bravement, et il eût été difficile de faire un choix entre les deux, quand les Français virèrent rapidement vent arrière, et suivirent leur conserve en échangeant en passant une bordée avec *le Prince-Noir*.

C'est surtout lorsqu'il faut réparer des avaries que l'habileté du marin a occasion de s'exercer. Tout homme peut charger et tirer un canon ; mais il faut une longue expérience pour parer à toutes les éventualités d'un combat sur mer. Le premier faiseur de mottes pourrait abattre un mât, il faut un matelot pour le replacer. Depuis le commencement de l'engagement, nous avions tous admiré l'ordre, la régularité et la rapidité avec laquelle *le Prince-Noir* et *le Rapide* avaient forcé ou diminué de voiles, et l'adresse, les ressources qu'ils avaient déployées pour maintenir en place les mâts criblés et les voiles déchirées, tandis que Marbre se livrait à des sarcasmes et à des commentaires sans fin sur la confusion et le bruit qui régnaient à bord des bâtiments français. Cette différence devint plus sensible encore quand il n'y eut plus de fumée ni de canonnade pour détourner l'attention des équipages respectifs. En une demi-heure le pont du *Prince-Noir* était dégagé de tout ce qui l'encombrait, tandis que son antagoniste s'agitait beaucoup sans que la besogne parût avancer. La même différence existait entre les deux autres frégates, quoiqu'à un moindre degré, *le Cerf* déployant, sous ce rapport, une activité mieux entendue que *la Désirée*. Quant au *Rapide*, je dois rendre à mon ancienne connaissance, lord Harry Dermond, la justice de dire qu'il ne montra pas moins d'habileté après le combat que pendant l'action. Je crois pouvoir assurer que l'honorable lieutenant Powlett ne lui fut pas d'une grande utilité; il eût été beaucoup mieux à sa place ce jour-là dans le salon de madame sa mère. Sennit, lui, était en route pour les Barbades; mais ces recruteurs de matelots par la presse ne font jamais grand'chose en face de l'ennemi.

Deux heures se passèrent ainsi. *La Désirée* et *le Cerf* s'étaient rangés alors plus d'un mille à l'est des frégates anglaises. Celles-ci les suivirent quand elles eurent réparé leurs avaries, mais avec une voilure moindre. *Le Prince-Noir* avait guindé dans l'intervalle trois mâts de hune de rechange, et il était prêt alors à établir les voiles. *Le Rapide* avait été moins actif ou moins habile, quoique de son côté il ne fût pas resté oisif. Les Anglais se dirigèrent alors rapidement vers leurs ennemis. M. Menneval laissa porter à temps cette fois; et il ouvrit son feu de ses deux frégates à la fois, quand il n'était plus qu'à un demi-mille de distance. Cette hardiesse fut couronnée de succès. *Le Prince-Noir*, assailli avec impétuosité, vit tous ses mâts tomber l'un après l'autre, jusqu'à ce qu'il ne lui restât plus que trois tronçons de bas mâts, dont pas un ne s'élevait à plus de vingt pieds au-dessus du pont. Sir Hotham Ward ne s'était pas encore trouvé dans une position aussi critique. Il ne pouvait plus faire un pas en avant, si ce n'est en dérive, tant que tous les débris n'eussent été enlevés. Celui qui ne connaît pas la mer peut penser que ce n'est pas grand'chose que de couper des cordages à coups de hache; mais le marin sait que c'est quelquefois une besogne des plus pénibles et des plus périlleuses. L'Océan n'est jamais en repos; et le bâtiment, qui n'est pas tenu comme en bride par sa voilure, roule de manière à ce qu'il soit très-difficile de marcher même sur le pont.

Les Français, tout acharnés qu'ils étaient à démâter *le Prince-Noir*, firent peu d'attention au *Rapide*, qui profita de cette négligence pour passer au vent de *la Désirée* sans qu'on songeât à l'inquiéter. Comme les Français étaient sous le vent, *le Rapide* attendit, pour faire porter, qu'il fût à l'abri de leur feu. Alors il se mit à la poursuite de ses ennemis avec deux fois plus de voiles qu'ils n'en portaient eux-mêmes. En moins d'une demi-heure, il eut rejoint *le Cerf*, qu'il accosta par une de ses hanches, et alors il lui lâcha toute sa bordée. Pendant ce temps, *le Prince-Noir*, immobile à la même place, cherchait à se débarrasser de ses débris épars, pendant que le combat s'éloignait lentement sous le vent. Son équipage travaillait avec une ardeur infatigable, et nous entendîmes les acclamations qu'il poussa quand le pont fut enfin dégagé de cette forêt de mâts, de vergues et d'agrès, dont il était couvert depuis si longtemps. Alors on s'empressa de mettre une civadière qu'on avait enverguée pour la circonstance; et une voile de perroquet fut établie sur un léger mâtereau qui avait été dressé contre le tronçon du grand mât, le plus élevé des fragments qui restaient encore.

Comme le combat passait du côté sous le vent, je me déterminai à suivre les combattants, la direction étant précisément celle que nous désirions prendre. Cependant, pour me tenir hors de la portée des boulets, j'allai en dépendant dans l'est, avec l'intention de laisser porter ensuite dans le sillage du *Prince-Noir*. Nous n'avions pas besoin de nous presser, puisque nous pouvions facilement alors avancer de six brasses contre lui une.

En effectuant mon projet, je passai près de l'endroit où la mer était couverte des débris de mâts de la frégate anglaise. Sur un de ces fragments ballottés à la surface, nous vîmes le corps d'un matelot embarrassé dans les agrès. Le pauvre diable était sans doute tombé avec le mât, et il s'était noyé avant qu'on eût pu venir à son secours. Les vaisseaux de guerre qui poursuivent un ennemi s'arrêtent rarement pour repêcher leurs morts.

J'eus soin de me tenir toujours à un mille de distance du *Prince-Noir*. Pendant ce temps, *le Rapide* lâchait bordée sur bordée sur la hanche du *Cerf*, qui était trop criblé pour loffer, tandis que M. Menneval s'éloignait sans être inquiété, et ne se souciait pas de compromettre, en venant s'exposer de nouveau au feu, l'avantage qu'il avait obtenu sous le rapport de la vitesse. Cet officier ne manquait pas de courage; mais les Français étaient si accoutumés à avoir le dessous dans les combats sur mer contre les Anglais, qu'ils avaient fini par désespérer de la victoire. *Le Cerf* se défendit noblement; malgré les désavantages de sa position, il tint bon jusqu'au moment où *le Prince-Noir* envoya toute sa bordée par sa hanche de bâbord, pendant que *le Rapide* ne lui laissait pas un moment de repos à tribord et faisait pleuvoir sur lui boulets sur boulets; ce ne fut que lorsqu'il vit qu'il restait seul pour tenir tête à deux adversaires, que *le Cerf* se décida à amener pavillon.

Ce fut le signal de la fin du combat; *la Désirée* continua son mouvement de retraite, sans qu'on cherchât à s'y opposer; mais j'appris ensuite qu'elle avait été interceptée le lendemain matin par un bâtiment anglais, à deux ponts, qui rentrait au port, et qu'elle s'était rendue sans résistance.

Le lecteur peut éprouver quelque curiosité de savoir quels sentiments nous éprouvâmes, à bord de *l'Aurore*, pendant les cinq heures qui s'écoulèrent entre les premiers et les derniers coups de canon; ce qui se dit entre nous, et quel parti nous crûmes devoir prendre lorsque la victoire fut décidée. Il eût été difficile de trouver quatre hommes dans une position plus impartiale que nous entre les combattants. Comme tous les Américains les mieux élevés de mon époque, au moins jusqu'à la guerre de 1812, j'avais eu d'abord un certain faible pour les Anglais; mais en pénétrant derrière le rideau des discussions politiques, à mesure que la réflexion avait fait justice des sophismes et des éloges des journaux, j'avais modifié sensiblement mon opinion. L'Angleterre n'était pas alors pour moi plus que toute autre nation; je n'étais pas non plus de l'école française en politique. Je me tenais sur un terrain neutre, également éloigné de ces théories étrangères.

Marbre avait une aversion prononcée pour l'Angleterre depuis la révolution; mais, en même temps, accessible aux préjugés vulgaires des hommes de sa condition, il méprisait les Français, et je dois avouer qu'il éprouvait un plaisir barbare à voir les combattants s'entre-détruire. Si nous avions été assez près pour juger des souffrances causées par les terribles incidents d'un combat naval, il aurait éprouvé sans doute de tout autres sentiments; mais, à la distance où nous étions, il ne voyait que des bâtiments français et des bâtiments anglais qui volaient en éclats.

— Si ce M. Gallois et son lougre infernal pouvaient prendre

part à la danse, Miles, me dit-il au plus fort de l'action, il ne manquerait rien à ma satisfaction ; je jouirais de voir la corvette et *le Polisson* s'arracher les yeux, comme deux harangères qui ont épuisé leur vocabulaire d'invectives.

A voir Neb et Diogène regarder le combat, on pouvait se figurer les Césars, les yeux fixés sur l'arène au moment où les gladiateurs étaient le plus acharnés les uns contre les autres. Quand plusieurs canons tiraient ensemble, c'étaient de leur part des éclats de rire, des acclamations, des transports de joie sans fin ; c'était pour eux le signal que l'œuvre de destruction allait son train ; mais j'entendis, entre ces deux enfants de l'Afrique, un dialogue qui fera connaître à fond leur pensée :

— Lequel des deux pincer le mieux, suivant vous, Neb? demanda Diogène avec une grimace de satisfaction qui laissa voir dans sa bouche une double rangée d'ivoire.

— Tous deux pas y aller de main morte, répondit Neb ; vous voir que *le Rapide* ne pas se faire tirer l'oreille, hein?

— Moi vouloir eux être un peu plus près, Neb. Quelques coups point porter du tout à cette distance.

— Les choses se passer toujours ainsi dans un combat, cuisinier.
— Bon ! vous empocher cela, John Bull !

— Ah ! ah ! lui pas être leste à presser des hommes pour le quart-d'heure, pas vrai, Neb?

— Tiens ! à Jean Crapaud, à présent ! lui avoir son tour ; toutes les fenêtres de la chambre voler en éclats.

— Qu'est-ce que cela faire à nous, Neb? Supposer eux se manger l'un l'autre ; point faire de mal à nous.

A ces mots, les deux interlocuteurs partirent d'un grand éclat de rire, frappèrent des mains, et balancèrent leurs corps comme s'ils avaient dit la chose la plus plaisante du monde. Diogène fut si enchanté, quand il vit tous les mâts du *Prince-Noir* dégringoler l'un après l'autre, qu'il se mit littéralement à danser, tandis que Neb regardait ses gambades avec un air de bonhomie complaisante. Il est certain qu'au fond l'homme a en lui beaucoup de la bête féroce, et qu'il peut être amené au point de regarder le spectacle le plus sauvage et le plus révoltant comme une source d'intérêt et de plaisir. Qu'un criminel doive être exécuté : nous voyons des milliers d'individus, de tout âge et de tout sexe, qui se pressent autour du lieu du supplice, pour assister à l'agonie de leur semblable; et, quoique cette foule de curieux puisse éprouver parfois quelques mouvements de sensibilité pendant cette affreuse tragédie, aucun ne détourne les yeux qu'il n'ait vu les moindres détails de ce hideux dénouement.

Il faut que je dise un mot de notre ami, M. Gallois. Juste au moment où les mâts du *Prince-Noir* furent abattus, je le vis bien loin au vent, qui se dirigeait vers la côte, faisant toute la voile que le lougre pût porter. La corvette le suivait toujours de près, et Marbre me fit remarquer le nuage de fumée qui s'élevait sur son passage. — La distance était trop grande pour que nous pussions entendre le bruit des détonations; mais la fumée continua à être visible jusqu'au moment où les deux navires disparurent au sud-ouest. J'appris que le lougre avait fini par s'échapper; il était vivement poursuivi, et il eût été capturé, si la corvette anglaise, dans son ardeur de l'aborder, n'avait pas brisé son grand mât de perroquet. Ce fut à cet accident seul que M. Gallois dut son salut; j'espère qu'il parvint à rejoindre son ami, M. Le Gros.

## CHAPITRE XIX.

> La mer était calme, et je vis deux vaisseaux venir droit à moi, l'un de Corinthe, l'autre d'Épidaure : ils venaient,... mais ne m'en demandez pas plus, et que ce que je vous ai dit vous serve à vous faire deviner le reste.
>
> *La Comédie des Erreurs.*

Il était grand temps que *l'Aurore* agît. De tous les bâtiments sous le vent, *le Rapide*, celui que nous avions le plus sujet de craindre, était le plus en état de nous nuire. Il est vrai que, pour le moment, nous pouvions le gagner de vitesse; mais un bâtiment de guerre, avec son nombreux équipage, pouvait bientôt rétablir l'équilibre. J'appelai Marbre pour me concerter avec lui.

— Eh bien! Moïse, je crois qu'il ne faut pas nous amuser ici plus longtemps; les Anglais sont vainqueurs, et comme les officiers du *Rapide* nous ont reconnus, on ne va pas tarder à se mettre à nos trousses.

— Je suis tenté de croire, Miles, qu'ils en ont pour quelques heures encore à travailler avant de se mettre en route; et dire que notre équipage est sur leur bord, et pas moyen d'en ravoir quelques hommes! Ce serait si bon pourtant! Si l'on avait seulement un canot, j'irais les trouver avec un pavillon parlementaire, et je verrais s'il n'y aurait pas moyen de s'entendre.

Je ris de cette saillie, en conseillant à Marbre de rester où il était:
— Il faudra bien du temps au *Rapide* pour remettre en état sa voilure, ajoutai-je, et puis il peut être tenté de poursuivre l'autre frégate française, qui se dirige évidemment sur Brest, auquel cas nous n'aurions rien à craindre. — Par Saint-George! voilà un coup de canon, et l'on tire de notre côté. Voyez-vous le boulet, Moïse, qui décrit ses ricochets sur l'eau, presque en droite ligne entre nous et la frégate? Parbleu! le voilà qui arrive à son adresse.

En effet, *le Rapide* avait le cap tourné vers nous, et le boulet, bondissant de vague en vague, vint tomber à cent brasses de *l'Aurore*.

— Oh! oh! s'écria Marbre, qui avait braqué sa longue-vue sur les frégates; voilà bien une autre affaire! Voilà un canot qui vient de ce côté à force de rames, et un autre canot le poursuit. C'est au premier de ces canots que le boulet s'adressait, et non pas à nous.

Je regardai à mon tour; c'était bien, comme Marbre le disait, une petite embarcation, qui était naturellement au vent de la frégate; elle venait droit à nous, et les rameurs faisaient des efforts désespérés. Il y avait sept matelots, six aux avirons et un au gouvernail. La vérité jaillit tout à coup à mon esprit; c'étaient des hommes de notre équipage, sous la conduite du second lieutenant, qui, voyant à l'eau un des canots du *Rapide* sans que personne y fût, avaient profité de cette circonstance pour s'enfuir, dans la confusion du moment. Le *Prince-Noir* avait pris possession de la prise en employant une seule embarcation, et le cutter envoyé à la poursuite me paraissait venir du bâtiment français. Je fis part sur-le-champ de mes soupçons à Marbre, et, pour lui, ils se changèrent aussitôt en certitude.

— Eh! parbleu, oui, ce sont nos hommes, s'écria-t-il; — vite, il faut faire servir, et leur épargner la moitié du chemin.

Ce projet ne pouvait être effectué sans nous exposer au feu des Anglais, car nous venions d'éprouver tout récemment qu'il s'en fallait de bien peu que leurs boulets ne portassent jusqu'à nous. Nous commençâmes toujours par mettre le vent dans nos voiles ; il ne pouvait en résulter aucun inconvénient, et nous pouvions, au contraire, en retirer de grands avantages. Je n'avais jamais supposé un moment que ce fût après nous que les Anglais envoyaient des embarcations, puisque, avec le vent qu'il faisait, *l'Aurore* n'aurait pas tardé à les laisser de plusieurs milles en arrière. Chaque minute rendait ma conjecture de plus en plus vraisemblable : on ne pouvait se méprendre aux efforts énergiques que faisaient également les hommes des deux équipages. Cependant la frégate ne pouvait plus tirer, les deux canots se trouvant exactement sur la même ligne, de sorte que l'un eût couru tout autant de dangers que l'autre.

Il est rare qu'un combat naval s'engage sans que les bâtiments mettent une ou deux embarcations à la mer, et, quand l'action est chaude, sans que ces embarcations aient plus ou moins à souffrir. Il arrive souvent qu'une frégate n'a qu'un ou deux canots qui puissent tenir l'eau après une affaire, et, la plupart du temps, elle n'a que celui qu'elle a eu la précaution de mettre à la mer avant d'en venir aux mains. C'est ce qui explique pourquoi, dans l'occasion actuelle, une seule embarcation s'était mise à la poursuite des fugitifs.

*L'Aurore* arbora son pavillon pour montrer que nous voyions nos pauvres amis qui nageaient à tour de bras pour nous rejoindre ; puis elle éventa son grand hunier, brassa carré, et se dirigea droit vers les fugitifs. Nous n'étions que trois aux bras de la grande vergue ; mais chacun de nous semblait avoir la force d'un géant. Que de motifs, en effet, pour exciter notre ardeur ! De quel secours ne nous seraient pas les sept hommes qui venaient à nous, qui étaient des nôtres, et qui nous mettraient à même de conduire notre bâtiment droit à Hambourg !

Notre bon navire se conduisit à merveille : Neb était à la barre, le cuisinier sur le gaillard d'avant, et Marbre et moi nous tenions des cordes à la main pour les jeter aux fugitifs dès qu'ils seraient assez près pour les recevoir. Il était temps que nous arrivassions, car le cutter, qui avait dix avirons et un équipage complet, s'approchait de plus en plus du canot. Comme nous l'apprîmes ensuite, nos gens, dans la précipitation du départ, avaient embarqué le sommet d'une lame, et ils éprouvaient le grand désavantage d'avoir plus d'un baril d'eau, qui ballottait au fond de leur cutter et le rendait plus lourd et plus difficile à gouverner.

L'intérêt que nous prenions au résultat de cette course était si vif que ce que nous avions éprouvé pendant le combat n'était rien en comparaison. Marbre imitait avec son corps tous les mouvements des rameurs, comme s'il pouvait les aider ainsi. Diogène les appelait de toutes ses forces, et les encourageait à nager en désespérés, et il ne réfléchissait pas qu'ils n'étaient pas encore à portée de l'entendre. Avec ma longue-vue j'apercevais mon second lieutenant qui d'une main tenait la barre, de l'autre vidait l'eau avec son chapeau. Cependant le cutter était assez proche alors pour que je pusse distinguer le bout de quelques fusils ; s'il arrivait assez près du canot pour en faire usage, nos hommes étaient perdus ; car il n'était pas probable qu'ils eussent aucune arme pour se défendre.

La crise approchait ; *l'Aurore* faisait bonne route, Marbre et Diogène ayant bordé avec peine et hissé le grand perroquet ; l'eau écumait sous nos bossoirs, et bientôt le canot fut si près que nous fûmes obligés de serrer le vent, afin de donner aux fugitifs le temps de nous rejoindre. Marbre apporta sur le pont les fusils laissés par les corsaires, et se mit à les amorcer. Il voulait faire feu sans plus attendre, sur le cutter, qui se trouvait alors à portée ; mais c'eût été nous mettre dans notre tort ; je lui promis de me servir de ces armes si les Anglais tentaient de nous aborder, mais j'ajoutai que jusque-là il fallait nous tenir tranquilles.

Cependant les embarcations approchaient de plus en plus, le cutter gagnant toujours du terrain sur le canot. *Le Prince-Noir* et *le Rapide*, qui pouvaient être à un mille de distance, envoyèrent chacun un boulet qui passa sur nos têtes. Dans ce moment, l'officier qui commandait le cutter fit feu sur le canot, et je vis un de nos matelots baisser la tête ; il avait été atteint. Je pensai que le pauvre diable avait le bras cassé, car il semblait éprouver une vive souffrance, et il changea de place avec le second lieutenant, qui saisit l'aviron, et se mit à nager avec fureur. Trois nouvelles décharges eurent lieu, en apparence sans résultat ; nos matelots étaient alors à cent cinquante brasses de nous, et les Anglais à moins de vingt brasses derrière eux. Les Anglais cessèrent de tirer, peut-être parce qu'ils avaient alors la partie trop belle pour répandre le sang inutilement.

Je dis à Marbre de se tenir prêt avec une corde à la main. *L'Aurore* allait lentement de l'avant, et il n'y avait pas de temps à perdre. Je criai alors à mon second lieutenant d'avoir bon courage, et il répondit par des acclamations. Les Anglais poussèrent des hourrah, et nous en fîmes autant de notre côté.

— Oh! du canot! attention à la corde! m'écriai-je; file, Moïse, file!

Moïse jeta la corde des chaînes d'artimon; elle fut saisie, et je fis signe à Neb de laisser arriver jusqu'à ce que les voiles fussent disposées. Le bruit des poulies de cargue-points annonça que Diogène amurait la grande voile avec une force de géant. La voile s'ouvrit, et Moïse et moi nous halâmes l'écoute de manière à faire sentir au bâtiment l'impulsion de cette énorme toile. M'élançant sur la lisse de couronnement, je vis nos hommes debout dans le canot, agitant leurs chapeaux, et regardant le cutter qui faisait de vains efforts pour atteindre une embarcation que nous entraînions si rapidement à la remorque. L'officier animait ses matelots à grands cris, et il se mit à charger un fusil. Dans ce moment, par une fatalité terrible, la remorque se détacha du banc du canot, et nous fûmes lancés, à ce qu'il me parut, à cent pieds de distance sur le sommet de la première vague. Nos pauvres amis n'eurent pas même le temps de s'asseoir pour reprendre leurs avirons avant que le cutter les eût accostés. Tant d'efforts étaient en pure perte; et, après avoir été si près de recouvrer la meilleure partie de mon équipage, je restais de nouveau sur l'Océan, n'ayant que trois hommes avec moi pour gouverner *l'Aurore*.

Le lieutenant anglais connaissait trop bien son métier pour ne pas chercher à s'emparer de notre bâtiment. Il se contenta d'enlever du cutter tous les avirons, et il s'élança dans notre sillage. D'abord, il nous gagna, et je n'en fus pas fâché, car je désirais lui parler. Lorsqu'il fut à cinquante brasses, nous avions filé les écoutes, — l'officier me coucha en joue et m'ordonna de mettre en panne. Je sautai à bas de la lisse de couronnement, et, ayant le corps couvert jusqu'aux épaules, je l'ajustai avec un des fusils français, et l'engageai à prendre le large.

— Qu'avez-vous fait de l'équipage de prise que *le Rapide* a mis l'autre jour sur votre bord? demanda le lieutenant.

— Nous les avons envoyés faire une promenade sur mer, répondis-je. Nous avons eu assez d'équipages de prise ici, et nous n'en voulons plus.

— Mettez en panne, Monsieur, ou craignez d'être traité comme pirate.

— Pas possible ! s'écria Marbre, qui ne put se contenir plus longtemps. Mais pour nous traiter en pirates, il faudrait commencer par nous attraper. Faites feu, si vous êtes las de votre métier de croiseurs. Je voudrais que ces Français infernaux vous eussent fait passer à jamais le goût du grog.

Ce langage n'était ni convenable ni politique, et je dis à Marbre de se taire. M'armant de sang-froid, je demandai tranquillement les noms des combattants, et les pertes des différents navires ; mais l'officier anglais n'était pas d'humeur à me répondre. Il n'osa pourtant pas faire feu, et voyant que nous étions armés, et que, quand même il parviendrait à nous rejoindre, il n'aurait pas bon marché de nous, il abandonna la chasse, et retourna au canot capturé. Nous fîmes aussitôt servir, et *l'Aurore* prit son élan à raison de sept nœuds par heure.

Les frégates ne nous envoyèrent plus de boulets. Elles avaient sans doute alors à penser à beaucoup d'autres choses ; et d'ailleurs elles avaient peu de chances de nous atteindre, quand même elles eussent réussi à endommager un mât ou deux.

Le dénouement de cette journée mémorable causa un vif désappointement à bord de *l'Aurore*. Marbre épuisa ses jurons les plus énergiques, et ce n'est pas peu dire ; car, malgré toutes mes remontrances, il enrichissait tous les jours son vocabulaire à cet égard, surtout lorsqu'il était excité. Diogène faisait ses plus horribles grimaces en montrant les deux poings au cutter, tandis que Neb riait et pleurait à la fois, le signe le plus certain que son agitation était portée au plus haut degré.

Mes sensations n'étaient pas moins vives ; mais je sentis le besoin de les maîtriser. Il fallait quitter au plus vite ce dangereux voisinage, et je mis le cap au nord-ouest, en ayant soin de me tenir assez éloigné des frégates pour n'être pas exposé au feu de leurs batteries. Je fis signe alors à Marbre de venir près du gouvernail ; car je faisais depuis une heure les fonctions de timonnier, fonctions que, lors de mes premiers voyages sur *l'Hudson*, je croyais que c'était non-seulement un devoir pour tout capitaine, mais même un plaisir de remplir. L'expérience devait m'apprendre que, de toutes les besognes dont le matelot peut être chargé à bord d'un bâtiment, celle dont il est le moins jaloux, est le maniement du gouvernail, si ce n'est peut-être de serrer le foc par un gros temps.

— Eh bien! Moïse, voilà une affaire terminée, et l'Atlantique s'étend de nouveau devant nous; avec tous les ports de l'Europe offerts à notre choix, et un équipage de quatre hommes, compris le capitaine, pour conduire le bâtiment où nous voudrons.

— Ah! cette dernière affaire me coupe bras et jambes, Miles. Dire que nos braves matelots nous rejoignaient, si cette remorque infernale n'était pas venue à nous faire faux bond! Je n'ai jamais éprouvé de désappointement pareil, depuis le jour où je découvris que je n'étais qu'un maudit ermite, malgré la manière dont j'avais généralisé sur l'avantage d'être gouverneur et grand amiral d'une île à moi tout seul.

— Comme il n'y a point de remède, il faut bien en prendre notre parti, mon pauvre ami. La question qui reste à examiner est celle-ci : qu'allons-nous faire? Si nous nous aventurons dans la Manche, nous rencontrerons cinquante croiseurs prêts à nous arrêter. D'ailleurs les vainqueurs auront bientôt réparé leurs avaries, et ils pourraient nous rejoindre. *Le Rapide* n'est qu'à moitié désemparé.

— Oui, oui, vous voyez vite et juste, Miles, et je vous admire. Mais il me passe par la tête une idée que je vous soumets; après cela, faites-en ce que vous voudrez. Au lieu d'aller à l'est de Scilly, si nous passions à l'ouest, pour gagner la mer d'Irlande? Il faudra plus de temps pour que les nouvelles parviennent de ce côté, et nous pouvons trouver quelque bâtiment américain, ou tout autre, en destination de Liverpool. En mettant les choses au pis, nous pouvons passer entre l'Irlande et l'Ecosse, doubler le cap Wrath, et nous diriger sur Hambourg. C'est une longue route, je le sais, qui, de plus, est rude dans certaines saisons de l'année; mais il y a moyen de s'en tirer en plein été.

— Soit, Marbre, je suis prêt à essayer. Ce serait jouer de malheur, si nous ne trouvions pas quelque caboteur, ou quelque bâtiment pêcheur qui consentît à nous céder un ou deux matelots, moyennant double paie.

— Ah! pour cela, c'est ce qui ne sera point facile, Miles, à cause de la guerre. La presse doit aller joliment son train, et je crains bien que les Anglais n'aient fait rafle sur toute la côte.

— Allons, Moïse, songez qu'il ne nous faut qu'un ou deux

hommes. Qu'ils puissent tenir le gouvernail pour nous soulager, c'est tout ce que je demande. Appelez Neb, qu'il vienne prendre ma place, et nous consulterons la carte pour arrêter notre route.

Une demi-heure après, *l'Aurore* cinglait vers la côte occidentale d'Angleterre. En voulant éviter la Manche, nous faisions trois fois plus de chemin; mais le vent se maintint favorable pendant plusieurs jours, et nous arrivâmes sans accident à deux lieues de Scilly. Nous y fûmes accostés par un bateau-pilote qui sortait de ces îles. C'était au lever du soleil, le vent était au nord-est; et nous avions en vue du côté du vent un bâtiment qui avait tout l'air d'une corvette, quoique sa coque fût encore cachée, et que le cap ne fût pas sur nous.

Les pilotes n'eurent pas plus tôt remarqué la faiblesse de notre équipage, et la direction que nous suivions, qu'ils en parurent frappés. Il était rare à cette époque, et il l'est encore, je crois aujourd'hui, que des bâtiments américains, pesamment chargés, passassent si près de l'Angleterre, venant du sud-est et se dirigeant vers le nord-ouest. C'est la remarque que fit naturellement le pilote principal, quand je lui dis que mon intention n'était d'entrer dans aucun des ports voisins.

— Je manque de bras, ajoutai-je, et je voudrais trouver trois ou quatre bons matelots. Ils seront bien payés, et leur retour aura lieu à nos frais.

— En effet, capitaine, vous êtes en bien petit nombre pour manœuvrer un si grand bâtiment. Pourrais-je vous demander d'où cela provient?

— Et ne savez-vous pas comment agissent vos croiseurs en temps de guerre? Une frégate anglaise nous a pris tous nos hommes, à l'exception de ceux que vous voyez.

— Il est rare que les officiers de Sa Majesté fassent une rafle si complète, répondit le pilote avec un ton sarcastique qui ne me plut pas. Ils mettent ordinairement du monde à bord du bâtiment qu'ils croient devoir dépeupler ainsi.

— Oui, je suppose que la loi le veut ainsi à l'égard des navires anglais; mais quand il s'agit de bâtiments américains, il paraît qu'on n'y regarde pas de si près. En tout cas, vous voyez ici tout l'équipage, et vous nous rendriez un grand service en nous donnant un ou deux hommes.

— Où allez-vous, capitaine? Avant de s'embarquer, on est bien aise de savoir où l'on va.

— A Hambourg.

— A Hambourg! on ne s'en douterait guère. C'est la Manche alors que vous auriez dû prendre, et non pas la mer d'Irlande.

— Je le sais parfaitement; mais j'ai craint d'entrer dans la Manche avec un si faible équipage. Ces eaux étroites donnent beaucoup de mal, quand on n'est pas en nombre.

— C'est pourtant un excellent endroit pour y trouver des matelots, capitaine. Quoi qu'il en soit, aucun de nous ne se soucie de vous accompagner. Vous, de votre côté, vous n'avez pas besoin de pilote. Ainsi donc, bon voyage.

Et il nous quitta sans plus de façon. Il était à une lieue de nous, et nous allions notre petit train, lorsque je vis qu'il faisait des signaux à la corvette, qui avait laissé porter, et qui avait toutes ses bonnettes dehors. Comme c'était beaucoup plus de toile que nous ne pouvions nous hasarder à en montrer, je pensai que nous étions perdus; mais je n'en fis pas moins bonne contenance, et je fis de la voile autant que je le pouvais, pour tâcher de l'éviter. La corvette parla au bateau-pilote, et les renseignements qu'elle en tira confirmèrent sans doute ses conjectures, car elle se mit sur-le-champ à notre poursuite.

Elle gagnait sur nous un nœud par heure, mais comme elle était à dix milles derrière nous, il y avait encore quelque espoir que la nuit vînt avant qu'elle nous eût rejoints. Le vent aussi n'était pas stable, et vers midi il faiblit à un tel point que les deux bâtiments n'avançaient plus que de deux ou trois nœuds; ce qui diminuait en proportion l'avance que la corvette prenait sur nous.

Le vent resta faible jusqu'au coucher du soleil, et alors il s'éleva une bonne brise du nord-ouest, qui nous porta droit au vent de la corvette, alors à six milles de distance. Je commençai à prendre un peu de confiance; Marbre la partageait, et c'était beaucoup pour moi; car pour tout ce qui touchait à la marine, j'avais la plus grande déférence pour son opinion.

Vers dix heures, les deux bâtiments avaient les amures à tribord, se dirigeant vers le sud-ouest. La corvette pouvait être à une lieue sous le vent de *l'Aurore*, et un peu en avant de son travers. C'était pour nous la position la plus favorable, puisque le croiseur avait déjà dépassé le point le plus rapproché de nous, sur ce bord. L'horizon du côté du vent, et tout le long du bord de la mer du nord, était couvert de nuages qui faisaient présager un grain. Ce sombre arrière-plan pouvait empêcher qu'on ne nous vît, et, dès que la nuit nous déroba la vue des voiles de la corvette, je fis mettre la barre dessous.

Ce n'était pas une petite affaire de faire virer vent devant un bâtiment tel que *l'Aurore*, avec tant de voiles, une pareille brise, et rien que quatre hommes. Nous nous jetâmes sur la barre comme autant de tigres; puis les vergues de l'arrière furent changées facilement, mais les amures et les écoutes de la grande voile nous donnèrent beaucoup de peine. Après avoir mis la vergue de misaine carrée, nous brassâmes tout à l'arrière au plus près. Alors nous éventâmes toutes les voiles de l'avant, et nous finîmes par orienter les vergues et les boulines avec une force qui semblait irrésistible.

La corvette avait-elle viré de bord en même temps que nous? C'était ce qu'il nous était impossible de savoir. En tout cas, elle devait nous rester près d'une lieue sous le vent, et nous continuâmes à gouverner vers les côtes d'Angleterre. Pas un de nous ne ferma l'œil de toute la nuit; et comme nos regards dévorèrent de tous côtés l'horizon quand le retour de la lumière souleva lentement le voile qui nous le dérobait! Rien n'était en vue, même lorsque le soleil eut paru pour inonder de flots de lumière toute la surface de l'Océan; pas plus de corvette que si nous n'avions jamais été poursuivis. Sans doute elle avait continué sa route dans la même direction, dans l'espoir de nous rejoindre graduellement, ou de gagner assez de l'avant au vent pour être sûre de ne pas manquer sa proie dans la matinée.

Suivant notre estime, nous avions alors le cap tourné vers les côtes du pays de Galles, où nous pouvions espérer d'arriver dans les vingt-quatre heures, si le vent tenait bon. Je résolus donc de remonter le canal de Saint-George. Je pouvais rencontrer quelque embarcation venant de la côte septentrionale qui n'aurait peut-être pas à bord des matois aussi futés que notre pilote de Scilly. Nous portâmes en route tout le jour, et le soleil se coucha de nouveau sans que nous eussions découvert la terre. Nous vîmes plusieurs bâtiments dans l'éloignement; mais c'était une des parties de l'Océan où nous avions le moins à craindre d'être inquiétés. C'était la route régulière des bâtiments chargés pour Liverpool. Si nous pouvions doubler ce port, nous aurions grande chance de ramasser en chemin une demi-douzaine d'Irlandais.

## CHAPITRE XX.

> — O bonté du ciel, la belle côte, toute composée de roches et de baies profondes! Vous avez beau passer et repasser; vous n'en aurez jamais admiré toutes les merveilles.
> **Ballade irlandaise.**

Nous ne pouvions guère prévoir les événements qui nous attendaient encore. Le vent se maintint au nord-ouest jusqu'au moment où nous étions à vingt milles des côtes du pays de Galles ; alors il passa au sud. Nous étions si près de Liverpool, que je m'attendais à chaque instant à rencontrer des compatriotes ; mais mon espoir fut déçu. Le même temps dura pendant deux jours et deux nuits, et nous étions parvenus à la hauteur de Whitehaven, quand le vent se rangea vivement de l'avant, et je prévis que nous pourrions bien être repoussés dans l'Atlantique, si nous ne nous hâtions de jeter l'ancre. Je résolus de choisir pour cela quelque point de la côte d'Irlande, dans l'espoir de prendre à bord quelques enfants de saint Patrick. Sans doute les Irlandais n'étaient pas d'excellents marins, mais dans notre position nous n'avions pas le droit de nous montrer bien difficiles.

Nous approchions de la côte, quand, à ma grande joie, j'aperçus au large un bateau pêcheur d'une grande dimension. Répondant à nos signaux, il vint bord à bord, et nous entrâmes en pourparler avec un des pêcheurs, qui se nommait Térence O' je ne sais plus quoi. La figure de cet homme avait cette expression mélangée de finesse, de malice et de balourdise qui caractérise souvent le paysan irlandais.

— Une belle matinée, Votre Honneur, commença-t-il avec un flegme que rien ne pouvait troubler, quoique le temps fût loin d'être celui qu'un marin eût choisi ; — une belle matinée, Votre

Honneur, et un beau bâtiment en même temps! C'est du poisson que Votre Honneur vient chercher?

— Je veux bien prendre un peu de votre poisson, et le bien payer....

— Que le ciel conserve les jours de Votre Honneur!

— Laissez-moi achever -- mais je vous paierai encore mieux, si vous pouvez m'indiquer par ici un fond de bonne tenue sous le vent, où nous puissions être à l'abri du coup de vent qui se prépare.

— Bien sûr, Votre Honneur ne pouvait pas mieux s'adresser. Qui est-ce qui connaît mieux que Térence, sur toute la côte, ce que demande Votre Honneur? — La côte et moi, nous sommes de vieilles connaissances.

— Eh bien! voyons, Térence, où allez-vous nous conduire?

— Où je vais vous conduire? c'est un fond de bonne tenue que désire Votre Honneur?

— Sans doute, un fond sur lequel l'ancre ne chasse pas.

— Oh! n'est-ce que cela? ma foi, le fond est partout le même dans ce pays; il ne chasse nulle part, j'en ferais serment.

— Ce n'est pas que vous pensiez qu'un navire pourrait jeter l'ancre ici, à une lieue de la terre, sans rien pour amortir le vent ou la lame, avec le coup de vent qui nous menace?

— Jeter l'ancre, Votre Honneur? je ne sais pas ce que c'est, moi. Je ne me suis jamais élevé jusque-là; mais il y a le vieux Michel Sweeney, qui fera votre affaire. En voilà un qui a jeté l'ancre bien des fois dans sa vie, vu qu'il a été marin. C'est à Michel qu'il faut vous adresser, et Michel est à vos ordres.

Michel était dans le bateau, et il vint à son tour sur notre bord. Marbre et moi, nous avions déjà reconnu qu'il n'y avait rien à tirer de Térence, qui était beaucoup plus propre à prendre des maquereaux qu'à rendre quelque service à bord d'un bâtiment. Le premier coup d'œil ne fut pas beaucoup plus favorable à Michel. Il était très-vieux; il paraissait au moins quatre-vingts ans, et il semblait avoir complétement perdu le peu de cervelle que le pauvre homme eût jamais eue, par l'usage constant du whiskey, dont l'odeur semblait s'exhaler de tous ses vêtements. Il n'était point ivre cependant, et semblait même calme et de sang-froid. Je lui expliquai ce que je voulais, et je vis du moins avec plaisir qu'il avait quelque connaissance des termes de marine, et que, sous ce rapport du moins, il était supérieur à Térence.

— C'est jeter l'ancre que vous voulez, Votre Honneur? me dit-il quand je lui eus expliqué ce que je désirais. Bien sûr, c'est chose aisée, et le moment est bien choisi, car le vent n'y va pas de main morte. Quant aux guinées dont parle Votre Honneur, ce n'est pas nécessaire entre amis. Si je les accepte, c'est pour ne pas désobliger Votre Honneur; mais le bâtiment serait conduit à un bon mouillage, quand il n'y aurait pas une pièce d'or dans l'univers. Préférez-vous mouiller un peu au large, Votre Honneur, ou bien entrer au milieu des rochers et y rester bien tranquille comme un enfant dans son berceau?

— Je n'aimerais pas à entrer trop avant, sans un pilote de profession. Par l'aspect de la terre, il me semble qu'il nous serait facile de nous mettre à l'abri du vent, pourvu que nous trouvions un fond de bonne tenue; c'est là le point difficile.

— Est-ce que vous ne vous fiez pas à la vieille Irlande, Votre Honneur? et nous donc, ne sommes-nous pas là? Vous n'avez qu'à éventer vos huniers, et à porter sur la terre; le vieux Michel et la vieille Irlande feront le reste.

J'avoue que l'aspect de la terre ne me rassurait pas, avec un pareil pilote; mais nous étions trop peu nombreux pour pouvoir espérer de nous maintenir au large, si le grain était aussi pesant qu'il menaçait de l'être; et il ne me fallut qu'un instant pour juger que les quatre hommes du bateau ne nous seraient d'aucun secours pour manœuvrer le bâtiment; car il était impossible de voir des êtres plus gauches et plus empruntés. Michel seul avait quelque idée de la navigation; mais il était trop vieux pour joindre la pratique à la théorie, et lorsque je l'envoyai au gouvernail, Neb fut obligé de rester auprès de lui pour l'aider à le manier. Cependant il fallait bien se résigner, et je gouvernai sur la terre. Si je ne trouvais pas un bon ancrage, il serait toujours temps de revenir au large. Les quatre pêcheurs restèrent sur notre bord, et nous remorquâmes leur bateau. Le vent était devenu tel que le roulis rendait presque impossible de se tenir debout sur le pont.

C'est une chose délicate de mettre tout son espoir de salut dans une ancre au milieu de rochers, et, d'un autre côté, je craignais qu'il ne fût difficile de trouver un fond convenable, en restant à la distance que la prudence semblait conseiller. Michel, Térence et leurs compagnons, ne doutaient de rien, eux, et ils répétaient toujours : Fiez-vous, Votre Honneur, à la vieille Irlande! Marbre et moi, nous observions du gaillard d'avant les contours de la côte, pendant que *l'Aurore* s'avançait à travers les lames courtes, en s'enfonçant jusqu'à l'étrave. Enfin nous eûmes assez bonne idée d'une pointe de terre qui se montrait un peu sous le vent, et nous en parlâmes à Michel. Michel nous affirma qu'il connaissait parfaitement l'endroit et que le fond était excellent des deux côtés. Nous nous y dirigeâmes donc en faisant les préparatifs nécessaires pour jeter l'ancre.

Je fus trop occupé à serrer la toile, pour faire attention à la marche du bâtiment pendant vingt minutes. Pour serrer le foc, il fallut nous y mettre tous les quatre, et abandonner le gouvernail à Michel. C'était une besogne diabolique, et Marbre se mit à notre tête. Jamais je ne l'avais vu déployer une énergie et une activité si prodigieuses. On eût dit qu'il s'incorporait aux vergues et aux cordages; suspendu en l'air, pour ainsi dire, il s'escrimait des bras, des jambes, et de ses larges épaules, avec autant de force et en même temps autant d'aisance que s'il eût été sur un plancher solide.

A la fin la voilure se trouva réduite au petit foc et au grand hunier avec deux ris pris. Il était bientôt temps que tous les ris fussent pris — et *l'Aurore* en portait quatre; — mais j'espérais que la toile résisterait jusqu'au moment où nous la serrerions tout entière. Cependant les bouffées de vent commençaient à se changer en bourrasques, et je vis qu'il ne fallait pas s'endormir.

Nous étions alors à l'extrémité de la pointe de terre. J'avais demandé à Michel quelle profondeur nous devions nous attendre à y trouver. Il avoua ingénument qu'il n'en savait rien. Ce dont il était certain, c'est que des navires y mouillaient quelquefois. Il n'était pas sorcier, il ne voulait pas hasarder des conjectures, il préférait donc se taire. Quelle perspective pour un armateur de conduire son bâtiment le long d'une côte dangereuse avec un pareil pilote! A coup sûr j'aurais viré vivement vent arrière, sans plus tarder, si je n'avais pas eu sous le vent une mer ouverte, que je pouvais toujours gagner avec le vent qu'il faisait. La sonde nous indiquait quarante brasses.

Je commençai à questionner le pêcheur sur le point précis où il comptait nous conduire. Michel balbutia, et je pus me convaincre que ses connaissances étaient de la nature la plus générale, c'est-à-dire la plus vague. Quant aux particularités de sa profession, il ne s'en était jamais beaucoup inquiété. Étant jeune, il avait fait sans doute beaucoup de voyages sur mer, mais c'était à bord de vaisseaux de guerre, où les cordages étaient placés dans ses mains par le maître d'équipage, et où il n'était qu'une machine obéissant à l'impulsion de son supérieur.

Je sentis que la sonde serait un guide beaucoup plus sûr que Michel, et voyant quelques brisants en terre de nous, je fis carguer le grand hunier, et venir au lof, avant que le bâtiment perdît son aire. Pour ce qui était de hisser et de haler, nos Irlandais ne s'en tirèrent pas mal, dès qu'on leur eut montré comment il fallait s'y prendre ; ce qui nous permit, à Marbre et à moi, de nous tenir chacun près d'une des bosses-de-bout. Nous avions déjà fait penau, et il ne restait qu'à laisser tomber les deux ancres. Neb était au gouvernail, avec ordre de bosser les câbles quand ils seraient filés. Dès que j'eus crié : mouille ! les deux ancres tombèrent en même temps sur vingt-deux brasses d'eau. Les câbles filèrent avec une telle impétuosité, que je crus qu'ils allaient nous échapper ; mais alors nous avions tous couru aux bosses, et nous parvînmes à les bosser, lorsque nous avions encore vingt brasses de câble à bord. Il ne restait plus qu'à carguer le grand hunier, ce que nous fîmes à l'instant.

Michel et ses compagnons nous souhaitèrent alors bon voyage, et reçurent les guinées. La mer était déjà si mauvaise, qu'ils n'avaient plus d'autre moyen de descendre dans leur bateau que de se laisser glisser de l'extrémité du gui de brigantine. Je m'efforçai de décider deux ou trois d'entre eux à rester avec nous, mais j'en fus pour mes frais d'éloquence. Ils étaient tous mariés, et leur genre de vie les mettait assez à l'abri de la presse, tandis que, si on les trouvait au large, quelque bâtiment de guerre pourrait fort bien se les approprier ; et les histoires que Michel racontait du temps passé ne leur donnaient nulle envie de passer par les tribulations qu'il avait éprouvées.

Nous étions donc abandonnés de nouveau à nos propres ressources. J'avais expliqué à Michel le besoin que nous avions de bras ; la presse, des accidents de diverse nature, nous avaient enlevé successivement tout notre équipage, lui avais-je dit, et il me promit de décider quatre ou cinq jeunes Irlandais à venir nous joindre, dès que l'ouragan serait calmé, à condition qu'après avoir déposé notre cargaison à Hambourg, nous les conduirions aux États-Unis. Ce ne seraient que des paysans, il est vrai, car les matelots étaient rares dans cette partie du monde; mais ce serait toujours mieux que rien. Je lui dis que je lui donnerais une guinée par homme qu'il me procurerait, et je me séparai du vieux Michel, qui venait de piloter un bâtiment pour la dernière fois sans doute, et, comme je suis fortement tenté de le soupçonner, pour la première fois aussi de sa vie.

## CHAPITRE XXI.

> La puissance de Dieu est partout; elle embrasse l'espace et le temps; elle impose silence aux éléments et domine en tous lieux. Humilie donc ton cœur, fléchis le genou, et, sur l'océan comme sur la terre, adore l'Éternel.
>
> *Duo.*

Je n'ai jamais su exactement sur quel point des côtes d'Irlande nous avions jeté l'ancre. Ce devait être quelque part entre Strangford et la baie de Dundrum; mais le nom du promontoire qui nous procurait une sorte d'abri ne m'est pas connu. Nous avions du moins la consolation de penser que nous étions dans une partie du royaume qui était civilisée, ce qui, en cas de naufrage, nous assurait un bon accueil.

Nous étions dans notre mouillage depuis une heure, quand le vent tourna plus à l'est. Il était impossible de songer à reprendre de l'aire, par une pareille bourrasque et avec un si faible équipage. Avec la mer la plus calme et le temps le plus favorable, il nous eût fallu plus d'une demi-journée pour lever les deux ancres. Il fallait donc concentrer nos efforts sur les moyens de résister de notre mieux à l'ouragan.

Plusieurs heures se passèrent sans qu'il arrivât rien de remarquable, si ce n'est que le vent augmentait sensiblement de violence. Cependant, vers le coucher du soleil, il arriva un petit incident qui me donna beaucoup de souci, quoique, depuis le commencement de la tempête, j'eusse de sinistres pressentiments. Deux voiles étaient en vue tout près de nous, du côté du vent, serrant la côte. En tête était un cutter, courant presque vent arrière, sous une voile de fortune avec tous les ris pris, voile si basse qu'à quelque distance on pouvait facilement la confondre avec l'écume de la mer. Il doubla le promontoire, et il s'éloignait de la côte, sans doute afin d'avoir de l'espace pour courir sans danger, quand tout à coup il se dirigea de notre côté. Comme s'il était curieux de savoir ce qui pouvait avoir conduit dans un pareil mouillage un navire aussi grand que *l'Aurore*, il passa en terre de nous, sur notre avant, à la distance d'environ quarante brasses, nous examina attentivement, mais n'essaya pas de nous parler.

La frégate suivit le cutter, et passa également à côté de nous, plus près encore, mais du côté du large. Elle fuyait vent arrière sous la misaine et le grand hunier avec tous les ris pris. Je crus un moment que la violence de la tempête la jetterait sur nous, mais elle obéit à temps au gouvernail pour parer le danger. Tous les officiers nous regardaient du passavant, du gaillard d'arrière, ou des agrès. Ils étaient obligés, pour se maintenir debout, de chercher un point d'appui, et l'étonnement était peint sur toutes les figures. Les uns regardaient nos mâts, comme pour voir dans quel état ils étaient; les autres tournaient la tête du côté du promontoire, qu'ils venaient de doubler; tous secouaient la tête en se communiquant leurs remarques. — « Que faites-vous là ? » me cria à travers son porte-voix celui que je prenais pour le capitaine; mais avant que j'eusse pu lui répondre, la frégate était déjà entraînée hors de la portée de la voix. Quelques têtes se montrèrent pendant quelque temps sur la lisse de couronnement; il me sembla qu'on nous regardait avec cet intérêt mêlé de surprise qu'éprouvent des vétérans pour des conscrits qui vont pour la première fois au feu. Marbre trouvait que ces gens-là étaient bien curieux; mais moi j'en éprouvais une vive inquiétude. Il était évident qu'ils agissaient en hommes qui connaissaient la côte, et qu'ils ne pouvaient concevoir que nous fussions venus jeter l'ancre dans un pareil endroit.

Je dormis peu cette nuit-là. Marbre me tint compagnie presque tout le temps: mais Neb et Diogène étaient aussi tranquilles que s'ils eussent dormi sur l'édredon le plus moelleux. Les deux bons nègres s'étaient attachés à notre fortune avec cette confiance implicite que l'habitude et l'éducation avaient enracinée dans leurs cœurs.

Le vent, qui s'était un peu calmé pendant la nuit, redoubla de fureur à la pointe du jour. Le mouvement du tangage était horrible.

Souvent la figure de *l'Aurore* était complétement submergée ; l'eau entrait à grands flots sur le gaillard d'avant, puis, l'instant d'après, c'était l'arrière qui était inondé, et nous étions obligés de nous réfugier sur les montants du guindeau. Je ne m'étonne plus de la manière dont le cutter et la frégate avaient examiné notre position. Il était évident que les pêcheurs ne savaient nullement ce que c'était qu'un mouillage pour un bâtiment, et que, pour peu que nos ancres eussent pu atteindre le fond, nous n'aurions guère été plus mal au milieu du canal de Saint-George.

Vers neuf heures, j'eus avec Marbre une conférence près de la même écoute de hunier à laquelle nous nous tenions cramponnés ; et pourtant nous étions obligés de forcer la voix pour nous entendre, tant étaient aigus les sifflements du vent à travers les cordages ; on eût dit les accords d'une immense harpe éolienne, tandis que le mugissement de l'océan formait la basse de cet effrayant concert.

— Vous le voyez, Miles, me cria Marbre le premier ; *l'Aurore* gigotte comme une baleine qui a un harpon dans le ventre. — Je crains à chaque instant que l'étrave ne nous plante là.

— Rassurez-vous à cet égard, Miles ; ce qui m'inquiète, moi, c'est le câble de notre ancre de tribord ; il est beaucoup plus tendu que l'autre, et je redoute quelque catastrophe.

— Oui, c'est généraliser sur sa force avec beaucoup de sens ; si nous mettions la barre à babord pour essayer de déborder un peu ?

— J'y songeais ; et grâce au flot, nous pourrons...

Je n'en pus dire davantage ; trois lames énormes vinrent fondre sur nous, et la première enleva les bossoirs de *l'Aurore* à une telle hauteur, que notre sang se glaça dans nos veines. L'instant d'après, ils s'enfoncèrent avec la même violence jusqu'à une profondeur infinie, et il me sembla que quelque chose craquait près de moi ; mais les torrents d'eau qui se précipitaient sur le gaillard d'avant m'empêchaient de rien voir ; les bossoirs se relevèrent de nouveau, s'abaissèrent encore ; puis le bâtiment sembla plus libre dans ses mouvements.

— Nous allons en dérive, Miles ! s'écria Marbre en se penchant à mon oreille pour être entendu ; les deux câbles se sont cassés comme du fil, et nous courons à la côte, la tête la première !

C'était l'exacte vérité ; les câbles s'étaient rompus, et *l'Aurore* se cabrait pour fuir la tempête, comme le cheval qui s'est débarrassé de sa bride avant de commencer sa course frénétique. Je cherchai où étaient les nègres, mais Neb était déjà au gouvernail; ce brave garçon, qui avait l'instinct du marin au plus haut degré, avait compris l'accident qui était arrivé tout aussi vite que nous, et il s'était précipité à l'endroit du navire où ses services pouvaient être le plus utiles. D'un geste je lui fis comprendre qu'il fallait mettre la barre tout au vent, et d'un geste il me répondit que c'était déjà fait; nous ne pouvions qu'en attendre le résultat dans une angoisse facile à comprendre.

*L'Aurore* présenta bientôt son travers à la tempête, qui la jeta sur le côté, au point de plonger dans l'eau les bras de ses basses-vergues; alors elle surmonta ces masses d'écume qui bouillonnaient autour d'elle, et commença à aller lourdement de l'avant. Avant qu'elle fût le moins du monde sensible au gouvernail, trois lames successives balayèrent le pont, emportant tout ce qui n'était pas fortement amarré.

Après que cette œuvre de destruction fut terminée, *l'Aurore* commença à abattre, et son mouvement à travers l'Océan se fit manifestement sentir; d'abord, elle s'élança vers la terre, courant pendant un demi-mille obliquement dans cette direction, avant de se trouver positivement vent arrière, ce qui devait lui faire suivre une ligne presque parallèle à la côte. Je pus enfin me porter avec Marbre à l'arrière sans trop de peine, et je mis la barre un peu à tribord pour m'éloigner autant que possible de la terre. Le vent était si favorable pour sortir du canal, que nous n'aurions pas couru de danger immédiat, si nous avions été à quelque distance de la terre; mais notre bâtiment fuyait à peine depuis quelques heures devant la tempête, que nous vîmes la terre devant nous, la direction de la côte, dans cette partie de l'île, ayant un gisement à peu près nord et sud. Marbre croyait prudent de déployer le grand hunier pour déborder de la terre, la côte, dans les environs de Dublin, restant sous notre bossoir sous le vent. Nous avions pris la précaution de prendre tous les ris avant de le serrer, et je montai moi-même en haut pour affaler les cargues. Si, sur le pont, je m'étais déjà formé une opinion très-respectable de la force de la bourrasque, ce fut bien autre chose quand je fus sur la vergue du grand hunier; ce n'était pas chose facile de s'y maintenir, et, pour travailler en même temps, il fallait autant de force que de présence d'esprit. Je réussis néanmoins à larguer la voile, et je descendis aussitôt pour aider Marbre et Diogène à la border à toucher. Si nous n'eûmes pas un succès complet, quoique nous eussions employé un petit palan, nous parvînmes du moins à l'établir passablement.

*L'Aurore* sentit immédiatement l'effet même de ce chiffon de toile; elle s'élança de l'avant avec une vitesse prodigieuse, à raison, j'en suis sûr, d'au moins onze ou douze nœuds par heure. La dérive ne pouvait manquer d'être considérable, et il me semblait toujours que le courant nous entraînait sur la terre; mais néanmoins nous en restions toujours à peu près à la même distance, la rangeant en soulevant des flots d'écume, comme nous avions vu la frégate faire la veille. Au train dont nous allions, nous devions nous trouver avant douze heures entre Holy-Head et l'Irlande, et alors nous aurions plus d'espace, la côte courant de nouveau à l'ouest.

Cependant Marbre et moi nous nous relayions à la roue, remplissant tour à tour les fonctions de timonnier, de matelot et de master. Le jour se passa ainsi, et la nuit suivante; enfin le lendemain matin nous entrions dans l'Océan. Un moment avant le retour du jour, nous passâmes, avec la rapidité d'une flèche, devant un grand navire qui était à la cape, sous une seule voile d'étai, et que je reconnus pour la frégate qui nous avait examinés avec tant d'attention à notre mouillage. Le cutter était tout près, et aux affreux mouvements de tangage qui secouaient ces deux navires, malgré leurs nombreux équipages, je pouvais avoir une idée de ce qui nous attendait si nous étions obligés de loffer. Je suppose qu'ils l'avaient fait pour se tenir le plus longtemps possible dans le parage assigné à leur croisière, près de l'entrée du canal de Saint-George.

Une scène de désolation nous attendait à la pointe du jour: l'Océan ressemblait à un chaos d'eaux; les vagues, qui n'étaient pas blanches d'écume, paraissaient verdâtres et courroucées. Les nuages cachaient le soleil, et la tempête semblait redoubler de fureur. A dix heures, nous passâmes devant un bâtiment américain sur lequel il ne restait plus debout que son mât de misaine; comme nous, il courait au large, mais nous avions un sillage deux fois plus grand. Une demi-heure plus tard nous eûmes l'affreux spectacle d'un brig anglais, qui disparut subitement à nos yeux; il était à la cape, précisément sur notre route, et je l'examinais pour apprécier si nous devions loffer, quand, tout à coup, il plongea comme un marsouin dans l'abîme, et tout fut englouti. Je ne sus jamais la cause de ce désastre ; mais, cinq minutes après, nous passions sur la place même où nous l'avions vu, et je ne pus découvrir même un anspect à la surface, quoique je regardasse de tous côtés, avec l'anxiété la plus vive, dans l'espoir de sauver au moins quelque malheureux.

A midi précis, notre petit hunier tomba des garcettes ; les attaches partirent l'une après l'autre, et toute la voile flotta à la dérive ; cette immense pièce de toile, balancée par le vent, donna de telles secousses au mât de misaine, qu'elle faillit le renverser ; cela dura trois minutes environ, et alors, avec un bruit semblable à celui d'un coup de canon, la voile se déchira en mille pièces. Dix minutes plus tard, notre grand hunier partait ; ce fut en quelque sorte le corps de la voile qui nous quitta, car la ralingue, les écoutes, les empointures et les garcettes restèrent en place, la toile s'étant déchirée d'un seul coup aux quatre extrémités de la voile. Les expressions me manquent pour décrire la scène qui suivit ; cette toile fut emportée en avant, et s'accrocha à la hune de misaine, où elle resta déployée, retenue par la hune, les trelingages, les agrès et autres obstacles ; c'était la plume qui fait plier le dos du chameau. Toutes les chevilles du mât de misaine se détachèrent ou furent brisées successivement, avec une détonation terrible, et alors tout ce qui en dépendait, depuis le pont jusqu'en haut, tomba sur l'avant ; le grand mât de hune fut entraîné par cette secousse terrible, et le mât de perruche éprouva le même sort. L'encombrement de tant d'agrès sur l'avant du navire, pendant que les mâts de l'arrière étaient encore debout, fit retourner *l'Aurore* de poupe à proue, malgré la manière dont Marbre maniait la roue, et elle fit chapelle ; en même temps, une lame énorme se dressait contre elle, balayait le pont, et enlevait jusqu'à la chaloupe et à la cambuse. Neb, en ce moment, était dans la chaloupe à chercher quelque cordage, et la dernière fois que j'aperçus le pauvre diable, il était debout au moment où l'embarcation était lancée par une vague au-dessus du bord et entraînée dans l'abîme. Diogène était alors à la cuisine à préparer les modestes aliments qu'il allait nous servir ; sans doute il s'était cramponné à la cambuse, comme à l'objet le plus solide qui fût près de lui, et il fut emporté avec elle à la mer, et ne reparut jamais. Marbre était au gouvernail, et il put se maintenir en place, quoiqu'il eût de l'eau jusqu'aux épaules. Quant à moi, je ne dus mon salut qu'à cette circonstance, que jeté dans les agrès du grand mât, je m'y trouvai retenu.

Je ne pus m'empêcher d'admirer le calme et le sang-froid de Marbre, même dans ce moment terrible. D'abord, il mit la barre dessous et amarra la roue; c'était le parti le plus sage dans notre position; il le fit par cet instinct nautique qui permet au marin d'agir, dans les crises extrêmes, presque sans réflexion, comme celui qui ferme les paupières pour éviter ce qui pourrait blesser ses yeux. Ensuite il jeta un coup d'œil sur le pont pour voir l'état des choses, et il courut à l'avant avec le bout d'un cordage, pour le jeter à Diogène, s'il reparaissait sur l'eau près du bâtiment. Au moment où il acquérait la triste certitude qu'il n'y avait rien à faire sous ce rapport, il m'aperçut au milieu de cette scène de désolation et de ruines qui nous entourait, et il me saisit la main avec une expression qui en disait plus que toutes les paroles; son regard me peignait la joie qu'il éprouvait de voir que j'avais été épargné, et sa détermination de s'attacher à mon sort jusqu'à son dernier soupir. C'était un de ces regards qu'on aime à recevoir d'un camarade dans la chaleur d'un combat, quoiqu'il ne promette rien moins que la victoire.

La situation du navire aurait été moins désespérée, à beaucoup d'égards, que précédemment, si nous avions eu des bras pour agir. Tous les mâts de l'avant étaient tombés sur le bossoir sous le vent, et un équipage nombreux n'eût pas eu beaucoup de peine à les jeter à la mer; mais, dans notre position, nous ne pouvions que laisser les choses suivre leur cours. Il est vrai que nous pouvions faire usage de la hache, et nous ne restâmes pas oisifs, mais l'extrémité inférieure du mât de misaine était couchée sur le gaillard d'avant, où elle brisait tout, par suite du roulis incessant qui la ballottait. Tous les plats-bords de cette partie du navire couraient risque d'être enlevés bientôt, et je tremblais que le bossoir ne fût arraché violemment, et n'ouvrît un passage à l'eau furieuse. La chaloupe, la cuisine, les barils d'eau, les drômes, en étant entraînés par-dessus bord, avaient fait sauter les chevilles des allonges; toute la membrure s'était fendue, et l'eau entrait sans obstacles toutes les fois que le pont commençait à toucher l'eau. Dès le premier moment, j'avais dit adieu à mes sucres et à mes cafés, trop heureux si je parvenais à sauver le bâtiment.

Marbre et moi nous n'étions pas d'un caractère à nous laisser aller aisément au désespoir; mon lieutenant se serait trouvé seul sur une planche au milieu de l'Océan, que je crois, Dieu me pardonne, qu'il se serait mis à établir un mât de fortune avec un éclat du bois de son embarcation, et en étendant sa chemise en guise de voile. Je n'ai jamais vu personne qui fût plus complétement et plus intrinsèquement marin; quand une ressource lui manquait, il trouvait à l'instant quelque autre expédient pour y suppléer. Cependant nous ne savions trop si nous devions faire un effort pour nous débarrasser du mât de misaine; à l'exception du dommage qu'il causait sur le gaillard d'avant, il nous était utile, en maintenant l'avant du navire au vent et en rendant notre position sur le pont meilleure; mais sans cesse mis en mouvement, comme par un énorme levier, il finit par menacer le pied du grand étai. Nous résolûmes donc de couper du moins le plus d'agrès que nous pourrions, afin de diminuer le mal, s'il était possible.

Notre besogne n'était nullement facile; ce n'était pas une petite affaire de se tenir debout, même sur le pont de *l'Aurore*, par un temps semblable, et il restait peu d'objets auxquels on pût se cramponner; mais nous n'en travaillâmes pas moins avec ardeur et avec assez de succès, pour qu'au bout d'une demi-heure nous fussions débarrassés de la plupart des agrès. L'aspect du temps était plus encourageant, la tempête semblait toucher à sa fin, et nous commencions à redouter moins d'être emportés par les lames que nous embarquions. Il me sembla que le bâtiment était allégé. Nous prîmes quelque nourriture, et nous cherchâmes à nous ranimer un peu par un verre ou deux de vin d'Espagne. La tempérance peut être très-utile, mais un verre de bon vin, pris à propos, ne l'est pas moins. Nous nous remîmes aussitôt à l'ouvrage avec une nouvelle énergie: les débris qui gênaient l'arrière pouvaient être facilement détachés; je montai avec une hache, et, prenant bien mon temps, je coupai quelques haubans et quelques étais au moment où le bâtiment tanguait pesamment du côté sous le vent, et la masse tout entière alla s'abîmer dans la mer, sans que le navire en souffrît; c'était un souci de moins, car notre vie était menacée par toute cette masse mobile qui se balançait en l'air. Il s'agissait alors d'attaquer les débris qui encombraient l'avant; pour avoir une chance de les jeter à la mer, il fallait d'abord couper deux ou trois gros cordages qui les retenaient. Les haubans sous le vent nous donnèrent surtout beaucoup de peine; il était impossible d'y atteindre en dedans du bord, les porte-haubans de misaine étant presque toujours submergés, et tous les plats-bords de ce côté ayant été emportés; il n'y avait aucun moyen de rester là assez longtemps pour couper toutes les rides. Marbre, qui jamais ne calculait le danger, quand il y avait à grimper quelque part, voyant qu'il y avait moyen de marcher sur la hune, sans me dire un seul mot, saisit une hache, et courut littéralement sur le mât, où il se mit à couper le capelage. Il en fut bientôt venu à bout, mais le mât ne fut pas plus tôt dégagé que, entraîné par une lame qui faillit noyer Marbre, l'extrémité de ce mât glissa du gaillard d'avant dans la mer, entraînant tous les débris, mais, avec eux, mon pauvre lieutenant. Cependant, en coupant les cordages, le bras sous le vent du petit hunier avait été oublié, je ne sais comment, de sorte qu'il était encore attaché au bâtiment. Éprouvant cette résistance, la masse flottante évita lentement autour de cette amarre, qui la retenait à peu de distance du bâtiment.

C'était une nouvelle et sérieuse péripétie! Je savais que tout ce qu'un homme peut faire, Marbre le ferait dans sa position terrible; mais comment nager contre une pareille mer, quelque peu considérable que fût la distance entre le navire et les débris? La partie de ces débris la plus rapprochée de *l'Aurore* était le bout de la vergue de hunier à laquelle tenait le bras, l'autre bout du bras se trouvant encore à la tête du grand mât, et il était soulevé hors de l'eau par la force de la traction, parfois à plusieurs brasses de hauteur, ce qui rendait extrêmement difficile pour Marbre d'atteindre la corde à l'aide de laquelle je voyais maintenant, qu'en dépit de tous les obstacles, il espérait regagner le bâtiment. Comme le sifflement du vent et le mugissement de la mer avaient sensiblement diminué depuis quelques heures, il était possible de se faire entendre de quelqu'un placé directement sous le vent, je dis donc à Marbre ce que je comptais faire.

— Tenez-vous prêt à saisir le bras, dès que je le mollirai du bord! m'écriai-je; alors vous serez sauvé!

Marbre me fit signe de la main qu'il me comprenait. Quand nous fûmes prêts l'un et l'autre, je mollis vivement la corde, et Marbre fit si bien, en s'escrimant des pieds et des mains, qu'il était parvenu à saisir le bras, quand la corde fut retirée tout à coup hors de l'eau par le mouvement des débris, qui, en s'éloignant, la raidirent de nouveau. Je tremblai en voyant le marin intrépide, tout ruisselant d'eau, ainsi suspendu en l'air, pendant que les vagues courroucées s'élançaient vers lui comme autant de lions cherchant à saisir leur proie. Marbre étendait la main pour prendre le bout de la vergue, quand la poulie étant venue à manquer, la vergue ne fut plus maintenue en l'air et tomba dans l'eau. Dans ce moment, le creux de la lame me cacha tous les objets, et j'étais dans la plus pénible anxiété quand j'aperçus Marbre, qui s'attachait à la hune comme à la portion des débris qui surnageait le mieux ; il était parvenu à regagner cette espèce de radeau, et il s'était mis sur-le-champ à s'y installer de son mieux. En s'élevant sur le sommet d'une vague, le pauvre diable agita la main en me regardant ; c'était le dernier adieu du marin !

Ce fut ainsi qu'il plut à la divine Providence de me séparer des quatre compagnons qui avaient suivi si longtemps ma fortune ! Avec quel triste sentiment d'amertume je regardai les débris qui s'éloignaient lentement du bâtiment ! Je ne pensais plus à sauver *l'Aurore*, et je puis dire avec vérité que le soin de mon existence ne m'occupa pas un seul instant. Je restai pendant une heure entière immobile, appuyé contre le pied du mât d'artimon, les bras croisés, insensible au roulis et au tangage du bâtiment. Toutes mes facultés, toutes mes pensées étaient concentrées sur Marbre. Chaque fois que la hune apparaissait, je croyais la voir vide. Mais Marbre s'était amarré trop solidement pour pouvoir être emporté, quoique la moitié du temps il fût sous l'eau. Il était impossible de rien faire pour le sauver. Aucune embarcation ne me restait. Qu'allait-il devenir sans eau et sans vivres d'aucune espèce ! Je jetai à la mer deux barils d'eau et une caisse de biscuit, dans un vague espoir qu'ils pourraient être entraînés de son côté, et que ce serait un moyen de prolonger sa vie. Je les vis ballottés quelque temps sur la surface, puis ils disparurent du côté sous le vent. Quand Marbre ne fut plus visible du pont, je montai à la grande hune, et je tins constamment les yeux fixés sur la masse de mâts et d'agrès, tant que je pus en apercevoir un seul fragment. Alors je la relevai avec le compas, afin de bien connaître la direction qu'elle prenait ; et, une heure avant le coucher du soleil, dès que le vent le permit, je hissai un pavillon pour montrer à mon pauvre lieutenant que je ne l'oubliais pas.

— Il sait que je ne l'abandonnerai pas, tant qu'il y aura un rayon d'espoir, tant que je conserverai un souffle de vie! — Et cette pensée me soulagea dans ce cruel moment.

Cruel moment en effet! C'est à peine si le temps a affaibli la vivacité des sensations que j'éprouvai alors, à mesure que ma mémoire me retrace les incidents terribles de cette journée. Depuis mon départ de Clawbonny, l'image de Lucie avait été sans cesse présente à mon esprit. Le jour et la nuit, dans mes travaux comme dans mes rêves, je la voyais toujours; et même l'intérêt du combat naval auquel j'avais assisté n'avait pu empêcher mes pensées de se tourner vers leur étoile polaire, vers leur aimant irrésistible. Mais dans ce moment Lucie fut complétement oubliée; Marbre absorbait toutes mes idées. Neb aussi, ce serviteur si dévoué, d'un courage si intrépide, d'un attachement si éprouvé, avait pris fortement possession de mon cœur; et sa perte m'avait causé une peine sensible. Cependant le souvenir de Lucie n'avait pas été effacé, même par la catastrophe de mon pauvre nègre; mais son image disparut de mes yeux, pendant les premières heures où je fus ainsi séparé de mon vieil ami.

Au moment du coucher du soleil, le vent et la mer s'étaient assez calmés pour qu'il n'y eût plus de danger pour le moment. *L'Aurore* se maintint facilement à la cape, et je n'eus pas de grands efforts à faire. S'il avait fait clair, j'aurais mis alors la barre au vent, et je me serais dirigé du côté sous le vent, dans l'espoir de rejoindre Marbre; mais craignant, dans l'obscurité, de passer auprès de lui sans l'apercevoir, je différai jusqu'au lendemain matin. Tout ce que je pouvais faire, c'était de bien observer le vent, afin de tenter ce moyen avant qu'il changeât.

Quelle nuit je passai! Je sondai les pompes, et je trouvai six pieds d'eau dans la cale. C'eût été une folie à un seul homme de vouloir entreprendre de vider un bâtiment comme *l'Aurore*, et je n'y pensai même pas. Les hauts du navire avaient tellement souffert, que j'avais la conviction qu'il coulerait bas si je ne rencontrais pas quelque autre bâtiment. Je ne puis dire que je fusse inquiet de mon sort, ni que je pensasse que la perte de *l'Aurore* entraînait celle de ma fortune. Je ne songeais uniquement qu'à mes compagnons: si j'avais pu les retrouver, j'aurais été heureux, du moins pour le moment.

Vaincu par la fatigue, je dormis deux ou trois heures. Quand je m'éveillai, le soleil avait déjà paru sur l'horizon. Je sautai debout, et je jetai en toute hâte un regard autour de moi. Le vent était toujours nord-est, mais ce n'était plus qu'une brise ordinaire ; les ondulations de la mer avaient repris leur régularité ; et un plus beau jour ne s'était jamais levé sur l'Atlantique. Je plongeai avidement les yeux du côté sous le vent, mais je ne vis rien. Du haut de la grande hune, je ne fus pas plus heureux. C'était pourtant bien sous le vent que les débris devaient être, à la manière dont *l'Aurore* se trouvait au vent. Mais elle avait dû gagner considérablement de l'avant depuis les douze dernières heures, et il était presque aussi certain qu'elle était à une grande distance au sud de la masse flottante, le cap étant resté dans cette direction depuis le moment où elle avait été jetée sur le côté. Mon premier soin devait donc être de la placer vent arrière, après quoi je pourrais m'efforcer de gouverner au nord, pour courir la chance de rencontrer les débris. Si je retrouvais Marbre, nous aurions du moins la triste consolation de périr ensemble !

## CHAPITRE XXII.

> Père de tous les hommes ! toi que, dans tous les âges et dans tous les climats, ont adoré les saints, les sauvages et les sages, soit qu'ils t'appellent Jéhovah, Jupiter ou le Seigneur !
>
> POPE.

SENTANT la nécessité de rassembler toutes mes forces, je pris un peu de nourriture avant de me mettre à l'ouvrage. Ce fut le cœur gros, et avec bien peu d'appétit que je fis ce triste repas ; mais j'en sentis néanmoins les effets salutaires. Quand j'eus fini, je tombai à genoux, et priai Dieu avec ferveur, implorant son divin appui dans ma détresse. Pourquoi un vieillard, qui touche presque au terme de sa carrière, hésiterait-il à avouer que, dans l'orgueil de sa jeunesse et de sa force, il éprouva souvent combien l'homme est peu de chose abandonné à lui-même ? Oui, je priai, et sans doute avec des dispositions convenables ; car je sentis que la prière m'avait fait plus de bien que la nourriture substantielle que je venais de prendre. Quand je me relevai, c'était avec des sentiments d'espérance, que je cherchai à réprimer, tant ils me semblaient extravagants. Je me figurais que ma pauvre sœur abaissait sur moi ses regards du haut du ciel, et qu'elle offrait elle-même le tribut de ses prières en faveur du frère qu'elle avait si tendrement aimé. Je commençai à moins sentir mon isolement, et l'ouvrage avança davantage par suite de ces relations mystérieuses que j'établissais avec les âmes des personnes que je regrettais, et que j'évoquais pour ainsi dire autour de moi.

La draille du petit foc ayant été brisée dans le démâtage du mât de misaine, la première mesure que je pris fut de la frapper à la tête du grand mât au moyen d'un autre bout de corde. Je passai ensuite la drisse, et je déployai le foc, ce qui me prit deux grandes heures. Sans doute cette voile n'était pas très-bien établie, mais c'était la seule voilure que je pusse avoir du côté de l'avant. Je mis alors la barre au vent, et *l'Aurore* put marcher vent arrière. Puis je larguai la brigantine et filai les écoutes. Par ces moyens, et grâce à l'impulsion de la brise, je réussis à faire route à raison de trois nœuds par heure en portant un peu au nord, seule direction dans laquelle je pouvais espérer de retrouver mon pauvre ami. La dérive des débris avait dû être d'un nœud par heure, et en tenant compte de celle du bâtiment, ils devaient être en ce moment à douze milles à peu près sous le vent de *l'Aurore*. Comme le bâtiment pouvait alors aller tout seul, surtout avec une marche aussi lente que celle que j'étais obligé de suivre, je réunis quelques aliments, et, prenant une longue-vue, je montai à la grande hune pour dîner et pour examiner l'Océan.

Que les heures que j'y passai furent pénibles! Pas un objet quelconque ne se montrait sur l'immense surface des eaux. Les oiseaux mêmes et les poissons semblaient m'avoir abandonné à ma solitude. Je restai en vigie tant que mes mains purent soutenir la longue-vue, tant que mes yeux purent regarder. Heureusement la brise se maintenait, quoique la mer commençât à tomber d'une manière sensible. *L'Aurore* faisait bien encore quelques embardées, mais à tout prendre elle tenait assez bien en route; néanmoins, à mesure que la journée avançait, le vent faiblit, et sa vitesse fut diminuée de moitié.

Enfin je redescendis pour examiner comment les choses se passaient en bas. En sondant les pompes, je trouvai dix pieds d'eau dans la cale, quoique alors les hauts du bâtiment ne fussent nullement submergés, et que ses mouvements fussent faciles. Je ne pouvais me le dissimuler, *l'Aurore* s'enfonçait graduellement sous mes pieds, et tous les intérêts de cette vie commençaient à se concentrer pour moi dans un espace de vingt-quatre heures. C'était le temps pendant lequel le bâtiment resterait probablement à flot, — peut-être quelques heures de plus, si le temps continuait à être favorable. Pensant que j'aurais une nuit tranquille, je résolus de l'employer à me préparer au grand voyage. Je n'avais pas de testament à faire. Que me resterait-il, quand mon bâtiment serait perdu? La dette que j'avais contractée envers Jacques Wallingford absorberait sans doute tous mes biens. Qu'importait après tout, puisque mon créancier était en même temps mon héritier? A l'exception d'un legs à Lucie, et de quelques présents à mes esclaves, j'avais laissé à mon cousin tout ce que je possédais. Quant aux nègres eux-mêmes, d'après la nouvelle législation de New-York, ils seraient bientôt libres, et je n'avais d'autre intérêt à prendre à leur sort que celui de l'habitude et de l'affection.

Mais que parlais-je de biens et de fortune, dans la situation où j'étais placé? J'aurais eu à disposer de tout le comté de l'Ulster, que personne n'aurait connu mes dernières volontés. L'Océan allait tout engloutir. Ne devais-je pas faire un effort pour me sauver, ou au moins pour prolonger mon existence en construisant un radeau? — car il n'y avait aucune embarcation à bord. Les Anglais avaient pris la yole, et la chaloupe avait été entraînée par la tempête. — Quand j'en aurais eu le désir, les matériaux manquaient. Peut-être aurais-je pu tirer quelque parti des panneaux d'écoutille et du mât de perroquet de fougue; mais comment mettre le mât à la mer? Les anspects mêmes avaient été emportés avec la chaloupe, et deux des bouées avaient été laissées avec les ancres sur la côte d'Irlande. Dans une position pareille, il me sembla qu'il y aurait plus de courage et de résignation à attendre mon sort qu'à me consumer en efforts stériles pour prolonger ma vie de quelques heures.

Et pourquoi, après tout, la vie m'est-elle si chère? De toute manière Clawbonny, mon cher Clawbonny était perdu pour moi, et j'avouerai qu'un sentiment d'amertume traversa mon âme à l'idée que Jacques Wallingford avait fort bien pu ne m'engager à emporter son argent que pour s'assurer la possession de mon bien. Cependant je chassai cette vilaine pensée, et je demandai à haute voix pardon à mon cousin, comme s'il eût été à portée de m'entendre. Du côté de Lucie, je n'avais plus rien à espérer; Grace était déjà dans le ciel, et le monde ne possédait plus d'êtres qui me fussent chers. Après M. Hardinge, Lucie toujours exceptée, Marbre et Neb étaient ceux que j'aimais le plus, et tous deux étaient morts ou près de périr comme moi. Il faut bien que nous rendions tous ce dépôt de la vie; mon heure venait plus tôt, était-ce une raison pour laisser faiblir mon courage?

Un peu avant le coucher du soleil, je remontai à la hune pour jeter un dernier regard sur l'Océan. Je ne pensais pas à ma vie, mais à mon pauvre lieutenant. L'Océan resplendissait de lumière, et il me semblait que partout autour de moi je voyais l'empreinte de mon divin Créateur. Mon cœur s'attendrit, et je crus entendre une musique délicieuse qui chantait aux flots ravis les louanges de l'Éternel. Je tombai à genoux sur la dune, et je priai.

Quand j'eus fini, je pris ma longue-vue et je la portai successivement sur tous les points de l'horizon. Rien ne parut à mes regards. J'allais redescendre quand, à l'œil nu, j'aperçus à un mille du navire, en avant, sous le vent, quelque chose qui flottait sur la surface de l'eau. Je ne l'avais pas découvert plus tôt parce que j'avais dirigé la longue-vue au delà, dans le désir d'embrasser tout l'horizon. Je ne pouvais m'y méprendre : c'étaient les débris! Je repris ma longue-vue, et je n'eus plus aucun doute. La hune était parfaitement visible; elle flottait en s'élevant beaucoup au-dessus de la surface, et des portions de vergues et de mâts apparaissaient de temps en temps, suivant les ondulations de l'Océan. Je vis un objet couché dans une immobilité complète sur le bord de la hune : je supposai que c'était Marbre; il était ou mort ou endormi.

Quelle réaction se fit dans mes sentiments à cette vue! — Une minute auparavant j'étais seul, séparé du reste des hommes, sans espoir d'avoir jamais de relations avec aucun de mes semblables — et tout à coup je retrouvais le compagnon de tous mes dangers, l'homme qui m'avait appris ma profession, et pour qui j'avais conçu un attachement véritable! Il était là tout près de moi, mourant peut-être faute de secours, et je pouvais venir à son aide! En un clin d'œil je fus sur le pont. Je mollis les écoutes, et je mis la barre au vent. Le navire obéissant abattit aussitôt; mais le vent était alors si faible et la coque était tellement enfoncée dans l'eau que les mouvements étaient d'une lenteur extrême. C'était à peine si j'avançais d'un demi-nœud par heure.

Il y avait des intervalles de calme plat; puis de petites bouffées de vent se faisaient sentir de nouveau pour donner une faible impulsion à la masse pesante. Mon impatience ne pouvait se contenir; je sifflais, je priais, j'appelais le vent à haute voix. Tout ce que la superstition la plus vulgaire des matelots, tout ce que la piété la plus fervente pouvait me suggérer, je l'employais tour à tour; à défaut d'autre résultat, le temps se passait ainsi.

Une demi-heure environ avant le coucher du soleil, *l'Aurore* pouvait être à cent brasses des débris. Je m'en assurai par quelques regards jetés à la dérobée, car la direction que j'étais obligé de suivre plaçait la partie antérieure du navire entre moi et l'objet de mes recherches, et je n'osais pas quitter la barre un seul instant pour aller à l'avant. J'avais préparé un grappin en plaçant, dans le passavant sous le vent, une petite ancre à jet sur laquelle j'avais entalingué une aussière, et si je pouvais parvenir à quelques pieds des agrès flottants, j'avais l'espoir qu'il pourrait toujours s'accrocher à quelque chose. Dans mon impatience, il me semblait alors que *l'Aurore* refusait d'avancer; cependant elle marchait toujours, mais c'est à peine si elle faisait sa longueur en cinq ou six minutes. Un coup d'œil précipité m'apprit que deux de ces longueurs me sépareraient seules des débris. Je respirais à peine, tant je craignais de ne point diriger le bâtiment avec assez de soin.

Il me paraissait étrange que Marbre n'appelât point; et, le croyant endormi, je poussai un cri de toute la force de mes poumons. Comme ma voix va résonner délicieusement à ses oreilles! pensai-je en moi-même; quoique pour moi, elle me parût avoir quelque chose de surnaturel et d'alarmant; aucune réponse ne se fit entendre. Alors je sentis une légère secousse, comme si le taille-mer avait rencontré quelque obstacle. Quittant la barre, je m'élançai sur le passavant, soulevant le grappin dans mes bras; je ne voyais, je ne distinguais que cette masse confuse d'agrès et d'apparaux; je tremblais qu'elle ne vînt à s'éloigner avant que j'eusse pu agir; il me semblait que déjà je la voyais dériver. J'entendis en ce moment un bruit sourd, exactement sous moi, et avançant vivement la tête, je vis la vergue de misaine, dont une extrémité battait la carène du bâtiment ; c'était la seule chance que je pusse avoir, et j'y jetai mon grappin ; heureusement une des pattes s'accrocha aux cordages qui garnissaient la vergue. Le mouvement du bâtiment était si lent, que mon grappin tint bon, et la masse tout entière commença à céder à la force de traction.

Je puis dire que jusqu'à ce moment je n'avais pas cherché à voir Marbre ; j'avais une telle frayeur de manquer mon coup, que je ne pouvais penser à autre chose. Une fois certain, cependant, que j'avais réussi, je courus à l'avant pour regarder la hune, qui avait été entraînée sous le bossoir même, par-dessus lequel elle était tombée à la mer. Il ne s'y trouvait personne ; ce que j'avais pris pour Marbre, mort ou endormi, était une partie de la grande voile, qui avait été portée sur la hune de misaine, et qu'on y avait assujettie de manière à en former une sorte de lit ou d'abri contre les vagues. Quelle qu'eût été l'intention de celui qui avait fait ce travail, il n'était plus là. Marbre avait été sans doute emporté par la mer, dans une de ses tentatives hasardeuses pour rendre sa position moins mauvaise.

Quand je ne pus conserver aucun doute, l'angoisse que j'éprouvai ne fut guère moins pénible que celle que j'avais ressentie la première fois que j'avais vu mon lieutenant entraîné dans la mer. Il y aurait eu pour moi une triste satisfaction à retrouver son cadavre, afin de dormir avec lui dans une même tombe, dans les profondeurs de cet Océan que nous avions parcouru si longtemps ensemble. Je ne songeais plus à mon sort, et je sanglotais dans toute l'amertume de mon âme. J'avais disposé un matelas sur le gaillard d'arrière ; je courus m'y jeter ; accablé de fatigue, je tombai dans un profond sommeil. Ma dernière pensée fut que j'allais au fond avec mon navire, dans la position où je me trouvais alors; la nature triompha si complétement de moi, que je ne rêvai même point. Je ne me rappelle pas avoir jamais goûté un sommeil plus calme et plus salutaire ; il dura jusqu'au point du jour. C'est sans doute à cette nuit de repos que je suis redevable, après Dieu, de pouvoir raconter ces aventures.

Il est à peine nécessaire de dire que la nuit avait été tranquille ; autrement l'oreille du marin lui aurait donné l'alarme. Quand je me levai, l'Océan étincelait comme un miroir, sans autre mouvement que celui qui a été si souvent comparé à la respiration de quelque animal gigantesque pendant son sommeil. Le frottement des débris contre la carène du bâtiment m'annonça qu'ils étaient toujours là, avant que j'eusse quitté mon lit improvisé. Il n'y avait pas littéralement un souffle de vent; parfois le navire semblait se soulever un peu pour respirer, lorsqu'une grosse lame de fond roulait le long de ses flancs; autrement tout était tranquille. Je tombai de nouveau à genoux, et j'adressai ma prière à celui avec lequel il me semblait que j'étais seul à présent dans l'univers.

Jusqu'au moment où je me relevai, la pensée de faire un effort pour me sauver ou pour essayer de prolonger mon existence de quelques heures, à l'aide de ce radeau tout fait, ne s'était pas encore présentée à mon esprit; mais quand je vins à regarder autour de moi, que je remarquai l'aspect tranquille de la mer, que je calculai les chances de salut, quelque faibles qu'elles fussent, l'amour de la vie se réveilla en moi, et je me mis sérieusement à faire les dipositions nécessaires.

Mon premier soin fut de sonder de nouveau les pompes; l'eau n'avait pas fait autant de progrès pendant la nuit que pendant le jour précédent; cependant elle était encore montée de trois pieds, preuve évidente qu'il existait une voie d'eau que je n'avais aucun moyen de boucher. Il était donc inutile de songer à sauver le bâtiment; à peine resterait-il à flot assez longtemps pour me permettre d'achever mes préparatifs.

Il y avait peu de chose à changer à la manière dont le radeau se trouvait disposé par hasard; seulement je réfléchis qu'en mettant les mâts de perroquet et de cacatois avec leurs vergues autour de la hune, je pourrais, à l'aide des panneaux d'écoutille, établir une plate-forme, sur laquelle je serais complétement hors de l'eau dans les temps calmes, et où je pourrais placer des provisions au moins pour un mois. Ce fut un travail qui demanda plus de temps que d'efforts. Je fus obligé de me mettre à l'eau plusieurs fois, mais l'air était chaud, et ce bain me rafraîchit. En deux heures de temps, mes deux mâts étaient en place et solidement amarrés à la hune.

Il ne me restait plus qu'à placer les panneaux et à les assujettir; la chose n'était pas difficile, et, avant midi, j'avais une petite plate-forme solide, élevée de dix-huit pouces au moins au-dessus de l'eau, et entourée d'une ceinture de cordages pour empêcher les objets qui y seraient placés de tomber à la mer. Il fallut ensuite songer à couper toutes les voiles des vergues, ainsi que les agrès qui ne servaient pas à retenir ensemble les débris. Le lecteur concevra sans peine combien ces mesures contribuèrent à l'allégement de mon radeau. La misaine seule pesait beaucoup plus que je ne pèserais moi-même avec toutes les provisions. Quant au petit hunier, il n'en restait qu'un lambeau, la toile ayant été arrachée en grande partie de la vergue par l'ouragan avant la chute du mât.

Je n'aurais pas été un véritable marin si je n'avais pas songé à me précautionner d'un mât et d'une voile; je mis de côté le mât et la vergue de cacatois, avec sa voile, dans cette intention, déterminé à les gréer quand je n'aurais rien d'autre à faire.

Je n'avais plus qu'à m'occuper du transport des provisions, ce qui ne fut ni long ni difficile : un sac de biscuits de mer, du bœuf fumé, quelques bouteilles de liqueurs, et deux barils d'eau en formèrent la base ; j'y ajoutai un pot de beurre, avec des harengs et des anchois. La nourriture était soignée à bord de *l'Aurore*, et je n'eus pas de peine à réunir des vivres qui auraient suffi pour nourrir sept à huit hommes pendant un mois. Voyant que mon radeau, à présent qu'il était déchargé du poids des voiles et des agrès, portait sans peine ces provisions, je me mis à regarder autour de moi s'il n'y avait pas quelque objet précieux que je pusse désirer de sauver. L'ardeur que j'avais mise à faire ces préparatifs m'avait inspiré une sorte de confiance dans leur efficacité, aussi naturelle peut-être qu'elle était déraisonnable. J'examinai les différents objets qui se présentaient, en comparant leur valeur et l'utilité dont ils pouvaient m'être par la suite, avec un soin minutieux qui fournissait une triste preuve de la ténacité de nos désirs en pareil cas. J'emportais toujours avec moi sur mer un coffre précieux, que j'avais acheté dans un de mes voyages, et qui contenait ordinairement mon argent, mes habits et quelques objets de prix ; je parvins à le transporter sur le radeau à l'aide de leviers ; mais ce fut de beaucoup la partie la plus pénible de la tâche que j'avais entreprise. J'y ajoutai mon pupitre, un matelas, deux ou trois couvertures et quelques articles légers, qui pouvaient m'être utiles, et qu'il me serait facile de jeter à la mer en un moment, en cas de nécessité. Il était presque nuit, et je me sentais assez fatigué pour prendre quelque repos ; l'eau avait fait peu de progrès pendant les dernières heures, mais le bâtiment s'enfonçait tellement que je ne crus pas devoir m'endormir à bord. Je me décidai donc à prendre congé de *l'Aurore*, et à passer sur le radeau ; il pouvait même être dangereux d'en rester trop près, dans le cas où le navire viendrait à couler bas ; je coupai donc les cordages qui retenaient le radeau, et je commençai à pousser au large au moment où le soleil se plongeait dans l'Océan. J'avais heureusement, en cherchant dans l'entrepont, trouvé les avirons de la chaloupe, et je les avais portés au radeau, pour fortifier ma plate-forme, en réservant deux pour l'objet auquel je les employai alors. Au bout d'une heure d'efforts énergiques, j'étais à soixante brasses de la poupe de *l'Aurore*, c'était avancer avec une lenteur désespérante, et cet essai suffit pour me convaincre que, si je devais être sauvé, ce serait grâce à quelque bâtiment qui passerait, mais non par la célérité de ma marche.

Harassé de fatigue, je m'étendis sur le matelas, et je dormis. Je ne pris aucune précaution contre le vent, dans le cas où il viendrait à s'élever pendant la nuit ; d'abord ce danger était peu à craindre, d'après l'aspect tranquille du ciel et de l'Océan ; ensuite j'étais certain que le clapotement de l'eau et le sifflement du vent me réveilleraient, s'il en était autrement. Comme la nuit précédente, j'eus un sommeil paisible, et je repris des forces pour les nouvelles épreuves qui pouvaient m'attendre. Comme la veille aussi, je fus réveillé par les rayons du soleil, qui dardaient en plein sur ma figure. Dans le premier moment, je ne savais pas exactement où j'étais. Une minute de réflexion ne me rappela que trop bien le passé, et je me mis à examiner ma situation actuelle.

Je cherchai *l'Aurore* dans la direction où je l'avais vue pour la dernière fois ; elle n'y était pas. Sans doute le radeau avait dérivé pendant la nuit. Je tournai lentement les yeux sur tous les points de l'horizon : aucun navire n'apparaissait. Plus de doute, *l'Aurore* s'était abîmée pendant la nuit, et avec si peu de bruit que je ne m'en étais pas aperçu. Je frissonnai, car je ne pus m'empêcher de penser quel eût été mon destin, si j'avais été tiré du sommeil des vivants, uniquement pour éprouver la dernière agonie, en passant à celui des morts. Je ne saurais décrire la sensation qui s'empara de moi, quand, regardant à l'entour, je me trouvai voguant sur l'immensité des mers, debout sur une petite plate-forme de dix pieds carrés, qui ne s'élevait que de deux pieds au-dessus de l'eau. Ce fut alors que je compris tout ce que ma position avait de précaire et d'horrible.

Auparavant, le bâtiment m'abritait en quelque sorte ; sa présence était une protection pour moi ; ses mâts pouvaient appeler l'attention de quelque navire, qui eût passé près du radeau sans l'apercevoir. Maintenant ces faibles consolations m'étaient retirées. Les réflexions les plus lugubres venaient m'assaillir, et elles interrompirent même malgré moi ma prière du matin. Après avoir accompli cependant, le moins mal possible, ce devoir de tous les jours, je pris un peu de nourriture, quoique je doive avouer que ce fut avec peu d'appétit. Ensuite j'arrimai de mon mieux mes effets ; je gréai et je mis en place le mât, et je hissai la voile pour servir de signal. Je pensais que le vent ne se ferait pas attendre, et je ne me trompais pas. Vers neuf heures, une brise modérée s'éleva du nord-ouest. Ce fut un grand soulagement pour moi ; elle calma la fatigue que me faisait éprouver l'ardeur dévorante d'un soleil d'été, elle rafraîchit mes sens, et jeta quelque variété dans une scène dont la sombre monotonie pesait sur moi comme un linceul de plomb.

## CHAPITRE XXIII.

> Tout muets qu'ils étaient, ils étaient éloquents ; leurs gestes mêmes parlaient. On eût dit qu'ils avaient entendu parler d'un monde racheté, ou d'un monde détruit. Une expression remarquable de surprise se peignait en eux ; mais l'observateur le plus habile, qui n'aurait eu d'autre témoignage que celui de ses yeux, n'aurait su dire si c'était de la joie ou de la tristesse ; mais c'était une de ces deux sensations poussée à l'extrême.
> *Un conte d'hiver.*

Dès que le radeau se fut mis en marche vent arrière, il me fut possible d'apprécier quels services je pouvais en attendre. La voile de perroquet volant était grande et elle tenait bien. J'avais apporté avec moi une ligne de lok, un sablier, un quart de cercle, une ardoise, etc., et je commençai à songer à estimer la route. Quand j'avais été pris de calme, j'avais supposé que *l'Aurore* était à deux cents milles de la terre. La ligne de lok m'apprit que le radeau avançait alors à raison d'un demi-nœud par heure ; ainsi donc, si je pouvais suivre une ligne droite pendant quinze à seize jours, j'avais encore une chance d'atteindre la terre. Je n'avais pourtant pas la présomption d'espérer qu'un pareil miracle s'opérerait en ma faveur, quoique, si j'eusse été dans la région des vents alizés, la chose n'eût pas été impossible. Quoi qu'il en fût, il y avait de quoi décourager le plus intrépide, de mettre une heure entière pour faire moins d'un mille, quand il y en avait deux cents à parcourir, et que tous les dangers de l'Océan étaient constamment suspendus sur une seule tête.

Quelle journée je passai! Il y eut un moment où le vent fraîchit assez pour me faire trembler pour ma plate-forme, que l'eau couvrit plus d'une fois, quoique la vergue de hune lui fît une sorte d'abri.

Vers le déclin du jour le vent tomba, et au coucher du soleil tout était rentré dans le calme ordinaire. Je pouvais être à huit ou neuf milles de l'endroit où *l'Aurore* avait péri, sans tenir compte de l'influence des courants, qui pouvaient m'avoir entraîné beaucoup plus loin, ou m'avoir ramené, à mon insu, au point de départ. Je profitai de la dernière lueur de jour pour examiner avec anxiété l'horizon; mais rien n'était visible.

La nuit fut aussi paisible que les précédentes; mais il n'en fut pas de même de mon sommeil, qui fut continuellement agité. Mes pensées se reportaient sur ma sœur, sur Lucie, sur M. Hardinge, et sur Clawbonny, que je voyais déjà en la possession de Jacques Wallingford. Mon cousin était triomphant du succès de ses artifices. L'instant d'après, il me semblait que Lucie avait acheté cette propriété, et qu'elle y demeurait avec André Drewett, dans une belle maison qu'elle venait de faire construire dans le goût moderne.

Vers le matin, je m'assoupis pour la quatrième ou la cinquième fois de la nuit; et je me rappelle que j'éprouvais cette sorte de sensation singulière qui nous apprend que nous rêvons. Au milieu des imaginations qui me passèrent par l'esprit, il me sembla que j'entendais Marbre et Neb qui causaient ensemble. Ils parlaient d'une voix basse et solennelle; et leurs paroles étaient si distinctes, que je ne perdais pas une seule syllabe.

— Non, Neb, disait Marbre, à ce qu'il me semblait, d'un ton lamentable que je ne lui avais jamais entendu prendre, même en parlant de son ermitage, il n'y a plus guère d'espoir de retrouver

Miles à présent. J'ai senti que le pauvre garçon était perdu, quand j'ai été entraîné par ces mâts infernaux. Vous avez perdu un maître n° 1, Neb, c'est moi qui vous le dis, et vous pourriez en servir cent avant de retrouver son semblable.

— Moi n'en servir jamais d'autre, monsieur Marbre; cela être certain comme l'Évangile. Moi né dans la famille Wallingford, moi vivre et mourir dans la même famille.

— Oui, et cette famille, où est-elle à présent? La plus jolie et la plus honnête fille de l'état d'York est partie la première. Je l'ai peu connue, mais avec quelle affection le pauvre Miles m'en parlait toujours! J'aime bien ma petite nièce Kitty; mais, Neb, c'était bien autre chose, allez! Une sœur, voyez-vous, et une sœur comme celle-là! A présent, c'est le tour de Miles, car il est au fond de la mer, et le bâtiment a coulé bas; autrement nous l'aurions vu flotter quelque part. Pauvre Miles!

— Moi pas désespérer, monsieur Marbre. Maître nager comme un poisson, et maître n'être pas homme à perdre la tête. Lui nager peut-être encore.

— Tout ce qu'un homme peut faire, Neb, Miles l'aurait fait; mais il ne peut nager pendant deux cents milles. Non, non, il faut nous résigner, Neb, la Providence nous l'a enlevé. Ah! c'est que j'aimais ce garçon, mieux même qu'un Yankee n'aime les concombres.

On peut trouver que c'était là une singulière comparaison qui se présentait à mon esprit dans ses rêves; mais Marbre la faisait souvent, et s'il suffisait, pour qu'elle fût juste, de manger de ce fruit à toute heure de la journée, on ne pouvait taxer le pauvre Marbre d'exagération.

— Tout le monde aimer maître Miles, répondait toujours dans mon rêve le bon nègre. Moi pas concevoir nous pouvoir retourner auprès du bon monsieur Hardinge, et lui dire nous revenir sans maître à moi.

— Ce sera une tâche pénible, Neb, mais je crains bien qu'il ne faille en passer par là. En attendant, couchons-nous, et tâchons de faire un somme; car le vent va se lever d'un moment à l'autre, et alors nous n'aurons pas trop de tous nos yeux.

Après ces mots je n'entendis plus rien; mais chaque parole avait retenti à mon oreille aussi distinctement que si les interlocuteurs avaient été à cinquante pas de moi. Je restai encore quelque temps dans la même position, espérant que le rêve continuerait, et que j'entendrais encore quelques mots de ceux que j'aimais tant ; mais ce fut sans succès. Alors je tombai sans doute dans un sommeil plus profond ; du moins je ne conserve aucun souvenir de ce qui se passa pendant plusieurs heures.

Cette fois je n'attendis pas que le soleil frappât mes paupières pour me réveiller ; dès le point du jour, j'étais sur pied. La mer était toujours aussi tranquille, et il y avait un calme parfait. L'horizon était encore chargé de vapeurs. Je commençai par porter mes premiers regards vers l'orient, où les objets étaient mieux éclairés ; puis les tournant lentement du côté opposé, je vis — non, ce n'était pas une illusion — je vis à six brasses de moi une embarcation. Je me frottai les yeux pour m'assurer que j'étais bien éveillé. Un second coup d'œil me convainquit, non-seulement que je ne me trompais pas, mais que c'était même ma chaloupe, celle dans laquelle le pauvre Neb avait été emporté par-dessus bord. Tout y semblait dans le meilleur ordre, et elle était gréée de deux mâts.

Cette embarcation avait donc résisté à la tempête, et les vents et les courants l'avaient rapprochée du radeau. Qu'était devenu Neb? Il devait avoir gréé les mâts ; car naturellement ces mâts n'étaient point établis quand la chaloupe était à bord de *l'Aurore*. Un sentiment étrange s'empara de moi, comme si j'étais en présence de quelque intervention surnaturelle, et je m'écriai presque involontairement :

— Oh ! du canot !

— Oh ! répondit Marbre ; qui hèle ainsi ?

En même temps je vis paraître mon lieutenant, qui se levait du fond du canot. Neb était à côté de lui. La conversation de la nuit précédente avait été réelle, et ceux que j'avais pleurés comme perdus étaient à trente pieds de moi, sains, alertes et pleins d'ardeur. Il ne serait pas facile de dire qui fut le plus surpris de cette reconnaissance. Marbre, que la mer avait dû selon moi engloutir en balayant le radeau, était sain et sauf dans la chaloupe ; et moi, que les deux autres croyaient au fond de l'eau avec *l'Aurore*, j'étais sain et sauf sur le radeau ! Nous avions changé de place sans pouvoir nous expliquer ni pourquoi ni comment. Mais ce qui était bien certain, c'est que nous nous retrouvions tous les trois en chair et en os. Dès que le doute ne fut plus possible, nous nous assîmes et nous nous mîmes à sangloter comme trois enfants. Alors Neb, trop impatient pour attendre l'ordre de Marbre, se jeta à la mer et nagea jusqu'au radeau. Quand il fut sur la plate-forme, l'honnête garçon baisa mes mains mille et mille fois, sans pouvoir étouffer ses sanglots. Cette scène ne fut interrompue que par la voix tonnante de Marbre.

— Que faites-vous donc là, nègre infernal? s'écria-t-il; vous désertez votre poste, et vous me laissez tout seul ici pour diriger cette lourde chaloupe! S'il survenait subitement un coup de vent, nous serions jolis garçons, n'est-ce pas? et nous ne tarderions pas à faire un nouveau plongeon.

La vérité était que Marbre commençait à être honteux de la faiblesse qu'il avait montrée, et qu'il avait saisi le premier prétexte pour la dissimuler. Cependant Neb mit fin à cette saillie en plongeant de nouveau, et l'instant d'après il était auprès du lieutenant.

— Ah! vous voilà bien, vous autres nègres, ne sachant jamais si vous devez partir ou rester, grommela Marbre tout en armant deux avirons. Vous me rappelez un grand chanteur, que j'ai entendu une fois à Liverpool; un drôle de corps, qui, à la fin de chaque air, faisait des roulades et des cadences à perte de vue, sans savoir comment en sortir. Il n'est pas convenable que des hommes s'oublient ainsi, Neb. Si nous avons retrouvé celui que nous pensions perdu, ce n'est pas une raison pour déserter notre poste ou pour perdre la tête. — Miles, mon cher enfant, s'écria-t-il en s'élançant sur le radeau, dont la chaloupe était alors tout près, et en renvoyant Neb tout seul au large par la force de son élan; — Miles, mon cher enfant, Dieu soit loué! — Et il serrait mes deux mains comme dans un étau. — Je ne sais pas comment cela se fait, mais depuis que j'ai trouvé ma mère et la petite Kitty, je ne suis plus qu'une femmelette. Je suppose que c'est ce que vous appelez l'affection domestique.

Marbre eut un nouveau mouvement de faiblesse, et ses sanglots ne furent pas moins convulsifs que ceux de Neb.

Cependant quelques minutes après nous commencions à nous remettre et à aviser à ce qu'il fallait faire.

La chaloupe fut amarrée au radeau, et nous nous assîmes sur la plate-forme pour nous raconter la manière dont chacun de nous avait été sauvé. Neb commença. J'ai déjà dit comment la chaloupe avait été entraînée par les vagues, et la violence de la tempête était telle que je n'avais pas douté un instant qu'elle n'eût été engloutie.

Il est vrai que je ne l'avais plus aperçue après qu'elle s'était enfoncée derrière la première montagne d'eau sous le vent, car nous avions trop à faire, à bord du bâtiment, pour regarder autour de nous. Le nègre était parvenu à empêcher le canot de chavirer, en vidant l'eau qui le remplissait; il dériva sous le vent, et le pauvre diable nous décrivit de la manière la plus énergique ses sensations, en voyant avec quelle rapidité il s'éloignait de *l'Aurore*. Toutefois, dès que le vent le permit, il établit les mâts, et mit deux voiles de lougre, avec tous les ris pris, faisant des bordées de trois ou quatre milles de longueur dans la direction du vent. Ce parti, pris à propos, fut sûrement la cause de notre salut à tous. Au bout de quelques heures, il aperçut la forêt mobile de mâts et d'agrès sur le sommet d'une vague, et bientôt après, Marbre lui-même, à demi noyé, qui s'était cramponné à la hune. Il fallut bien encore une heure avant que Neb pût approcher assez pour se faire entendre de Marbre, et encore plus longtemps pour qu'il pût le recueillir dans le canot. Les forces de mon pauvre lieutenant étaient épuisées, et une minute de plus, il était perdu.

L'eau et les vivres ne leur manquaient pas; par mon ordre, il y avait toujours dans chaque canot un baril d'eau fraîche; et il paraît que le cuisinier, qui était un épicurien à sa manière, était dans l'habitude de cacher dans le fond de la chaloupe un sac de biscuits et quelques morceaux de choix de bœuf et de porc, pour son usage particulier. Toutes ces provisions avaient un peu souffert par le contact de l'eau salée, mais elles étaient encore mangeables, et ni Marbre ni Neb n'étaient en position de se montrer bien difficiles.

Marbre avait repris naturellement la direction de la chaloupe; par malheur, il courut un long bord dans le nord, dans l'intention de virer, afin de se rapprocher de l'endroit où il pensait que je pouvais être pour venir à mon secours. Ce fut pendant ce temps que je rencontrai le radeau et que j'en pris possession. Le calcul de Marbre était excellent au fond; mais, sans doute, il n'arriva au point qu'il avait en vue qu'après que *l'Aurore* avait coulé bas. Le radeau et la chaloupe étaient trop bas pour être vus à quelque distance; il est probable que nous n'étions pas à plus de dix à douze milles l'un de l'autre pendant la plus grande partie de la journée où j'avais été sur le radeau; car c'était vers trois heures après midi que Marbre avait mis la barre au vent pour me rejoindre. Cette direction l'amena près du radeau vers minuit, et alors eut lieu à quelques brasses de moi la conversation que j'ai rapportée. J'avais été vivement touché de la manière dont Marbre et Neb avaient parlé de mon sort; à les entendre, il semblait que c'était moi qui étais le plus à plaindre; ils oubliaient qu'ils avaient été enlevés l'un et l'autre du bâtiment par les lames furieuses, et ils ne songeaient pas au danger qu'ils avaient couru. Je ne pourrais exprimer tout ce que je ressentis en cette occasion; mais les événements de cette matinée et les preuves d'attachement sans bornes que me donnaient ainsi mes deux anciens compagnons firent sur mon cœur une impression que le temps n'a jamais effacée, et qu'il n'effacera jamais.

Ces explications nous prirent plus d'une heure; je sentis qu'il était temps de penser un peu à notre situation, qui était assez précaire, quoique Marbre et Neb parussent convaincus que tous les dangers que nous pouvions courir à présent n'étaient que des bagatelles. J'avais été sauvé miraculeusement, ils ne se rappelaient pas autre chose; mais quand le soleil parut, une brise se leva de l'est, et l'agitation du radeau me convainquit bientôt que j'aurais couru de grands risques si je n'avais pas été si providentiellement secouru. Marbre, lui, ne s'inquiétait de rien; sa position actuelle, comparée à celle où il s'était trouvé si récemment, sans nourriture, sans eau, sans provision d'aucune espèce, était une sorte de paradis. Néanmoins il n'y avait pas de temps à perdre, et nous avions une longue route à faire dans la chaloupe avant de pouvoir nous croire le moins du monde en sûreté.

Mes deux compagnons avaient mis leur embarcation en aussi bon ordre que les circonstances le permettaient, mais elle manquait de lest pour pouvoir forcer de voiles, et ils avaient éprouvé cet inconvénient, surtout Neb, quand il avait voulu porter au plus près. Il me fut facile de comprendre, par son récit de tous les périls auxquels il avait été exposé, — quoiqu'il n'en eût parlé qu'incidemment et sans le moindre dessein de se faire valoir, — qu'il n'avait fallu rien moins que l'attachement inaltérable qu'il me portait pour l'empêcher de s'éloigner vent arrière, pour sauver sa propre vie. Nous avions les moyens d'y remédier, et nous nous mîmes à transporter dans la chaloupe tous les effets que j'avais placés sur la plate-forme; ils formaient une cargaison qui lui donnerait de la stabilité. Dès que cela fut fait, nous passâmes à bord de la chaloupe, et nous gouvernâmes au plus près sous nos voiles de lougre, toujours aux bas ris.

Je ne m'éloignai pas du radeau sans un sentiment de regret ; les matériaux qui le composaient étaient tout ce qui restait à présent de *l'Aurore*, et puis les heures d'anxiété et de solitude que j'y avais passées ne pouvaient être facilement oubliées ; aujourd'hui encore elles sont présentes à mon esprit, et m'inspirent de profondes et, je l'espère, de salutaires réflexions. Le vent commençait à souffler par bouffées assez vives.

Nous gouvernâmes d'abord au sud, la brise continuant à augmenter de violence, et la mer à monter, à tel point que, loin d'avancer, nous perdions plutôt sur le chemin que nous avions fait. Marbre fut d'avis qu'il valait mieux changer de bord : il supposait qu'il devait y avoir un courant dans la direction du sud-est, et nous virâmes vent arrière. Après avoir porté au nord pendant quelque temps, nous rencontrâmes de nouveau le radeau, preuve trop certaine que nous ne gagnions nullement au vent. Je me déterminai alors à amarrer la chaloupe aux débris, et à m'en servir comme d'une sorte d'ancre flottante tant que le mauvais temps durerait. Nous eûmes quelque peine à y parvenir ; mais nous réussîmes enfin à nous rapprocher assez du côté sous le vent de la hune, pour attacher un bout de corde, qui était dans la chaloupe, à un des pitons de la hune. L'embarcation dériva alors à une distance suffisante sous le vent du radeau, où elle fit tête à la lame.

Nous reconnûmes bientôt l'avantage de cet expédient ; la chaloupe n'embarquait presque plus d'eau, et nous n'étions pas obligés d'être continuellement sur le qui-vive, à cause des raffales qui se succédaient de dix minutes en dix minutes, avec une force qui eût pu nous devenir funeste. Le temps s'obscurcissait alors, et il arriva un moment où nous ne pouvions pas voir à cent pas de nous, à cause du grésil qui remplissait l'atmosphère. Pleins de la confiance du marin, nous qui n'étions que comme une bulle de savon au milieu des vagues courroucées de l'Atlantique, nous nous assîmes tranquillement, causant tantôt du passé, tantôt de l'avenir. Nous avions une bonne chaloupe, des provisions en abondance, et je ne crois pas qu'aucun de nous éprouvât de vives inquiétudes sur son sort. Avec un temps ordinaire, nous pouvions en une semaine gagner un port d'Angleterre, et même, pour peu que le vent fût favorable, il ne nous faudrait que deux ou trois jours.

— Il va sans dire, Miles, dit Marbre dans le cours de la conversation, que votre police d'assurance couvrira complétement toutes vos pertes. Vous n'avez pas oublié de comprendre le fret dans les risques?

— Tout au rebours, Moïse, je me considère comme un homme ruiné ; songez aux circonstances qui ont amené la perte du navire : l'attaque du *Rapide*, la manière dont nous nous sommes débarrassés de l'équipage anglais. Les assureurs ne manqueront pas de bonnes raisons pour ne pas payer la police.

— Ah! les scélérats! Voilà qui est plus mal que je ne pensais ; heureusement que vous avez un port soigné qui vous attend à Clawbonny.

J'allais expliquer à Marbre pourquoi mon bien héréditaire courait autant de risques que l'assurance, lorsqu'une sorte d'ombre se répandit sur la chaloupe, et il me sembla que le clapotement de l'eau augmentait en même temps. Nous étions assis tous les trois, regardant du côté sous le vent, et la même impulsion nous fit tourner la tête. Marbre jeta un cri affreux, et tout mon sang se glaça dans mes veines. Tout au plus à cent pieds de nous était un grand navire, qui traçait dans l'Océan un sillon si profond, que l'eau remontait jusqu'aux écubiers, et il refoulait devant lui une montagne d'écume, tandis qu'il avançait sur nous sous ses bonnettes basses et hautes, qui s'étendaient sur la mer comme un nuage immense ; à peine avions-nous eu le temps de l'apercevoir, qu'il nous touchait presque. En s'élevant sur une lame, ses flancs noirs se montrèrent hors de l'Océan, étincelants et luisants, ainsi que les bouches béantes de ses canons. Neb était à l'avant de la chaloupe, et moi à l'arrière ; j'étendis le bras par instinct pour éviter le danger, car il me semblait que, dans son premier bond, le navire allait nous broyer sous sa quille. Sans la force et la présence d'esprit de Neb, nous étions perdus, car il n'y avait pas à songer à gagner le radeau à la nage, contre une mer aussi houleuse ; et quand nous y serions parvenus, quelle mort affreuse ne nous eût pas attendus, dénués de toutes provisions! Mais Neb saisit l'aussière qui nous amarrait au radeau, et lança la chaloupe en avant de toute sa longueur, avant que l'ancre de bossoir à bâbord de la frégate nous eût écrasés. Quoi qu'il en fût, je portai vivement la main à la gueule du troisième canon quand le navire passa en écumant à côté de nous. Nous étions sauvés ; tous les trois nous poussâmes ensemble un grand cri. Jusqu'à ce moment, personne de la frégate ne s'était aperçu de notre présence ; mais nos cris donnèrent l'alarme, et la poupe de la frégate se couvrit d'officiers ; parmi eux était un homme à cheveux gris, qu'à son uniforme je reconnus pour le capitaine ; il fit un geste, leva le bras, et je compris qu'un commandement venait d'être donné, car la poupe fut évacuée en un instant.

— Par saint George! s'écria Marbre, voilà quelques secondes que j'étais à généraliser dans ce sens, Miles.

— Mieux eût valu cent fois agir ; mais la frégate s'apprête à virer, et l'on va nous recueillir. Que Dieu en soit béni !

C'était un beau spectacle pour un marin de voir la manière dont le vieux capitaine gouvernait son navire ; à peine nous avait-il dépassés que je vis commencer les dispositions nécessaires pour serrer la toile. Au moment où elle nous abritait sous ses énormes ailes, la frégate avait toutes les voiles grand largue qu'elle pouvait porter, avec ses bonnettes. La grande voile fut carguée presque aussitôt que le capitaine eut fait le signal avec son bras, puis les perroquets flottèrent en même temps. L'instant d'après les vergues étaient couvertes de monde ; la toile fut serrée. Pendant que cette manœuvre s'exécutait, toutes les bonnettes vinrent à bas toutes ensemble comme un oiseau qui plie ses ailes ; les boute-hors disparurent presque aussitôt.

— Regardez, Miles ! s'écria Marbre enchanté ; quoique ce soit un infernal Anglais, ce luron-là n'oublie rien ; il met chaque chose à sa place comme une vieille femme qui serre son fil et ses aiguilles. Je vous garantis que c'est une vieille lame qui a le fil.

— Certes, le bâtiment est bien manœuvré, et son équipage travaille comme des gens qui comprennent qu'il y a des vies à sauver.

Pendant que nous échangions ces paroles, la frégate avait été réduite à ses trois huniers, à sa brigantine, à son foc et à sa misaine ; alors les vergues furent amenées, et elles se couvrirent de vestes bleues comme une ruche autour de laquelle se groupent les abeilles. A peine avions-nous pu suivre de l'œil ce mouvement, que les matelots disparurent, et les vergues furent hissées de nouveau avec les voiles, avec les ris pris. Aussitôt la frégate, qui avait loffé à l'instant où les bonnettes avaient été serrées, vint au plus près du vent, et commença à faire jaillir l'eau au-dessus de sa vergue de civadière, en affrontant les vagues sans paraître y faire aucune attention. Le vieux marin qui dirigeait toute la manœuvre ne se fut pas plus tôt assuré de la force du vent contre lequel il avait à lutter, que la grande voile fut amurée.

La frégate était alors sous la voilure la plus fringante qu'il fût possible de porter par une brise aussi forte, portant ses basses voiles et des ris à ses huniers; chargée de voiles, elle pouvait les diminuer en un instant.

Malgré l'imminence du péril auquel nous venions récemment d'échapper, nous ne perdions pas un seul des mouvements de la frégate, et nous les considérions tous les trois avec la satisfaction d'un connaisseur qui est en extase devant un beau tableau.

Pendant que la frégate diminuait de voiles et venait au plus près, elle s'était éloignée de plus d'un quart de mille. Il nous fallait donc attendre qu'elle pût courir des bordées dans la direction où nous étions. En effet, elle courut un bord au sud, et quand elle fut sur la même ligne que la chaloupe, elle vira vent devant et vint vers nous, ses vergues brassées au plus près, mais ayant le vent presque par son travers. Quand elle ne fut plus qu'à une encâblure, les basses voiles furent carguées. Alors le noble navire passa si près de nous en ayant la lame par le travers, qu'il put nous parler. Le vieil officier se tenait dans le passavant du vent avec un porte-voix, et il nous héla dès que nous fûmes à portée de l'entendre. Au lieu de nous faire des questions pour satisfaire sa curiosité, il nous communiqua ses intentions.

— Je mettrai en panne quand je vous aurai dépassés, s'écria-t-il. Vous pourrez alors arriver sous ma poupe le plus près possible, et nous vous jetterons une amarre.

Dès que la frégate eut assez d'espace, elle vira donc vent arrière, en changeant les amures et en brassant carré la grande vergue.

Quand le bâtiment fut immobile, Neb largua l'amarre, et Marbre et lui armèrent deux avirons. Nous arrivâmes sans trop de peine et en moins de temps qu'il n'en faut pour l'écrire, sur la frégate, avec une vitesse incroyable. Je gouvernai et passai si près du gouvernail de la frégate, que je craignis un instant de m'être trop approché. Un cordage nous fut jeté comme nous passions devant la hanche sous le vent, et les matelots nous halèrent le long du bord. Nous fûmes bientôt sur le gaillard d'arrière; un vieillard aux épaules carrées, de l'air le plus respectable, en petit uniforme de commandant, me reçut les bras ouverts, avec une franche cordialité.

— Soyez le bienvenu à bord du *Breton*, me dit-il vivement. Je remercie Dieu de m'avoir mis à même de vous secourir. Il y a sans doute peu de temps que votre bâtiment s'est perdu, car vous ne paraissez pas avoir souffert. Quand vous serez reposé, je vous serai obligé de m'apprendre le nom de votre bâtiment et les particularités du désastre. C'est sans doute pendant la dernière tempête qu'il a eu lieu. On ne saurait croire tous les ravages qu'elle a faits le long des côtes. Je vois que vous êtes Américains, et que votre chaloupe a été construite à New-York; mais les hommes qui sont dans la détresse sont tous des compatriotes.

On n'aurait pu désirer une réception plus bienveillante. Tant que je restai avec le capitaine Rowley, — c'était le nom de cet officier, — il fut toujours le même à notre égard. J'aurais été son fils qu'il n'aurait pu me traiter avec plus de bonté. Il me fit partager sa chambre et asseoir à sa table. Je lui racontai en peu de mots ce qui nous était arrivé. Je ne crus pourtant pas nécessaire de parler de notre rencontre avec *le Rapide*. Je me bornai à lui dire la manière dont nous avions échappé à un corsaire français, et je le laissai libre de conclure que c'était dans cette occasion que le reste de mon équipage m'avait été enlevé. Ma réserve au sujet de l'autre capture n'étonnera personne; c'était une nécessité de ma position.

Dès que j'eus fini mon histoire, que j'abrégeai le plus possible, le capitaine Rowley me serra de nouveau la main et me répéta que j'étais mille fois le bienvenu. Marbre fut recommandé à l'hospitalité des lieutenants, Neb aux soins des domestiques de la chambre. On tint un moment conseil au sujet de la chaloupe; il fut décidé qu'on l'abandonnerait, après en avoir retiré ce qu'elle contenait, *le Breton* n'ayant point de place pour l'arrimer. Du passavant je jetai un triste regard sur ce dernier débris de *l'Aurore*. C'était plus de quatre-vingt mille dollars que la mer m'enlevait en engloutissant ce navire et sa cargaison !

# CHAPITRE XXIV.

>Les uns proclament joyeusement la victoire, tandis
que d'autres meurent pour l'assurer, et leurs noms
seuls recueilleront la gloire du triomphe.
>
>*Duo.*

*Le Breton* n'était sorti de la baie de Cork que depuis quelques jours, et ses instructions portaient de gouverner à l'ouest pendant quelques centaines de milles, et de croiser dans ces parages pendant trois mois pour protéger les bâtiments qui revenaient des provinces américaines; et il y en avait un grand nombre à cette période si récente de la guerre. Cette nouvelle n'avait rien d'agréable pour nous qui avions espéré d'être débarqués immédiatement dans quelque port, et qui avions pensé dans le premier moment, en voyant la frégate forcer de voiles dans la direction de l'ouest, qu'elle se rendait à Halifax. Mais comme il n'y avait point de remède, il fallut bien en prendre son parti. Le capitaine Rowley nous promit de nous mettre à bord du premier bâtiment que nous rencontrerions, et c'était tout ce que nous étions en droit de lui demander.

Plus de deux mois se passèrent sans qu'une seule voile fût signalée. Ce sont de ces vicissitudes auxquelles le marin est exposé: tantôt il se trouve au milieu d'une forêts de mâts; dans d'autres moments l'Océan semble lui être abandonné à lui seul. Le capitaine attribuait cette solitude à la guerre, les bâtiments se réunissant en convoi, et ses instructions l'avaient envoyé trop au nord pour qu'il pût rencontrer les navires américains en destination de Liverpool. Toutefois, quelle que fût la cause, le résultat était le même pour nous. Après les coups de vent de l'équinoxe, *le Breton* gouverna au sud, ainsi que le portaient encore ses instructions, jusqu'à Madère; et, après une croisière de trois semaines dans les parages de cette île, il se dirigea vers Plymouth. Pendant tout ce temps, la frégate avait abordé en tout une trentaine de bâtiments, tous neutres, dont aucun n'était chargé pour un port qui nous convînt. La provision d'eau de la frégate touchant à sa fin, elle était obligée de rentrer, et, comme je l'ai dit, elle cinglait vers le nord. Dans l'après-midi même du jour où *le Breton* quitta sa seconde croisière, un bâtiment se montra en droite ligne sur notre route, et avant le coucher du soleil on avait reconnu que c'était une frégate.

*Le Breton* manœuvra toute la nuit pour s'approcher d'elle, et il y réussit, car il n'en était qu'à une lieue de distance, et très-peu au vent d'elle, quand je montai sur le pont le lendemain de grand matin. On avait fait branle-bas, et il régnait partout un mouvement et une ardeur qui n'étaient pas ordinaires. Le sifflet appelait les matelots à déjeuner au moment où je m'approchai du capitaine pour le saluer.

— Bonjour, Wallingford, cria le vieillard avec enjouement, vous arrivez juste à temps pour jeter un regard sur cette frégate française qui semble si fière de sa beauté. Dans deux heures, je l'espère, elle ne sera pas si pimpante. C'est un noble bâtiment, n'est-ce pas, et tout à fait de la force du nôtre?

— C'est ce qui me semble, capitaine; mais êtes-vous certain qu'elle soit française?

— Aussi certain que je le suis que mon bâtiment est anglais. Vous voyez qu'elle ne comprend rien à nos signaux, et d'ailleurs il n'y a pas à se tromper à son gréement. A-t-on jamais vu un bâtiment anglais avec des mâts et des vergues de cacatois semblables? Ainsi donc, monsieur Wallingford, il faut vous résigner à déjeuner une heure plus tôt qu'à l'ordinaire, ou bien vous en passer. Ah! voici justement le maître d'hôtel qui vient nous prévenir que nous sommes servis.

Je suivis le capitaine dans la chambre, où je trouvai Marbre qu'il avait envoyé chercher pour partager notre repas. C'était une attention de plus que le bon vieillard ajoutait à toutes celles qu'il avait déjà eues pour nous. Il m'avait témoigné en toute occasion beaucoup de bienveillance; mais dans ce moment il semblait encore redoubler de soins pour moi.

— J'espère, Messieurs, que vous ferez honneur à la cuisine de Davis, dit-il après que notre première faim fut un peu calmée; car c'est peut-être la dernière occasion que vous aurez d'en juger. Je suis Anglais, et je ne contesterai pas la supériorité que sur mer nous pouvons avoir sur les Français; mais je sais aussi qu'ils se défendent bravement, et ceux qui sont là pourraient bien faire que demain nous trouvions la marmite renversée. Ils se préparent évidemment au combat, et je crois qu'ils se conduiront en braves.

— Il me semble que vous autres Anglais, quand vous attaquez les Français, vous vous croyez toujours sûrs de la victoire.

— C'est un sentiment que nous cherchons à inspirer à notre équipage, mais je vous avoue que je ne le partage pas entièrement. Je suis trop vieux et j'ai trop d'expérience, Wallingford, pour ne pas savoir que tous les combats ont leurs chances et leurs vicissitudes. Sans doute il y a quelque différence dans le service, mais elle n'est pas à beaucoup près aussi grande qu'on le suppose communément. Quoi qu'il en soit, l'issue est entre les mains de Dieu. Je crois fermement que c'est pour sa cause que nous allons combattre dans cette guerre terrible; j'ai donc la confiance qu'il ne nous abandonnera pas.

Je fus surpris d'entendre le capitaine Rowley, qui était ordinairement plein d'enjouement et de gaieté, parler ainsi; mais il ne me convenait pas d'insister. Nous nous levâmes bientôt de table, et il donna ordre au maître d'hôtel, dès que la table fut débarrassée, de faire prévenir le premier lieutenant que les cloisons de la chambre pouvaient être enlevées. Je descendis alors avec Marbre au logement qui lui avait été préparé avec des toiles à voiles, afin de pouvoir causer librement avec lui. Au moment où nous y arrivions, le tambour appelait tout le monde à son poste.

— Eh bien! Miles, dit Marbre en commençant, voilà, j'espère, un voyage qui enfoncera tous les autres. Nous avons été capturés deux fois, nous avons fait une fois naufrage, nous avons vu un combat, et en voici encore un qui se prépare. Que pensez-vous que le patriotisme et la vertu républicaine réclament de nous dans cette circonstance?

C'était la première fois que j'entendais Moïse parler de républicanisme; son caractère était tout au moins aussi opposé à la liberté que celui de Napoléon lui-même. Mais je voyais bien où il voulait en venir, et je lui répondis en conséquence.

— Je crains bien, Moïse, lui dis-je, qu'il n'y ait bien peu de républicanisme en France dans ce moment, et je ne crois pas que, pour avoir entre eux quelque ressemblance, deux gouvernements en soient meilleurs amis. Peut-être même n'en sont-ils que plus disposés à se quereller. Mais il s'agit ici d'une querelle entre la France et l'Angleterre; nous autres Américains nous sommes en paix avec les deux pays, et je ne vois pas trop pourquoi nous irions nous en mêler.

— Je me disais bien que vous penseriez ainsi, Miles, et pourtant il serait dur de se trouver au milieu d'un combat sans y prendre part ; je donnerais cent dollars pour être, à l'heure qu'il est, à bord de cette frégate française.

— Avez-vous donc tant d'envie de vous faire battre ?

— Je ne sais d'où cela provient, mais je ne saurais me faire à l'idée de prendre parti pour un John Bull.

— Il n'y a point de nécessité de prendre parti pour l'un ou pour l'autre ; et cependant nous ne pouvons oublier que ces gens-ci nous ont sauvé la vie, qu'ils nous font l'accueil le plus bienveillant, et que voilà trois mois que nous vivons à leurs dépens. Je suis charmé de voir que Neb cherche tous les moyens de se rendre utile.

— Oui, oui, vous verrez ce qui en résultera. M. Cléments, le premier lieutenant de cette frégate, est un malin compère : il flaire d'une lieue les bons matelots ; ou je me trompe fort, ou Neb aura grande peine à quitter ce bord avant la paix.

— Comment donc ! irait-on prétendre que ce nègre est un Anglais ?

— Tout est Anglais, les noirs comme les blancs, quand on a besoin de matelots ; toutefois, ne nous tourmentons pas d'avance ; nous saurons à quoi nous en tenir, dès que le bâtiment entrera au port. — Mais, voyons, Miles, définitivement, comment devons-nous nous conduire pendant ce combat ? Il répugne à ma nature d'aider un Anglais ; et cependant un vieux loup de mer comme moi ne peut rester tranquille sous les écoutilles pendant qu'on brûle de la poudre sur le pont.

— Ce serait mal à nous de prendre aucune part à l'action, puisque la querelle ne nous concerne en rien ; mais nous pouvons trouver l'occasion de nous rendre utiles, ne fût-ce qu'en portant secours aux blessés. Je me rendrai sur le gaillard d'arrière, mais si vous m'en croyez, vous ne monterez qu'au premier pont. Quant à Neb, j'offrirai formellement ses services pour aider à descendre les blessés.

— Je vous comprends, nous nous enrôlerons tous les trois dans le service de santé ; à défaut d'un service plus actif, mieux vaut encore celui-là que rien. C'est égal, ce doit être terriblement agaçant de rester les bras croisés pendant un combat !

Nous continuâmes à causer quelque temps de la sorte, mais un coup de canon, parti du gaillard, nous avertit que la danse allait commencer. Je courus au gaillard d'arrière ; quand j'y arrivai, tout annonçait l'approche d'un combat. Le bâtiment était sous une petite voilure ; les canons étaient démarrés et pointés ; les tapes étaient ôtées, les boulets préparés, et quelques vieux chefs de pièces semblaient avoir peine à attendre le signal pour commencer. Un silence pareil à celui d'une église déserte régnait dans toutes les parties du bâtiment ; celui qui, dans ce même moment, aurait pu se transporter à bord de la frégate ennemie aurait été assourdi de clameurs confuses, et sa surprise eût été grande de voir que les préparatifs, qui étaient terminés depuis longtemps à bord de la frégate anglaise, n'étaient encore qu'ébauchés par les Français [1].

— Wallingford, dit mon vieil ami le capitaine quand je m'approchai de lui, vous n'avez rien à faire ici. Il ne serait pas convenable que vous prissiez part à l'action, et ce serait une folie de vous exposer sans motif.

— Je le sais, capitaine ; mais votre bonté pour moi est si grande, que j'ai pensé que vous me permettriez d'être simple spectateur ; si je ne puis me rendre utile autrement, je pourrai du moins soigner les blessés, et vous pourrez compter que je saurai me tenir assez à l'écart pour ne pas gêner les manœuvres.

— Je ne sais, Monsieur, si je dois le permettre, reprit gravement le vieillard ; ce combat est une chose sérieuse, et personne ne doit être ici que ceux dont le devoir est d'agir. Voyez, Monsieur, ajouta-t-il en montrant la frégate française, qui était à deux encâblures de distance, avec ses perroquets cargués et ses basses-voiles sur leurs cargues ; dans dix minutes il fera chaud ici, et je vous laisse à décider si la prudence ne demande pas que vous descendiez.

Je m'y étais attendu, et, au lieu d'insister, je m'inclinai, et m'éloignai du gaillard d'arrière comme pour obéir. — Quand il ne me verra plus, il ne pensera plus à moi, me dis-je en moi-même ; il sera bien assez temps de descendre quand j'aurai vu le commencement de

---

[1]. L'auteur revient continuellement et avec une sorte de complaisance sur ce contraste. Sans doute, à la suite de la grande tourmente révolutionnaire, la discipline fléchit un moment à bord de nos bâtiments, et les causes n'en seraient pas difficiles à indiquer. Mais ce relâchement ne fut que passager. L'ordre ne tarda pas à se rétablir dans la marine, comme partout dans le pays ; et aujourd'hui nulle part au monde on ne trouverait de matelot, non-seulement plus brave et plus intrépide, — l'auteur en convient tout le premier, — mais plus soumis, plus patient, plus *silencieux* même, que le matelot français.

(*Note du Traducteur.*)

l'affaire. Sur le passavant, je passai devant les soldats de marine en grande tenue, que leur officier se donnait autant de peine à aligner que si la victoire eût dépendu de cette circonstance. Sur le gaillard d'avant, je trouvai Neb, les mains dans ses poches, qui suivait les manœuvres des Français comme le chat guette les mouvements de la souris; on voyait qu'il y prenait le plus vif intérêt, et il ne fallait pas songer à l'envoyer en bas. Quant aux officiers, ils avaient pris leçon sur le capitaine, et ils se bornèrent à sourire d'un air de bonne humeur quand je passai devant eux. Le premier lieutenant seul fit exception; il n'avait jamais paru bien disposé à notre égard; et sans l'accueil empressé qui nous était fait dans la chambre, je ne doute pas qu'il ne nous eût donné plus tôt un échantillon de son humeur.

— Voilà un drôle qui est trop bien bâti pour rester à ne rien faire dans un moment comme celui-ci, dit-il d'un ton sec en montrant Neb.

— Nous sommes des neutres par rapport à la France, monsieur Cléments, lui répondis-je, et il ne serait pas bien à nous de prendre part à vos querelles. Cependant j'ai été trop bien reçu à bord du *Breton* pour ne pas éprouver un vif désir de partager vos dangers; il se peut faire que je trouve quelque occasion de me rendre utile, ainsi que Neb.

M. Cléments me lança un regard perçant, murmura quelque chose entre ses dents, et se dirigea vers l'arrière, où il se rendait quand je l'avais rencontré; je le suivis des yeux, et je vis qu'il parlait d'un air sombre au capitaine. Le vieillard jeta un regard de mon côté, me montra le doigt, puis il sourit avec sa bonté ordinaire, et se retourna pour parler à un des aspirants qui était auprès de lui. Dans ce moment, la frégate française donna vent devant, envoyant toute sa bordée à mesure que les canons portaient. Deux des boulets atteignirent la mâture; c'en fut assez pour faire diversion aux pensées du capitaine, et je fus oublié. Quant à Neb, il se rendit sur-le-champ utile: un boulet avait coupé le faux étai du grand mât, juste au-dessus de sa tête; et avant que j'eusse eu le temps de parler, il saisit une bosse, empoigna un des bouts de l'étai, et s'évertua à bosser promptement la manœuvre. Le maître d'équipage applaudit à son activité, et envoya deux ou trois matelots de l'avant pour l'aider. A partir de ce moment, Neb ne quitta plus les agrès; il était empressé comme une abeille : il se montrait tantôt sur une vergue, tantôt sur l'autre, selon les besoins du service ; et on pouvait juger, à la largeur de la grimace qui dilatait sa figure, de l'importance de la besogne à laquelle il se livrait. Il est possible que *le Breton* ait eu ce jour-là dans ses agrès des matelots plus âgés ou ayant plus d'expérience, mais aucun ne se montra plus alerte, plus résolu, plus infatigable. La gaieté de cœur avec laquelle ce nègre semblait se multiplier au milieu de cette scène de carnage, s'est toujours présentée à mon esprit comme essentiellement caractéristique.

Le capitaine ne changea rien à sa route, et ne tira pas un coup de canon en réponse au salut qu'il avait reçu, quoique les deux bâtiments fussent à peine à une encâblure l'un de l'autre quand les Français avaient commencé. *Le Breton* s'avança hardiment, et deux minutes plus tard, quand il n'était qu'à une portée de pistolet, il lâcha toute sa bordée de tribord ; ce fut vraiment le commencement de l'affaire, et elle fut chaude pendant une demi-heure. *Le Breton* vira aussitôt après avoir tiré, et les deux frégates furent bientôt bord à bord, en courant presque vent arrière. Je ne sais comment cela se fit, mais quand il fallut changer les vergues de l'avant, il se trouva que je halais sur les bras de toutes mes forces. L'aide-master qui dirigeait cette manœuvre me remercia, en me disant d'une voix enjouée : « Dans une heure nous les aurons brossés d'importance, capitaine Wallingford ! » Ce fut le premier moment où je m'aperçus que mes mains n'étaient pas restées inactives.

J'eus alors occasion de reconnaître combien il est différent d'être spectateur ou acteur dans une scène semblable ; honteux du moment d'oubli auquel je m'étais laissé aller, je me dirigeai vers le gaillard d'arrière où le sang coulait déjà abondamment. Tout le monde, excepté moi, était à l'œuvre. En 1803, la caronade, ou canon bâtard, était devenue d'un usage général, et celles qui étaient sur le gaillard d'arrière du *Breton* venaient d'être tournées, et regardaient leurs maîtres en face après avoir vomi leur charge. Le capitaine, le master et le premier lieutenant étaient tous là, les deux premiers s'occupant de la voilure, et le lieutenant, un peu de la batterie et un peu de tout le reste. Il se passait à peine une minute sans qu'un boulet frappât quelque part, quoique ce fût principalement dans les agrès ; et les gémissements des blessés, cette partie déplorable de tout combat sérieux, commencèrent à se mêler au fracas du canon.

J'observai que les Anglais se battaient dans un morne silence, quoiqu'ils se battissent de tout leur cœur ; parfois une acclamation solitaire s'élevait de quelque coin du bâtiment ; mais, en général, excepté le bruit du combat, on n'entendait guère que les cris des blessés ou la voix de quelque officier donnant un ordre ou adressant un mot d'encouragement.

— Chaude journée, Wallingford ! dit le capitaine en me voyant tout à coup près de lui dans la fumée. Vous n'avez pas affaire ici ; mais néanmoins on aime à voir la figure d'un ami. Vous nous avez regardés ; comment trouvez-vous que cela aille ?

— Cette frégate ne peut manquer de l'emporter, capitaine ; son ordre et sa tenue sont admirables.

— J'aime à vous l'entendre dire ; car je sais que vous êtes un vrai marin. Descendez, je vous prie, dans la batterie, et voyez un peu ce qui s'y passe. Vous viendrez me dire comment on s'y comporte.

Je me trouvais donc enrôlé comme aide de camp. Je descendis, et, certes, jamais je n'avais été témoin d'un tel spectacle. Quoique la saison fût avancée, la moitié des hommes s'étaient déshabillés ; car c'est une rude tâche de manœuvrer de lourds canons longtemps de suite. On peut, dans l'ardeur du combat, ne pas s'apercevoir de la fatigue, mais on s'en ressent longtemps après. La plupart n'avaient conservé que leurs culottes ; leurs longues queues dures pendaient sur leurs dos nus ; on eût dit autant d'athlètes prêts à descendre dans le cirque. Le pont était rempli de fumée ; c'étaient les amorces brûlées à bord qui produisaient cet effet ; et la poudre, en faisant explosion, s'échappait des sabords pour se diriger en longues colonnes blanchâtres vers l'ennemi. Le lieu où je me trouvais me semblait une sorte de pandæmonium. Je voyais des canonniers s'agiter au milieu de la fumée, leurs éponges et leurs refouloirs à la main ; leurs pièces repoussées en arrière, sautant même du pont par la violence du recul ; les officiers faisant leurs signaux avec leurs épées, pour donner plus de force à leurs commandements ; les mousses courant de tous côtés dans la direction des soutes ; les boulets passés de main en main ; et enfin, pour donner le dernier trait à ce tableau, les morts et les mourants nageant dans leur sang au milieu du bâtiment.

Je ne saurais rien dire des manœuvres de ce combat. Mon attention était concentrée sur ce qui se passait à bord ; car, n'ayant rien à faire, j'examinais la manière dont les Anglais répondaient au feu de leurs ennemis. Pendant que j'étais près du grand mât, dans la batterie qui n'était pas engagée, Marbre me découvrit au milieu de la fumée, et vint me parler.

— Ces Français se battent comme des lions, me dit-il; un boulet vient de traverser la marmite du cuisinier; en voilà un autre qui perce la chaloupe de part en part. Dieu me pardonne! si ces gaillards-ci ne se remuent pas vivement, nous pourrions bien être frits; et vous conviendrez, Miles, que ce serait bien dur, quand c'est un Français qui tient la queue de la poêle. La petite Kitty elle-même me montrerait au doigt.

— Songez, Moïse, que nous ne sommes que des passagers; et que peu nous importe la défaite ou la victoire, puisque l'honneur de notre pavillon n'y est pas intéressé.

— Je n'en sais trop rien, Miles : passager tant que vous voudrez, je ne me soucie pas d'être battu. — Tenez! regardez donc! — encore quelques dragées comme celles-là, et la moitié de nos canons seront réduits au silence.

Deux boulets avaient porté en même temps, au moment où Marbre s'était interrompu; l'un d'eux avait fracassé le contour d'un sabord, tandis que l'autre étendait sur le pont quatre des hommes qui servaient la pièce. Un officier arracha la mèche de la main d'un des matelots tombés, souffla dessus pour la ranimer et la mit sur l'amorce. Au moment où le canon bondit en arrière, l'officier tourna la tête pour voir où il pourrait trouver des hommes pour remplacer ceux qui avaient été tués ou blessés. Ses regards tombèrent sur nous. Il ne dit rien, mais il avait été compris.

— Me voilà, me voilà, Monsieur, dit Marbre en ôtant précipitamment sa veste et en jetant sa chique; je suis à vous.

J'hésitais si je lui ferais quelques remontrances; mais il était déjà à l'ouvrage; et, ravi de son zèle, l'officier lui frappa sur l'épaule et l'installa en qualité de chef de pièce. Craignant que la contagion ne me gagnât, je me hâtai de remonter l'échelle, et je me retrouvai sur le gaillard d'arrière. Le vieux capitaine félicitait son équipage en agitant son chapeau. Le grand mât de hune des Français venait de tomber. Ce n'était pas le moment de faire mon rapport, et il n'en fut pas question. J'allai donc jusqu'à la lisse de couronnement, pour ne pas gêner les mouvements, et pour faire mes observations aussi loin de la fumée que possible. Ce fut la seule occasion que j'eus de noter les positions respectives aussi bien que l'état des deux bâtiments.

*Le Breton* avait considérablement souffert dans son gréement; mais ses mâts principaux étaient encore debout. Son adversaire avait perdu son grand mât de hune et son mât de perroquet de fougue; et son feu s'était sensiblement ralenti depuis un quart d'heure. Comme il arrive ordinairement pendant une forte canonnade et par une brise modérée, le vent était complétement tombé. Les deux frégates étaient venues au plus près quelques instants auparavant, les Anglais un peu par la hanche du vent des Français. Ni les uns ni les autres ne bougèrent plus guère de la position qu'ils occupaient. Cependant les vergues du *Breton* étaient brassées avec une précision admirable, tandis que celles de ses ennemis étaient dans le plus grand désordre. Dans des circonstances pareilles, il n'était pas difficile de prévoir le résultat de l'engagement, d'autant plus que l'ardeur des Anglais semblait augmenter à mesure que le combat se prolongeait.

J'étais toujours à la même place, quand j'entendis le bruit d'un boulet et le craquement d'une planche sur la partie antérieure du gaillard d'arrière. On s'empressait autour d'un homme qui venait de tomber, et je crus entrevoir l'uniforme et les épaulettes du capitaine Rowley. En un instant j'étais près du blessé. C'était bien mon vieil ami. Cléments était là. Il me dit en me voyant :

— Comme vous ne faites rien, Monsieur, voulez-vous aider à descendre le capitaine?

Je n'aimais pas la manière dont cette demande m'était faite, ni le regard qui l'accompagna; il me semblait qu'on me disait : A présent je vais commander ce bâtiment, et il faudra bien qu'on m'obéisse. Néanmoins je ne répondis rien; et, aidé de deux domestiques, je portai le pauvre vieillard dans la sainte-barbe. Dès que le chirurgien eut jeté les yeux sur la blessure, je vis à l'expression de sa figure qu'il n'y avait plus d'espoir. Ses paroles confirmèrent bientôt cette triste nouvelle.

— Le capitaine ne peut vivre une demi-heure, me dit-il à part, et tout ce que nous pouvons faire, c'est de ne lui rien refuser. A présent, par suite de la secousse qu'il a éprouvée, il est anéanti; mais dans quelques minutes il demandera probablement de l'eau ou du vin. Veuillez, Monsieur, puisque aucun service ne peut vous appeler sur le pont, lui donner ce qu'il demandera. Voilà une heureuse chance pour Cléments, qui recueillera presque tout l'honneur d'un combat qui peut être considéré comme terminé.

En effet, le feu dura encore quelque temps, mais presque uniquement de la part du *Breton*. Un quart d'heure ne s'était pas écoulé, que nous entendîmes retentir les cris de victoire. A ces acclamations le blessé parut se ranimer.

— Qu'y a-t-il donc, Wallingford? demanda-t-il d'une voix plus forte que je ne l'aurais cru possible. Que veulent dire ces cris, mon jeune ami?

— Ils veulent dire, capitaine, que vous êtes vainqueur, que vous êtes maître de la frégate française.

— Maître? — Suis-je maître de ma propre vie? Que me sert la victoire à présent? je vais mourir, — mourir bientôt, Wallingford, et tout sera dit! Ma pauvre femme! ce sera pour elle une triste victoire.

Hélas! que pouvais-je dire? Tout cela n'était que trop vrai. Il mourut en ma présence, et cela avec calme, avec toute sa raison. Il était évident que ce petit rayon de gloire qui brillait sur son lit de mort ne lui semblait pas remplir tout le but de sa destinée. L'approche de la mort place l'homme sur une sorte d'éminence morale, d'où il embrasse d'un coup d'œil tout le drame de sa vie, depuis la première scène jusqu'à la dernière. La foule insouciante, qui ne regarde que la surface des choses, a bien pu l'applaudir, quelquefois même lorsqu'il le méritait le moins; mais alors il est pour lui-même un juge juste et sévère, et il sait apprécier mieux que personne la manière dont il a rempli son rôle.

J'ai peu de chose à dire des dix jours qui suivirent. Le premier acte d'autorité que fit M. Cléments à mon égard fut de me transférer de la chambre à la sainte-barbe. Au surplus, il ne manquait pas de place dans mon nouvel appartement. Il avait fallu armer la prise; et les vides furent remplis par les prisonniers français. Le corps du pauvre capitaine fut conservé dans de l'esprit de vin; et les choses reprirent à peu près leur cours ordinaire, si ce n'est que notre bâtiment était trop endommagé et notre équipage trop réduit pour que nous fussions très-jaloux de faire de nouvelles rencontres. Je dirai ici que, une fois sorti de cette espèce d'enivrement qui l'avait saisi, Marbre fut profondément humilié de la part qu'il avait prise à l'affaire. Il s'était battu encore une fois sous le pavillon anglais, et quoique j'évitasse avec soin toute allusion à cette circonstance, je suis sûr que jusqu'à son dernier jour il déplora amèrement ce qu'il avait fait. Quant à Neb, sa conduite lui semblait toute simple et toute naturelle; car, quoiqu'il comprît bien les distinctions de pavillons et de pays, il regardait toujours comme son devoir de défendre le bord sur lequel il se trouvait être.

Il y avait dix jours que nous vivions sous notre nouveau maître, quand, à l'entrée de la Manche, nous rencontrâmes une frégate avec laquelle on échangea des signaux. Qu'on juge de ma mortification et de celle de Marbre, quand nous apprîmes que le bâtiment qui s'avançait à toutes voiles était *le Rapide!* Il n'y avait point de remède, il était déjà à portée de canon, et *le Breton* avait mis en panne. Quelques minutes après, lord Harry Dermond, en personne, venait le long du bord dans sa chaloupe, pour montrer ses instructions au capitaine Rowley, et lui faire son rapport, comme à l'officier le plus ancien. La prudence aurait dû m'engager à me retirer; mais j'avais un tel désir d'apprendre ce qu'étaient devenus Sennit et ses compagnons, que je ne pus me résoudre à quitter le gaillard d'arrière.

Cléments alla recevoir le jeune lord à l'entrée du passavant, et, s'excusant sur le mauvais état de ses embarcations de ne pas s'être rendu à bord du *Rapide*, il raconta la dernière affaire et ses résultats. Lord Harry se trouvait alors le plus ancien en grade, et il commença immédiatement son interrogatoire. Il était au milieu de ses questions, quand ses yeux tombèrent sur moi. Il se promenait avec Cléments sur le gaillard d'arrière, et je m'étais glissé dans le passavant pour l'éviter, quand cette funeste reconnaissance eut lieu. Ils étaient alors si près de moi que je pus entendre ce qu'ils dirent entre eux.

— Quelle est donc cette personne qui est appuyée contre le cutter, monsieur Cléments? demanda le capitaine du *Rapide*; c'est une figure qui ne m'est pas inconnue. Il a dû servir sur mon bord.

— Je ne crois pas, Milord; c'est un Yankee que nous avons recueilli en mer, un capitaine Wallingford, du bâtiment américain *l'Aurore*. Son bâtiment a coulé bas dans une tempête, et tout l'équipage a péri, sauf son lieutenant, son nègre et lui. Voilà trois mois que nous les avons à bord.

Lord Harry Dermond siffla entre ses dents; puis, venant à moi, il m'ôta son chapeau, et commença une conversation qui n'était nullement de mon goût, en me disant :

— Votre serviteur, monsieur Wallingford. Nos rencontres ont lieu dans des circonstances bien extraordinaires, n'est-ce pas? et elles deviennent assez fréquentes. La dernière fois, c'était dans un moment assez intéressant pour moi, et où j'étais si occupé que je n'ai pas eu le loisir de vous présenter mes respects comme je l'aurais voulu. — Monsieur Cléments, j'ai une petite affaire à régler avec monsieur, et je vous prierai de m'accompagner un moment avec lui dans votre chambre.

Il n'y avait point d'objection possible à cette demande, et je suivis les deux officiers dans la chambre du *Breton*.

## CHAPITRE XXV.

> Oh ! j'ai à peine où reposer ma tête, moi qui me suis vu possesseur de si vastes domaines, mais le malheur ne m'abattra jamais.
> *Chanson écossaise.*

L'AIR calme et froid de lord Harry Dermond me convainquit que j'allais avoir à passer par une épreuve difficile, et je me préparai en conséquence. Il s'assit avec Cléments sur le sopha, et me fit signe de prendre un siége. Alors il commença d'une manière plus sérieuse que je ne l'aurais désiré.

— Monsieur Wallingford, me dit-il, il n'est guère besoin de préambule entre vous et moi. J'ai reconnu votre bâtiment, il y a trois mois, quand *le Prince-Noir* et *le Rapide* attaquèrent les frégates françaises, et vous trouverez sans doute à propos d'expliquer comment vous vous trouviez là ?

— Rien de plus simple, Milord. Convaincu que vous n'aviez pas le droit de m'envoyer dans un port d'Angleterre, et sachant qu'une détention de quelque durée serait ma ruine, j'ai saisi la première occasion qui s'est offerte de reprendre possession de mon bâtiment.

— Voilà du moins de la franchise, Monsieur. Vous voulez me faire comprendre, sans doute, que vous vous êtes révolté pendant la nuit, que vous avez massacré mon équipage, et que si vous avez ensuite perdu votre bâtiment, c'est que vous n'aviez pas assez de bras pour le conduire. N'est-ce pas cela?

— Ce qu'il y a de vrai dans cette supposition, Milord, c'est que je n'aurais certainement pas perdu mon bâtiment, si, dans la tempête où il a péri, j'avais eu autant de monde à bord qu'à mon départ des Etats-Unis ; et j'aurais eu autant de monde à bord, si nous n'avions jamais rencontré *le Rapide*.

— Ce qui est une manière implicite de dire que votre naufrage doit nous être imputé.

— Oui, Milord, et c'est très-explicitement que je le dis, quoique vous n'en ayez été que la cause indirecte.

— Eh bien, Monsieur, c'est un point sur lequel il est probable que nous ne nous accorderons jamais. Vous ne pouvez supposer que les serviteurs du roi d'Angleterre se soumettent à votre manière américaine d'interpréter le droit des gens ; mais vous comprendrez sans peine que ce sont des questions que nous laissons à résoudre à nos juges de l'Amirauté. Ce qui m'importe le plus pour le moment, c'est de savoir ce que sont devenus les officiers et les matelots que nous avons mis sur votre bord. Je vous ai vu quelque temps après en possession du bâtiment ; nos longues-vues ne nous ont pas trompés, j'en suis sûr, et vous-même vous convenez du fait. Qu'est devenu l'équipage de prise ?

Je racontai brièvement la manière dont nous avions repris *l'Aurore*. Les deux officiers anglais écoutaient attentivement, et je surpris un sourire d'incrédulité sur la figure de Cléments. Le capitaine du *Rapide* semblait loin d'être satisfait, mais il n'était pas aussi disposé à laisser percer son opinion véritable.

— Voilà une histoire bien inventée, et débitée avec adresse, Milord, dit le premier en ricanant ; mais je doute qu'il se trouve beaucoup de personnes pour y croire dans la marine anglaise.

— La marine anglaise, Monsieur, répliquai-je froidement, est, comme toutes les autres, sujette à des erreurs comme à des revers.

— Des erreurs de cette nature ne sont guère probables, Monsieur, et vous en conviendrez vous-même, après réflexion. Mais je vous demande pardon, Milord ; c'est votre affaire et non la mienne, et j'ai été indiscret en prenant la parole.

A la manière dont lord Harry Dermond reçut cette excuse, il était évident qu'il était du même avis. Il joignait au degré ordinaire l'orgueil du rang à celui de la naissance ; et il n'aimait pas qu'un homme, qui était son inférieur sous ce double rapport, s'entremît dans une affaire qui lui était toute personnelle. Il inclina froidement la tête en guise de réponse, et s'arrêta un moment, comme pour réfléchir, avant de reprendre la conversation.

— Vous devez savoir, monsieur Wallingford, dit-il enfin, qu'il est de mon devoir de prendre des informations précises sur cette affaire. Je ne fais que de sortir du port, où nous sommes restés pendant plusieurs semaines pour nous radouber ; et si un de mes officiers était revenu en Angleterre, il n'eût pas manqué de venir me faire son rapport.

— Il est très-probable en effet, Milord, qu'ils ne sont pas encore de retour. Je les ai vus, de mes propres yeux, recueillis à bord d'un bâtiment qui paraissait se diriger vers les grandes Indes.

Dans ce moment, Cléments passa à lord Harry Dermond un papier, sur lequel il avait écrit quelque chose au crayon. Le capitaine y jeta un coup d'œil, inclina la tête en signe d'assentiment, et le lieutenant quitta la chambre. Pendant qu'il était absent, mon compagnon fut assez aimable pour me donner des détails sur le combat dont j'avais été témoin, et il poussa même l'attention jusqu'à me mettre entre les mains un journal qu'il avait apporté pour le montrer au capitaine Rowley, et qui contenait le récit officiel de toute l'affaire. En y jetant les yeux, je vis que la présence de *l'Aurore*, dans cette occasion, y était signalée ; le nom du bâtiment était donné en toutes lettres, avec une allusion qui pouvait n'être pas très-bien comprise de la masse des lecteurs, mais qui pour moi était assez claire. Cependant Cléments ne tarda pas à rentrer ; et, sans beaucoup de cérémonie, il me dit qu'on m'attendait dans la sainte-barbe pour se mettre à table. Sur cette insinuation, je me levai ; je pris congé du capitaine ; et, en sortant, j'eus le temps d'apercevoir Marbre qui allait entrer à son tour, et Neb, debout près du charnier, qui semblait gardé par la sentinelle.

Le dîner dura près d'une heure, et lord Harry Dermond attendit poliment tout ce temps-là avant de me rappeler. Je fus surpris de trouver Marbre dans la chambre de conseil, Neb près de la porte, qui attendait, et les deux officiers, avec de l'encre, du papier et des plumes, dans la chambre du capitaine, à l'endroit où je les avais laissés.

— Monsieur Wallingford, dit lord Harry en commençant, je ne vous cacherai pas que votre lieutenant raconte tout autrement que vous la manière dont l'équipage du *Rapide* a quitté *l'Aurore*. Voici son récit que j'ai écrit littéralement sous sa dictée ; je vais, si vous voulez, vous en donner lecture.

— Je ne vois pas comment M. Marbre pourrait me contredire en disant la vérité, Milord ; mais je vous écoute.

— « J'étais premier lieutenant de *l'Aurore*, de New-York, Miles Wallingford, armateur ; capturé par *le Rapide*, comme on sait ; M. Sennit installé comme maître de prise. Trois jours après nous être séparés de la frégate, le capitaine et moi, nous commençâmes à raisonner M. Sennit, pour lui faire comprendre qu'il n'était pas bien d'arrêter des neutres, et d'interrompre un voyage qui se rattachait à de graves intérêts ; ce qui bouleversa les idées du susdit lieutenant, à tel point qu'il consentit à prendre la yole du bâtiment, et à nous remettre le navire. En conséquence, la chaloupe fut mise à la mer, arrimée avec le plus grand soin ; toutes les précautions furent prises pour que rien ne manquât à ceux qui allaient y passer, et les Anglais prirent congé de nous, en faisant mille vœux pour notre heureuse arrivée à Hambourg. »

— Est-ce sérieusement que vous me dites, lord Harry Dermond, que mon lieutenant vous a raconté ainsi l'affaire ?

— Très-sérieusement, Monsieur. Je crois même qu'il a offert de prêter serment pour attester la vérité de son récit, quoique je l'aie dispensé de cette cérémonie. Voici maintenant la déposition du nègre ; désirez-vous en prendre aussi communication ?

— Comme vous voudrez, Milord.

— « Neb Clawbonny faisait partie de l'équipage de *l'Aurore* ; il y fut laissé lors de la capture du bâtiment par *le Rapide*, et il était à bord lors du naufrage. Le capitaine Wallingford ordonna à M. Sennit de quitter son bâtiment, ou qu'il saurait bien l'y forcer, et M. Sennit obéit à maître Miles, comme de juste. » Mais je n'en dirai pas davantage, car la déposition d'un esclave n'est guère digne de confiance ; peut-être même n'aurions-nous pas dû la recevoir, monsieur Cléments ?

— Pardonnez-moi, Milord ; il est de notre devoir d'employer

tous les moyens possibles pour protéger les sujets de Sa Majesté.

— Cela peut être vrai, Monsieur, mais il est pourtant de grands principes d'équité que nous ne devons jamais oublier, même en faisant notre devoir. Vous voyez, monsieur Wallingford, que vos compagnons sont en dissidence complète avec vous ; on ne peut se défendre des soupçons les plus fâcheux. Je manquerais à tous mes devoirs si je négligeais de vous arrêter et de vous traduire tous en justice.

— Si mes compagnons ont été assez malavisés pour faire les dépositions que vous avez lues, je ne puis que le déplorer ; je vous ai dit la vérité, et je n'ajouterai rien de plus. Quant à ce que vous voulez faire de nous, comme je suppose que toutes mes représentations seraient inutiles, je préfère m'en abstenir.

— Vous êtes fier, Monsieur ; et je désire que votre innocence paraisse aussi claire à vos juges. Quoi qu'il en soit, on ne peut pas prendre impunément la vie des sujets du roi.

— Pas plus que la propriété d'un citoyen américain, sans doute, Milord. Quand même j'aurais employé la force pour reprendre mon bâtiment, quand j'aurais jeté l'équipage de prise à la mer, je crois que je n'aurais rien fait de plus que mon devoir.

— Très-bien, Monsieur ; tout ce que je désire pour vous, c'est qu'un jury anglais envisage l'affaire sous le même point de vue. Pour le moment, préparez-vous à passer sur *le Rapide*, car il ne faut pas que vous soyez séparé des témoins importants que nous pouvons y trouver. Quant aux citoyens dont vous parlez, ils sont tenus de se soumettre à la décision des cours de l'Amirauté, et ils ne peuvent refaire la loi suivant leurs caprices.

— Nous verrons, Milord ; quand cette affaire sera connue dans mon pays, nous en entendrons parler.

Je prononçai ces paroles avec une certaine emphase ; j'étais jeune alors, — je n'avais pas encore vingt-trois ans, — et j'avais pour mon pays, pour son indépendance, pour sa justice, pour sa ferme volonté de faire le bien et de ne se soumettre à aucun outrage, enfin de ne jamais sacrifier un seul principe à l'intérêt, cette admiration aveugle que la plupart des jeunes gens ont pour des parents chéris. Suivant les idées de presque tous les citoyens américains de mon âge, le nom même qu'ils portaient devait être pour eux une protection dans toutes les parties du monde, sous peine d'encourir la juste indignation de la république. On verra bientôt jusqu'à quel point mon attente fut réalisée, et je prie le lecteur américain en particulier de modérer son impatience naturelle jusqu'à ce que les faits aient été mis sous ses yeux. Je puis lui promettre que s'il ne veut envisager que la vérité, sans se payer de théories boursouflées et insoutenables, son instruction y gagnera en même temps que sa modestie. Quant à lord Harry Dermond, l'indignation de la grande nation américaine, dont on le menaçait, parut l'inquiéter fort peu ; il eût sans doute redouté beaucoup plus un simple froncement de sourcil de l'amiral qui commandait à Plymouth que le terrible ressentiment du président et du congrès des États-Unis.

L'ordre de me préparer à quitter *le Breton* me fut répété, et je fus envoyé dans la chambre du conseil où était Marbre. M. Cléments poussa la porte qui nous séparait ; mais elle était restée entre-bâillée, et j'entendis la conversation suivante :

— J'espère, Milord, dit Cléments, que vous ne songez pas à emmener le lieutenant et le nègre ; ce sont d'excellents marins, et qui conviennent parfaitement pour le service de Sa Majesté ; le nègre s'est signalé dans les agrès pendant la dernière affaire, et le lieutenant a servi une pièce avec un courage de lion pendant plus d'une heure. Nous sommes à court de bras, et je me propose d'engager ces hommes à devenir des nôtres. Vous savez, Milord, qu'il y a des parts de prise à partager, par suite de la capture de ce bâtiment français, et je suis à peu près sûr de réussir.

— Je regrette, Cléments, que mon devoir m'oblige à les emmener tous les trois ; mais je tiendrai bon compte de ce que vous me dites, et nous pourrions bien les employer à bord du *Rapide*.

Dans ce moment, M. Cléments s'aperçut que la porte n'était pas bien fermée, et il s'empressa de réparer sa négligence, ce qui m'empêcha d'en entendre davantage. Je me tournai alors du côté de Marbre, qui était tout contrit du mal qu'il avait fait par son maladroit artifice. Je ne lui fis pas de reproches, et je lui serrai même la main pour lui montrer que je lui pardonnais ; mais je vis clairement que le pauvre homme ne se pardonnait pas si facilement à lui-même.

La conférence entre lord Harry Dermond et M. Cléments dura une demi-heure ; au bout de ce temps, ils traversèrent tous deux la première chambre, et je vis, à la mine du dernier, qu'il n'avait pas réussi dans sa demande. Quant à nous, nous fûmes transférés, avec notre bagage, à bord du *Rapide*, où notre arrivée produisit à peu près toute la sensation que la discipline d'un bâtiment de guerre pouvait permettre.

A mon arrivée sur le gaillard d'arrière, je fus mis aux fers et confié à la garde d'une sentinelle, près de la porte de la chambre. On eut pourtant quelques égards pour moi ; ainsi on disposa une sorte de paravent en toile derrière lequel je prenais mes repas et je dormais avec une sorte de liberté. Mes fers étaient si larges, que je pouvais les enlever et les remettre à volonté. J'eus tout lieu de croire que les officiers en étaient instruits, et qu'on n'avait voulu que sauver les apparences.

A part cette détention et le tort fait à mes affaires, je n'eus pas grand sujet de me plaindre, quoique ma captivité ait duré jusqu'au mois d'avril 1804, c'est-à-dire pendant cinq grands mois. Pendant ce temps, *le Rapide* s'était avancé au sud jusqu'à la ligne ; alors, en revenant, il croisa quelque temps auprès des Canaries et des Açores, cherchant en vain quelque autre bâtiment français. On me permettait de prendre l'air deux fois par jour : une fois sur le passavant, et l'autre fois sur le premier pont, et j'étais servi de la table du capitaine.

Pendant les cinq mois que je restai prisonnier, je ne parlai ni à Marbre, ni à Neb. Je les voyais parfois travailler comme les autres, et nous échangions alors des regards significatifs, mais jamais une parole. Quelquefois un des officiers venait me rendre visite ; on parlait de choses et d'autres, on cherchait évidemment à me faire oublier les ennuis de ma captivité ; mais jamais on ne faisait aucune allusion à la cause qui l'avait amenée. Je ne puis dire que ma santé fût altérée, ce que je dus sans doute à la propreté du bâtiment et à la manière admirable dont il était aéré. Enfin nous entrâmes au port, amenant avec nous une prise que *le Rapide* avait faite au nord des Açores ; c'était un bâtiment français, et Marbre et Neb avaient été sur leur demande envoyés à bord, comme faisant partie de l'équipage de prise. Ce jour-là, je reçus la visite du commis aux vivres, qui était le plus attentif de tous mes visiteurs. Je pris la liberté de lui demander s'il était possible que mes deux compagnons fussent entrés au service de l'Angleterre ?

— Pas précisément, me dit-il, quoiqu'ils semblent s'affectionner à nous, et nous pensons qu'ils finiront par là plutôt que de perdre la part de prise qu'ils peuvent obtenir pour leurs services à bord du *Breton*. Il paraît que votre ancien lieutenant est un maître homme ; Milord, pensant que nous pourrions rencontrer quelques croiseurs français auprès de la Manche, a cru devoir faire passer vos deux compagnons sur la prise, de peur qu'ils ne prissent la mouche et ne refusassent de combattre. Ils font leur service, disent-ils, pour se maintenir en bonne santé ; et, à vous parler franchement, nous faisons ce qu'ils veulent, dans l'espoir que bientôt ils nous aimeront tant qu'ils ne voudront plus nous quitter.

J'eus alors l'explication de leur conduite, et je me sentis plus tranquille. Jamais je n'avais supposé un instant que Marbre eût conçu l'idée de servir sous le pavillon anglais ; mais il était capable de faire quelque nouvelle bévue pour réparer celle qui avait eu de si fatales conséquences, et d'empirer le mal en voulant y remédier. Quant à Neb, je savais qu'il ne m'abandonnerait jamais, et si j'avais quelque inquiétude à son égard, c'était qu'on n'abusât de sa simplicité.

Le jour où nous jetâmes l'ancre dans la baie de Plymouth, le temps était brumeux, et il fraîchissait du sud-ouest ; le bâtiment vint mouiller au coucher du soleil ; sa prise était à peu de distance en terre de lui, comme je le vis par le sabord, qui formait une sorte de fenêtre pour ma petite chambre en toile. Pendant qu'on amarrait le navire, lord Harry Dermond passa dans la chambre, accompagné de son premier lieutenant, et j'entendis qu'il lui disait :

— A propos, monsieur Powlet, il faudra songer à mettre ailleurs ce prisonnier ; maintenant que nous sommes si près de la terre, il ne serait pas prudent de le laisser à portée d'un sabord.

Je méditais ces paroles quand j'entendis le bruit d'une embarcation qui venait le long du bord ; en regardant par le sabord, je vis que c'était le maître de prise du bâtiment français qui venait nous rendre visite, et que Marbre et Neb étaient au nombre des rameurs. Marbre me vit, et me fit un signe d'intelligence, quoiqu'il fît assez obscur pour qu'on distinguât à peine les objets. Je répondis à ce signe par un geste expressif, et c'en fut assez pour décider Marbre à ne point quitter le canot et à garder Neb avec lui ; leurs deux compagnons étaient si accoutumés depuis quelque temps à partager le service avec les Américains, qu'ils ne se firent aucun scrupule de monter à bord de la frégate, à la suite de leur officier, pour causer un moment avec leurs anciens camarades. Presque au même instant l'officier de quart s'écria :

— Faites passer à l'arrière l'embarcation de *la Minerve*, pour faire place au canot du capitaine qu'on va mettre à l'eau.

L'embarcation était, il est vrai, à babord; mais comme la mer battait avec quelque vivacité le flanc de tribord, lord Harry était disposé à brûler la cérémonie plutôt que de mouiller son uniforme. Je ne saurais trop dire quelle fut la série de raisonnements qui me fit prendre le parti auquel je m'arrêtai. Sans doute les remarques que je venais d'entendre, et qui me rappelaient si vivement tout le danger de ma position, y furent pour beaucoup. Mais peu importe le mobile ; voici quelle fut ma conduite.

Je détachai mes fers, et je me glissai par le sabord, où je restai suspendu par les mains contre le flanc du navire. Je courais grand risque d'être découvert, mais le bonheur voulut que Marbre et Neb fussent les seuls qui me virent. Le premier me saisit par les jambes au moment où l'embarcation passait sous le sabord ; et, m'aidant à descendre, il me dit tout bas de me coucher au fond du canot. L'instant d'après nous étions à l'arrière, et Neb se tenait accroché avec la gaffe à l'une des chaînes du gouvernail. Nous y restâmes immobiles jusqu'au moment où le canot du capitaine passa près de nous, conduisant lord Harry au lieu de débarquement ordinaire.

En deux minutes le canot était hors de vue, et Marbre dit à Neb de retirer la gaffe. Aussitôt notre embarcation, favorisée par le vent et par la marée, commença à s'éloigner du *Rapide*. Personne ne fit attention à nous. On était trop occupé des détails de l'arrivée et du désir d'aller à terre. Une circonstance qui nous était particulièrement favorable, c'était le départ du capitaine. Lord Harry Dermond était un officier plein de vigilance et d'activité; mais son premier lieutenant était ce qu'on appelle à bord un pauvre diable ; phrase assez significative par elle-même pour n'avoir pas besoin de commentaire. Or, du moment qu'un capitaine a le dos tourné, il y a plus de négligence et de laisser-aller à bord du bâtiment, surtout lorsque le lieutenant a peu d'influence. Il semble que chacun soit plus libre de faire ce qu'il lui plaît. En un mot, l'équipage met en action le proverbe : « Quand le chat est dehors, les souris dansent sur la table. »

Dès que nous fûmes à cinquante pieds du *Rapide*, je me levai, et je pris en main la direction des affaires. Il y avait dans l'embarcation un mât et une voile de lougre. Certains que du bâtiment on ne pouvait plus nous voir, nous établîmes l'un et l'autre; puis, mettant la barre au vent, je cinglai droit en pleine mer. Tout cela fut accompli en moins de cinq minutes, au moyen de ce que les Français appellent une inspiration soudaine.

A vrai dire, quoique nous eussions acquis un simulacre de liberté, notre situation était assez critique. Nul de nous n'avait un schelling dans sa poche, ni d'autres vêtements que ceux qu'il avait sur le corps. Il n'y avait pas un biscuit, pas même un goutte d'eau dans le canot. La nuit s'épaississait de plus en plus, et le vent soufflait avec plus de violence qu'il n'était désirable pour une frêle embarcation. Mais nous n'en persévérâmes pas moins dans notre entreprise, et nous débordâmes hardiment de la terre, nous confiant à la Providence. J'espérais rencontrer quelque bâtiment américain. Si cette ressource nous manquait, nous pouvions, avec du bonheur, atteindre les côtes de France en moins de quarante-huit heures.

Il n'y avait rien dans notre situation qui fût de nature à diminuer nos angoisses. Nous ne pouvions voir à cent pieds de distance; nous n'avions pas de boussole, pas d'autre guide que la direction du vent, pas même le moindre abri. Cependant nous nous arrangeâmes pour dormir à tour de rôle, chacun de nous ayant la plus grande confiance dans l'habileté des deux autres. La nuit se passa ainsi. Les ténèbres étaient trop épaisses pour que nous eussions la crainte d'être poursuivis.

Quand le jour revint, nous ne découvrîmes rien. Il est vrai que le temps était trop couvert pour que nous pussions voir à une grande distance. Toute la matinée nous continuâmes à gouverner au nord-est, sous notre seule voile de lougre au bas ris, en trouvant moyen, par des manœuvres habiles, d'éviter les lames qui menaçaient de nous envahir. Manger, il n'en pouvait être question : mais nous commençâmes à faire quelques petites provisions pour étancher notre soif, en exposant nos mouchoirs au brouillard, afin de les tordre dès qu'ils seraient imprégnés d'eau. Cependant la fraîcheur de l'air nous empêcha de souffrir beaucoup, et je dois dire que jusqu'au milieu de la journée, la faim ni la soif ne se firent trop impérieusement sentir. Nous venions de nous mettre à causer en plaisantant du dîner, quand Neb s'écria tout à coup : Une voile !

C'était en effet un bâtiment qui venait à nous, ayant les amures à babord et se dirigeant vers l'Angleterre. Il me semble que je le vois encore. Il avait deux ris pris à ses huniers, son grand foc, sa brigantine, et ses deux basses voiles. La direction qu'il suivait devait le faire passer à deux cents brasses sous notre vent, et mon premier mouvement fut de loffer. Un second coup d'œil nous montra que c'était une frégate anglaise, et nous larguâmes notre voile en toute hâte. Les cinq minutes qui suivirent furent pleines d'anxiété. Mes regards ne quittaient pas la frégate, lorsqu'elle passa près de nous, tantôt s'élevant sur le sommet d'une lame, tantôt descendant gracieusement dans le creux, en ne nous laissant voir que le haut de sa mâture. Je respirai enfin quand la frégate eut assez gagné de l'avant pour nous placer par sa hanche du vent ; mais je n'osai déployer de nouveau notre voile que lorsque sa coque sombre et luisante et ses sabords menaçants eurent disparu dans le brouillard.

A peine sortis de ce danger imminent, nous fîmes enfin une rencontre d'une nature plus agréable. Nous signalâmes à notre arrière un bâtiment qui remontait la Manche vent arrière, et qui portait des bonnettes de hune. C'était un navire américain ! Nous fûmes tous d'accord sur ce point ; et comme son sillage était double du nôtre, nous gouvernâmes droit devant lui, certains qu'il ne tarderait pas à nous rejoindre. En effet, vingt minutes après, il passait contre nous, son équipage semblant très-curieux de savoir qui nous pouvions être. Marbre dirigea le canot avec tant d'adresse, que nous saisîmes un cordage et fûmes halés le long du bord, sans que le navire eût dû ralentir sa marche, quoiqu'il nous entraînât presque sous l'eau en nous remorquant. Dès que nous pûmes, nous sautâmes sur le pont, abandonnant le canot à sa destinée.

Nous ne nous étions pas trompés. C'était un bâtiment venant de James' River, chargé de tabac et allant à Amsterdam. Le capitaine entendit avec intérêt le récit de nos aventures, et nous témoigna beaucoup de sympathie ; toutefois nous ne restâmes avec lui qu'une semaine. Arrivés sur les côtes de Hollande, nous débarquâmes pour aller à Hambourg, où j'espérais qu'on m'avait adressé mes lettres, et d'où je savais que nous pourrions également regagner notre pays. A Hambourg je devais éprouver un nouveau désappointement. Il n'y avait pas une ligne pour moi, et nous nous trouvions sans argent dans une ville étrangère. Je ne crus pas prudent de raconter notre histoire; mais nous résolûmes de nous embarquer à bord de quelque navire américain, et de payer notre passage en nous rendant utiles. Après avoir cherché quelque temps, la nécessité nous força d'entrer dans le premier navire qui s'offrit à nous : c'était un bâtiment de Philadelphie appelé *le Schuilkill*, à bord duquel je fus reçu comme second lieutenant, et Marbre et Neb comme matelots du gaillard d'avant. Personne ne nous questionna sur le passé. Nous nous étions promis de faire notre service sans révéler qui nous étions. Et, en effet, on ne sut jamais que nos noms, mais pas un mot de nos aventures.

Je trouvai un peu dur de redescendre d'autant de degrés l'échelle sociale; mais j'avais fait mon apprentissage de trop bonne heure et avec trop de soin pour ne pas m'acquitter de mes nouvelles fonctions à mon honneur; et, avant que le bâtiment eût mis à la voile, le premier lieutenant ayant été renvoyé pour ivrognerie, je pris sa place. Marbre me succéda; et pendant les cinq mois qui suivirent, les choses allèrent assez bien; je dis cinq mois, car avant de retourner aux États-Unis, le bâtiment alla en Espagne prendre une cargaison de barilles qu'il porta à Londres, où il prit du fret pour Philadelphie. Nous ne fûmes pas très-contents de lire notre histoire dans les journaux anglais avec une foule d'exagérations et de broderies. Mais elle fut bien vite oubliée dans cette foule de nouvelles qui se succédaient à chaque instant à cette époque si mémorable de l'histoire.

Néanmoins ce fut avec un véritable bonheur que je quittai l'Angleterre et que je remis à la voile pour mon pays. Ma paie m'avait permis, ainsi qu'à Marbre et à Neb, de m'équiper des pieds à la tête, et en partant pour Philadelphie j'avais du moins une garde-robe convenable. C'était tout ce qui me restait d'un bâtiment et d'une cargaison qui pouvait valoir de quatre-vingts à quatre-vingt-dix mille dollars.

La traversée fut très-longue, mais enfin nous atteignîmes le cap Delaware. Le 7 septembre 1804, lorsqu'il ne s'en fallait que de quelques semaines que je n'eusse vingt-trois ans, je débarquai sur les quais de ce qu'on appelait la plus grande ville des États-Unis, ne possédant plus rien, mais conservant toute mon énergie. Nous restâmes quelques jours pour décharger la cargaison, et alors nous fûmes congédiés. Neb, qui avait passé à bord du *Schuilkill* pour un nègre libre, m'apporta sa paie, et quand nous eûmes tout mis dans le même sac, il s'y trouva cent trente-deux dollars. Ce fut avec cet argent que nous nous dirigeâmes vers le nord, Marbre pour embrasser sa mère et la petite Kitty, Neb pour revoir Chloé, et moi pour aller trouver mon principal créancier Jacques Wallingford, et avoir des nouvelles de M. Hardinge et de Lucie.

## CHAPITRE XXVI.

> Vous croyez que je verserai des larmes! Non, je n'en verserai pas. — Je n'en ai que trop sujet; mais ce cœur se déchirera en lambeaux, avant qu'une seule larme tombe de mes yeux.
> *Le roi Léar.*

JE ne dirai rien de la manière dont nous fîmes la route entre Philadelphie et New-York, ni du temps que nous y mîmes; ce sont des histoires d'un autre âge, qui paraîtraient fabuleuses aujourd'hui; rien que d'y penser, je me sens encore les os tout brisés. Enfin j'arrivai à South-Amboy, où je montai à bord d'un paquebot qui me débarqua près de Whitehall; nous présidions au placement de nos bagages sur une charrette, quand quelqu'un me prit la main, et s'écria :

— Eh! Dieu me pardonne, voilà le capitaine Wallingford ressuscité!

C'était le vieux Jared Jones, le meunier de Clawbonny; je le croyais toujours en activité de service: mais le regard qu'il me jeta, les larmes qui s'échappaient malgré lui de ses yeux; toutes ses manières, en un mot, m'annoncèrent qu'il avait dû se passer du nouveau. Mon air, plutôt que mes paroles, semblait demander une explication; Jared me comprit, et, laissant Marbre et Neb escorter nos bagages au modeste hôtel où je comptais rester incognito jusqu'à ce que j'eusse eu le temps de me reconnaître, nous descendîmes ensemble du côté de la Batterie.

— Vous pouvez voir, Jared, que je ne reviens pas précisément dans l'état où j'étais parti; mon bâtiment, ma cargaison sont perdus, et c'est un homme qui n'a plus rien qui revient au milieu de vous.

— Nous savions bien qu'il vous était arrivé de grandes catastrophes. Imaginez-vous que quelques-uns de vos matelots sont revenus il y a plusieurs mois : ils ont raconté comme quoi *l'Aurore* avait été capturée par les Anglais. Depuis ce moment, le bon M. Hardinge a cru que tout était fini. Que voulez-vous? Tous les malheurs à la fois! D'abord cette malheureuse hypothèque sur Clawbonny...

— Comment, cette hypothèque! Est-ce qu'on y a donné suite?

— Si on y a donné suite! Je ne saurais vous dire tout ce qu'on n'a pas fait de formalités ; tant et si bien que la vente a été affichée il y a trois mois ; et quand elle a eu lieu, devinez un peu ce que le bien a rapporté, le moulin compris et tout? Devinez, Monsieur.

— La vente! Clawbonny est donc vendu, et je ne possède plus la maison de mon père?

— Oui, Monsieur, et nous avons été tous congédiés, nègres et tout. On a dit aux nègres les plus âgés qu'en vertu des lois sur la liberté, ils seraient bientôt leurs maîtres; et quant aux jeunes, vos créanciers devaient les vendre pour le temps qui restait à courir. Mais M. Hardinge a recueilli les pauvres créatures; il les a fait admettre dans des maisons qui sont près du presbytère, et ils travaillent en attendant que les affaires soient réglées. C'est bien à leur honneur, monsieur Miles, que pas un d'eux n'ait seulement eu l'idée de s'enfuir; avec ces idées qui fermentent dans tout le pays au sujet des noirs, sans maître pour veiller sur eux, ils auraient très-bien pu prendre leurs jambes à leur cou.

— Et Chloé, la servante de ma sœur, qu'est-elle devenue, Jared?

— Je crois que miss Lucie l'a prise à son service. Miss Lucie est prodigieusement riche, allez ; et son père a racheté tout ce qui pouvait s'emporter. Ce qui avait vie a été mis à la ferme de Wright; et tout cela attendait son ancien maître, s'il revenait jamais.

— Et c'est pour cela que miss Hardinge a eu la bonté de louer cette ferme?

— On dit comme ça qu'elle l'a achetée avec une partie de ses épargnes ; il paraît qu'elle a la disposition de son revenu, bien qu'elle soit encore mineure.

— Je croyais la trouver mariée ; sa main semblait promise à M. Drevett, quand je suis parti?

— Oui, on en a beaucoup parlé dans le temps ; mais on dit encore que miss Lucie ne se mariera qu'après sa majorité, afin de faire ce qu'elle voudra de son argent, avant qu'un mari mette la main dessus. Vous savez sans doute que M. Rupert est marié, Monsieur ; il est logé comme un nabab dans une des plus belles maisons de New-York ; on dit comme ça qu'il a droit à une partie de la fortune de mistress Bradford, mais qu'il ne doit en jouir que quand miss Lucie sera majeure.

C'était un baume pour mes blessures que tout ce qu'il me disait de Lucie ; mais c'était un sujet trop sacré pour le profaner plus longtemps avec un pareil interlocuteur, et je mis la conversation sur Clawbonny et sur les bruits qui avaient pu circuler à mon égard. Voici ce que j'appris de Jared.

Il paraît que le second lieutenant et quelques-uns des matelots qui avaient été transportés à bord du *Rapide*, et qui avaient eu le bonheur d'échapper à la presse, avaient regagné les États-Unis, où ils avaient apporté la nouvelle de la prise du bâtiment, de son apparition inattendue près du lieu du combat, entre les quatre frégates, et de leurs efforts impuissants pour me rejoindre. Cette dernière circonstance, en particulier, avait fait quelque bruit dans les journaux. Des Américains avaient-ils le droit de s'enfuir sur la chaloupe d'un bâtiment de guerre anglais ? Une vive discussion s'était engagée sur ce point. Tout ce que faisait l'Angleterre était parfait aux yeux des fédéralistes ; les démocrates, au contraire, auraient trouvé moyen de justifier tous les abus que la politique de Napoléon le portait à commettre. Cependant, pour être juste, j'ajouterai que le parti anglo-américain était encore plus exagéré que le parti français ; il avait repris toute sa dépendance primitive ; il ne pensait que par la métropole, et son opinion lui arrivait toute faite d'Angleterre. Ce parti devait son existence à l'admiration profondément enracinée de la colonie pour l'ancien siége du pouvoir, tandis que l'autre parti était né de l'opposition. L'alliance de 1778 avait bien exercé quelque influence sur des hommes assez âgés pour avoir pris une part active aux événements de la révolution, mais c'étaient des exceptions. En un mot, cette dernière opinion était jusqu'à un certain point factice, tandis que l'autre était naturelle et d'une grande vivacité.

Les discussions publiques qui s'étaient engagées à propos de *l'Aurore* avaient donné lieu, parmi mes connaissances, à beaucoup de conjectures sur ce que j'étais devenu moi-même. Les mois se succédant sans qu'on reçût de mes nouvelles, l'opinion que le bâtiment avait péri s'était accréditée de plus en plus ; enfin un navire de la Jamaïque apporta une version plus ou moins brodée de la manière dont j'avais repris à Sennit mon bâtiment ; et quand on sut que nous n'étions restés que quatre à bord, on en vint, de conjectures en conjectures, à regarder comme un fait parfaitement établi que nous avions fait naufrage, et je ne fus plus compté au nombre des vivants.

Peu de temps après que cette opinion avait pris quelque consistance, Jacques Wallingford se montra à Clawbonny ; il ne fit aucun changement, parla avec bonté à tout le monde, et l'on resta convaincu que les choses allaient rester sur l'ancien pied ; il était mon héritier, et il ne semblait y avoir aucune raison de supposer qu'il en dût être autrement.

Mais deux mois après la visite de Jacques Wallingford, la nouvelle que Clawbonny avait été hypothéquée vint fondre comme un coup de foudre sur tous ceux qui l'habitaient. Les formalités prescrites furent remplies, et la vente eut lieu, par autorité de justice, pour cinq mille dollars, c'est-à-dire moins du sixième de sa valeur. M. Hardinge était venu à la vente pour faire des représentations à mon cousin, plutôt que pour se porter adjudicataire ; il risqua une enchère, mais n'osa pas aller plus loin. De son côté, Jacques Wallingford ne parut pas, et le bien fut adjugé à un de ses parents du côté de sa femme, à un nommé M. Daggett. Celui-ci prit immédiatement possession du bien, renvoya les nègres, et mit de nouveaux serviteurs dans la ferme et au moulin. A la surprise générale, aucun testament ne fut produit, et l'on n'entendit point parler de mon cousin. M. Daggett était un homme froid et réservé, de qui il n'était point facile de tirer des explications ; son droit à la propriété était incontestable. M. Hardinge, après avoir consulté des hommes de loi habiles, avait été obligé de le reconnaître. Tels furent en substance les renseignements que je recueillis de la bouche du meunier dans une conversation à bâtons rompus qui dura plus d'une heure ; sans doute il me restait beaucoup d'éclaircissements à obtenir, mais j'en avais appris assez pour savoir que j'étais complétement ruiné.

En quittant Jared, je lui donnai mon adresse, et je l'engageai à venir me voir le lendemain ; le vieillard me témoignait un intérêt qui me faisait du bien, et j'étais bien aise de l'interroger plus longuement, surtout sur ce qui concernait Lucie et M. Hardinge. Je suivis alors Marbre et Neb à notre modeste hôtel ; et nous passâmes le reste de la journée à nous installer dans nos chambres et à nous équiper de notre mieux. Ma garde-robe n'était pas très-bien fournie ; je n'avais pas d'habit à étaler, mais pourtant quand j'eus mis mon pantalon de matelot, une chemise blanche toute propre, une cravate de soie noire, et une veste bleue qui ne m'allait pas mal, je n'aurais rougi de me montrer nulle part.

Après le dîner, nous nous disposions, Marbre et moi, à aller faire un tour à Broadway, quand je vis une espèce de squelette ambulant, à la figure hâve et livide, qui s'approchait du comptoir, sans doute pour demander quelqu'un. Le garçon m'ayant montré du doigt, le nouveau venu s'approcha, et avec une assurance qui semblait proclamer que les journaux étaient le grand besoin de la vie, et que ceux qui s'occupaient de les rédiger étaient des êtres privilégiés, il m'annonça qu'il était le colonel Warbler, l'éditeur du *Republican Freeman* de New-York. Je le priai de passer dans la pièce voisine, et alors s'engagea entre nous la conversation suivante :

— Nous venons d'apprendre votre arrivée, capitaine Wallingford, dit en débutant le colonel ; — il paraît que c'est le grade de rigueur pour les éditeurs de New-York d'un certain *calibre;* ils sont tous colonels *ipso facto*, — et nous sommes impatients de vous placer *rectus in curia*, si je puis m'exprimer de la sorte, devant la nation. Votre histoire a fait grande sensation il y a quelques mois, et l'esprit public est préparé à en apprendre tous les détails, et à recevoir par là une nouvelle impulsion. Si vous avez la bonté de m'en donner la plus légère ébauche, Monsieur, — et tirant tranquillement de sa poche un crayon et du papier, il se disposa à écrire, — vous pouvez compter que la relation complète de vos aventures paraîtra dans le numéro de demain, présentée d'une manière dont vous n'aurez pas à vous plaindre. L'histoire de la capture est déjà rédigée, et, si vous voulez, je vais vous en donner lecture avant d'aller plus loin.

Et sans attendre ma réponse pour savoir si je le voulais ou non, le colonel commença incontinent à me lire son article :

« Au nombre des passagers du *Schuilkill*, arrivé récemment à Philadelphie, se trouve notre estimable concitoyen, le capitaine Miles Wallingford ; nous avons déjà mis ses griefs sous les yeux de nos lecteurs. Nous avons recueilli de sa propre bouche les détails suivants sur la manière outrageante et illégale dont il a été traité par le bâtiment de guerre anglais *le Rapide*, commandé par un rejeton de la noblesse, lord — j'ai laissé du blanc pour le nom, — et le cœur de tout véritable Américain se soulèvera d'horreur et d'indignation à cette nouvelle preuve de la mauvaise foi et de l'insolence britannique ; on verra que, non satisfait de presser tous les hommes de l'équipage du capitaine Wallingford, et de leur faire subir un traitement atroce à tous égards, cet orgueilleux aristocrate a violé, en ce qui concerne le capitaine lui-même, tous les articles du traité qui lie entre eux les deux pays, qu'il a forfait à l'honneur ; en un mot, qu'il a foulé aux pieds tous les commandements de Dieu. Nous avons une ferme confiance qu'il ne se trouvera pas chez nous un seul homme pour défendre une conduite aussi indigne, et que les créatures mêmes de l'Angleterre, qu'emploie la presse fédérale, se joindront à nous dans cette occasion pour repousser l'agression et l'usurpation britanniques. » — Eh ! bien, Monsieur, j'espère que vous êtes content ?

— C'est peut-être ne présenter qu'un côté des faits, colonel, attendu que j'ai à me plaindre des Français tout autant que des Anglais ; car si j'ai été capturé par une frégate anglaise, je l'ai été aussi par un corsaire français. Si je fais tant que de parler, il vaut mieux dire tout.

— Comment donc, Monsieur, cela va sans dire ; nous voulons raconter toutes les atrocités dont ces Anglais arrogants se sont rendus coupables.

— Sans doute, en capturant mon bâtiment, le commandant anglais commit un acte injuste et fut cause de ma ruine...

— Arrêtez un moment, Monsieur, s'il vous plaît, interrompit le colonel Warbler en écrivant avec rapidité — « et causa ainsi la ruine d'un homme d'honneur, » — oui, cela finit bien la période. — A présent, veuillez continuer, Monsieur.

— Mais je n'ai pas à me plaindre personnellement de mauvais traitements ; et l'acte commis par les Français eut précisément le même caractère ; car je venais de me débarrasser de l'équipage de prise anglais, quand le corsaire français nous captura à son tour, et nous empêcha d'aborder en France où j'allais chercher un abri et quelques matelots.

Le colonel Warbler m'écouta avec une froide indifférence ; il ne voulait pas écrire une seule ligne contre les Français; il appartenait à cette classe très-nombreuse de propagateurs de nouvelles, qui regardent comme une partie importante de la mission qu'ils sont appelés à remplir, de ne dire, d'un fait quelconque, que ce qui peut favoriser les vues de leur parti. J'insistai d'autant plus vivement sur les griefs dont j'avais eu à me plaindre de la part des Français, que mon colonel montrait plus de répugnance à les rendre publics; mais ce fut inutilement. Le lendemain matin, le *Republican Freeman* contenait une relation de l'affaire, rédigée au point de vue de ce journal indépendant; on ne disait pas un mot du corsaire français, tandis que la conduite de la frégate anglaise était racontée tout au long, avec une foule d'embellissements que le colonel avait dû tirer de son magasin général, attendu que je n'y étais absolument pour rien.

Dès que je fus délivré de cette visite, qui fut considérablement abrégée quand on vit que je m'attaquais aux Français, je sortis avec Marbre pour aller faire un tour de promenade, comme nous l'avions projeté. Nous étions à peine au bout de la rue, que je sentis une main qui me frappait sur l'épaule, et, en me retournant, je vis un monsieur dont la figure m'était tout à fait inconnue, et qui était hors d'haleine d'avoir couru après moi.

— Pardon, Monsieur; le garçon de l'hôtel où vous logez vient de me dire que vous êtes le capitaine Wallingford?

J'inclinai la tête en signe d'assentiment.

—Vous excuserez, je l'espère, Monsieur, la liberté que je prends en faveur du motif. Je représente le public, qui est toujours pressé d'obtenir les renseignements les plus exacts sur tous les faits d'un intérêt général, et j'ai pris la confiance de me présenter moi-même — le colonel Positif, éditeur du journal fédéral le *Truth Teller* ( le Véridique ), journal auquel votre honoré père voulut bien s'abonner autrefois. — Nous venons d'apprendre les atrocités commises envers vous par ces pillards, ces vagabonds, ces jacobins français; atrocités qui sont de nature à éveiller l'indignation de tout Américain bien pensant, et qui ne peuvent trouver de défenseurs que dans cette classe d'hommes qui, ne possédant rien, ne manquent jamais de manifester leur sympathie pour les succès du Grand Brigand, quoique ces succès soient autant d'empiétements sur nos droits, autant d'atteintes portées à la propriété des États-Unis.

Le colonel Positif me lisait son article à son tour, et, après cette phrase ronflante, il s'arrêta pour me regarder, s'attendant à quelque explosion de contentement.

— J'ai souffert un acte d'agression, souverainement illégal suivant moi, de la part d'une frégate française, répondis-je ; mais, colonel, cet acte n'aurait pas eu lieu, si je n'en avais éprouvé précédemment un autre, tout aussi illégal, de la part de la frégate anglaise *le Rapide*, commandée par le capitaine lord Harry Dermond, fils du marquis de Thole.

— En vérité, Monsieur, voilà qui est bien extraordinaire ! Une frégate anglaise, dites-vous ? Comment une nation si juste pourrait-elle commettre une agression contre nous, quand nous avons même langue, même origine, mêmes intérêts ; tandis que, je regrette de devoir le dire, il ne se passe pas un jour où nous n'apprenions quelque nouvelle atrocité des mirmidons de ce parvenu qui se pavane sur le trône de France ; un homme, Monsieur, qui n'a pas eu son pareil dans l'histoire, depuis les Néron, les Caligula, et tous les tyrans de l'antiquité. Si vous voulez bien me donner quelques détails sur ce dernier méfait de Bonaparte, capitaine Wallingford, je vous promets qu'ils seront répandus à profusion, et qu'ils seront présentés de manière à défier toutes les attaques de la corruption et de la mauvaise foi.

J'eus la cruauté de refuser ma coopération ; mais il n'en résulta aucune différence ; car, le lendemain, le journal fédéral avait une relation tout aussi exacte de l'affaire que si j'avais fourni moi-même les matériaux, et tout aussi vraie que la plupart des *réclames* qui paraissent dans les journaux. Elle fut lue avec avidité par tous les fédéralistes des États-Unis ; pendant que l'autre version, reproduite par toutes les gazettes démocratiques, était dévorée avec le même appétit par tout le parti contraire. Je retrouvai la même partialité dans toutes les classes de la société. Si je parlais à un fédéraliste, il m'eût écouté un jour entier, répétant toujours l'histoire de ma capture par le corsaire français ; mais il me tournait le dos dès que j'entamais mon autre récit. Avec les démocrates, c'était tout le contraire ; si bien que je finissais par me faire des ennemis des deux côtés. Mais les fédéralistes, avec lesquels je me trouvais surtout en relations, étaient les plus acharnés contre moi. On ne tarda pas à faire courir le bruit que j'étais un déserteur anglais, moi, Miles, cinquième du nom, à Clawbonny ! On eût trouvé des gens prêts à jurer que Marbre avait volé son capitaine, et qu'il avait été obligé de s'enfuir du bâtiment anglais où il servait, il y avait quatre ans. On sait, en un mot, tout ce qui s'accumule de noirceurs sur la tête du pauvre malheureux qui a perdu sa popularité, et je ne sais ce qui serait advenu si je ne m'étais pas condamné au silence ; trop heureux de parvenir à faire oublier une affaire qui m'avait enlevé toute ma fortune.

J'avoue qu'en revenant chez moi, je m'étais figuré que je trouverais appui et protection dans le pays où j'étais né, pour lequel j'avais combattu, et auquel je payais des taxes ; mais je n'avais que vingt-trois ans, et je ne comprenais pas encore le mécanisme des lois, surtout dans un état de société où les intérêts les plus importants sont placés sous le contrôle d'une influence étrangère. Si je n'avais été lésé que par les Français, ou bien par les Anglais, j'aurais eu du moins un parti pour me soutenir ; mais j'avais eu autant à me plaindre des uns que des autres ; c'était me mettre les deux partis à dos ; et, loin de songer à m'adresser aux autorités de mon pays pour me faire rendre justice, je reconnus combien il est dangereux parfois d'avoir trop raison.

Marbre entrait dans une rage comique en voyant ces preuves de l'absence complète de tout sentiment national chez ses compatriotes. Il n'était pas homme à mettre sa langue dans sa poche, quand il avait quelque chose sur le cœur ; aussi allait-il répétant partout qu'il faudrait bientôt sans doute qu'un Américain allât remercier les Anglais, quand ils auraient la bonté de lui prendre son bâtiment et sa cargaison. Quant à moi, j'acceptai mon sort ; et si je reviens aujourd'hui sur ce sujet, c'est qu'il en est des maladies qui gangrènent le corps politique, comme de toutes celles qui attaquent le système physique : c'est par un traitement prompt et énergique qu'on parvient à les guérir. On ne gagne jamais rien à étouffer la vérité. C'est en réfléchissant sur le passé qu'on s'éclaire sur l'avenir ; et il serait bien temps que la grande association politique de notre pays réalisât un des grands bienfaits de toute association, en assurant, en réalité, au citoyen américain quelques-uns de ces droits que nous nous vantons tant de posséder.

Après le départ du colonel n° 2, je continuai ma promenade avec Marbre. Je passai à côté de plusieurs personnes de ma connaissance, mais aucune ne me reconnut dans mon costume actuel. Je n'en fus pas fâché, car il eût fallu recommencer chaque fois mon histoire, et j'étais bien aise de garder pendant quelques jours une sorte d'incognito.

Nous remontâmes jusqu'au-delà de Saint-Paul, quartier alors à la mode, où quelques maisons avaient été construites dans ce qu'on appelait alors le goût moderne. Sur le perron de l'une de ces résidences patriciennes, — pour me servir d'une expression qui est devenue très en usage, — je vis un monsieur mis avec beaucoup d'élégance, qui avait l'air du propriétaire de la maison. J'étais déjà passé quand une exclamation qui lui échappa, et le nom de mon lieutenant qu'il prononça, me firent tourner la tête. C'était Rupert !

— Eh bien, Marbre ! mon brave lieutenant, comment cela va-t-il ? dit notre ancien compagnon, avec un ton d'insolence, moitié cordial, moitié familier, et en descendant les degrés pour lui présenter la main, que Marbre secoua de tout son cœur. — Votre vue me rappelle l'ancien temps, et l'eau salée !

— Monsieur Hardinge, répondit Moïse, qui ne connaissait des défauts de Rupert que son peu d'aptitude pour le métier de marin, je suis ravi de vous rencontrer. Est-ce que votre père et votre charmante sœur demeurent ici ?

— Non, mon vieux, reprit Rupert, toujours sans jeter les yeux de mon côté. Cette maison est à moi, et je serai charmé de vous y recevoir, et de vous présenter à ma femme, qui est aussi une de vos anciennes connaissances, — miss Émilie Merton, la fille du général Merton, de l'armée anglaise.

— Au diable l'armée anglaise, et la marine anglaise avec elle ! s'écria Marbre avec plus d'énergie que d'usage du monde. Sans cette marine, notre ami Miles, que voici, serait encore riche à l'heure qu'il est.

— Miles ! répéta Rupert avec un étonnement qui n'avait rien d'affecté. — Il est donc vrai ; vous n'avez point péri sur mer, Wallingford ?

— Mais, comme vous voyez, monsieur Hardinge ; et je suis heureux de trouver cette occasion d'avoir des nouvelles de votre père et de votre sœur.

— Ils vont bien, merci ; et mon père surtout sera enchanté de vous voir. Il a pris une part bien vive à votre malheur, et il a fait tout ce qui dépendait de lui pour prévenir la catastrophe ; mais impossible ! Cinq mille dollars pour le pauvre cher homme, c'est une somme énorme, qu'il n'aurait jamais pu trouver, et Lucie, qui est encore mineure, ne pouvait toucher à son capital, tandis que ses épargnes étaient insuffisantes. Nous avons fait tout ce que nous pouvions, Wallingford, je puis vous l'assurer. Moi, je commençais une maison de banque, et, pour le moment, j'avais besoin d'argent comptant. Vous savez ce que c'est. Pauvre Clawbonny ! cela m'a fendu le cœur, quand je l'ai appris ; quoiqu'on prétende que M. Daggett, votre successeur, va y opérer des prodiges. On dit que c'est un capitaliste, et qu'il a les moyens de réaliser tous ses plans.

— Je suis bien aise que Clawbonny soit tombé en bonnes mains, puisque, de toute manière, il est sorti des miennes. Bonsoir, monsieur Hardinge ; je profiterai du premier moment de liberté pour aller voir monsieur votre père.

— Oui, le cher homme sera charmé de vous embrasser, Wallingford, et vous pouvez compter que je serai toujours disposé à vous obliger par tous les moyens qui seront en mon pouvoir. Je crains que chez vous les eaux ne soient très-basses dans ce moment ?

— Je n'en disconviens pas ; mais je suis jeune, j'exerce une noble profession, et je ne me décourage pas.

— Eh bien, vous avez raison ! Je suis sûr qu'un jour ou l'autre vous ferez votre chemin, Wallingford, répondit Rupert d'un ton de protection. Vous avez toujours été entreprenant, et vous saurez vous tirer d'affaire. Je ne vous propose pas de venir voir mistress Hardinge, dans le négligé où vous êtes ; non que vous ne paraissiez merveilleusement bien avec cette petite veste ; mais je sais combien les jeunes gens regardent de près à leur toilette, quand il est question de dames ; et puis Émilie est assez difficile sur ce chapitre, comme vous savez.

— Mistress Hardinge m'a souvent vu dans ce costume, et jamais elle n'a eu l'air d'en être effarouchée.

— Oui, sur mer. — On s'accoutume à tout sur mer. Bonsoir ; je ne vous oublierai pas, Wallingford. Comptez sur moi. Je connais les chefs de toutes les grandes maisons de commerce, et très-certainement je penserai à vous. Bonsoir, Wallingford. — Ah ! Marbre, un mot, je vous prie.

Je souris avec amertume, et je m'éloignai fièrement de la porte

LUCIE HARDINGE.

de Rupert. J'étais loin de soupçonner que, dans ce moment même, Lucie était assise à trente pas de moi, causant avec André Drewett. Que se disaient-ils? c'est ce que le lecteur pourra savoir bientôt. Marbre ne tarda pas à me rejoindre. Rupert l'avait arrêté pour lui demander mon adresse, marque d'attention dont j'eus la mauvaise grâce de ne pas lui savoir gré.

## CHAPITRE XXVII.

> Le soleil fatigué se couche dans un ciel d'or, la trace brillante qu'a laissée son char, annonce pour demain un jour glorieux.
>
> SHAKSPEARE.

Je fus tout aussi surpris de ma manière d'être à l'égard de Rupert, qu'il put l'être lui-même. Sans doute il l'attribua à mon changement de fortune; car, au commencement de l'entrevue, il était assez confus, et sa confiance augmenta à mesure qu'il lui semblait que la mienne diminuait. Mais la modération que je montrai devait être attribuée tout entière à Lucie, dont l'influence sur mes sentiments n'avait jamais cessé. Quant à Marbre, il trouva que tout avait été le mieux du monde, et il était enchanté du ton et des manières de Rupert.

— Tout le monde ne peut pas être un bon marin, Miles, dit-il; car c'est un don qui nous vient naturellement, comme de chanter ou de danser sur la corde. Comme gentleman, Rupert doit être à merveille à terre, quoique ce soit un triste sire sur mer, comme en conviendront tous ceux qui ont navigué avec lui. Le garçon ne manque point d'étoffe, mais ce n'est pas de l'étoffe dont nous sommes faits nous autres. Je suis sûr que ce général Bonaparte, tout empereur qu'il est, ferait le plus triste des patrons de navire, si on le mettait à l'épreuve.

Je ne répondis rien, et nous nous promenâmes jusqu'à la nuit. Je rentrai alors et je me couchai. Le lendemain matin, après déjeuner, j'allais sortir pour me mettre en quête d'un homme de loi, afin de le consulter au sujet de mon assurance, quoique j'eusse peu d'espoir de jamais rien recouvrer, quand on me dit que deux messieurs désiraient me parler. Au premier coup d'œil, je crus que c'étaient encore des éditeurs à la recherche de nouvelles; mais nous ne fûmes pas plus tôt seuls qu'une de ces personnes me fit connaître le secret de sa mission, avec des formes qui étaient assez bien, quant au *suaviter in modo*, tandis que le fond ne laissait rien à désirer sous le rapport du *fortiter in re*. — Je suis confus d'avoir à vous dire, capitaine Wallingford, dit ce personnage, que je suis porteur d'une prise de corps, pour une somme qui exigera une caution très-respectable ; il ne s'agit de rien moins que de soixante mille dollars.

— A merveille, mon vertueux cousin ! murmurai-je, c'est ne pa perdre de temps en vérité. Je conviens, Monsieur, que je dois la moitié de cette somme, s'il est vrai, comme on me le donne à entendre, que mon bien ne se soit vendu que cinq mille dollars. Je présume que c'est à cause de l'obligation que j'ai souscrite que je suis arrêté. Mais pourrais-je savoir à la requête de qui on me poursuit ?

Le second individu intervint alors. Il était, dit-il, le procureur du plaignant, et il n'était venu que dans l'espoir de trouver quelques moyens d'arranger l'affaire à l'amiable. Mon client est M. Thomas Daggett, de Clawbonny, qui est porteur de votre obligation, comme administrateur de la fortune de feu Jacques Wallingford, qui était, je crois, votre parent.

— Feu Jacques Wallingford ! Est-ce que mon cousin serait mort ?

— Il a quitté cette vie il y a huit mois, tout à fait inopinément. Comme il est décédé intestat, M. Daggett, qui est fils de la sœur de sa mère, et principal héritier, a été chargé, comme je vous le disais, de l'administration de ses biens. C'est grand dommage que la loi vous exclue de la succession, vous qui portez le même nom.

— Mon parent m'a donné tout sujet de croire que je serais son héritier ; mon testament en sa faveur était même déposé entre ses mains.

— Nous le savons, Monsieur, et comme on vous a cru mort pendant longtemps, on pensait que vos propres nous reviendraient, du moins en partie, ce qui nous eût épargné la nécessité de faire la démarche pénible à laquelle nous sommes contraints aujourd'hui. Mais qui était mort le premier de vous ou de votre cousin ? C'était un fait, vous le comprendrez sans peine, que nous n'avions aucun moyen d'établir. Quoi qu'il en soit, le devoir de l'administrateur l'oblige à se mettre en règle sans délai.

— Alors je n'ai point d'autre alternative que de me rendre en prison. Je ne connais personne au monde à qui je puisse demander de me servir de caution pour une somme aussi considérable que celle qu'on réclame.

— J'en suis désolé, capitaine Wallingford, dit M. Meekly le procureur, du ton le plus contrit. Nous allons partir ensemble, peut-être l'affaire pourra-t-elle s'arranger à l'amiable.

— Très-volontiers, Monsieur. Mais, avant de partir, il faut que je règle mon compte ici, et j'ai aussi deux amis à prévenir, qui m'attendent dans le corridor.

Neb était un de ces amis; car, dans ma position, l'amitié même de mes esclaves m'était précieuse. Ce brave garçon vint me rejoindre avec Moïse, et je leur appris ce qui m'arrivait.

— Arrêté! s'écria Moïse en dévisageant l'officier du shérif, quoique ce fût un gaillard solide qui ne semblait pas d'un caractère à se laisser intimider aisément; — arrêté! Mais, Miles, d'un tour de main jetez-moi ces misérables à la porte; ou bien, si vous voulez, Neb et moi nous allons les mettre en capilotade.

— Doucement, mon ami; il faut respecter la loi. N'ayant pas de caution à fournir, je dois aller en prison. Je vous prie, Moïse, de payer ici ce que je dois. Vous donnerez à Neb le petit sac qui contient mes effets, pour qu'il me l'apporte à la prison. Vous, Moïse, vous viendrez me voir de temps en temps, n'est-ce pas? Mais je vous défends de me suivre en ce moment.

Je sortis alors avec une rapidité qui ne laissa pas, je crois, de causer quelque inquiétude à l'officier de justice. Une fois dans la rue, je ralentis le pas; le procureur, tout essoufflé, me rejoignit, et nous nous mîmes à causer de la possibilité d'un arrangement, et d'en discuter les bases.

— A vous parler franchement, capitaine, dit M. Meekly, mon client ne s'attend pas à recouvrer jamais l'intégralité de sa créance. Sans doute il a entre les mains des valeurs qui en éteindront une partie; mais il n'en restera pas moins un reliquat considérable.

— Comme M. Daggett a déjà pour se couvrir des biens qui valent trente-cinq mille dollars, et qui en rapportent au moins deux mille, et qu'il a en outre entre les mains des titres et des obligations pour une valeur de plus de vingt mille dollars, je conçois qu'il lui soit facile de faire le généreux.

— Vous n'avez pas bien saisi l'affaire, mon cher Monsieur. M. Daggett administre Clawbonny, non pas comme héritier, mais comme acquéreur, ou plutôt comme représentant de l'acquéreur; car c'est un de ses neveux qui s'est porté adjudicataire, et qui lui a donné sa procuration. Le montant de la vente, — cinq mille deux cent cinquante dollars, — a été porté en déduction de votre dette. Si les enchères ne se sont pas élevées plus haut, ce n'est la faute de personne.

— Non, sans doute. Je sais très-bien comment les choses se passent, quand il y a de ces ventes par expropriation forcée, en l'absence du propriétaire. Mais, enfin, quelle est la nature de la proposition que vous comptez me faire?

— M. Daggett a entendu dire que vous possédiez des perles d'un certain prix, une belle argenterie, sans parler du reste de votre mobilier; si vous voulez les lui donner en garantie, il suspendra toute poursuite; en un mot, il vous donnera du temps.

— Et à quelle somme M. Daggett estime-t-il ce mobilier?

— Comme il veut être généreux, il pense qu'on pourrait convenir d'une somme de quatre mille dollars.

— A merveille; c'est tout au plus la moitié de la valeur. Eh bien! Monsieur, si M. Daggett n'a point d'autre proposition à faire, je préfère rester en prison, et voir quel parti je pourrai tirer de ce qui me reste par des ventes partielles et volontaires. Les valeurs qu'il a entre les mains représentent une somme de vingt-deux mille dollars; ajoutez-y les cinq mille dollars du prix de la vente; c'est une balance de treize mille dollars dont je reste débiteur, et que je ne conteste pas.

— Nous voici bientôt à la prison, Monsieur; peut-être la vue des murs...

— N'en parlons plus. Quand M. Daggett voudra faire une proposition raisonnable, il me trouvera disposé à l'écouter. Jusque-là, toute discussion ultérieure est inutile. Ainsi donc, adieu, Monsieur, il n'est pas nécessaire que vous m'accompagniez plus loin.

J'étais décidé à me tenir d'autant plus sur mes gardes, qu'il était évident que j'avais affaire à des fripons. M. Daggett craignait que je ne trouvasse moyen de me défaire de mes biens meubles avant qu'il eût eu le temps d'obtenir un jugement régulier, et il voulait m'effrayer pour conclure avec moi un arrangement plus favorable. C'était une satisfaction que j'étais bien résolu à ne pas lui donner; et je pris un air d'assurance qui décida bientôt mon compagnon à s'éloigner. Quelques minutes après, la porte de la prison pour dettes se refermait sur moi. J'avais un peu d'argent, et, éprouvant une vive répugnance à être enfermé avec la compagnie que je trouvai réunie dans la grande salle, je parvins à me faire donner une petite chambre assez mal meublée.

Ces préliminaires étaient à peine terminés, que Neb arriva avec mon petit bagage. Le pauvre garçon était tout en larmes, non-seulement à cause de moi, mais à cause du déshonneur et de l'infortune qui semblaient peser sur Clawbonny. Il avait encore à apprendre que la maison ne m'appartenait plus, et je n'avais pas le courage de le lui dire; car je savais que pour ce cœur simple et aimant, ce serait comme arracher l'âme de son corps. Tous les nègres se considéraient comme faisant partie intégrante de Clawbonny, et il leur semblait qu'ils n'en pouvaient être séparés que par quelque convulsion de la nature. Neb m'apportait une lettre. Elle était cachetée avec de la cire, et portait les armes des Hardinge. Il y avait aussi une enveloppe, et l'adresse était de la main de Rupert. En un mot, tout annonçait qu'on avait pris son temps pour observer toutes les formalités d'usage. Je la lus aussitôt; en voici la copie textuelle:

Broadway, mercredi matin.

« Cher Wallingford,

« Je viens de penser que le papier ci-inclus pourrait vous être utile, et je me reproche de n'avoir pas songé à vous l'offrir quand je vous ai vu. Je regrette de ne pouvoir vous engager à venir dîner avec nous *en famille;* mais mistress Hardinge a du monde, et nous avons des invitations pour tous les autres jours de cette semaine. Je tâcherai d'aller vous voir dès que j'aurai un moment de libre. Lucie vient d'apprendre votre arrivée, et elle est allée écrire un mot à mon père, qui sera charmé d'apprendre que vous êtes encore au nombre des vivants. Le général, qui demeure avec nous, se rappelle à votre souvenir; il espère que, quand il retournera en Angleterre, ce sera comme votre passager. Adieu, cher Wallingford; je n'oublierai jamais nos folies d'enfance, qui, j'en suis sûr, vous font encore sourire quelquefois.

« Votre, etc.

« RUPERT HARDINGE. »

Cette lettre contenait un billet de banque de vingt dollars. L'homme à qui j'en avais donné vingt mille m'envoyait dans ma détresse ce généreux présent. Je n'ai pas besoin de dire que je renvoyai à l'instant même le billet par Neb, en me bornant à le remercier froidement. Je pouvais encore me passer de sa charité.

Une heure s'était écoulée depuis le départ de Neb dans de solitaires et pénibles réflexions, quand on vint m'annoncer qu'un monsieur et une dame étaient au parloir, et demandaient à me voir. Le monsieur, me disait-on, avait l'air d'un ecclésiastique. Ce ne pouvait être que M. Hardinge; et cette dame qui l'accompagnait, serait-ce Lucie? J'étais trop impatient pour perdre une minute, et je courus au parloir; c'était bien Lucie et son père. Neb avait vu Chloé, en passant chez Rupert, et Dieu sait tout ce qu'ils avaient eu à se raconter! M. Hardinge s'apprêtait à sortir pour me chercher; mais apprenant où j'étais, il n'avait donné à sa fille que le temps de mettre son châle et son chapeau, et il venait avec elle me voir dans ma prison. Je vis du premier coup d'œil que Lucie était livrée à la plus vive agitation; que, malgré sa pâleur, elle était plus jolie que jamais; enfin, sous tous les rapports, c'était toujours Lucie.

— Miles, mon cher enfant! s'écria le bon ministre en me serrant dans ses bras. Que Dieu soit béni de tant de miséricordes! Tout le monde vous croyait mort; mais Lucie et moi, nous n'avons jamais voulu croire que nous ne vous reverrions jamais.

Pendant que mon tuteur me tenait toujours étroitement embrassé, je m'aperçus que la chère Lucie pleurait à chaudes larmes, comme si son cœur allait se briser. Alors elle leva la tête et s'efforça de sourire, pour ne point m'affliger davantage. Je saisis la main qu'elle me présentait, et je la baisai mille et mille fois, et la pauvre enfant tremblait de tous ses membres. — Ah! m'écriai-je! tous mes malheurs sont oubliés, puisque je vous retrouve ainsi, toujours la même, toujours Lucie Hardinge!

Je savais à peine ce que je disais, ce qui ne m'empêcha pas de remarquer que les joues de Lucie se couvraient de rougeur, et qu'un sourire qui, cette fois, n'avait rien de forcé, venait d'éclore sur ses lèvres. A bien dire, il s'écoula dix à douze minutes pendant lesquelles on eût pu croire qu'aucun de nous n'avait toute sa raison. Lucie riait et pleurait à la fois, et, à travers ses larmes et son sourire, perçait une vive impatience d'apprendre ce qui était arrivé, et comment je pouvais me trouver en prison. Enfin, quand je pus rassembler mes idées, je racontai la manière dont j'avais perdu mon bâtiment, la raison qui avait fait vendre Clawbonny, et le motif présumé de mon arrestation.

— Je suis bien aise du moins que mon cousin Jacques Wallingford ne soit pour rien dans cette affaire, tout en déplorant sa mort. Il m'eût été pénible de penser qu'un parent eût ourdi une trame si noire pour me ruiner.

— Ce que je n'aime point, reprit M. Hardinge, c'est qu'il ait promis de vous nommer son héritier, et qu'il n'en ait rien fait. Quand on promet, on doit tenir. Cela me paraît suspect.

Lucie n'avait pas dit un seul mot pendant tout le temps que j'avais parlé; son regard limpide attaché sur moi exprimait seul l'intérêt qu'elle éprouvait; mais dans ce moment elle intervint à son tour.

— Il ne nous intéresse guère à présent, dit-elle, de savoir quel a pu être le motif de M. Jacques Wallingford. J'ai toujours cru, comme Miles, que c'était un homme bizarre, mais loyal. Il pouvait avoir l'intention de remplir sa promesse, quand la mort l'a surpris. Mais, mon cher père, ce dont il faut nous occuper pour le moment, c'est de tirer Miles de ce vilain endroit le plus tôt possible.

— Sans doute, ce cher enfant; il ne faut pas qu'il passe la nuit ici. Mais comment allons-nous nous y prendre?

— Je crains, mon cher Monsieur, que votre bonne volonté ne soit stérile. Je ne dois réellement que treize mille dollars; mais la prise de corps a été décernée sans doute pour la totalité de la créance. Comme, en me faisant arrêter, on n'a eu d'autre but que de me faire consentir à un arrangement qui consommerait ma ruine, il n'est pas probable qu'on se contente d'une caution donnée pour une somme moindre que celle que la loi permet d'exiger. Je ne connais personne qui puisse la fournir pour moi.

— Eh bien! moi, j'en connais, — Rupert et moi.

L'idée de contracter cette obligation envers Rupert m'était odieuse, et je vis, à l'expression de la figure de Lucie, qu'elle comprenait mes sentiments.

— Je crains, Monsieur, dis-je en serrant vivement la main de M. Hardinge pour le remercier, que vous ne soyez pas assez riche pour cela. L'officier de justice m'a dit qu'il a ordre de se montrer rigide à l'égard de la caution ; et ni vous ni Rupert, ne sauriez répondre sous serment d'une somme de cinquante mille dollars.

— Bon Dieu ! est-ce que cela est nécessaire ?

— On est en droit de l'exiger, et on l'exigera sans doute. Malgré le train que paraît mener Rupert, je ne crois pas qu'il fût disposé à prendre un pareil engagement.

Le front de M. Hardinge s'assombrit, et il s'arrêta un moment avant de répondre.

— Je ne suis pas au courant des affaires de Rupert, dit-il enfin, et Lucie pas plus que moi. J'espère que tout est pour le mieux ; et cependant la pensée qu'il jouait peut-être a quelquefois traversé malgré moi mon esprit. Il a épousé miss Merton ; il a acheté et meublé une des plus belles maisons de New-York, et, comme vous dites, il mène grand train. Quand je lui ai parlé à ce sujet, il m'a demandé si je croyais que les grandes familles anglaises n'eussent rien à donner à leurs enfants quand ils se mariaient ? — Je ne sais ce qui en est, mon cher Miles, mais je m'étais toujours figuré que les Merton n'avaient pour toute ressource que les appointements du colonel.

— Le *major* Merton, et j'appuyai involontairement sur le grade véritable du digne gentleman, — le major Merton me l'a dit plusieurs fois lui-même.

M. Hardinge poussa un profond soupir, et Lucie devint pâle comme la mort : le bon ministre ne soupçonnait pas le véritable caractère de son fils ; mais il avait ces vagues inquiétudes qu'un père ne peut s'empêcher d'éprouver en pareil cas. Il y aurait eu de l'inhumanité à le tirer de son erreur.

— Vous me connaissez trop bien, mon excellent tuteur, ma bonne Lucie, pour croire que je voudrais vous tromper ; ce que je vais vous dire est pour empêcher que Rupert ne soit jugé trop légèrement. Je sais qu'il a recueilli avant mon départ une somme considérable ; il l'a obtenue légitimement ; je ne dis pas qu'elle soit suffisante pour qu'il puisse toujours tenir le même état de maison, mais elle ne saurait être encore épuisée. Vous n'avez donc pas à craindre qu'il ait cherché des ressources dans le jeu ou par quelque autre voie répréhensible.

— Dieu en soit loué ! s'écria le ministre avec ferveur ; j'avais fini par m'effrayer moi-même avec mes craintes ridicules. Ainsi donc, maître Rupert, vous gagnez de l'argent, et vous ne dites rien ! Eh ! bien, j'aime cette modestie ; Rupert a du talent, Miles, et j'espère qu'un jour ou l'autre il occupera un rang honorable au barreau. Peut-être aurait-il dû attendre pour se marier qu'il eût un état ; mais je me sens tout ragaillardi depuis que je sais qu'il trouve moyen de gagner de l'argent par des voies justes et conformes à l'honneur.

Je n'avais point parlé d'honneur, mais quelle faiblesse est plus respectable que celle qui provient de l'amour paternel ? Quant à Lucie, elle semblait avoir deviné la vérité ; jamais je n'avais vu ses traits, ordinairement si calmes et si doux, prendre une expression d'humiliation si profonde. Pendant un moment, cette expression alla jusqu'à l'angoisse ; toutefois, recouvrant son sang-froid, elle fut la première à ramener la conversation sur le terrain dont elle s'était écartée.

— Pendant ce temps, nous oublions Miles, dit-elle. Il paraîtrait, mon père, qu'il ne vous trouve assez riche, ni vous ni Rupert, pour lui servir de caution : est-ce que je ne puis rien sous ce rapport ?

Lucie parlait avec fermeté et du ton d'une personne qui commençait à croire qu'elle pouvait placer son mot dans les affaires d'argent ; mais une vive rougeur couvrit son front, quand elle se vit obligée de sortir ainsi de son caractère si modeste pour se mettre en avant.

— Mille fois merci, ma bonne Lucie, répondis-je vivement, mais quand vous pourriez devenir ma caution, je ne le souffrirais jamais ; c'est bien assez que vous veniez me visiter ici, sans associer encore votre nom à mes dettes ; mais, en tout cas, une mineure ne saurait s'engager. M. Daggett va me tenir ici quelques semaines ; quand il apprendra que je cherche à vendre mes effets mobiliers, trop peu délicat lui-même pour croire à la délicatesse dans les autres, il craindra que l'argent que je pourrais retirer de cette vente ne lui échappe, et il entrera en arrangement ; une fois en liberté, je puis toujours m'embarquer, sinon comme capitaine, du moins comme second.

— Si nous avions été aussi fiers que vous, Miles, nous n'aurions pas été si longtemps vos hôtes à Clawbonny.

— Ce n'est point de l'orgueil, Lucie, c'est uniquement pour vous empêcher de faire une démarche qui serait inutile et qui pourrait vous exposer à des remarques impertinentes. Non, je vais m'occuper sur-le-champ de la vente de mon mobilier ; c'est le moyen d'amener vite M. Daggett à composition.

— Si une mineure ne peut servir de caution, tout est dit, répondit Lucie ; autrement je vous prouverais, Miles, qu'au besoin je puis être aussi obstinée que vous. Dans tous les cas, en attendant ma majorité, je puis acheter quelques bijoux sans doute ; justement j'ai presque une année de revenus devant moi. Vous voyez, Miles, ajouta-t-elle en rougissant de nouveau, mais avec un charmant sourire, vous voyez que je commence à faire des économies, mais je veux les placer sur-le-champ en achetant vos perles ; je les ai déjà en dépôt, et Dieu sait combien de regards d'envie j'ai jetés sur elles ! Vous les estimiez, je crois, Miles, trois mille dollars, et mon père voudra bien vous compter cette somme pour moi. Envoyez alors chercher l'homme d'affaires de votre persécuteur, car je ne saurais lui donner un autre nom, et offrez-lui de la lui donner à compte sur sa créance, pourvu qu'il accepte mon père pour caution ; si c'est l'espèce d'homme que vous vous imaginez, et ses actes prouvent assez que vous ne vous êtes pas trompé, il acceptera avec empressement.

Quelles ressources ingénieuses Lucie ne trouvait-elle pas dans son amitié pour l'ancien compagnon de son enfance ! Mais je me serais regardé comme le plus coupable des hommes d'abuser ainsi de son bon cœur.

— C'est impossible, Lucie, lui répondis-je, tandis que mes regards exprimaient toute ma reconnaissance ; je ne souffrirai jamais que vous vous dépouilliez ainsi, n'en parlons plus. Laissez-moi ici quelques jours, et M. Daggett sera le premier à me faire des propositions pour me rendre la liberté.

— J'y suis ! s'écria M. Hardinge en sautant en l'air et en saisissant son chapeau ; Lucie, je serai de retour dans un quart d'heure, alors nous emmènerons Miles en triomphe ; oui, oui, le projet est infaillible avec un procureur qui se respecte un peu.

— Pourrais-je savoir en quoi il consiste, mon cher papa ? demanda Lucie en me jetant un regard expressif.

— Le voici. Je vais aller trouver l'évêque, qui ferait tout pour m'obliger, et nous nous rendrons ensemble auprès du procureur pour engager notre parole que Miles comparaîtra devant le tribunal dès qu'il en sera requis. J'entrerai en passant chez Richard Harrison pour le consulter.

— C'est une excellente idée, mon cher Monsieur. Richard Harrison peut nous donner un très-bon conseil ; si vous pouviez le prier de venir me voir un moment, je vous en serais reconnaissant. J'allais prendre son avis au sujet de l'assurance quand j'ai été arrêté, et je serais bien aise que ce point fût éclairci.

M. Hardinge m'écouta attentivement ; puis il sortit, après avoir répété qu'il ne tarderait pas à revenir. C'eût été une situation délicate pour beaucoup de jeunes personnes, que de rester ainsi seule avec un prisonnier ; mais Lucie avait trop de confiance en moi pour éprouver le moindre embarras. Quand son père nous quitta, elle semblait plongée dans une profonde rêverie, qui se prolongea quelque temps encore après son départ. J'avais conduit M. Hardinge jusqu'à la porte, et je me promenais lentement en long et en large pour ne point la troubler, quand la chère enfant se leva enfin, vint à moi, prit une de mes mains dans les siennes, et me regarda quelque temps avec anxiété avant de parler.

— Miles, dit-elle enfin, il ne sera plus question de perles ni de mon argent, ni de l'intervention de Rupert, si vous voulez accepter la caution que je puis vous procurer. Je connais une personne qui se contentera de ma parole pour garantie, qui est assez riche pour être acceptée, et qui vous a de grandes obligations, car je le lui ai entendu dire à lui-même ; donnez-moi votre parole que vous ne refuserez pas son appui, quand même ce serait un étranger pour vous ?

— Mais, Lucie, vous vous faites illusion sans doute ; et je suis bien sûr...

— Oh ! vous ne sauriez croire à quel point je commence à m'entendre en affaires ! Si je pouvais vous servir de caution, vous m'accepteriez, n'est-ce pas ? Eh ! bien, promettez-moi d'agréer les services de la personne que je vous enverrai ; nos cœurs se briseraient en pensant que vous restez ici en prison pendant que nous vivons dans l'abondance. Je ne quitterai point votre main que vous ne m'ayez donné votre parole.

— Voilà un regard qui lève tous mes scrupules, Lucie ; je promets tout ce que vous pouvez demander.

L'émotion de la chère enfant était devenue si vive qu'elle fondit en larmes dès que son esprit fut soulagé, et elle se couvrit le visage de ses deux mains. Ce ne fut cependant qu'une impression passagère, et un radieux sourire dissipa bientôt toute trace de chagrin.

— A présent, Miles, je suis sûre que vous ne resterez pas longtemps dans cet horrible lieu ; et une fois dehors, nous aurons le temps de prendre des arrangements convenables. Je ne tarderai plus longtemps à atteindre ma majorité, et vous consentirez bien du moins à ce que je devienne votre créancière à la place de cet odieux M. Daggett.

— Chère Lucie, il n'y a rien que je ne sois disposé à vous devoir, de préférence à toute autre créature au monde, sans en excepter votre respectable et bien-aimé père.

Une expression de vive satisfaction se peignit dans les traits de Lucie ; et je vis encore un de ces sourires inexplicables que j'avais déjà remarqués plusieurs fois se jouer autour de ses lèvres charmantes. Mais tout à coup un air de tristesse se répandit sur sa physionomie, et elle me dit les larmes aux yeux :

— Miles, je crains d'avoir compris votre allusion quand vous avez parlé de Rupert et de sa fortune. Je connaissais trop bien la bonne, l'excellente Grace, pour que rien m'étonne de sa part, et je sais aussi que vous auriez donné jusqu'à votre dernier dollar pour remplir ses intentions. Je m'étonne que cette idée ne me soit pas venue plus tôt, mais il est si pénible de penser mal d'un frère ! Je ne vous fais point de questions, car je vois que vous n'y répondriez pas ; mais je ne pourrais vivre sous l'impression d'une pareille honte, et le jour où j'aurai vingt et un ans il faudra que cette dette sacrée soit acquittée. Je sais que la fortune de Grace montait à plus de vingt mille dollars ; cette somme suffira pour payer tout ce que vous devez, et vous fournira encore les moyens de faire quelque nouvelle entreprise.

— Et quand même ce que vous vous imaginez serait vrai, me croiriez-vous l'âme assez vile pour accepter?

— Et moi, pourrais-je jamais supporter la pensée qu'un membre de notre famille a votre argent pendant que vous êtes en prison et poursuivi pour dettes? Non, il n'y a qu'une seule chose qui pourrait m'empêcher de vous restituer la fortune de Grace le jour même de ma majorité, et cette chose, vous la saurez, Miles.

Je vis reparaître alors sur la figure de Lucie ce sourire étrange, dont j'allais lui demander enfin l'explication, quand le bruit des pas de M. Hardinge se fit entendre dans le corridor.

— M. Harrison n'est pas chez lui, s'écria le ministre en entrant; mais je lui ai laissé un mot pour lui dire que son ancienne connaissance, le capitaine Wallingford, avait un besoin pressant de ses services. Il est allé à sa maison de campagne de Greenwich, mais il reviendra dans la journée, et je suis sûr que sa première visite sera pour vous. C'est un de mes vieux camarades de classes, et il sera empressé de m'obliger. A présent, miss Lucie, il est temps que je vous fasse sortir de prison. J'ai vu un certain M. Drewett qui prenait la direction de Wall-Street, et j'ai eu la charité de lui dire que vous ne tarderiez pas à rentrer.

Lucie se leva avec un empressement qui ne me parut que trop significatif; ses joues se colorèrent de nouveau, et elle entraîna son père avec une sorte de précipitation. Cependant, avant de sortir, la chère enfant trouva moyen de me dire à voix basse : — Rappelez-vous, Miles, que j'ai votre parole. Dans une heure vous serez libre !

## CHAPITRE XXVIII.

> Elle me fit une ceinture de ses deux bras, me pressa tendrement contre son cœur, puis rejetant la tête en arrière, elle attacha sur moi un long et passionné regard!
> COLERIDGE.

Je fus deux heures sans voir personne. Une fenêtre du parloir où l'on me permit de rester, donnait sur ce qu'on veut bien appeler le parc, et je ne tardai pas à voir Neb et mon lieutenant qui couraient des bordées autour de la prison, comme s'ils voulaient établir une sorte de blocus de peur qu'on ne voulût me transporter dans quelques régions inconnues; du moins, je ne pouvais donner d'autre explication à leur conduite. A la fin Neb disparut, et fut absent une heure. Quand il revint, il portait sur son épaule un paquet de cordes; et alors les deux marins s'éloignèrent un peu, et se mirent à mesurer des brasses de corde, à couper, à faire des nœuds et des épissures. Je m'amusai de leur ardeur, qui ne se ralentit pas un seul instant, jusqu'au moment où l'on vint m'interrompre. C'était une nouvelle visite qui m'arrivait. J'attendais mon homme d'affaires, ou M. Harrison ; mais le lecteur jugera de ma surprise quand je vis entrer André Drewett. Il était accompagné du concierge de la prison, qui tenait une lettre à la main, et qui me rendit stupéfait en me disant :

— Capitaine Wallingford, j'ai ordre de vous ouvrir la porte, — la caution exigée a été fournie.

Puis il se retira.

— Et c'est à vous que j'en suis redevable, monsieur André Drewett ?

— Je voudrais de tout mon cœur pouvoir le dire, mon cher Monsieur, répondit André en me serrant cordialement la main ; et j'aurais eu bien peu de mérite, lorsque je vous dois la vie, à venir vous offrir de vous rendre un si faible service. Mais que l'honneur en revienne à qui de droit. C'est miss Hardinge qui a eu l'idée la première, et mon bonheur est qu'elle ait bien voulu me choisir pour la seconder.

Ces paroles furent prononcées du ton le plus franc et le plus ouvert, et jamais je n'avais vu André Drewett sous un jour si favorable. D'un physique agréable, il avait en même temps des manières distinguées et un air aimable et spirituel. Il n'avait qu'un défaut à mes yeux, c'était la préférence que Lucie avait pour lui.

— Lucie n'oublie pas nos relations d'enfance, dis-je un peu confus. En me quittant, elle m'a annoncé l'intention de faire quelque chose de ce genre, quoique, je l'avoue, je ne fusse pas exactement préparé à ce qui m'arrive. Votre sort est digne d'envie, monsieur Drewett !

André parut embarrassé. Il me regarda, rougit, tourna la tête du côté de la fenêtre, puis faisant un grand effort sur lui-même pour reprendre son sang-froid :

— Vous croyez ? me dit-il ; vous supposez peut-être, Wallingford, que je suis encouragé à concevoir quelques espérances ?

— Des espérances ! il me semble que tout ce que j'apprends, tout ce que j'ai vu, le fait même qui vous amène ici est assez significatif.

— Eh bien ! vous vous trompez. Je n'ai pas le bonheur de posséder les affections de miss Hardinge ; et personne n'obtiendra jamais sa main sans avoir d'abord obtenu son cœur — et son cœur tout entier.

J'étais confondu ! Comment, Lucie n'était pas engagée à Drewett ! elle ne l'aimait pas, et cela de l'aveu de Drewett lui-même ! Sans doute André comprit la nature des sentiments qui m'agitaient ; car, avec une loyauté vraiment remarquable, il entra dans des explications propres à dissiper tous mes doutes.

— Ce n'est que tout récemment que j'ai acquis la certitude que je devais renoncer définitivement à l'illusion dont je cherchais depuis trop longtemps à me bercer. Comme vous êtes un ancien ami de la famille, je n'aurai rien de caché pour vous, Wallingford, et je chercherai du moins à justifier ma conduite. Vous aviez entendu dire, m'apprenez-vous, que j'étais engagé à miss Hardinge ?

— Sans doute ; je crois même que c'était l'opinion de son père, quoiqu'il dût bien savoir que la promesse faite par sa fille était conditionnelle, puisque jamais Lucie ne se serait mariée sans son consentement.

— M. Hardinge s'est donc étrangement abusé. Il est vrai, Wallingford, que j'ai fait pendant longtemps la cour à miss Hardinge, et que je me suis même déclaré il y a plusieurs années. Mais, dès la première ouverture, j'ai été refusé. Néanmoins, comme Lucie avait eu la franchise d'avouer que son cœur était libre, je ne me décourageai point, malgré ses conseils, et je puis même dire, ses prières. Je crois qu'elle a de l'estime pour moi, et je sais qu'elle est très-attachée à ma mère, qui l'aime presque autant que moi. Je me flattais qu'avec le temps cette estime se changerait en amour, et ma présomption a été bien punie. Il y a six mois — c'était peu de temps après que le bruit avait couru de votre naufrage, — j'eus avec elle une dernière conversation à ce sujet, et je me convainquis que je ne devais conserver aucune espérance. Depuis ce moment, je me suis efforcé de dompter ma passion, et vous voyez que ce n'a pas été tout à fait sans succès, puisque j'ai pu vous donner ces détails sans que mon cœur se brisât. Je n'en conserve pas moins pour miss Hardinge le plus respectueux dévouement, et il ne faudrait qu'un mot de sa bouche pour me rappeler. Mais je crois que son intention est de ne jamais se marier. Je m'aperçois que je prolonge ici votre séjour en bavardant ainsi. Sortons vite de ce triste lieu.

J'étais dans un état à pouvoir à peine me conduire moi-même. C'était peu pour moi d'être libre ; mais apprendre si inopinément que Lucie l'était aussi ! Lucie dont depuis tant d'années je croyais la main irrévocablement promise ; Lucie que je n'avais jamais cessé d'aimer, quoique sans espérance ! Je me dis qu'André Drewett ne l'avait jamais aimée comme moi ; que son amour pour Lucie n'avait point fait, comme le mien, depuis son enfance, partie essentielle de son existence, autrement il n'aurait jamais pu parler comme il venait de le faire. Pendant que ces pensées se croisaient dans mon esprit, je pris le bras d'André, qui m'entraîna précipitamment hors de la prison.

J'avoue que je respirai plus librement quand je me trouvai au grand air. Je me dirigeai vers l'endroit où Marbre et Neb étaient toujours occupés à faire des nœuds à leur corde. Grande fut leur surprise de me voir en liberté ; et Marbre en parut même presque contrarié, quoique la présence de Drewett lui expliquât ce qui s'était passé.

— Si vous aviez seulement attendu jusqu'à ce soir, Miles, dit-il en secouant la tête d'un air de menace, Neb et moi nous aurions appris à cette infernale prison comment un marin sait s'y prendre pour la quitter. Je suis presque fâché que l'occasion soit perdue ; car les coquins auraient fait une jolie grimace, en relevant le quart et en trouvant la cage vide ! Il ne tient à rien que je ne vous prie d'y retourner, mon garçon !

— Bien obligé ! — En attendant, Neb, faites-moi le plaisir de reporter mon bagage à notre hôtel, où je compte bien suspendre de nouveau mon hamac ce soir. — Monsieur Drewett, je cours remercier celle à qui je dois ma liberté. Ne venez-vous pas avec moi ?

André s'excusa ; je lui renouvelai mes remerciements, lui serrai affectueusement la main, et nous nous séparâmes. Je courus à Wall-Street, et je frappai à la porte de Lucie, sans presque savoir comment je m'y trouvais transporté. L'heure du dîner approchait, et le domestique hésitait s'il laisserait entrer un matelot qui savait à peine ce qu'il disait, quand Chloé accourut au son de ma voix.

— Maître Miles ! maître Miles ! s'écria-t-elle. Le gars m'avoir bien dit vous être de retour ! Oh ! maintenant que maître être ici, les coquins installés à Clawbonny décamper bien vite !

Ces paroles, malgré la confiance qu'elles respiraient, calmèrent un peu mon ardeur en me rappelant que j'étais ruiné. Cependant Chloé m'introduisit, et je fus bientôt dans le salon en présence de la jeune maîtresse de la maison. Que Lucie me parut belle alors! Elle s'était habillée pour le dîner, suivant son habitude; sa toilette était simple, mais du meilleur goût. Sa figure rayonnait de satisfaction, et l'agitation qu'elle avait éprouvée avait donné un nouvel éclat aux couleurs naturellement vives de ses joues.

— Très-bien, Miles, dit-elle en étendant les deux mains pour me recevoir, je vois que vous m'avez tenu parole. André Drewett a été ravi de trouver l'occasion de faire quelque chose pour son sauveur, mais je craignais un peu votre mauvaise tête.

— Après tout ce que j'ai appris de ce cher André, ne craignez pas que je prenne jamais en mauvaise part rien de ce qui viendra de lui. Non-seulement il a fait sortir mon corps de prison; mais il a soulagé mon âme d'un fardeau immense, en m'avouant franchement que vous ne l'aimiez pas.

Les teintes rosées qui se jouent le soir sur un ciel d'automne ne sont pas plus charmantes que celles qui se succédèrent sur le visage de Lucie. Elle ne parla pas d'abord; mais le regard qu'elle me jeta, tout modeste et tout timide qu'il était, me parut en même temps si expressif et si encourageant, que j'avais à peine besoin de la question qu'elle finit pourtant par réussir à m'adresser.

— Et qu'en concluez-vous, Miles? dit-elle enfin d'une voix défaillante.

— Que vous me permettrez peut-être de garder à jamais ces deux mains que je tiens en ce moment dans les miennes; pas une seule, Lucie; oh! non, une seule ne satisferait pas un amour comme le mien, qui s'est incorporé à mon existence, et que ni l'absence, ni le découragement, ni le désespoir, n'ont jamais pu affaiblir une minute. Ce sont toutes les deux que je demande.

— Eh bien! toutes les deux sont à vous, cher Miles, et vous pouvez les garder tant qu'il vous plaira.

Et tout en disant ces mots, ces jolies mains m'étaient retirées pour cacher un visage qui se baignait de pleurs. Je la serrai dans mes bras, et pendant un quart d'heure nous confondîmes nos larmes, larmes de joie et de bonheur, sans pouvoir nous dire un seul mot.

— Comment ne m'en avoir jamais rien dit, Miles? demanda enfin

Lucie d'un ton de reproche; vous qui avez eu tant d'occasions de vous ouvrir à moi, et qui deviez savoir comment vous seriez reçu ! que de peines vous nous auriez épargnées à tous deux !

— Celles que j'ai pu vous causer, je ne me les pardonnerai de ma vie; mais quant aux tourments que j'ai endurés, je ne les ai que trop bien mérités. Que voulez-vous? J'étais persuadé que vous aimiez Drewett; tout le monde disait que vous alliez l'épouser; votre père lui-même le croyait et me l'a répété.

— Pauvre père ! il connaissait peu mon cœur. Mais cependant il m'en a dit assez pour m'empêcher de jamais écouter aucune proposition de mariage tant que vous auriez vécu, Miles.

— Que Dieu l'en récompense! comme de toutes ses bonnes et charitables actions. — Mais comment cela, Lucie?

— Quand le bruit courut de votre mort, je fus la seule à ne pas y croire. Je ne sais pourquoi je m'obstinais dans mon incrédulité, quand tous ceux qui m'entouraient étaient convaincus. Sans doute c'était un bienfait de la Providence, qui daignait me laisser au moins une ombre d'espérance. Mais enfin mon père, dans la conviction que je ne vous reverrais jamais, en rappelant toutes vos excellentes qualités, Miles, car il vous aime presque autant que sa fille...

— L'excellent homme ! Mais enfin, que vous dit-il, Lucie?

— Vous ne le saurez jamais, si vous m'interrompez toujours, dit Lucie en me faisant une petite moue charmante, mais sans me retirer ses mains dont j'avais repris possession, et que je couvrais de baisers. Mon père donc, vous croyant mort, m'apprit l'aveu que vous lui aviez fait de l'attachement que vous portiez à sa fille. Et, une fois en possession d'un pareil secret, pouvais-je écouter André Drewett, ou personne au monde?

Je ne révélerai pas ce qui suivit ces paroles; mais, lorsque nous fûmes un peu plus calmes, Lucie me gronda doucement d'avoir attendu si longtemps pour me déclarer.

— Savez-vous bien que j'ai vu le moment où je serais obligée de faire les avances? ajouta-t-elle, moitié souriant, moitié rougissant, comme pendant presque tout le reste de cette délicieuse journée. Le joli rôle que j'aurais joué là ! Méchant! avoir pu supposer que j'aimerais jamais un autre que vous ! — Tenez, voyez un peu !

Et elle tira de son sein le médaillon que je lui avais donné, et le mit entre mes mains. Je couvris de baisers ce premier gage de notre amour, puis les mains qui me l'avaient rendu, puis la figure qui me souriait si tendrement. Dans ce moment un léger coup se fit entendre à la porte, et Chloé passa la tête, pour demander s'il fallait servir. Lucie dînait ordinairement à quatre heures, et il en était près de cinq.

— Est-ce que mon père est rentré? demanda Lucie.

— Pas encore, maîtresse; mais Monsieur pas beaucoup songer à dîner; et maître Miles devoir être pressé — marin, toujours bon appétit. Et lui avoir tant souffert, si vous saviez, maîtresse!

— Ah! ah! je vois qu'on a causé avec Neb, miss Chloé, m'écriai-je; et il vous a régalée du récit de ses aventures, qu'il a fait bien noir, bien lugubre, n'est-ce pas, pour vous attendrir?

— Le gars! s'écria Chloé, qui rougit sans doute sans qu'on pût s'en apercevoir; mais toute noire qu'était la peau de cette honnête créature, elle avait un cœur aimant, et ses traits mêmes exprimaient l'émotion qu'elle éprouvait.

— Eh bien! soit; qu'on nous serve, dit Lucie en souriant. M. Hardinge ne tardera sans doute pas à rentrer. Nous ne serons que trois à table.

L'annonce du dîner me fit jeter un regard sur ma toilette; et mon costume de marin, quoiqu'il allât assez bien à ma figure, me rappela ma pauvreté, et me fit comprendre la distance énorme qui, aux yeux du monde, séparait l'héritière de mistress Bradfort, d'un pauvre capitaine de bâtiment marchand qui ne possédait pas un dollar au monde. Lucie devina le motif de l'altération de mes traits; et passant son bras dans le mien elle me dit d'un petit air malin, en me conduisant à la bibliothèque:

— Si cette veste vous déplaît, Miles, rien de plus simple que de la faire allonger.

— Sans doute, Lucie, avec de l'argent. Mais j'ai été tellement étourdi de mon bonheur que j'avais oublié que je ne possède plus rien; que je ne suis pas un parti convenable pour vous! Si du moins Clawbonny m'appartenait encore, je serais moins humilié... Clawbonny me relèverait à mes propres yeux!

Nous étions arrivés dans la bibliothèque. Lucie me regarda un moment fixement, et je pus voir que ma réflexion lui avait fait de la peine. Elle prit dans un coffre une petite clef, ouvrit un tiroir, et me montra les mêmes pièces d'or qui avaient été autrefois en ma possession, et que je lui avais rendues au retour de mon premier voyage. Je vis que les perles qui lui avaient été données en souvenir de Grace, et celles qui étaient à moi, — si toutefois je pouvais dire que quelque chose m'appartînt encore, — étaient placées à côté. Elle mit les pièces dans la paume d'une petite main aussi douce que le velours, aussi blanche que l'ivoire, et elle me dit :

— Il fut un jour où vous prîtes tout ce que j'avais, Miles, et alors vous n'étiez pour moi qu'un frère ; pourquoi hésiteriez-vous à en faire autant, maintenant que vous désirez devenir mon mari...?

— Chère Lucie ! vous finirez par me guérir même de mon sot orgueil. — Puis, prenant les perles, je les passai autour d'un cou qui rivalisait avec elles de blancheur. J'ai toujours dit, ajoutai-je, que ce collier serait un présent de noce à ma femme ; acceptez-le donc aujourd'hui, en dépit de Daggett.

— Merci, Miles. — Vous voyez que je ne me fais pas prier, moi, pour accepter vos présents ; pourquoi donc seriez-vous plus difficile ? Quant à ce M. Daggett, n'y pensez pas ; nous trouverons bien moyen de le désintéresser. Un peu de patience, mon ami, et rien ne sera plus facile à Miles Wallingford que de payer ses dettes ; tout ce que j'ai ne lui appartiendra-t-il pas bientôt ? Non, non, monsieur Daggett, vous ne parviendrez pas à me ravir mon cher collier !

— Et Rupert ? demandai-je pour éclaircir tous mes doutes.

— Rupert n'a rien à voir dans mes affaires, et c'est moi qui insisterai pour qu'il rende tout ce qu'il a eu le courage de recevoir, au nom de notre bien-aimée Grace. Mais j'entends la voix de mon père. Il parle à une autre personne. J'avais espéré que nous dînerions seuls.

La porte s'ouvrit, et M. Hardinge entra suivi d'un monsieur d'un certain âge, dont l'air grave et posé annonçait qu'il était accoutumé à se mêler d'affaires importantes. Je le reconnus aussitôt ; c'était Richard Harrison, un des plus habiles jurisconsultes des États-Unis, celui-là même chez lequel Jacques Wallingford m'avait conduit quand il m'avait si fort pressé de faire mon testament. M. Harrison me secoua cordialement la main, après avoir salué Lucie qu'il connaissait intimement. Je vis du premier coup d'œil qu'il se passait quelque chose d'extraordinaire dans son esprit. Cet homme éminent procédait toujours avec beaucoup de calme et de sang-froid en affaires, et il entra sur-le-champ en matière sans beaucoup de circonlocutions.

— J'ai été surpris d'apprendre que mon digne ami, M. Jacques Wallingford, était mort, dit-il en commençant. Je ne sais comment l'annonce de sa mort dans les journaux a pu m'échapper ; je ne puis l'attribuer qu'à une grave maladie que j'ai faite vers la même époque. Mon bon ami, M. Hardinge, vient de m'en informer pour la première fois, il n'y a qu'une demi-heure.

— Il est vrai, Monsieur, répondis-je. Il paraît que mon cousin est mort il y a huit mois.

— Et, au moment de sa mort, il avait entre les mains votre obligation de quarante mille dollars ?

— Hélas, oui, Monsieur ! obligation avec hypothèque sur mon bien patrimonial de Clawbonny, qui depuis a été vendu par autorité de justice, et vendu pour une misère, — moins du quart de sa valeur.

— Et vous avez été arrêté à la requête de l'administrateur de la succession, pour la balance dont vous restiez débiteur ?

— Il est vrai, Monsieur ; et j'ai été mis en liberté sous caution, il n'y a qu'une heure ou deux.

— Eh bien, Monsieur, tous ces actes sont nuls, radicalement nuls. J'ai déjà donné des ordres pour qu'on rédigeât une requête à présenter au chancelier ; et, à moins que l'administrateur des biens de votre cousin ne soit le plus stupide et le plus entêté des hommes, vous serez paisible possesseur de Clawbonny dans moins d'un mois, et, pour peu qu'il ait un grain de bon sens, dans vingt-quatre heures.

— Vous ne voudriez pas faire concevoir des espérances qui s'évanouiraient aussitôt, monsieur Harrison ; et pourtant je ne puis comprendre....

— Écoutez-moi. Votre parent, M. Jacques Wallingford, qui était un de mes plus honorables clients, a fait un testament, que j'ai rédigé moi-même, et qu'il a laissé entre mes mains. Je vous le remets aujourd'hui comme à son exécuteur testamentaire. Vous verrez qu'il vous y fait remise des quarante mille dollars, et qu'il vous donne mainlevée de l'hypothèque. Mais ce n'est pas tout. Après avoir fait quelques legs insignifiants à quelques parents, c'est vous qu'il a institué son légataire universel ; et je suis assez au courant de ses affaires pour être certain que votre fortune sera augmentée d'au moins deux cent mille dollars. Jacques Wallingford était un maniaque ; mais sa manie, c'était d'entasser de l'argent. S'il eût vécu vingt ans de plus, il eût été un des hommes les plus riches du comté. Il avait jeté des fondements excellents ; mais il mourut trop jeune pour voir s'élever l'édifice.

Quel changement soudain ! non-seulement je me voyais affranchi de toute dette, mais Clawbonny m'était rendu ! *L'Aurore* seule et l'argent que j'y avais placé étaient des pertes irréparables, mais, en compensation, j'héritais de la fortune de Jacques Wallingford. Elle se composait d'une somme considérable placée dans le 3 %, qui était alors à soixante, et qui devait plus tard atteindre le pair ; d'actions de la banque et de compagnies d'assurances ; de créances et d'obligations hypothécaires ; de belles et bonnes terres dans la partie occidentale du comté, et de plusieurs maisons à New-York. En un mot, j'étais plus riche que Lucie elle-même, et je cessais d'être une charge pour elle. Était-il rien de comparable à mon bonheur ? Je regardai Lucie pour jouir de son ravissement ; mais cet accroissement de richesses avait produit sur elle un effet tout différent. Elle regrettait d'avoir perdu l'occasion de me témoigner sa confiance en remettant entre mes mains toute sa fortune. Néanmoins elle n'était pas moins attachée que moi à Clawbonny, et ma restauration sur le trône de mes ancêtres lui fit éprouver un vif sentiment de joie.

M. Harrison ajouta qu'il s'était assuré que Daggett était à New-York, pour s'occuper de l'arrangement projeté avec moi, et qu'il venait d'envoyer un de ses clercs à M. Meekly, son homme d'affaires, pour lui faire connaître l'existence du testament. Il avait donc grand espoir que les choses ne traîneraient pas en longueur. En effet, nous étions encore à table quand le clerc vint annoncer qu'on proposait de se réunir immédiatement dans le cabinet de M. Harrison, et nous nous y rendîmes tous, à l'exception de Lucie. Nous reconnûmes du premier coup d'œil que le procureur et son client étaient également consternés, le premier n'ayant pas mis dans la conduite de cette affaire toute la délicatesse dont son caractère eût dû lui faire un devoir.

— Voilà pour nous d'étranges nouvelles, monsieur Harrison ! dit en commençant le procureur, et il faut toute la considération et toute la confiance dont vous jouissez, à juste titre, pour y ajouter foi. Êtes-vous bien sûr qu'il n'y ait pas ici quelque méprise ?

— Pas la moindre, monsieur Meekly. Ayez la bonté de parcourir le testament, et vous verrez que les faits sont tels qu'ils ont été rapportés à votre client. Quant à l'authenticité du testament, je me bornerai à dire que, non-seulement il a été rédigé par moi, d'après les instructions précises de M. Wallingford, — instructions que je possède encore, écrites de sa propre main, — mais qu'il a été copié en entier par mon client, et signé et scellé par lui en ma présence. Même non signé, ce testament serait valide, quant aux biens-meubles, en l'absence d'autre testament ; mais je me flatte qu'il vous paraîtra revêtu de toutes les formalités nécessaires.

M. Meekly lut le testament tout haut, d'un bout à l'autre ; et, en me le remettant, il jeta à la dérobée à Daggett un regard découragé. Celui-ci demanda avec anxiété si quelque inventaire des biens accompagnait le testament ?

— Oui, Monsieur, répondit M. Harrison, avec des indications précises sur les endroits où se trouvent les titres et les certificats de toute espèce, ainsi que les obligations hypothécaires. J'ai quelques-unes de ces dernières entre les mains. Je présume que celle de M. Miles Wallingford avait été gardée par le testateur lui-même, comme papier de famille.

— Eh bien, Monsieur, vous pourrez vous convaincre qu'aucune rente n'a été touchée; et l'obligation dont vous parlez est à peu près le seul titre que nous ayons pu découvrir. Je m'étonnais même de trouver si peu de valeurs réalisables pour payer les différents legs laissés par le défunt.

— Ne vous inquiétez pas, monsieur Daggett. C'est un soin qui regarde maintenant l'exécuteur testamentaire. Votre administration provisoire va cesser naturellement ; vous n'avez sans doute pas d'objections à faire ? Qu'en pense monsieur Meekly ?

— Aucune objection, monsieur Harrison, répondit vivement le procureur. Que tout soit oublié de part et d'autre.

Voilà ce que me valait l'avantage d'avoir pour moi un jurisconsulte d'un grand mérite et d'une intégrité non moins éprouvée. Daggett renonça de lui-même à toutes ses prétentions, et me rendit Clawbonny. Il ne restait qu'à accomplir les formalités requises. Je me vis obligé de me transporter au domicile de mon cousin, et de me séparer de Lucie. C'était dans le comté de Genessee qu'il fallait faire le dépôt du testament, et ce comté était bien éloigné de New-York en 1804. Le voyage qu'on ferait aujourd'hui en trente heures, me prit trente jours, et il me fallut près d'un mois pour terminer mes affaires. Pendant ce temps, M. Hardinge ne restait pas inactif, et s'occupait de Clawbonny. Lucie m'écrivait continuellement — au moins trois fois par semaine — pour me tenir au courant de tout ce qui se passait. Tout avait été rétabli sur l'ancien pied, dans la maison, à la ferme et au moulin. *Le Wallingford* avait recommencé ses voyages périodiques sur l'Hudson, et les troupeaux de tout genre étaient rentrés au bercail. Les nègres avaient été réinstallés ; Clawbonny était revenu à son ancien état ; seulement on avait profité de l'occasion pour repeindre la maison, que la parcimonie de M. Daggett l'avait empêché de défigurer par de prétendus embellissements modernes. En un mot, « maître Miles » manquait seul, pour que tout le monde fût heureux. Chloé avait demandé le consentement de « miss Lucie » ; et il fut convenu que Neb et son maître seraient mariés le même jour. Quant à Moïse, il avait demandé un congé pour aller à Willow Cove. J'ai sous la main une de ses lettres, qui rendra compte de sa conduite et de ses sentiments, beaucoup mieux que je ne pourrais le faire moi-même. La voici :

« Capitaine Wallingford ;

« Cher Monsieur et très-cher Miles — Voilà dix jours que j'ai jeté l'ancre ici ; et c'est un fameux mouillage que celui qui vous retient ainsi au milieu de votre famille. La bonne vieille, en me revoyant, a éprouvé une telle joie, qu'elle en a pleuré de tous les yeux de son corps. Quant à Kitty, elle riait, elle pleurait tour à tour ; elle ne savait plus où elle en était. Vous savez bien ce jeune Bright, que nous signalâmes dans notre croisière à la recherche du vieux Van Tassel ? il a entrepris tout de bon l'abordage du cœur de ma nièce, et la petite futée est bien près d'amener pavillon. Il est dur tout de même de perdre une nièce de cette manière, quand on vient à peine de la retrouver ; mais la chère mère dit à cela que je gagnerai un neveu, ce qui fera compensation.

« Un mot du vieux Van Tassel à présent. On a bien raison de dire que le Seigneur ne laisse jamais les coquins prospérer longtemps. Mère a retrouvé la quittance que le vieux fripon avait donnée dans le temps à mon père, et il a bien fallu qu'il rendît gorge. C'est une affaire terminée pour elle, mais non pour moi ; car je ne le tiendrai quitte, le misérable, que quand je lui aurai administré une correction convenable. La bonne vieille a reçu la somme en bons dollars, n'entendant rien au papier ; et je n'étais pas dans la maison, de dix minutes, qu'elle avait tiré un bas du fond d'une armoire, et qu'elle se mettait à compter les pièces pour me rembourser. Vous voyez, Miles, que vous n'êtes pas le seul qui soit rentré dans son bien. Quant à votre offre de me tenir compte de ma paye pour toute la durée de notre dernier voyage, bien obligé ! C'est une proposition qui vous fait honneur, et on n'est guère accoutumé à des procédés semblables par le temps qui court ; mais je n'accepterai rien. Quand un bâtiment se perd, la paye est perdue avec lui ; c'est la loi, c'est la raison qui le dit. Il serait dur pour un armateur d'avoir à payer pour de la besogne faite à bord d'un bâtiment qui est au fond de la mer. Ainsi donc, n'en parlons plus. C'est un point réglé.

« Je suis ravi d'apprendre que votre mariage aura lieu dès que vous serez de retour à Clawbonny. Si j'étais à votre place, et qu'une si jolie fille m'attendît au port, je ne resterais pas longtemps au large. Merci du fond du cœur pour l'invitation que vous me faites d'être premier garçon de noce ; c'est un honneur, mon cher Miles, que j'apprécie vivement. Un mot seulement, je vous prie, sur le gréement qui convient à la circonstance, car je voudrais être comme les autres. Une noce est une noce, et il faut que rien n'y manque. En attendant, je reste votre ami, et votre vieux lieutenant pour vous servir.

« Moïse Van Duzer Marbre. »

Je n'affirme pas que, dans l'original, l'orthographe fût irréprochable ; mais l'écriture était lisible, et elle dut coûter beaucoup de peine à Marbre. Quant aux lettres de Lucie, je m'abstiens d'en transcrire aucune. Elles respiraient toute la candeur, toute la franchise, toute la tendresse de son âme. Ce fut dans cette délicieuse correspondance que tous les arrangements qui concernaient notre mariage furent réglés. Il devait se célébrer dans l'église de Saint-Michel. J'irais la prendre au presbytère, et, au sortir de l'église, nous nous rendrions à Clawbonny. Elle avait invité Rupert et Émilie ; mais la santé de cette dernière les empêcherait de se rendre à l'invitation. Le major, ou le général Merton, comme on l'appelait universellement à New-York, avait la goutte, et ne pourrait venir. On me demandait si, dans ces circonstances, il ne serait pas à propos de faire les choses avec le moins de bruit et d'apparat possible. Lucie allait ainsi au-devant de mes désirs; je m'empressai de le lui écrire; et une semaine après, je quittais le comté de Genessee, après avoir terminé mes affaires à ma satisfaction. Personne n'avait songé à me susciter des entraves, et j'avais été reconnu partout comme le seul et unique héritier de mon cousin.

## CHAPITRE XXIX.

> Je calmai ses craintes; et avec une modeste assurance, elle m'avoua son amour. Ce fut ainsi que Geneviève fut à moi, ma jolie fiancée!
> COLERIDGE.

Je m'arrêtai à Willow Cove pour prendre Marbre. Mon vieux compagnon était dans la joie de son cœur. Il passait toute la journée à faire de longs et merveilleux récits de ses aventures à tout le pays d'alentour. Mon lieutenant était au fond un homme vrai; mais il ne pouvait résister à la tentation de faire ouvrir de grands yeux aux badauds des environs; et il réussit au gré de ses souhaits, car longtemps après on ne parlait encore partout que de ses prouesses et de ses souffrances.

Moïse fut ravi de me voir, et, après une nuit passée dans la maisonnette de sa mère, je pris avec lui le chemin de Clawbonny dans la vieille voiture de famille qu'on avait envoyée pour moi à Willow-Cove. Tous ces objets des anciens temps avaient un prix infini à mes yeux, et je ne pus retenir un mouvement d'attendrissement en reconnaissant le vieil attelage; mais mon émotion redoubla quand, arrivé au sommet d'un plateau, je découvris les plaines et les bâtiments de Clawbonny! Tous ces biens, je les avais crus à jamais perdus pour moi, et l'impression que j'en avais ressentie ne s'effacera jamais complétement. Auparavant tout me rappelait ma détresse; à chaque maison devant laquelle je passais à New-York, je pensais amèrement que je n'avais plus d'asile; la vue de chaque boutique réveillait en moi des sentiments non moins pénibles. A présent, je reprenais possession de mon univers à moi, de ce qui, depuis nombre de générations, avait été la demeure de mes ancêtres, au milieu du paysage le plus agreste et le plus tranquille ; la nature même semblait s'être parée pour fêter mon retour sous le toit paternel. Puisque j'ai entrepris de me faire connaître à mes lecteurs, je ne dois pas leur cacher jusqu'où alla ma faiblesse.

La route faisait un circuit considérable pour descendre la hauteur, mais il y avait un sentier de traverse qui abrégeait de beaucoup le chemin, et que prenaient toujours les piétons. Balbutiant quelques mots d'excuse à Moïse, et lui disant de m'attendre au pied de la colline, je sautai à bas de la voiture, je franchis une haie, et dès que je fus hors de vue, je m'assis sur une pierre, et pleurai comme un enfant. Je ne saurais dire au juste combien de temps je restai ainsi, mais la manière dont je fus arraché à mon émotion sera longtemps présente à mon souvenir. Une petite main se posa sur mon front, et une douce voix prononça le nom de « Miles ! » si près de moi, qu'au même instant je tenais Lucie dans mes bras ; la chère enfant était venue jusqu'à la hauteur, dans l'espoir de me voir passer sur la route, et, comprenant le sentiment qui m'avait entraîné à l'écart, elle était venue prendre sa part de si douces émotions.

— Vous voilà rentré bien heureusement dans tous vos droits, cher Miles, dit enfin Lucie en souriant à travers ses larmes. Vos lettres m'ont appris que vous êtes riche à présent ; mais la seule chose à laquelle je tenais, c'était Clawbonny ; que m'importe tout le reste ? Aussi, j'avais bien mis dans ma tête que Clawbonny vous reviendrait, dût toute ma petite fortune y passer !

— Quoi ! quand même je ne serais pas devenu votre mari ?

Lucie rougit légèrement, mais elle était trop franche pour que l'aveu de ses sentiments pour moi lui causât quelque embarras.

— Pensez-vous donc, ingrat, que j'aie jamais douté de cet heureux dénouement, depuis que mon père m'avait appris l'état de votre cœur ? Je crains que les femmes n'aient plus de confiance que les hommes dans la durée d'un attachement sincère ; vous autres, accaparés par les affaires, vous éparpillez vos pensées sur mille intérêts divers, tandis que nous, nous n'en avons qu'une, sur laquelle se concentrent toutes nos facultés, celle de notre amour. Jamais je n'ai supposé que Miles Wallingford pût devenir le mari d'une autre femme que de Lucie Hardinge ; — jamais, c'est trop dire, car il y eut une toute petite exception.

— Et quelle est cette toute petite exception, ma bien-aimée? Vous piquez ma curiosité.

Lucie devint pensive; elle enleva avec le bout de son ombrelle quelques herbes qui étaient à ses pieds. — Eh! bien, dit-elle enfin, ce fut au moment où Émilie Merton vint passer quelques jours à Clawbonny. La première fois que je la vis, je la trouvai bien plus digne que moi de votre attachement, et il me sembla impossible que vous eussiez pu demeurer si longtemps ensemble à bord du même bâtiment sans découvrir réciproquement tout ce que vous valiez; mais cette première impression ne fut que passagère, et je reconnus bientôt que si votre imagination s'était égarée un moment, votre cœur m'était toujours resté fidèle.

— Est-ce bien possible, Lucie? Les femmes ont-elles à ce point plus de pénétration et de perspicacité que les hommes? — Tandis que j'étais prêt à me pendre de jalousie à cause d'André Drewett, saviez-vous réellement que mon cœur était entièrement à vous?

— J'avais bien parfois quelques petites inquiétudes, et même d'assez poignantes dans de certains moments; mais, en général, je comptais sur la réciprocité de notre affection.

— Vous ne supposiez pas, comme votre excellent père, que nous étions trop comme frère et sœur pour jamais concevoir de l'amour l'un pour l'autre? Oh! quant à moi, ce n'est pas de l'estime, du respect, de l'amitié que je ressens pour ma Lucie, c'est une passion qui devait faire le bonheur ou le malheur de ma vie!

Lucie sourit malicieusement, et se remit à jouer avec le bout de son ombrelle. — Comment aurais-je pu le croire, Miles, dit-elle, quand je faisais moi-même une expérience toute contraire? Je voyais bien que quelque chose vous tourmentait, peut-être cette différence de position entre nous, qui n'existait guère que dans votre imagination, méchant que vous êtes! Mais je me disais qu'il viendrait un jour où vous prendriez votre grand courage pour vous déclarer.

— Comment? et vous avez bien pu me laisser ainsi, cruelle, pendant des années entières, en proie à toutes les tortures du doute le plus affreux?

— Comme si c'était à la femme à parler, Miles? Ma conduite fut toute naturelle, et j'abandonnai le reste à la Providence. Dieu merci, j'ai ma récompense aujourd'hui.

Je serrai Lucie contre mon cœur, et après nous être livrés aux plus doux épanchements, nous nous mîmes à parler de Clawbonny et des moments délicieux que nous allions y passer. Lucie me raconta avec quelle impatience tout le monde m'attendait. Je n'avais point, il est vrai, de fermiers pour venir à ma rencontre, et je ne sais si, même à cette époque, dans le cas où j'en aurais eu, ils se seraient dérangés à cette occasion; non pas que ces misérables sophismes sur les relations entre les propriétaires et les fermiers, relations dont l'utilité et l'influence sous le rapport de la civilisation ne sauraient être contestées, eussent commencé à être en vogue; alors, violer les clauses d'un bail, ce n'était pas faire acte de liberté, et un bail à perpétuité était regardé comme plus avantageux pour le fermier qu'un bail restreint à un certain nombre d'années. Alors, on ne regardait pas comme un reste de féodalité de payer ses redevances en poulets, en bois, en corvées; c'était plutôt une faveur, et, encore aujourd'hui, neuf fermiers sur dix s'efforcent de payer leurs dettes de toutes les manières imaginables, avant d'en venir à délier les cordons de leur bourse. Alors, on ne s'était pas encore imaginé d'appeler la terre un monopole dans un pays qui renferme dans son enceinte plus de cent acres par habitant. Mais ma plume s'égare malgré moi à la vue des dangers qui menacent la véritable liberté. Je disais donc que je n'avais point de fermiers qui attendissent mon arrivée; mais les bons nègres étaient là, et Lucie me raconta la réception qu'ils me préparaient.

Cependant Marbre m'attendait; et, sans vouloir permettre que je l'accompagnasse, Lucie s'échappa de son côté pendant que je descendais en toute hâte le sentier qui conduisait au bas de la route.

— Miles, mon garçon, me dit Moïse, qui semblait plongé dans ses réflexions, vous avez pour cette terre l'affection qu'un marin a pour son bâtiment. Eh! bien, je le conçois; c'est quelque chose de posséder un bien qui a appartenu à un grand-père; ce qu'il y a de pire, après le métier infernal d'ermite, bien entendu, — c'est de ne tenir à personne dans cet univers si rempli. Voyez-vous bien, un baiser de ma petite Kitty, une ride de ma pauvre vieille mère, ont plus de prix pour moi que toutes les îles désertes de l'Océan. Allons, remontez dans la voiture, mon garçon; que diable avez-vous fait? Vous voilà rouge comme une écrevisse; on dirait que vous n'avez fait que monter et descendre la colline en courant depuis que vous m'avez quitté?

— Ce n'est pas une petite fatigue de descendre une pente pareille sans s'arrêter ; mais, voyons, me voici assis auprès de vous ; à quoi rêviez-vous donc ici tout seul?

— Ma foi, mon ami, je pensais aux fonctions d'un garçon de noce ; car le moment approche, et je veux vous faire honneur. Commençons par le costume. Voyons un peu ; d'abord le bouquet dont vous m'avez parlé dans une de vos lettres, est bien arrimé dans ma malle ; Kitty me l'a fait la semaine dernière, et vous en serez content.

— Et les culottes courtes?

— Les culottes, je les ai aussi, et je les ai essayées, qui plus est. Diable, Miles, je n'aime guère à me montrer ainsi à sec de voiles ; il me semble que j'ai une drôle de tournure ainsi. Est-ce qu'il n'y aurait pas moyen de cacher un peu les œuvres vives?

— Mais, à moins de guêtres, je ne vois guère comment ; et c'est pour le coup que ce serait un singulier accoutrement pour un garçon de noce. Vous serez obligé de vous mettre comme tout le monde.

— C'est encore moins le costume qui me tourmente que le cérémonial. Serai-je obligé d'embrasser miss Lucie?

— Miss Lucie? nullement ; mais madame la mariée, c'est une autre affaire. Je ne crois pas que le mariage fût valable sans cela.

— Dieu me préserve d'aller jeter des bâtons dans la roue, quand il s'agit de votre bonheur, mon cher ami ; mais je compte sur vous pour me faire signe quand ce sera le moment.

Je lui promis de ne pas le laisser dans l'embarras, et Marbre fut plus tranquille. — Si j'avais été élevé, dit-il, dans le sein d'une famille honnête, au lieu d'être abandonné sur une pierre tumulaire, le mariage ne serait pas un parage si inconnu pour moi ; mais vous savez ce que c'est, Miles, qu'un pauvre diable qui n'a pas de parents. Je ne suis pas au courant, moi, de toutes les simagrées du monde comme vous autres. Par exemple, Miles, quand vous aviez l'air le plus insouciant du monde, pendant que vous mouriez d'amour pour ce jeune tendron, simagrée ! Et bonne chère mère, quand elle dit que le Seigneur ne pouvait pas lui envoyer un meilleur fils, simagrée aussi, car je sais ce que je vaux, et ce n'est pas grand'chose ! Et la petite Kitty, quand elle prétend qu'elle aime mieux un baiser de moi que deux du jeune Bright, simagrée s'il en fut jamais ! Pour Lucie

Hardinge, c'est un changement complet d'amures, par exemple, car il n'y a pas l'ombre de simagrée chez celle-là.

Moïse, avec son gros bon sens, avait découvert le trait distinctif du caractère de Lucie, qui était la droiture et la franchise, et je lui sus un gré infini de savoir apprécier si justement mon amie.

Nous trouvâmes les nègres à un demi-mille de distance de la maison. Neb remplissait les fonctions de maître des cérémonies ou plutôt de commodore, car il portait une banderole qu'il avait prise au sloop, et il avait rassemblé tout ce qu'il avait pu trouver de symboles nautiques en harmonie avec les honneurs à rendre à un marin. Le vieux Cupidon portait le pavillon du *Wallingford*, et on avait fait, avec des maillets à fourrer, des épissoirs et des paumelles de voilier, une espèce d'*olla podrida* des plus caractéristiques; le tout était couronné par une carotte de tabac, quoique je ne fisse jamais usage de cette plante qu'en cigares. Neb avait vu des processions à New-York, aussi bien qu'en pays étrangers, et il avait voulu que celle-ci lui fît honneur; il est vrai qu'il m'en parla ensuite d'un ton de dénigrement comme d'une procession de nègres, ce qui n'empêchait pas qu'il ne fut charmé de l'idée qu'il avait eue; mais le succès n'avait pas répondu à son attente. Dès qu'on m'aperçut, les négresses se mirent à sangloter, les hommes à agiter les bras en l'air en criant : Voici maître! Voici maître! Les rangs furent rompus, l'ordre troublé, sans que Neb pût parvenir à le rétablir, et ce fut à qui arriverait le premier à ma rencontre.

A défaut du cérémonial que Neb avait réglé, la manière dont je fus reçu par ces bonnes gens fut des plus touchantes. Les plus âgés venaient me serrer successivement la main; les plus jeunes se tenaient à l'écart par discrétion, et ce fut moi qui allai à eux. Quant aux enfants, les garçons se roulaient sur l'herbe, tandis que les petites filles me faisaient forces révérences, en criant à gorge déployée : Maître être le bienvenu à Clawbonny! — Mon cœur débordait, et je doute que jamais seigneur en Europe ait été reçu avec plus d'effusion que je ne le fus par mes esclaves.

M. Hardinge m'attendait à l'entrée de la pelouse; il me serra dans ses bras, et me donna tout haut sa bénédiction. A peine entré dans la maison, je fus conduit dans tous les appartements pour que je pusse me convaincre par mes propres yeux que tout avait été remis dans l'ordre d'autrefois. Vénus m'accompagnait, me racontait toute la peine qu'elle avait eue à ranger, à nettoyer partout, et elle s'en donnait à cœur-joie contre les Daggett; mais heureusement leur règne avait été court, et un Wallingford possédait de nouveau les cinq corps de bâtiments qui formaient l'habitation de Clawbonny. Je méditai ce jour-là même l'érection d'un sixième pavillon, mais en me promettant bien de conserver religieusement toutes les constructions antérieures dans leur état primitif.

Le lendemain était le jour désigné par Lucie pour notre union ; je partis à dix heures du matin dans un joli équipage acheté tout exprès, ayant auprès de moi Marbre dans son costume de garçon de noces. Le pauvre homme était au supplice, et il faut convenir que ses bas de soie et ses culottes courtes allaient singulièrement à sa tournure; on l'eût dit cousu dans ses habits, tant il avait l'air guindé et tout d'une pièce.

— Miles, me dit-il, mes jambes n'ont jamais été faites pour paraître au grand air ; voyez donc le beau spectacle que de montrer des poteaux comme ceux-là ! C'est la première et la dernière fois qu'on m'y attrape. Ah ! ça, n'oubliez pas de me faire le signal quand il faudra embrasser.

J'aurais joui de l'embarras de Moïse, si je n'avais pas eu à penser à tout autre chose; mais nous arrivions au presbytère, et je trouvai le bon ministre et Lucie, qui venait de terminer sa toilette. Qu'elle était jolie dans son costume de mariée, si simple, mais qui lui allait si bien! Elle n'avait eu recours à aucune de ces mille inventions du luxe et de l'élégance pour rehausser sa beauté; mais il était impossible d'approcher d'elle sans subir l'influence de cette grâce charmante qui était répandue dans toute sa personne. Une robe de mousseline des Indes, d'une finesse extrême, dessinait sa taille divine; ses beaux cheveux noirs étaient retenus par un peigne orné de perles, auquel était attaché le voile d'usage. Autour de son cou d'ivoire et de ses blanches épaules se jouait mon collier de perles, tel qu'il avait été monté à bord de *la Crisis*, riche parure destinée depuis si longtemps à ma fiancée, et qui me rappelait tant de souvenirs si divers.

Nous n'avions invité aucun étranger à la cérémonie; n'avions-nous pas nos meilleurs amis autour de nous? Un moment j'avais eu l'idée d'écrire à Drewett pour l'engager à venir ; mais Lucie m'en avait détourné en me demandant avec malice si j'aurais aimé qu'on m'invitât en pareil cas. Quant à Rupert, je fus charmé qu'il n'eût pu venir, et je crois que Lucie n'en fut pas fâchée de son côté.

M. Hardinge nous précéda à l'église, qui n'était qu'à deux pas du presbytère, et quelques instants après, nous étions au pied de l'autel. La cérémonie commença aussitôt, et je ne tardai pas à pouvoir serrer Lucie dans mes bras comme ma femme. Ce fut dans la sacristie que se passa cette dernière formalité, qui n'était pas la moins agréable, et j'y reçus les félicitations des êtres simples, qui formaient alors une partie si essentielle de presque toute famille américaine.

— Beaucoup de joie et toute sorte de bonheur à bon maître, dit la vieille Vénus en voulant baiser mes mains; mais je ne voulus pas le souffrir, et je l'embrassai sur les deux joues, comme c'était ma coutume il y avait une vingtaine d'années. Ah! quel beau jour pour vieux maître et vieille maîtresse, s'ils étaient ici seulement! Et l'autre sainte dans le ciel dont moi pas parler! Bon jeune maître! nous si contents vous être ici! et vous, jeune maîtresse! vous bien chère aussi à nous tous!

Lucie mit sa petite main veloutée, avec l'anneau de mariage au quatrième doigt, dans la grosse et rude main de Vénus, en lui adressant quelques-unes de ces douces paroles qui partent du cœur; puis elle dit à tous ceux qui l'entouraient qu'elle était pour eux une ancienne amie, qu'elle connaissait leurs bonnes qualités, et qu'elle les remerciait des vœux qu'ils formaient pour son bonheur.

Dès que cette partie de la cérémonie fut terminée, nous retournâmes au presbytère. Lucie quitta sa robe de noce pour faire une des demi-toilettes les plus jolies que j'aie jamais vues. Qu'on pardonne ces détails à un vieillard qui éprouve une joie si douce à se retracer ces moments de bonheur et d'ivresse! C'est qu'aussi on a rarement l'occasion de peindre une fiancée telle que Lucie Hardinge. De sa parure du matin elle n'avait gardé que son collier de perles, qu'elle conserva pendant tout le reste de la journée. Dès qu'elle fut prête, je montai en voiture avec elle, M. Hardinge et Moïse, et nous nous dirigeâmes vers Clawbonny.

Un des plus beaux moments de ma vie fut celui où je reçus dans mes bras Lucie qui descendait de voiture, et où je saluai sa bienvenue dans la demeure de mes pères!

— Nous avions bien manqué de nous la voir ravir, ma bien-aimée, lui dis-je à l'oreille ; mais maintenant que nous l'habitons ensemble, nous ne serons pas pressés de la quitter.

Ces paroles étaient dites dans un charmant tête-à-tête que je me ménageai avec Lucie dans « la chambre de famille, » qui avait été témoin de scènes si diverses, et d'un intérêt si grave et si doux à la fois.

— Asseyons-nous un moment ici, Miles, me dit-elle en souriant, et causons un peu d'affaires de famille ; le lieu est on ne peut mieux choisi, il me semble. C'est peut-être s'y prendre de bonne heure ; mais nous sommes de vieilles connaissances ; nous n'avons pas besoin de temps pour étudier le fort et le faible de nos caractères, et il vaut mieux régler sur-le-champ nos petites affaires. Je pense tout à fait comme vous que nous ne devons jamais quitter Clawbonny, ce cher, ce délicieux Clawbonny, où notre enfance s'est écoulée avec tant de charmes, où Grace semble nous sourire encore. Sans doute la maison de campagne que j'ai héritée de mistress Bradford est d'un goût plus moderne ; mais elle ne saurait jamais nous être aussi chère. C'est à ce sujet que je désirais vous parler, mon ami. Si j'ai différé jusqu'à cet instant, c'est que je voulais attendre que vous eussiez comme mari un droit de contrôle absolu sur mes désirs comme sur mes actions. Riversedge, — c'était le nom de la propriété de mistress Bradfort — est une résidence agréable ; elle est meublée convenablement. J'ai pensé que Rupert et Émilie pourraient aller l'habiter.

— Croyez-vous, ma chère, que Rupert puisse avoir une maison de ville et une maison de campagne ?

— C'est parce que je suis convaincue qu'il sera bientôt obligé de se défaire de sa maison de Broadway-Street que je voudrais lui ménager cet asile. Quand viendra-t-il, ce moment fatal ? C'est ce que vous savez mieux que moi, Miles. Lorsque j'aurai été votre femme une douzaine d'années, peut-être me jugerez-vous digne alors de savoir le secret de l'argent qu'il possède en ce moment.

Ces mots, dits d'un ton de plaisanterie, semblaient cacher néanmoins une certaine angoisse. Je réfléchis aux conditions de mon secret. Grace voulait en dérober la connaissance à Lucie, dans la crainte que son amie, dont elle connaissait les sentiments nobles et élevés, n'employât son influence sur Rupert pour l'empêcher d'accepter. Et puis, elle ne pensait pas que Lucie deviendrait jamais ma femme ; les circonstances étaient changées, il n'y avait plus de raison pour cacher la vérité, du moins à Lucie. Je lui communiquai donc tout ce qui s'était passé à ce sujet. Elle en fut affligée, mais elle s'y attendait.

— Je serais couverte de honte, si c'était d'un autre que vous, Miles, qu'il me fallût apprendre ces tristes détails, répondit-elle après un moment de réflexion ; mais je sais que le sacrifice que vous avez fait ne vous a coûté aucun effort ; je vous connais trop bien pour en douter, et si vous avez éprouvé quelque peine, c'est de l'égoïsme de Rupert, et non pas de la perte de votre argent. J'avoue que cette révélation a changé tous mes projets pour l'avenir, en ce qui concerne mon frère.

— Pourquoi donc, ma bien-aimée ? Que je n'aie pas à me reprocher de lui avoir nui auprès de vous !

— C'est dans son intérêt même qu'il faut que je modifie mes intentions premières. Je comptais partager avec lui la fortune de mistress Bradfort. Si j'avais épousé tout autre homme que vous, Miles, c'eût été une des conditions de notre union ; mais j'avais tant de confiance en vous, que j'ai éprouvé une douce satisfaction à me mettre complétement à votre merci. Je sais qu'à présent tous mes biens personnels sont à vous sans réserve, et que je ne puis plus disposer de la moindre chose sans votre consentement. Mais je n'ai jamais douté un instant que vous ne me permissiez de suivre dans cette occasion l'impulsion de mon cœur, qui sera toujours, je l'espère, dirigé par ma raison.

— Et toute ma vie sera employée à justifier cette opinion qui m'est si chère.

— Eh bien ! j'ai reconnu que ce serait folie de donner la libre disposition d'une fortune assez considérable à une personne de ce caractère. Si vous l'approuvez, j'assurerai à Rupert et à Émilie une rente convenable, qui leur sera payée tous les trois mois, et qui, avec une maison de campagne dont je leur abandonnerai l'usage, leur permettra de vivre honorablement.

Comment ne pas approuver un projet si sage ? La pension fut fixée à deux mille dollars ; et le lendemain même Lucie écrivit à Rupert pour l'en informer.

Notre repas de noce fut modeste, mais animé par la plus franche gaieté. Dans la soirée, les nègres eurent un grand bal dans une blanchisserie qui était un peu à l'écart, et qui convenait merveilleusement à cette destination. Nos simples et paisibles fêtes durèrent plusieurs jours ; car le mariage de Neb et de Chloé ayant suivi de très-près le nôtre, ce fut un bon prétexte pour prolonger les danses jusqu'à la fin de la semaine.

Marbre remit son large pantalon de matelot immédiatement après la cérémonie, et alors il prit part de tout son cœur à la joie générale. Il offrit même à Chloé d'être aussi son garçon de noce ; mais l'offre fut refusée.

— Merci, monsieur Marbre, merci, lui dit-elle. La couleur être la couleur. Vous être blanc, nous être noirs. Le mariage être chose très-sérieuse ; et pas vouloir de mauvaises plaisanteries sur mon union avec Neb Clawbonny.

## CHAPITRE XXX.

*Ce mal est au-dessus de mon art ; cependant j'ai connu des somnambules qui sont morts saintement dans leur lit.*
*Macbeth.*

LE mois de miel se passa à Clawbonny, et il fut suivi d'un grand nombre d'autres. Je n'ai jamais vu d'homme plus heureux que M. Hardinge depuis qu'il m'avait pour gendre. Je crois en vérité qu'il avait encore plus d'attachement pour moi que pour Rupert. Et cependant il mourut, comme il avait vécu, dans l'ignorance du véritable caractère de son fils. Il eût été cruel de le détromper, et rien ne nécessita des explications qui auraient été si pénibles. Rupert continua sa vie folle et dissipée, mais sa vanité et son égoïsme le préservèrent des écarts qui auraient pu compromettre gravement son honneur. Il eût dépensé en peu d'années la fortune de Lucie et la mienne, s'il en eût été le maître ; mais, grâce aux sages dispositions qui avaient été prises, il fut obligé de régler à peu près ses dépenses sur la pension que nous lui faisions. Nos relations se bornaient à quelques visites de cérémonie. Il était pour moi M. Hardinge, comme j'étais pour lui M. Wallingford ; les noms de Miles et de Rupert n'existaient plus entre nous. J'ai hâte d'achever son histoire et celle de sa femme ; car je conviens que, même aujourd'hui, après un intervalle de tant d'années, il m'en coûte de parler d'eux.

Rupert ne vécut que quatre ans après le mariage de sa sœur. Indépendamment de la rente que nous lui faisions, j'avais, à l'insu de sa sœur, payé deux fois ses dettes, et je crois vraiment qu'il comprit ses torts avant de mourir. Il laissait un fille unique, qui ne lui survécut que quelques mois. Le major Merton l'avait précédé au tombeau. J'avais toujours été en assez bons termes avec le major, et il semblait n'avoir pas complétement oublié les diverses obligations qu'il m'avait, ainsi qu'à Marbre. Comme presque tous ceux qui servent des gouvernements libres, il ne laissa presque rien ; de sorte que mistress Hardinge pendant son veuvage fut heureuse de se voir continuer la pension qui était faite à son mari. Émilie était une de ces femmes du monde qui ne manquent pas absolument de bonnes qualités, mais qui calculent trop bien tout ce qu'elles font. L'extérieur agréable de Rupert et ses manières assez distinguées l'avaient captivée, et, le croyant l'héritier de mistress Bradfort, elle l'avait épousé avec plaisir. N'y avait-il pas eu ensuite des moments de regrets et de déception ? C'est un voile que je ne tenterai pas de soulever ; mais je ne fus pas fâché d'apprendre qu'elle se disposait à changer de position. Elle épousa un homme âgé, qui pouvait lui procurer tous les avantages de la fortune, et passa avec lui en Europe. Nous entretînmes encore quelques relations avec elle, et même, il y a une quinzaine d'années, nous restâmes quelques semaines dans une maison, moitié chaumière, moitié château, qu'elle décorait du nom de palais, et qu'elle habitait sur les bords de l'un des lacs enchanteurs de l'Italie. La signora Montiera — elle avait ajouté une finale italienne à son nom de Montier — veuve de nouveau depuis un an, était assez considérée, et passait pour une douairière respectable qui aimait assez les pompes et les vanités de ce monde pervers. Je voulus lui rappeler quelques incidents de sa première jeunesse, mais je n'eus pas grand succès. Elle m'écoutait avec patience, le sourire sur les lèvres, quoique sa mémoire fût très-infidèle. Elle se rappelait bien confusément quelque chose du canal de Hyde-Park et de la brouette ; mais quant au grand voyage que nous avions fait ensemble à travers l'Océan pacifique, elle n'en conservait presque aucun souvenir. Pour lui faire honneur, Lucie avait mis son collier de perles dans une petite fête qu'elle avait donnée pendant notre séjour, et je m'aperçus qu'elle le reconnaissait. Elle fit même entendre à une de ses amies — j'étais assez près pour surprendre cette confidence — qu'il lui avait été destiné dans l'origine ; — mais que voulez, *cara mia*, avait-elle ajouté en poussant un soupir dans lequel elle semblait se complaire, nous ne pouvons commander à notre cœur!

Un mot de la race si dévouée des Clawbonnys. Tous les membres âgés de cette grande famille vécurent et moururent à mon service, et je pourrais dire avec plus de raison, au leur. Mais le jeu des institutions humaines opère de manière à briser des liens plus étroits que ceux qui m'attachaient mes esclaves. Les pères conscrits de New-York avaient décidé depuis longtemps que l'esclavage serait aboli dans l'étendue de leur empire ; et les plus jeunes de mes nègres se retirèrent l'un après l'autre pour aller chercher fortune à New-York, ou dans quelque autre ville de l'État ; et il ne reste plus guère auprès de moi que Neb, sa femme, et leurs descendants immédiats, ceux-ci ayant reçu de leurs parents des exemples et des conseils qui les mettent en garde contre les innovations d'un état de société si mobile. Pour eux Clawbonny est toujours Clawbonny ; et moi et les miens nous sommes toujours une race à part dans leurs idées. J'avais donné à Neb et à Chloé, le jour même de leur mariage, l'acte que j'avais dressé de leur affranchissement, et par lequel je déchargeais en même temps leur postérité des vingt-huit ans ou des vingt-cinq ans de services que les enfants me devaient, suivant leur sexe. La loi n'avait pas encore prononcé l'affranchissement général et sans condition. Neb mit cet acte dans le fond de sa tabatière, ne voulant point paraître faire fi de ce que je lui donnais ; et je l'y vis par hasard, dix-sept ans après, réduit presque en poussière : personne ne l'avait ouvert dans tout cet espace de temps.

Je n'eus jamais qu'une seule conversation avec Neb ou avec sa femme au sujet des gages, et je découvris alors combien ce serait blesser le bon nègre que de le mettre sur le pied des domestiques de ma ferme ou de ma maison.

— Quoi moi avoir fait, maître, pour vous vouloir payer moi, comme un homme à gages! dit Neb d'un ton moitié fâché, moitié chagrin. Moi être né dans la famille ; bon titre déjà ; et si d'autres être nécessaires, moi avoir accompagné maître dans son premier voyage, et dans tous les autres ensuite, dans tous!

Ces mots, prononcés avec une expression de reproche, tranchèrent la question. Jamais, depuis ce moment, je ne reparlai de gages. Quand Neb a besoin de vêtements, il les fait faire, et on les porte au compte de « maître Miles ; » quand il a besoin d'argent, il en demande sans honte et sans répugnance ; et de même pour tout ce dont il a besoin. Chloé agit de même avec Lucie, qui a remplacé pour elle miss Grace sous tous les rapports, et qui est toujours « miss Lucie » pour ces bonnes gens. Un jour je vis un voyageur anglais prendre ses tablettes, et écrire sans doute quelque réflexion très-spirituelle, quand il entendit Chloé appeler de ce nom la mère de trois jolis enfants qui étaient suspendus à son cou. La note du voyageur ne fit aucun effet sur Chloé, qui n'en continua pas moins à appeler sa maîtresse « miss Lucie, » quoique miss Lucie soit aujourd'hui grand'mère.

Ainsi que la vérité m'a forcé de le dire, les enfants ont été moins fidèles ; l'esprit du siècle a agi sur eux, et les liens qui unissaient les Wallingford et les Clawbonny se sont relâchés. Plusieurs nous ont quittés, et je les vois partir sans regret. Mais tous ont demandé du moins mon consentement, et je leur ai procuré des places à mesure que l'ambition ou la curiosité les attirait dans le monde.

Puisque je parle de cet esprit du siècle, qui amène tant de changements, je ne suis pas assez routinier pour les condamner tous, et je reconnais qu'il y en a eu dont on ne saurait trop se féliciter. Sans doute on ne saurait prendre l'esclavage domestique tel qu'il existait à Clawbonny, comme l'image fidèle de ce qu'il était dans le pays. Ce n'est pas tant l'esprit d'*abolitionisme* qui m'alarme, en tant qu'il se renferme dans des bornes convenables, qu'un certain esprit dont la tendance est toujours et partout pour le changement ; rien dans la vie sociale n'est arrivé à son plein développement, suivant la doctrine de ces philosophes du mouvement. Or, à mon point de vue, les deux partis les plus dangereux dans un état sont celui qui veut rester immobile comme une borne, et celui qui veut toujours progresser ; l'un voulant conserver des abus dont il serait mieux de s'affranchir, l'autre renversant toutes les institutions utiles dans sa course désordonnée. Je parle de ces tendances diverses, telles qu'elles se manifestent quand elles sont exploitées et poussées jusqu'à leurs dernières conséquences par l'esprit de parti. Certes, je n'entends pas contester qu'il est des améliorations heureuses, comme il en est qu'on pourrai appeler d'un tout autre nom. Le seul législateur vraiment sage, vraiment éclairé, est celui qui sait faire les distinctions convenables. Quant au parti conservateur, Lafayette l'a parfaitement caractérisé dans un de ses discours de tribune les plus heureux : « On parle du juste milieu, disait-il, comme si ce mot renfermait une profession politique bien claire. Nous savons tous ce que c'est que le juste milieu, en tant qu'il s'agit d'une question particulière ; c'est simplement la vérité par rapport à cette question. Mais quand quelqu'un dit qu'il est du parti du juste milieu, et qu'il entend se tenir au milieu dans tous les événements publics, il me semble qu'on pourrait très-bien lui appliquer cette anecdote : — un homme d'opinions exagérées établit en principe que quatre et quatre font dix ; un autre, plus raisonnable et plus fort en arithmétique, combat cette idée en soutenant que quatre et quatre ne font que huit ; sur quoi le membre du juste milieu se croit obligé de dire : Messieurs, vous vous trompez tous deux ; la vérité n'est jamais dans les extrêmes : quatre et quatre font neuf. »

Ce qui est vrai du système de conservation, comme principe, est encore plus vrai du mouvement ; car il arrive souvent en politique, comme en médecine, que le remède est pire que le mal. En Europe, la situation n'est pas la même que parmi nous. Là, des changements radicaux ont été opérés, la base même de l'édifice social a été renouvelée, quoiqu'il reste encore au-dessus beaucoup de parties de l'architecture ancienne. Dans un pareil état de choses, on peut pardonner quelques erreurs à ceux qui veulent ramener tout l'édifice à la simplicité d'un seul ordre. Mais parmi nous, l'homme qui ne voit de terme à rien, et qui soutient toujours que le mieux est au-delà, finira par découvrir, s'il vit assez longtemps, que la vérité est placée sur une hauteur, et qu'en courant en aveugle pour l'atteindre, sans jamais s'arrêter, on est exposé au danger de redescendre de l'autre côté de la pente, et de s'en éloigner de plus en plus.

Je ne dois pas oublier Marbre. Il passa un mois entier à Clawbonny, occupé presque constamment avec Neb à gréer la *Grace et Lucie* de sept manières différentes, et finissant par trouver que la première était la meilleure de toutes ; image assez exacte, soit dit en passant, du résultat des essais successifs qui ne se font que trop souvent en politique. Moïse essaya de la chasse, ayant entendu dire que c'était une partie essentielle de la vie à la campagne ; mais ses jambes étaient trop courtes pour sauter facilement au-dessus des haies et des palissades; et, en dix jours d'essais, il abattit trois rouge-gorges, un écureuil et un corbeau, prétendant qu'il avait aussi blessé un pigeon et effrayé tout une troupe de cailles.

Dans le second mois de notre mariage, j'allai passer avec Lucie une semaine très-agréable à Willow Cove. A ma grande surprise, je reçus une visite de l'écuyer Van Tassel, qui semblait ne conserver aucune rancune. Marbre avait fait sa paix avec lui, dès qu'il avait été remboursé intégralement, capital et intérêts; mais, dans l'intimité, il parlait toujours de lui avec un souverain mépris.

Marbre perdit sa mère un an après notre retour de notre triste voyage à bord de *l'Aurore*. Un mois ou deux auparavant, il avait perdu sa nièce, par suite de son mariage avec le fils du « voisin Bright ». A partir de ce moment, il vécut presque constamment avec nous à Clawbonny, et même il venait parfois nous rendre de petites visites à Chamber-street. Je dis à Chamber-street, car les empiétements du commerce n'avaient pas tardé à nous chasser de Wall-street; c'était en 1805. Vingt ans plus tard, il fallut reculer encore d'un mille, pour habiter le beau quartier; et enfin en 1839, nous nous installâmes dans Union-place, à près d'une lieue de l'endroit où Lucie avait commencé ses fonctions de femme de ménage dans la ville toujours croissante de Manhattan.

Quand Marbre s'était de nouveau trouvé orphelin, il s'était plaint qu'il n'était guère qu'un infernal ermite à Willow Cove, et il s'était mis à parler de courir encore le monde. Un beau matin, je le vis paraître à Clawbonny, avec armes et bagage, et décidé à chercher une place de lieutenant à bord de quelque bâtiment des Indes orientales. Je lui laissai conter son histoire; je le retins quelques jours avec moi, pendant que je surveillais les maçons qui achevaient le pavillon que, moi aussi, j'ajoutais à la maison; et ensuite nous nous rendîmes ensemble à New-York. Je conduisis Moïse au chantier de construction, et je lui montrai un beau bâtiment, doublé et chevillé en cuivre, dont on ajustait les mâts, en lui demandant comment il le trouvait.

— Et son nom? me dit-il.

— Un nom de votre connaissance : *L'Échalas*. Vous n'avez pas oublié ce fier sauvage?

Moïse devina la vérité, et il me demanda quelle était la destination du bâtiment.

— Canton, avec vous pour capitaine.

Moïse fut touché jusqu'au fond du cœur de cette preuve de confiance, et la découverte de son origine l'avait tellement relevé à ses propres yeux qu'il ne fit point d'objections. Je n'avais pas l'intention de me lancer régulièrement dans de grandes entreprises commerciales; mais Marbre fit pour moi plusieurs voyages qui furent très-lucratifs. Une fois il me conduisit avec Lucie en Europe. Ce fut après la mort de mon vieux tuteur, qui fit une fin exemplaire, comme l'avait été toute sa vie. Nous passâmes plusieurs années sur le continent; et Neb, qui avait été de plusieurs voyages, seulement pour son plaisir, était à bord quand Marbre vint me reprendre au Havre. Je fus frappé de voir à quel point Moïse était changé. Il approchait de soixante-dix ans, et c'est un âge où la plupart des marins ne sont plus bons qu'à prendre leur retraite. Il avait tenu bon, néanmoins, décidé qu'il était à nous reconduire tous, moi, ma femme et nos quatre enfants, à Clawbonny. Mais trois jours après que nous avions appareillé, mon vieil ami dut quitter le pont pour se mettre au lit. Je vis que ses jours étaient comptés; et je crus de mon devoir de lui faire connaître sa situation. C'était un devoir pénible, mais qui fut adouci pour moi par la résignation et le courage du malade. Ce ne fut que lorsque je cessai de parler, qu'il fit un effort pour me répondre.

— Je sais depuis longtemps, Miles, me dit-il, que le voyage de la vie touche à sa fin. Quand le bois se pourrit, quand les chevilles ne tiennent plus, il est grand temps de démonter la carcasse, pour retirer le cuivre et le vieux fer du bâtiment. *L'Échalas* et moi, nous allons nous faire nos adieux, et je ne puis mieux faire que de le remettre entre vos mains; car je ne reverrai jamais les Etats-Unis. Le bâtiment est à vous, et personne ne peut mieux en prendre soin. J'avoue que j'aimerais à être enfermé dans quelque chose qui lui eût appartenu. Vous savez bien cette cloison qu'on a retirée pour préparer des chambres pour votre famille; on en ferait un cercueil aussi commode qu'il soit possible à un honnête marin d'en désirer un.

Je promis à Marbre de faire ce qu'il désirait. Après une courte pause, il me sembla que le moment serait favorable pour lui dire un mot de l'avenir. Marbre n'avait jamais été vicieux ni pervers; c'était un parfait honnête homme, et il ne devait avoir à se reprocher que de ces petites peccadilles dont les marins, pas plus que les autres, ne sont exempts ; mais quant à l'instruction religieuse, il n'en avait pas reçu la plus légère notion dans son enfance. Ce qu'il en avait ramassé en chemin n'était pas de la nature la plus orthodoxe. J'avais toujours pensé que Marbre était convenablement disposé à ce sujet ; mais l'occasion ne s'était jamais présentée de cultiver ses heureuses dispositions. J'entamai donc sans hésiter la grande question, et je le vis fixer sur moi les yeux avec une attention marquée.

— Oui, oui, Miles, répondit-il quand j'eus fini ; tout cela peut être vrai ; mais l'heure est un peu avancée pour que j'aille à présent à l'école. J'ai déjà entendu tout cela, sous une forme ou sous une autre ; mais c'était toujours par pièces et par morceaux, et je n'ai jamais pu en faire rien qui vaille. Quoi qu'il en soit, j'ai travaillé rudement le bon Livre pendant cette traversée, et vous savez qu'elle n'a pas été courte ; et j'y ai recueilli bien des préceptes qui me semblent de la meilleure qualité. J'avais toujours pensé que c'était une vraie folie de pardonner à ses ennemis, ma règle à moi étant de rendre bordée pour bordée, comme vous savez bien ; mais je vois à présent qu'il est plutôt d'un bon cœur de pardonner que de se venger.

— Mon cher Moïse, c'est une excellente disposition d'esprit ; maintenez-vous dans ces sentiments, ne cherchant votre appui qu'en Dieu, et votre heure dernière peut encore être la plus heureuse de votre vie.

— Il y a pourtant cet Échalas infernal ! celui-là, on ne peut pas vouloir que je le regarde comme autre chose que comme un satané pirate, à qui l'on ne pourrait donner trop vite son compte. Quant au vieux Van Tassel, il est allé brasser ses vergues dans une partie de l'univers où tous ses tours seront connus, et je n'irai pas conserver de la haine contre un homme au-delà du tombeau. Je crois que je lui ai à peu près pardonné ; quoique, à vrai dire, personne n'ait jamais mieux mérité la corde.

Je comprenais Marbre mieux qu'il ne se comprenait lui-même. Il sentait la beauté sublime de la morale chrétienne ; mais en même temps il y avait quelques idées qui étaient si fortement enracinées dans son cœur, qu'il n'avait pas la force de les extirper. Notre conversation dura longtemps. Enfin Lucie vint nous joindre, et je crus ne pouvoir mieux faire que de laisser le vieux marin entre les mains d'une personne qui réunissait toutes les qualités nécessaires pour le ramener, avec l'aide de Dieu, à une vue plus saine de sa condition. J'avais le bâtiment à surveiller, et ce fut une bonne excuse pour intervenir le moins possible entre le mourant et celle qu'on pouvait presque appeler son ange gardien. J'entendis quelques parties de leurs entretiens, j'assistai à quelques-unes de leurs prières, ainsi que mes enfants, et j'en vis assez pour apprécier la marche et les progrès de cette charitable et pieuse entreprise.

C'était quelque chose de vraiment admirable que de voir une femme, encore dans tout l'éclat de la beauté, employant toute l'éloquence de son cœur et de son esprit à amener un vieux marin endurci à la connaissance exacte et saine de ses rapports avec son Dieu. Je ne dirai pas qu'un succès complet couronna ces généreux efforts; c'était peut-être plus qu'on ne pouvait attendre; mais, par la grâce du Sauveur, nous eûmes tout lieu d'espérer que la bonne semence avait pris racine sur ce sol jusqu'alors stérile, et qu'elle finirait par produire d'heureux fruits.

La traversée fut longue, mais paisible. Le bâtiment était encore à l'est du banc de Terre-Neuve quand Marbre cessa de causer beaucoup, quoiqu'il fût évident que ses pensées étaient sérieusement occupées. Il déclinait visiblement, et je vis que sa fin approchait. Il ne paraissait pas souffrir; mais les liens de la vie semblaient se détacher l'un après l'autre, et l'esprit était au moment de prendre son vol vers le ciel, uniquement à cause de la ruine de la demeure terrestre qu'il avait habitée si longtemps, comme la cigogne finit par abandonner la cheminée qui chancèle.

Une semaine après ce changement, mon fils Miles vint me trouver sur le pont, et me dit que sa mère désirait me parler dans la chambre. Au bas de l'échelle, je trouvai Lucie, dont les traits bouleversés me révélèrent assez le caractère solennel de la communication qu'elle avait à me faire.

— Le moment approche, cher Miles, me dit-elle; notre vieil ami va nous être enlevé.

Tout préparé que j'étais à ce triste événement, je sentis mon cœur se serrer. Toutes les aventures de ma vie, si longtemps agitée, se présentèrent à mon esprit, et toujours l'image du mourant y était associée. Tout original qu'il avait pu être, son dévouement pour moi ne s'était jamais démenti un seul instant.

— A-t-il encore sa connaissance? demandai-je avec anxiété. La dernière fois que je l'ai vu, il m'a semblé qu'il battait un peu la campagne.

— Il est plus calme et plus recueilli dans ce moment. Il y a tout lieu d'espérer que le sang du Rédempteur n'aura pas coulé inutilement pour lui; car de moment en moment il comprend mieux les sublimes mystères de notre foi.

J'entrai dans la chambre où Marbre était depuis sa maladie. C'était celle qui avait été préparée pour Lucie et pour ses deux filles, mais qu'elles avaient voulu céder à leur vieil ami.

Je n'ai encore rien dit de ces deux chères enfants, dont l'aînée s'appelait Grace, et la plus jeune Lucie. L'aînée venait d'avoir quinze ans; sa sœur avait deux ans de moins, et était tout le portrait de sa mère. Les deux sœurs étaient au chevet du lit du malade, l'aînée tout près de lui, cherchant tous les moyens de soulager ses souffrances, tandis que l'autre, plus défiante, se tenait un peu à l'écart, quoiqu'on vît dans ses petits yeux humides combien elle eût été heureuse de pouvoir se rendre utile.

Au moment où j'entrai, Marbre avait toute sa connaissance; et le regard attentif qu'il jeta sur tous ceux qui entouraient son lit montrait avec quel soin il notait les présents et les absents. Deux fois il nous passa ainsi tous en revue; et alors, de cette voix sourde et entrecoupée qui précède ordinairement la mort :

— Qu'on appelle Neb, dit-il; j'ai pris congé hier du reste de l'équipage; mais je considère Neb comme de la famille, Miles, et je l'ai réservé pour la fin.

Pas une syllabe ne fut proférée que le nègre ne fût venu prendre place derrière ma femme et mes enfants. Moïse épiait cet arrangement d'un œil inquiet. Il ne paraissait pas content que son vieux compagnon se tînt aussi éloigné dans ce moment solennel.

— Vous n'êtes qu'un nègre, je le sais, Neb, murmura Moïse; mais votre cœur ferait honneur à un roi; c'est ce qu'il y a de mieux après celui de Miles, et je ne connais pas de plus grand éloge qu'on puisse en faire. Approchez; approchez encore, mon garçon; personne ici ne s'en plaindra.

La petite Lucie fit un pas en arrière, et poussa Neb à la place qu'elle venait de laisser libre.

— Merci, ma petite amie, merci, dit Marbre. Je n'ai pas connu votre mère quand elle était à votre âge; mais je me figure qu'elle était telle que je vous vois. Conservez toujours cette ressemblance, ma bonne petite, et alors votre père sera aussi heureux dans ses enfants qu'il l'a été dans sa femme. Voilà un mortel qui méritait bien toutes les faveurs de la fortune, — de la divine Providence, veux-je dire, madame Wallingford, reprit Marbre en croyant remarquer une expression de tristesse dans les yeux de Lucie; car, grâce à vous, je sais maintenant que sur mer comme sur terre, noirs ou blancs, nous avons tous un arbitre divin de nos destinées.

— Pas une plume ne tombe du corps du plus petit oiseau, qu'il ne l'ait ordonné, dit la voix douce de ma femme.

— Oui, je le comprends maintenant, quoique j'aie été bien longtemps sans m'en douter. Ainsi, quand nous avons fait naufrage tous les trois, Neb, c'était par la volonté de Dieu, qui avait ses vues sur nous; et voilà comment je suis arrivé à me trouver dans la disposition d'esprit où je suis à présent. Oui, madame Wallingford, je comprends cela à merveille, et je n'oublierai jamais vos bontés, qui sont bien la faveur la plus signalée que la fortune, — je veux dire la divine Providence, pouvait m'accorder. J'ai désiré vous voir, Neb, pour vous dire un mot d'adieu, et vous donner les derniers avis d'un vieux loup de mer qui va quitter ce monde.

Neb commença à se tordre les doigts, et des larmes roulaient dans ses yeux; car son attachement pour Marbre était réel. Quand des hommes ont traversé ensemble des épreuves telles que celles auxquelles nous avions été soumis tous les trois, les liens qui les unissent ne peuvent se comparer à ceux qui existent entre d'autres hommes.

— Moi écouter, capitaine Marbre; moi écouter de toutes mes oreilles, dit le nègre en essayant de surmonter son émotion.

— Le câble est filé jusqu'au bout, Neb, la bosse est levée, et la première houle va entraîner le vieux navire à la dérive. Vous, mon garçon, c'est une autre affaire, vous n'avez pas encore votre pareil sur une vergue ou au gouvernail; le dernier avis que j'aie à vous donner, c'est de continuer jusqu'au bout comme vous avez commencé. Je ne dis pas que vous soyez sans défauts; vous êtes un nègre; mais vous êtes un brave garçon qu'on est toujours sûr de trouver à sa place comme les pompes. D'abord, vous êtes marié, et, quoique votre femme ne soit qu'une négresse, elle n'en est pas

moins votre femme, et vous devez lui rester aussi étroitement attachée que la toile à la vergue. Prenez votre maître pour exemple, et
voyez comme il aime votre maîtresse — dans ce moment Lucie se
serra doucement contre moi ; — et ensuite, quant à vos enfants,
prenez pour les élever les avis de madame Wallingford. Vous ne
pouvez avoir de meilleur pilote, je le sais par expérience. Tâchez
de guérir votre petit polisson d'Hector de cette manie qu'il a de jurer
à tout propos. Quand on commence de cette manière, on va loin ; il
faut y mettre ordre. Parlez-lui d'abord, et si cela ne suffit pas, essayez
d'un bout de corde. Il n'y a rien de plus efficace avec les enfants.
Pour vous, Neb, restez toujours le même, mon garçon, et le Seigneur
aura pitié de vous avant la fin de la traversée.

Marbre fut obligé de s'arrêter ; mais il fit signe à Neb de ne pas
s'éloigner, parce qu'il n'avait pas fini. Après un moment de repos,
il chercha sous son oreiller, en tira une vieille tabatière, tâtonna
jusqu'à ce qu'il eût réussi à l'ouvrir, prit un peu de tabac et referma
la boîte. Tout cela fut fait très-lentement et avec les mouvements
faibles et incertains d'un mourant. Quand le couvercle fut refermé,
Marbre présenta la boîte à Neb.

— Servez-vous-en, reprit-il, en souvenir de moi. Elle est pleine
d'excellent tabac, et voilà trente ans qu'elle m'accompagne dans
tous mes voyages ; elle a été à neuf combats, à sept naufrages ; elle
a fait quatre fois le tour du monde, sans parler de ce qu'elle a passé
le détroit de Magellan dans les ténèbres, comme vous et votre maître
vous le savez aussi bien que moi. Prenez cette boîte, mon garçon,
et ayez soin de ne jamais y mettre que du tabac de première qualité,
elle n'en a jamais contenu d'autre. A présent, j'aurais à vous demander de me rendre un petit service, quand vous serez rentré au port.
Ce serait, après en avoir demandé la permission à votre maître,
d'aller à Willow Cove porter ma bénédiction à Kitty et à ses enfants.
La chose n'est point difficile, pourvu qu'on y apporte les dispositions
convenables. Tout ce que vous avez à faire, c'est de leur dire
qu'avant de mourir j'ai prié Dieu de les bénir tous. Pensez-vous que
vous pourrez retenir cela ?

— Moi essayer, capitaine Marbre, moi essayer, quoique moi pas
savant du tout.

— Peut-être feriez-vous mieux de me charger de ce soin, dit ma
femme avec sa voix touchante.

— Je n'aurais pas voulu vous donner cette peine, répondit Marbre avec émotion, mais j'accepte et je vous remercie. Eh bien, Neb, puisque votre maîtresse est si bonne, vous n'avez plus à vous occuper de la bénédiction — attendez un peu; vous n'avez qu'à la donner à Chloé et à sa petite famille, sauf Hector, bien entendu, à moins qu'il ne promette de ne plus jurer; auquel cas vous lui donnerez aussi sa part. A présent, Neb, donnez-moi votre main. Adieu, mon camarade. Votre attachement pour moi ne s'est jamais démenti, et Dieu vous en récompensera. Vous n'êtes qu'un nègre, je le sais; mais il y a quelqu'un aux yeux de qui votre âme est aussi précieuse que celle de tous les potentats du monde.

Neb échangea une poignée de mains avec son vieux commandant, puis il sortit précipitamment pour pouvoir donner un libre cours à ses sanglots. Pendant ce temps Marbre, ému des démonstrations touchantes du nègre, attendit un moment pour reprendre son sang-froid. Dès qu'il se sentit un peu plus calme, il se mit à chercher sur son hamac jusqu'à ce qu'il eût trouvé deux petites boîtes contenant chacune une très-jolie bague, qu'il avait sans doute achetée exprès avant de quitter le port. Il les donna à mes filles, qui les reçurent les larmes aux yeux, et en témoignant, par l'expression naïve de tous leurs traits, à quel point elles étaient sensibles à cette attention de leur vieil ami.

—Votre père et moi, nous avons subi ensemble bien des traverses et bien des épreuves, leur dit-il, et je vous aime tous plus que je n'aime mes propres parents. C'est peut-être mal, madame Wallingford; mais je ne puis m'en empêcher. J'ai déjà fait mes petits présents à vos frères et à vos parents; j'espère que vous penserez tous quelquefois au vieux loup de mer que Dieu, dans sa merci, a jeté sur votre chemin pour qu'il s'amendât dans votre société. Jeunes filles, voilà votre étoile polaire! ajouta-t-il en montrant ma femme. Ayez toujours Dieu présent à l'esprit, et donnez la seconde place dans votre cœur à votre digne et vertueuse mère. Ce n'est pas que j'aie rien à dire contre votre père, qui est le meilleur des hommes aussi, lui; mais, après tout, c'est sur leur mère que les jeunes personnes doivent se modeler, quand elles ont le bonheur d'en avoir une comme la vôtre, parce que, en fait de gentillesse, d'amabilité et de vertus de tout genre, le meilleur père n'y entend pas grand'chose,

Marbre prit alors solennellement congé de tous mes enfants, et il demanda qu'on le laissât seul avec Lucie et moi. Une heure se passa en entretiens graves entre nous, et Moïse me recommanda à plusieurs reprises de prêter l'oreille aux pieuses exhortations de ma femme, car il manifestait la plus tendre sollicitude pour mes intérêts spirituels.

— Je n'ai pas cessé pendant cette traversée de généraliser à part moi sur cette affaire de l'Échalas, ajouta-t-il, et je crains bien que ma conduite en cette occasion n'ait pas été des plus orthodoxes. Madame Wallingford m'a pourtant rassuré en me disant que l'amour du Sauveur couvrirait cela avec mes autres fautes. Ainsi donc, je suis résigné à partir, Miles, et il en est temps; car je ne suis plus bon à rien. Quand le bâtiment fait eau de tous côtés, il ne faut plus songer à le remettre à flot. J'avoue, Miles, mon cher garçon ; — car pour moi vous n'avez toujours que vingt ans, — j'avoue que c'est une rude épreuve de vous quitter ; mais, pour prendre courage, il faut regarder de l'avant. Suivez les recommandations de votre femme ; et, au bout du voyage, nous nous retrouverons tous ensemble dans le même port.

— Je suis heureux, Moïse, de vous voir dans de pareilles dispositions. Et cet avenir, dont vous nous parlez, nous l'entrevoyons tous avec joie. Oui, comme vous le dites très-bien, Dieu a le pouvoir et la volonté de nous soulager du poids de nos fautes, quand il nous voit disposés à la pénitence et prêts à recourir à la médiation de son fils bien-aimé. A présent, si vous avez quelque désir à former, quelques instructions à me donner, je vous prie de me les faire connaître.

— J'ai fait un testament, Miles, et vous le trouverez dans mon pupitre. Sauf quelques misères que je vous donne à vous et aux vôtres, puisque vous n'avez pas besoin d'argent, toute ma petite fortune est pour Kitty et pour ses enfants. Il est un point qui me tracasse, et sur lequel je voudrais avoir votre avis. Ne croyez-vous pas qu'il est plus convenable pour un marin d'être enseveli dans la mer, que d'être claquemuré dans un cimetière? Je n'aime pas les pierres tumulaires ; j'en ai eu assez comme cela dans mon enfance, et il me faut de l'espace. Qu'en pensez-vous, Miles?

— Prononcez. Vos désirs seront une loi pour nous.

— Eh bien ! alors, roulez-moi dans mon hamac, et jetez-moi par-dessus bord à l'ancienne manière. Je me suis dit quelquefois que je devrais reposer à côté de ma mère ; mais elle excusera un vieux loup de mer s'il préfère l'eau azurée à tous vos cimetières de campagne.

J'eus encore quelques entrevues avec le vieillard, mais il ne reparla plus ni de son enterrement, ni de sa fortune, ni de son départ ; Lucie lui lisait la Bible deux ou trois fois par jour, et elle priait souvent avec lui. Une fois j'entendis une petite voix qui lisait tout bas auprès de son lit, et, en regardant, je vis ma plus jeune fille, qui avait à peine treize ans, qui relisait un chapitre que sa mère avait expliqué au malade une heure auparavant. Les explications manquaient cette fois ; mais c'était bien la voix douce, touchante, distincte de sa mère !

Marbre s'éteignit, sans pousser un gémissement, au milieu de toute ma famille rassemblée autour de son lit. La seule chose qui marqua sa fin fut un regard d'une expression singulière qu'il jeta sur ma femme, et aussitôt il rendit le dernier soupir. Du robuste et vigoureux marin que j'avais connu autrefois il ne restait qu'un cadavre inanimé. Mais quel que fût le changement qu'eût subi le corps, celui qui s'était opéré dans l'esprit était bien plus grand encore. A coup sûr, son regard suprême était plein de résignation et d'espérance ; et nous eûmes raison de croire que cette rude, mais honnête créature, avait eu le temps de se reconnaître et de s'appliquer tous les mérites du sacrifice de son Dieu.

Conformément à sa volonté expresse, et malgré la vive répugnance de ma femme et de mes filles, j'ensevelis dans l'Océan le corps de mon vieil ami, six jours avant d'arriver aux États-Unis.

Et maintenant je n'ai plus à parler que de Lucie. J'ai anticipé sur les événements, afin de garder pour la fin la partie la plus agréable de ma tâche.

Les premières années de mon mariage furent pour moi des années de bénédiction. J'étais heureux, et j'avais la conscience de mon bonheur ; de ce bonheur qui ne peut résulter que de l'union de deux êtres que la raison et les principes ont rapprochés autant que la conformité de goût et l'amour. Je n'entends pas dire que les années qui ont suivi aient été moins heureuses ; car, dans un certain sens, elles l'ont été bien davantage, et ce bonheur n'a fait que s'accroître jusqu'à ce moment ; mais si cette union intime avec tout ce qu'il peut y avoir de plus pur, de plus vertueux, de plus délicat dans une femme, avait été pour moi, dans le principe, une source de jouissances jusqu'alors inconnues, elle fait aujourd'hui tellement partie de mon existence, qu'il me semble qu'elle en est devenue inséparable, et que je ne puis concevoir la vie, si ce lien qui m'y rattache venait jamais à se rompre.

Quand je parcours ma chère propriété de Clawbonny, je me rappelle avec un doux sentiment de joie, et, je l'espère, avec une humble reconnaissance, la manière dont se sont écoulées ces délicieuses années. Lucie m'accompagnait dans toutes mes promenades, et écoutait avec un tendre intérêt et avec l'attention la plus indulgente toutes les idées qui s'échappaient de mes lèvres, me rendant pensée pour pensée, sourire pour sourire, et quelquefois même larme pour larme. Pas une émotion ne pouvait s'élever dans mon âme, qui ne trouvât un écho dans la sienne, pas une sensation de plaisir que son humeur douce et enjouée ne doublât en la partageant. Ce furent les années où s'exécutèrent les plans d'agrandissement et d'amélioration que j'avais formés pour Clawbonny, mais sans rien changer au caractère primitif du bâtiment. Après avoir passé ainsi le premier été qui suivit notre mariage, je dis à Lucie qu'il était temps de laisser dormir un peu les travaux à Clawbonny, pour nous occuper de la propriété dont elle avait hérité de mistress Bradfort, et qui était aussi un bien patrimonial.

— N'y pensez pas, Miles, me répondit-elle. Que Riversedge soit entretenu avec soin, c'est tout ce qu'il faut. Rupert — il y demeurait alors — veillera à ce que rien ne tombe en ruine. Mais Clawbonny, le cher Clawbonny est la véritable résidence des Wallingford; et je suis une Wallingford à présent, ne l'oubliez pas. Quand notre fils aîné sera en âge de se marier, il pourra aller résider là-bas, si bon lui semble, jusqu'à ce que nous soyons disposés à lui céder la place ici.

Ce plan ne fut pas exécuté à la lettre; car Miles, mon fils aîné, passe l'été avec nous à Clawbonny; et ses enfants tapageurs sont, dans ce moment même, en train de jouer à la balle dans un champ qui est réservé exclusivement à leurs plaisirs.

La période qui suivit les six premières années de notre mariage ne fut pas moins heureuse, quoiqu'elle prît un nouveau caractère. Nos enfants durent entrer alors en ligne de compte, non comme de simples jouets, ou de petits êtres qu'on pouvait manger de caresses et entourer de soins, mais comme des créatures qui possédaient l'image de Dieu dans leurs âmes, et dont plus tard le caractère dépendrait en grande partie de la direction première qui leur serait donnée. La manière dont Lucie gouvernait ses enfants, et les amenait par des voies douces et insensibles à la vérité et à la vertu, a toujours été pour moi un sujet d'admiration et de profonde gratitude. Son principe a toujours été un principe d'amour. Je ne sache pas avoir jamais entendu sa voix s'élever sur le ton de la colère en parlant à une créature humaine, encore moins à ses enfants. Quand il fallait en venir à un reproche, c'était du ton de l'intérêt et de l'affection, modifié plus ou moins par la sévérité, suivant que les circonstances l'exigeaient. Le résultat a été tout ce que nos plus avides espérances pouvaient désirer.

Quand nous voyagions, c'était toujours avec nos enfants, et alors c'était une nouvelle source de jouissances. Tous ceux qui ont parcouru le monde ont éprouvé combien les voyages agrandissent les idées et élargissent en quelque sorte le cercle de notre existence. Quel plaisir de voir ces jeunes intelligences s'ouvrir à une foule d'idées et de sensations nouvelles, et de voir se développer l'être moral, en même temps que nous voyons le corps grandir et se fortifier ! Lucie était merveilleusement propre à diriger cet essor de nos enfants. Elle avait beaucoup lu ; et sans ostentation, sans orgueil, elle était toujours prête à donner les explications qui pouvaient être désirées, ou à rectifier telles impressions qui n'étaient pas justes. Ce fut alors que j'appréciai l'inestimable avantage d'avoir une compagne au point de vue intellectuel dans sa femme. Lucie avait toujours eu une intelligence remarquable, mais je n'en sentis toute la supériorité que quand nous voyageâmes ensemble au milieu des souvenirs qui s'attachent à chaque pas, à chaque pierre dans l'ancien monde. L'Amérique est le plus grand pays des temps anciens et modernes ; je ne le conteste pas. Tout le monde le dit, et ce que tout le monde dit ne peut manquer d'être vrai. Néanmoins, je me hasarderai à avancer que, toutes choses égales, et pourvu seulement qu'on soit doué de la faculté de penser, l'existence intellectuelle de tout Américain qui a voyagé en Europe est plus que doublée. L'Amérique est un pays d'action et non de réflexion. Le fait domine au lieu de la raison. On ne trouve point ici cette multiplicité d'objets et d'événements qui, dans les pays anciens, tient sans cesse l'esprit éveillé. C'est cette absence d'un présent et d'un passé qui fait que l'Américain, dès qu'il veut se livrer à la spéculation, se lance dans l'avenir. Cet avenir promet beaucoup, et peut, jusqu'à un certain point, justifier ce travers. Prenons garde néanmoins de n'y trouver que le désappointement.

Mais c'est depuis que nous avons passé l'un et l'autre l'âge de cinquante ans, que Lucie est devenue pour moi la plus chère et la plus précieuse compagne. L'air n'est pas plus pur que son âme, et toutes les fois que j'ai besoin de conseil, d'appui, de consolation, c'est à elle que je m'adresse avec une confiance qui n'a jamais été trompée. A mesure que nous approchons du terme de la carrière, je m'aperçois que ma femme se détache graduellement des liens de ce monde, son amour pour son mari et pour ses enfants excepté, — et qu'elle fixe ses regards sur un monde futur. En accomplissant ainsi la grande fin de son existence, il ne se mêle à sa dévotion rien d'outré ni d'exclusif, rien qui sente le bigotisme, ni qui la rende étrangère aux affections ou aux devoirs de cette vie. Ma famille, comme celle qui en est l'âme, a toujours été profondément imbue de sentiments religieux; mais c'est la religion sous son aspect le plus agréable, sans aucune teinte de puritanisme, et sans que d'innocents plaisirs y soient confondus avec le péché. C'est en même temps la famille la plus gaie des environs, et cela, je le crois du fond du cœur, parce que, indépendamment des bienfaits dont elle est redevable à Dieu, elle sait faire une juste distinction entre les défenses que la parole de Dieu a prononcées et celles qui n'ont jamais existé que dans l'imagination malade de quelques théologiens exaltés. Le grand mérite de Lucie, c'est d'avoir gravé dans le cœur de mes enfants le sentiment le plus profond de leurs devoirs, en même temps qu'elle les préservait de ces exagérations et de ces grimaces qui ne seront jamais la véritable piété.

Quelques-uns de mes lecteurs peuvent être curieux de savoir comment le temps nous a traités, nous autres vieilles gens, car nous sommes vieux à présent, il faut bien le reconnaître. Quant à moi, je jouis d'une verte vieillesse, et je parais, je crois, dix ans de moins que mon âge. J'attribue ce résultat à la tempérance et à l'exercice. Lucie conserva sa beauté, et même une certaine fraîcheur, jusqu'à près de cinquante ans. Je la trouve encore très-bien aujourd'hui; et Neb, quand il est dans ses accès de flatterie, l'appelle sa « belle vieille maîtresse. »

Et pourquoi Lucie Hardinge ne conserverait-elle pas quelques traces de ces charmes qui embellissaient sa jeunesse? N'était-ce pas son âme qui communiquait à sa figure cette expression suave et angélique qui la caractérisait! L'âme est toujours la même; pourquoi l'expression aurait-elle changé? Oui, je le répète, Lucie est belle encore, plus belle à mes yeux, même que ses charmantes filles. Elle continue à faire le charme en même temps que l'orgueil de ma vie. C'est un bienfait dont, je ne rougis pas de le dire, je me prosterne tous les jours pour rendre grâce à Dieu.

FIN DE LUCIE HARDINGE.

www.ingramcontent.com/pod-product-compliance
Lightning Source LLC
Chambersburg PA
CBHW050751170426
43202CB00013B/2380